Germanisches Nationalmuseum Nürnberg

Führer durch die Sammlungen

Prestel-Verlag, München

Redaktion
Peter Strieder, Leonie von Wilckens

Verfasser der Texte

Jörn Bahns	Ba
Günther Bräutigam	Br
Bernward Deneke	D
Carl Ludwig Fuchs	F
Barbara Hellwig	H
Rainer Kahsnitz	Ka
Anna Maria Kesting	Ke
John Henry van der Meer	vdM
Wilfried Menghin	Me
Wolfgang Mössner	Ms
Klaus Pechstein	P
Elisabeth Rücker	R
Heinz Stafski	Sta
Peter Strieder	Str
Ludwig Veit	V
Leonie von Wilckens	vW
Johannes Willers	Wi

Photos
Germanisches Nationalmuseum
(Jürgen Musolf)

Öffnungszeiten

Sammlungen
Dienstag mit Sonntag 9.00 bis 16.00 Uhr.
Montag geschlossen.
Abendöffnung am Donnerstag 20.00 bis 21.30 Uhr.
An Feiertagen Sonderregelung.

Kupferstichkabinett,
Archiv und Münzsammlung
Dienstag mit Freitag 9.00 bis 16.00 Uhr.
Montag, Samstag, Sonntag sowie
an Feiertagen geschlossen.

Bibliothek
Dienstag 9.00 bis 17.00 Uhr.
Mittwoch und Donnerstag 9.00 bis 20.00 Uhr.
Freitag 9.00 bis 13.00 Uhr.
Montag, Samstag, Sonntag
sowie an Feiertagen geschlossen.

© Prestel-Verlag München 1977
2. durchgesehene Auflage 1980

Lithographien:
Brend'amour, Simhart & Co., München
und Wittemann + Küppers, Frankfurt a. M.
Druck und Bindung:
Passavia Druckerei GmbH Passau

Der Sammlungsführer
enthält 308 einfarbige
und 363 farbige Abbildungen.

ISBN 3-7913-0407-0

Inhalt

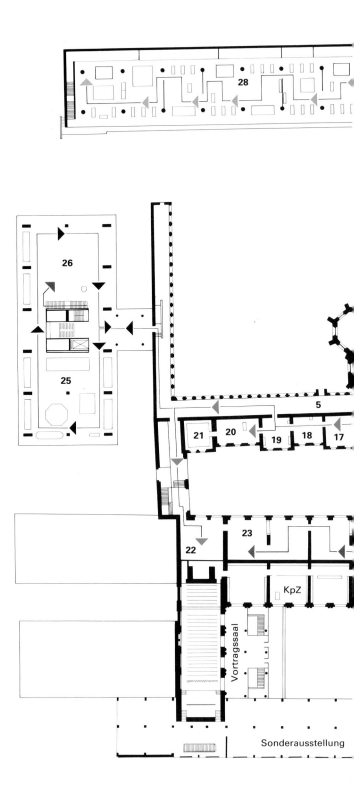

27

14

13

13

12

10

11

8

7   6   4

15   3

3

4

2

Verwaltung

Cafeteria

1

Eingang

Kupferstichkabinett

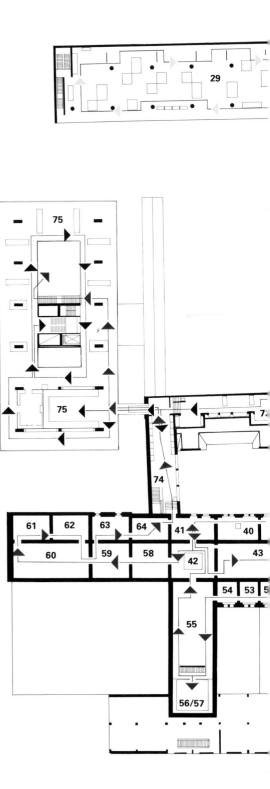

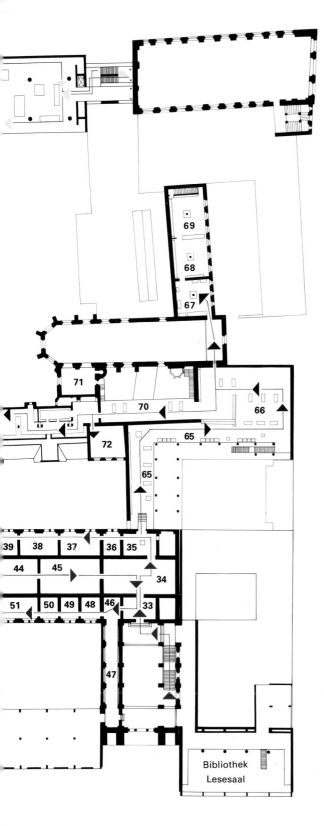

An den Besucher

Das Germanische Nationalmuseum beherbergt die größte Sammlung zur Geschichte deutscher Kunst und Kultur von der Vorzeit bis ins 20. Jahrhundert. So zutreffend deshalb die Bezeichnung »Nationalmuseum« ist, so mißverständlich und auch oft mißverstanden ist sein Beiwort »germanisch«, das es bei seiner Gründung im Jahre 1852 erhielt. Es findet seine Erklärung in wissenschaftlichen Bestrebungen der Romantik. 1846 hatten sich in Frankfurt am Main deutsche Geschichts- und Sprachforscher zu einem Kongreß zusammengefunden und sich den Namen »Germanisten« gegeben, da sie in zeitlicher wie thematischer Hinsicht als Ausgang ihres Forschungsgebietes die Lautverschiebung der indogermanischen Sprache erkannten, mit der das Eigenleben der germanischen begonnen hatte. In der damit gegebenen historischen, geographischen und inhaltlichen Fixierung des Wissenschaftsgebietes der Germanistik sah der Gründer unseres Museums, Hans Freiherr von und zu Aufseß, die Entsprechung zu seinem Vorhaben, den gesamten deutschen Sprachraum in Denkmälern seiner Kunst, Kultur und Geschichte museal darzustellen. In Anlehnung an das Wort Germanistik gab die 1852 in Dresden tagende Versammlung der deutschen Geschichtsvereine der von ihm ins Leben gerufenen Anstalt den Namen Germanisches Nationalmuseum.

In der Idee einer solchen Museumsgründung wird der lebendige Sinn für Geschichte erkennbar, der sich in der Zeit der Romantik ausgebildet hatte. Sich mit Geschichte zu befassen, war nun, weit über die eigentliche Wissenschaft hinausgreifend, als allgemeine Aufgabe erkannt worden, zumal sich nach den Befreiungskriegen die Hoffnung auf nationale Einigung nicht erfüllt hatte. Der ungenügenden Gegenwart stellte man als ideale Epoche die Vorzeit, worunter man das Mittelalter verstand, gegenüber, die der Freiherr vom Stein mit der Herausgabe der Monumenta Germaniae Historica, der deutschen Geschichtsquellen, zu erhellen begann. Aber das Mittelalter erschien nicht nur verklärt vom Glanz nationaler Größe, sondern auch, nach Klassizismus und Empire, als Blütezeit einer organisch gewachsenen nationalen Kunst und Kultur. Noch zu Beginn des Jahrhunderts hatte die Säkularisation davon nach Zahl und Wert Unermeßliches zerstört. Nun suchte man zu sammeln, zu sichten und zu erforschen, was erhalten geblieben war, um die Vergangenheit nicht nur aus den eigentlichen historischen Quellen, den Urkunden, zu begreifen, sondern um sich im Erbe der hinterlassenen Werke ihr Bild vor Augen zu stellen und es für die eigene Gegenwart mit Leben zu erfüllen.

Hans von Aufseß hatte als seine Lebensaufgabe erkannt, die geretteten Dokumente einer großen nationalen Vergangenheit zu sammeln, zu erschließen und seiner Gegenwart so bewußt zu machen, daß sie, wie ein Auftrag der Geschichte, das Streben nach nationaler Einheit fördern konnten. In dem von ihm seit 1832 herausgegebenen »Anzeiger für Kunde des Mittelalters« hatte er begonnen, seine Sammlungen bekanntzumachen und seine Idee eines gesamtdeutschen Museums zu propagieren. Im gleichen Jahr übersiedelte er nach Nürnberg, das man nun als »deutscheste der deutschen Städte« rühmte, und gründete hier ein Jahr später eine »Gesellschaft für Erhaltung der Denkmäler älterer Geschichte, Literatur und Kunst«, der er seinen reichen Besitz an Altertümern zur Verfügung stellte. Als die Niederschlagung der Revolution von 1848 auch die Einheitsbewegung schwer getroffen hatte, sah er sendungsbewußt die Stunde gekommen, die Einheit, die der Nation als politische Realität versagt blieb, als historische Wirklichkeit in ihren geistigen Bereichen darzustellen.

1852 bot Aufseß den in Dresden tagenden Geschichtsvereinen seine große Privatsammlung als »Gemeingut des Vaterlandes« an und legte einen Satzungsentwurf einer neu zu schaffenden und auf diesem Grundstein aufzubauenden Nationalanstalt vor. Mit dem Beschluß der Annahme desselben war das Ziel, um das er nicht nur ideell, sondern auch unter Hingabe seines ganzen Vermögens gekämpft hatte, erreicht.

1853 wurde das Museum im Tiergärtnertorturm der alten Stadtbefestigung Nürnbergs feierlich eröffnet. 1857 folgte sein Umzug in die ehemalige Kartause Maria Zell, die so vor dem Schicksal des Verfalls, das andere Nürnberger Klöster traf, bewahrt blieb. Der aus dem 14. Jahrhundert stammende Klosterbezirk ist im Laufe der Zeit, dem Wachstum der Sammlungen und der Weitung des Aufgabenbereiches entsprechend, von Ausstellungs- und Verwaltungsgebäuden umgeben worden, aber bis heute das Herzstück des Museums geblieben.

Nach dem Konzept seines Initiators sollte das Museum als »Eigenthum der Deutschen Nation« vom gesamten deutschen Volke getragen werden. Um seine Existenz und Arbeitsfähigkeit zu sichern, warb er deshalb in ganz Deutschland um Mitglieder, die bereit waren, es mit freiwilligen Beiträgen zu unterstützen. Der sie zusammenschließende Verein hat noch heute mit über 8000 Mitgliedern Bestand. Die Stiftung wäre jedoch nicht lebens- und ausbaufähig gewesen, wenn sie nicht von den damaligen deutschen Staaten und ihren Regenten entscheidend gefördert und seit 1894 Personal- und Verwaltungsaufwand aus öffentlichen Mitteln getragen worden wäre. Nicht enthalten in diesem Verwaltungsetat sind aber Mittel für alle Aktivitäten, die von einem Museum heute von der Öffentlichkeit als selbstverständliche Leistungen erwartet werden, wie Neuerwerbungen, Publikationen, Sonderausstellungen, Führungsblätter, Museumspädagogik. Bei der Erfüllung dieser Aufgaben ist das Museum seit seiner Gründung nach wie vor auf freiwillige Beiträge angewiesen. Sie kommen von seinen Mitgliedern, denen es sich mit manchen Vergünstigungen dankbar erweist, und einem Kreis

11

von Förderern, die es mit Spenden unterstützen. Ihre Hilfe hat auch den Beginn des Wiederaufbaus der im Krieg weitgehend zerstörten Museumsgebäude ermöglicht, der dann dank der großzügigen Zuschüsse der Bundesrepublik, des Freistaates Bayern und der Stadt Nürnberg der Vollendung entgegengeführt werden konnte.

In seiner seit der Gründung in allen wesentlichen Punkten unverändert gültigen Satzung sind als Aufgaben des Museums neben der Anlage einer umfassenden Sammlung Forschung und Lehre, Bildung und Erziehung genannt: »Das Germanische Museum ist eine dem gesamten Volk gewidmete Stiftung. Es hat den Zweck, die Kenntnis der deutschen Vorzeit zu erhalten und zu mehren, namentlich die bedeutsamen Denkmale der deutschen Geschichte, Kunst und Literatur vor der Vergessenheit zu bewahren und ihr Verständnis auf alle Weise zu fördern. Diesem Zwecke dienen Sammlungen von Denkmalen der deutschen Kunst und Kultur, eine Bibliothek und ein Archiv, die der Öffentlichkeit im weitesten Maße zugänglich zu machen sind. Zur weiteren Verbreitung und Vertiefung der Kenntnis der deutschen Vorzeit und ihrer Denkmale veranstaltet das Germanische Museum wissenschaftliche und volkstümliche Veröffentlichungen, Vorträge und Führungen.«

Dem thematisch umfassenden und geographisch den ganzen Bereich deutscher Sprache einbeziehenden Sammlungsauftrag verdankt das Museum den im Laufe seines Bestehens gewachsenen Reichtum und die Vielseitigkeit seiner Sammlungen. Für sich betrachtet stellt jede seiner Abteilungen ein großes Spezialmuseum dar, in der Zusammensicht, in ihrem Zusammenwirken und im Ineinanderspielen der einzelnen Bereiche aber vereinigen sie sich zu einem einzigartigen Panorama deutscher Kunst und Kultur von der Frühzeit bis in die Gegenwart.

Zu diesem reichen und so erstaunlich vielseitigen Besitz tragen in nicht geringem Umfange Leihgaben bei. 1882 übergab das bayerische Königshaus die bis dahin in der Moritzkapelle gezeigten Gemälde der von König Ludwig I. erworbenen Sammlungen Boisserée und Wallerstein dem Museum zur Ausstellung. Patrizische Familienstiftungen vertrauten ihm ihren geschichtsträchtigen Besitz an Kunstwerken und Archivalien an. Die Stadt Nürnberg selbst förderte den Aufbau und Ausbau der Sammlungen. Nur dank der Überlassung ganzer Komplexe ihres alten Kunstbesitzes, aber auch vieler in jüngerer Zeit geglückter Neuerwerbungen kann im Museum im Gesamtbild deutscher Kunst- und Kulturgeschichte die Bedeutung der alten Reichsstadt anschaulich werden.

Neben den Schausammlungen auf einer Ausstellungsfläche von ca. 20 000 qm sind außer den ihnen zugeordneten Studiensammlungen dem wissenschaftlich Interessierten folgende bedeutende Abteilungen zugänglich: das historische Archiv mit Tausenden von Urkunden, Siegeln und Autographen, das Archiv für Künstlernachlässe, das Kabinett der Münzen und Medaillen, das Kupferstichkabi-

nett und nicht zuletzt die einzigartige Bibliothek.

Der Erfüllung seiner satzungsgemäßen Verpflichtungen zur Erschließung der Sammlungen haben sich im Hinblick auf die Jugend erst in jüngster Vergangenheit ganz neue Möglichkeiten eröffnet. 1968 gründeten die Stadt Nürnberg und das Museum gemeinsam ein »Kunstpädagogisches Zentrum im Germanischen Nationalmuseum« mit der Aufgabe, die Kenntnis der Kunst und Kultur von der Vorgeschichte bis zur Gegenwart zu erweitern und zu vertiefen.

Das Herzstück des Museums ist die gotische Kartause mit ihrer Kirche, den Kreuzgängen, den Mönchshäusern und dem Refektorium. Die historisierenden, sich angleichenden Bauten, mit denen sie im 19. und frühen 20. Jahrhundert umgeben war, sind im letzten Krieg zerstört worden. An ihre Stelle trat Museumsarchitektur unserer Zeit, die in ihrem Verhalten zum mittelalterlichen Kern keinen Kompromiß eingegangen ist, sondern ihm sein Eigenleben läßt. Sie bringt ihn dem Verstehen nahe, als wäre er ein in eine Museumsvitrine gefaßter Gegenstand, der auf diese Weise den Betrachter zwingt, aus seiner eigenen Gegenwart heraus über das Vergangene zu reflektieren. Dieses Verhalten der neuen zu der historischen Architektur mag wie ein Symbol dessen erscheinen, was unser Museum als seine Aufgabe betrachtet und zu verwirklichen sucht, das Alte zu bewahren und es für die Gegenwart und die Zukunft zu erschließen.

Dieser Erschließung will auch der hier vorliegende Bildführer dienen, dessen Erscheinen nach den weitgehenden Zerstörungen des Museums gegen Ende des zweiten Weltkriegs erst jetzt, nach der Vollendung seines Wiederaufbaus, möglich geworden ist. Er versucht einen neuen Weg zu gehen, indem er dem Besucher verschiedene Rundgänge vorschlägt und ihn durch Abbildung und Beschreibung von 660 Objekten, die beispielhaft für Objektgruppen stehen können, erklärend zu seinem Weg durch die Geschichte geleitet. Register sind behilflich, einzelne Werke und bestimmte Formen künstlerischen Schaffens auszuwählen und aufzusuchen. In Ergänzung zu diesem Bildführer stehen Führungsblätter durch die einzelnen Abteilungen zur Verfügung. Geplant ist ferner – für die Abteilung der Musikinstrumente bereits verwirklicht – die Herausgabe von Führern durch die einzelnen Fachsammlungen.

Arno Schönberger

Kunst des Mittelalters

1

1 Kapitell aus Solnhofen, vor 840. Hell-grauer Kalkstein mit Resten älterer roter Bemalung; 43 cm. A 3450. Leihgabe Ev.-Luth. Pfarrgemeinde Solnhofen.
Das Kapitell stammt aus der Mittelschiffs-wand der über dem Grab des Hl. Sola (gest. 794) errichteten Kirche, die zur Ab-tei Fulda gehörig, 819 geweiht wurde und jedenfalls 840 vollendet war. Das erstaun-lich frei bewegte Blattwerk und die ioni-schen Kapitellen nachgebildeten Voluten-polster zeigen selbst im Vergleich zu den zeitgenössischen antikisierenden Kapitel-len in Fulda und Lorsch eine ungewöhn-lich direkte Aufnahme antiker Bauformen, während die ornamentalisierten riemen-artigen Ranken der beiden zugehörigen Kapitele möglicherweise byzantinische Kapitellformen nachahmen. Solches Ne-beneinander freier antikischer Bildungen und strengster Abstraktion ist bezeich-nend für die Stellung der karolingischen Kunst zwischen Spätantike und Mittelal-ter.   Ka

Die im Führer besprochenen Objekte sind durch einen Punkt auf der Beschriftung gekennzeichnet.

Bei den Maßangaben
steht Höhe vor Breite
vor Tiefe. Bei nur einem Maß
handelt es sich
um die Höhe;
sonst ist vorgestellt Br. (Breite),
L. (Länge),
Dm. (Durchmesser).

2

4 Schale. Spätrömisch, 4. Jahrhundert.
Grünliches Glas; 6,7 cm, Dm. 23,7 cm.
Grabfund aus Mayen/Rhl.-Pfalz. R 1008.
Die kalottenförmige, am Boden dickwandige Glasschale ist verziert mit einer
in die Außenseite eingeritzten Jagdszene.
Vier Hunde treiben einen Hasen auf ein
Stellnetz zu. Der Jäger im knielangen Gewand steht rechts außen. Die Landschaft
ist durch Grasbüschel angedeutet. Unter
dem Rand ist außen, aber von innen zu
lesen, umlaufend die Inschrift VIVAS CVM
TVIS (Du und die Deinigen sollen leben!)
eingeritzt.   Me

2 Offiziershelm, 4. Jahrhundert. Eisen mit
vergoldeter Silberblechauflage sowie Resten von Nasen- und Nackenschutz; 14,8 :
24 : 17,6 cm. Gefunden in Augsburg-Pfer-
see. FG 2189 (W 1943).
Helme aus zwei eisernen Halbschalen,
die mit einem über die Scheitellinie ver-
laufenden Kamm zusammengenietet
sind, gehen auf persisch-sassanidische
Vorformen zurück und wurden in kon-
stantinischer Zeit im römischen Heer eingeführt. Die kostbare Ausstattung der
sog. Kammhelme weist darauf hin, daß
dieser Kopfschutz ausschließlich Offizie-
ren oder Gardetruppen vorbehalten war.
Dieser Helm wurde zusammen mit einem
zweiten aus dem Kies der Wertach geborgen. Welchem Truppenteil der ehemalige
Besitzer angehörte, war trotz der eingeritzten Buchstaben auf der Helmkalotte
nicht zu ermitteln. Aus dem Fundort in
der Nähe der Hauptstadt der Provinz
Raetia II geht zumindest hervor, daß das
Alpenvorland im 4. Jahrhundert noch von
regulären römischen Truppen besetzt
war.   Me

4

5 Bügelknopffibel, 2. Hälfte 6. Jahrhundert. Silber, vergoldet, z. T. nielliert; L.
11,7 cm. Grabfund aus Herbrechtingen,
Kr. Heidenheim/Württ. FG 2149.
Die rechteckige Kopfplatte zieren elf zweiteilige vollplastische Knöpfe, der Fuß en-
digt in einem stilisierten Tierkopf. Auf der
planen Rückseite sind, unterhalb der Nadelkonstruktion, drei Runen geritzt, die
magische Bedeutung haben. Bügelfibeln
gehören zur alamannischen Frauentracht
im 6. Jahrhundert. In gut ausgestatteten
Gräbern werden sie in der Regel, wie in
dem von Herbrechtingen, paarweise
schräg untereinander im Becken gefunden, woraus hervorgeht, daß sie ehedem
einen Rock oder Überhang der Bestatte-
ten zusammenhielten. Unser einst aus
dem langobardischen Italien importiertes
Fibelpaar ist ein Beispiel für die weitreichenden Verbindungen der führenden
Schichten in den germanischen Gesell-
schaften der frühen Merowingerzeit.   Me

3

3 Cantharus und Calices. Römisch,
1. Hälfte 2. Jahrhundert. Terra Sigillata
mit Barbotine-Auflage; 18,4 bzw. 17,3
bzw. 16 cm. Gefunden in Schambach, Kr.
Gunzenhausen-Weißenburg/Bayern.
R 36-38.
Der Cantharus und die beiden Kelche mit
halbplastisch aufgelegten Blattranken,
die innerhalb eines römischen Gutshofes
beim Schambach ausgegraben wurden,
verdeutlichen Zivilisation und gehobenen
Lebensstil der Grundbesitzer im Hinter-
land des rätischen Limes. Die Gefäße
gehörten zu einem aus Italien oder
Südgallien importierten, hervorragenden
Wein-Service.   Me

5

6 Grabstele des Goten Arefried, Fragment. Konstantinopel, 5.-6. Jahrhundert. Weißer Marmor; 20 : 25 cm. Gd 44.
Das Fragment ist das oberste Stück einer kreuzförmigen Grabstele mit der griechischen Inschrift für einen Christen mit einem germanischen, wahrscheinlich gotischen Namen: † Hier ruht der Diener Gottes Arfrid. Goten und andere Germanen dienten in der Zeit der Völkerwanderung im byzantinischen Reich vielfach als Soldaten oder in anderen Funktionen. Das Marmorstück stammt aus der Stadtmauer von Konstantinopel, wo es als Baumaterial verwendet war.   Ka

6

8 Goldblattkreuz. Langobardisch, 1. Hälfte 7. Jahrhundert. 5,5 : 5,5 cm. Grabfund aus Fornovo San Giovanni, Prov. Bergamo. FG 192.
Der Dekor, ein zopfartiges Flechtwerk, das in Tierköpfen endet, ist in das gleichschenklige Kreuz aus Goldblech durch kreuzweisen Abdruck eines Models eingeprägt. Die für die langobardischen Gräber Italiens bezeichnenden Goldblattkreuze waren auf Tücher genäht, die das Haupt des Toten verhüllten. Ein ursprünglich spätantik-christlicher Ritus wird aufgrund der spezifisch germanischen Beigabensitte in den Gräbern der Langobarden archäologisch faßbar. Die Grabkreuze belegen die Christianisierung und Assimilierung der barbarischen Eroberer; die Tierbilder ihrer Ornamentik bezeugen zugleich die Vermischung der Religionen am Übergang von der Antike zum Mittelalter.   Me

7

7 Schildbuckel. Langobardisch, 1. Hälfte 7. Jahrhundert. Eisen, mit kupfervergoldeten Zierbesätzen; 9 cm, Dm. 20,8 cm. Grabfund aus Fornovo San Giovanni, Prov. Bergamo. FG 574.
Die Unterwerfung großer Teile Italiens durch die Langobarden nach 568 findet ihren archäologischen Niederschlag in den Friedhöfen der Eroberer, die in einer spätantik-christlich geprägten Umwelt in heidnisch-germanischem Brauchtum verharrten. Die Toten wurden mit ihrer Tracht und mit persönlichem Besitz versehen beigesetzt. In den Männergräbern sind vor allem Waffen Indiz für sozialen Rang und Besitzstand. Der kalottenförmige Buckel war ursprünglich mit fünf Nieten auf einem lederbespannten hölzernen Rundschild befestigt und schützte die Faust im Kampf. Form und Dekor des Schildbuckels sind typisch langobardisch. Die stempelverzierten Niete und der tierkopfendige Dreierwirbel aus vergoldetem Kupfer weisen den Schild als Prunkwaffe aus.   Me

8

**9 Goldener Fingerring mit gefaßter
Goldmünze,** Mitte 7. Jahrhundert. Grabfund aus Pfahlheim, Ostalbkreis/Württ.
FG 1149.
Der goldene Ring mit einem Solidus der
byzantinischen Kaiser Heraclius und Heraclius Constantinus (613/14 bis 630 oder
später) wurde in einem reichen alamannischen Kriegergrab im Gräberfeld von
Pfahlheim gefunden. Derartige Münzrin-
ge sind eine Modeerscheinung in Männergräbern der Mitte des 7. Jahrhunderts.
Neben dem Hinweis auf einen beschränkten Geldumlauf sind sie für die absolute
Chronologie der Grabfunde von aus-
schlaggebender Bedeutung. Ihr Emis-
sionsdatum bezeichnet den frühest mög-
lichen Zeitpunkt der Grablegung und bietet Anhaltspunkte für die Datierung der
Grabfunde. Me

9

10 Flasche mit Tierfries. Östliches Mittel-
meergebiet, 7. Jahrhundert. Bronze; 17,8
cm. Grabfund aus Pfahlheim, Ostalbkreis/
Württ. FG 1146.
Die Oberfläche der gegossenen und auf
der Werkbank gedrehten Flasche ist poliert und mit einem eingepunzten Fries
von Meerestieren (Delphin, Polypen) verziert. Derartige Bronzegefäße aus dem
östlichen Mittelmeerraum, aus Syrien
oder dem koptischen Ägypten gelangten
über das langobardische Italien in die
Länder nördlich der Alpen. Als Importgut
in überdurchschnittlich ausgestatteten
Gräbern bezeugen sie die weitreichenden
Handelsverbindungen der führenden Ge-
sellschaftsschicht im austrasischen Teil
des Merowingerreiches während des
7. Jahrhunderts. Me

10

11

11 Knickwandtopf. Alamannisch, 7. Jahrhundert. Grauer Ton, mit Gitterstempel-
zier; 16 cm, Dm. 26 cm. Grabfund aus
Herbrechtingen, Kr. Heidenheim/Württ.
FG 2166.
Das im Querschnitt doppelkonische,
dünnwandige Gefäß wurde auf der
Scheibe gedreht und dann reduziert
gebrannt. Die Gefäßschulter zieren hän-
gende Dreiecke aus schraffierten Ovalen,
die mit einem Metallmodel eingedrückt
wurden. Nach heidnischem Ritus gelangte der Topf als Speisebehältnis in das
Grab einer vornehmen Alamannin. In
seiner Form entspricht er einheimischen
Gefäßtypen, doch lassen sich Gitterstem-
pelmuster und Drehscheibentechnik auf
langobardische Einflüsse zurückführen.
Me

12

12 Prunkspatha, 2. Hälfte 9. Jahrhundert.
Eisen, tauschiert; L. 89 cm. Flußfund aus
dem Altrhein bei Mannheim. FG 2187.
Der schweren, zweischneidigen Waffe ist
auf der Vorderseite in die Kehlung der
Klinge die Inschrift + VLFBEHT + eintau-
schiert. Die Buchstaben in Form von karolingischen Majuskeln bestehen aus da-
masziertem Eisen. Die Rückseite trägt in
derselben Technik ein geometrisches Ornament, das als Schmiedemarke gedeu-
tet wird. Vom Gefäß des Schwertes sind,
flächendeckend schachbrettartig in Silber
und Messing tauschiert, Knauf und Parierstange erhalten. Schwertklingen mit
der Inschrift Ulfberht wurden nachweis-
lich vom 8. bis in das 12. Jahrhundert hergestellt. Das Produktionszentrum ist im
Rheinland zu suchen, von wo die Waffen
offensichtlich bis in die entlegensten Gebiete Europas exportiert wurden. Me

13

13 Adlerfibel. Ostgotisch, um 500. Gold, Almandine, Elfenbein und Lapislazuli in flächendeckendem Zellwerk; 12 cm. Gefunden in Domagnano, Rep. San Marino. FG 1608.
Die mit 246 Zelleneinlagen verzierte Adlerfibel (Brustspange) aus 22karätigem Gold von 128,44 g Gewicht ist einer der bedeutendsten archäologischen Kleinfunde aus dem ostgotischen Italien Theoderichs d. Gr. Sie gehört zu einem Schatz von außerordentlich hoher handwerklicher Qualität und materiellem Wert, der 1893 bei Feldarbeiten auf einem Bauernhof gefunden und im Kunsthandel zerstreut wurde. Das Schmuckensemble besteht aus zwei Adlerfibeln, einer Bienenfibel, zwei Ohrgehängen und einem Kollier aus zweigliedrigen Anhängern, die heute in den Museen von Nürnberg, Paris, London, New York und San Marino aufbewahrt werden. Die Preziosen, die nach Form und Kombination der Stücke zur gotischen Frauentracht gehören, waren ehemals sicher Besitz einer Dame von fürstlichem Rang, die dem Hofe von Ravenna angehört haben wird. Me

14 Prunkschnalle mit Rechteckbeschlag. Ostgotisch, 1. Hälfte 6. Jahrhundert. Silber vergoldet, gefaßte Almandine, z. T. nielliert; 14,8 cm. Grabfund aus der Romagna/Italien. FG 1615.
Bügel, Dorn und Beschlag der Schnalle sind gegossen, die Schauseiten sind mit eingeschnittenen Ornamenten reliefiert. Prachtvoll ausgestaltete Gürtelschnallen bilden zusammen mit einem Paar auf der Brust getragener großer Bügelknopffibeln das stereotype Inventar ostgermanisch-gotischer Frauengräber, die sich hierin deutlich von den Bestattungen der Franken, Alamannen, Langobarden und

anderer westgermanischer Stämme unterscheiden. Diese spezifische Schmuckkombination in Relation mit der bezeichnenden Grablage ist in Südrußland, auf dem Balkan, in Italien und Spanien archäologisch nachzuweisen und dokumentiert die Stationen der gotischen Wanderung. Me

15 Vogelfibel, 1. Hälfte 6. Jahrhundert. Silber, stark vergoldet, Almandineinlage; 2,7 cm. Grabfund aus Andernach, Kr. Mayen. FG 201.
Kleinfibeln sind in Kombination mit großen Bügelfibeln funktionaler Bestandteil der germanischen Frauentracht des 5. und 6. Jahrhunderts. In gesicherter Grablage finden sie sich einzeln oder paarweise im Brustbereich weiblicher Bestattungen. Die Fibel aus Andernach ist durch den gekrümmten Schnabel, das große Auge, den trapezförmigen Fuß und das kräftig konturierte Gefieder eindeutig als Raubvogel stilisiert. Die Ausgestaltung von Schmuck und Trachtzubehör zu Tierbildern ist typisch für das Kunsthandwerk im frühen Mittelalter. Bestimmten Gottheiten zugeordneten Tieren kam in der germanischen Vorstellungswelt apothropäische Bedeutung zu. Ihr Bild schützte den Träger vor Unheil. Me

15

16

16 Schläfenring, 8./9. Jahrhundert. Silber; Dm. 6,3 cm. Gefunden in Adelsdorf, Kr. Höchstadt a. d. Aisch. FG 715.
Der massive Silberring mit S-Hakenverschluß und drei mitgegossenen doppelkonischen Knoten ist mit zwei weiteren Teil eines kleinen Schatzes, der in einem Tongefäß vergraben wurde. Die sog. Schläfenringe gehörten nach Ausweis zeitgleicher Frauengräber zum Kopfputz der bäuerlichen Gesellschaft in den östlichen Randgebieten des Karolingerreiches. Sie waren paarweise oder zu mehreren in ein Kopftuch oder -band eingehängt. In den slawischen Gebieten Mittel- und Nordostdeutschlands läßt sich diese Mode bis in das hohe Mittelalter verfolgen. Typologische und trachtgeschichtliche Vorformen sind in süd- und westdeutschen Reihengräbern des späten 7. Jahrhunderts nachzuweisen. Me

14

17

Schwarzsilber oder Email können einst die Vertiefungen ausgefüllt haben. Form und Verzierung des Bechers weisen auf eine sakrale Bestimmung. Dem Typ nach gehört das Gefäß zu einer kleinen Gruppe kontinentaler Metallarbeiten, deren Ornamentik mit den Zierformen angelsächsischer Buchmalerei des 8. Jahrhunderts in Verbindung steht.   Me

17 Vierpaßfibel. Fränkisch, 2. Hälfte 7. Jahrhundert. Gold mit Filigran, einzeln gefaßten Stein- und Glaseinlagen; 7,5 cm. Grabfund aus Mertloch, Kr. Mayen. FG 15.
Auf einer bronzenen Grundplatte mit der Nadelkonstruktion ist über einem Tonkern der Zierteil aufgesetzt. Vierpaßfibeln und entsprechende Scheibenfibeln treten in ihrer Funktion als einzeln getragene Broschen in der Merowingerzeit auf und bestimmen das Bild der Frauentracht bis in das hohe Mittelalter. Sie lösen die paarweise benützten Bügel- und tierförmigen Kleinfibeln der eigentlich germanischen Mehrfibeltracht ab. Die Vorbilder für die neue Mode, die einen anderen Schnitt der Gewänder voraussetzt, lassen sich im mittelmeerisch-byzantinischen Bereich suchen.   Me

19

18

18 Ovale Scheibenfibel. Fränkisch, 1. Hälfte 8. Jahrhundert. Bronze, z. T. vergoldet, Pseudocamee; 6,5 : 4 cm. Grabfund aus Mertloch, Kr. Mayen. FG 51.
Die Pseudocamee zeigt auf dunklem, mit Goldflitter versetztem Grund einen nach links schreitenden weißen Vogel mit geperlten Konturen. Solche in einem komplizierten Gußverfahren aus Glasfluß hergestellte, polychrome Cameen ahmen im 8. und 9. Jahrhundert antiken Steinschnitt nach.   Me

19 Becher mit Flechtbanddekor, Mitte 8. Jahrhundert. Silber, gegossen, innen Reste von Vergoldung; 10,3 cm, Dm. 11,6 cm. Gefunden bei Pettstadt, Kr. Bamberg. FG 1966.
Die Randzone des beutelförmigen Bechers auf kleiner, zentrierter Standfläche ist mit einem eingetieften Ornament verziert, das sich in vier Bändern bis zum Boden fortsetzt und unverzierte Felder ausspart. Der nachgeschnittene und mit feinen niellierten Linien konturierte Dekor ist aus einem unendlichen Geflecht ineinander verschlungener Tiere gebildet.

20 Fragment des Lukasevangeliums. Kloster Mondsee, um 780. 28 Bll.; 32 : 20 cm. Hs 27 932.
Der lateinische Text des Evangeliums gibt die Fassung der sog. Itala, d. h. eine Übertragung aus dem Griechischen, die älter ist als die Übersetzung des Hl. Hieronymus, die spätestens seit karolingischer Zeit die im Abendland allein übliche Hl. Schrift war. Verwendet ist die vom 4. bis 8. Jahrhundert herrschende sog. Unzialschrift aus Großbuchstaben. Sie wurde in der Schriftreform Karls des Großen durch die karolingische Minuskel ersetzt, die bis heute die Grundlage unserer Schrift bildet. In Text und Schrift weist die Handschrift so auf älteste, bis in die Spätantike zurückreichende Überlieferungsschichten. Einzelne Initialen sind mit kleinen Flechtbandornamenten, Blatt- und Fischmotiven in Gold, Silber, Gelb und Grün ausgezeichnet.   Ka

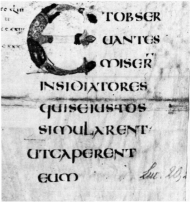

21

21 Buchkasten, 9.Jahrhundert. Holz, vergoldete Bronze- und Kupferbeschläge, Reste ehemaliger Silberreliefs; 35:25,5: 14 cm. KG 1133.
Kostbare Buchkästen dienten wie mit Gold und Elfenbein geschmückte Buchdeckel im frühen Mittelalter zum Schmuck und zur Verwahrung der bei der Liturgie verwendeten Evangelienhandschriften. Ein Kreuz mit einem aufgelegten Mittelfeld gliedert wie bei dem ottonischen Buchdeckel aus Trier (Nr.33) die Vorderseite. Die Bronzebeschläge sind mit ihren Drachen noch ganz der germanischen Ornamentkunst verhaftet. Die Ranken der Seitenwände weisen in freien antikischen Bildungen auf die spätkarolingische Hofkunst der Zeit Kaiser Karls des Kahlen. Ob die verlorenen Silberreliefs in den Feldern der Oberseite nach Analogie anderer Buchdeckel die Gestalt des thronenden Christus und die Evangelistensymbole gezeigt haben oder nur mit Flechtbandmotiven überzogen waren, läßt sich nicht mehr erkennen. Ka

22

22 Elfenbeinrelief. St.Gallen, gegen 900. 23,5:9,8 cm. Pl 311.
Das von einem Buchdeckel stammende Elfenbeinrelief zeigt innerhalb eines profilierten Rahmens drei mit Blattwerk gefüllte nahezu quadratische Felder; im mittleren steht in einem gesondert gerahmten Rundfeld mit gespreizten Flügeln ein Vogel, den man als Adler und damit als Symbol des Evangelisten Johannes anzusehen haben wird. Das Blattwerk ist im einzelnen trotz seiner nur millimeterstarken Tiefe von plastischem Reichtum und feinster Differenzierung. Möglicherweise war die Tafel mit einer weiteren in den Maßen übereinstimmenden St.Gallener Elfenbeinplatte mit der Darstellung der Kreuzigung und Auferstehung Christi im Museum in Budapest als Vorder- und Rückdeckel eines Buches verbunden. Ka

23

23 Fibel. Rheinland (?), 10./11.Jahrhundert. Gold, Glasflüsse; Dm. 5,1 cm. FG 1973.
Während aus heidnisch-germanischer Zeit Schmuckstücke in reicher Fülle in Gräbern überkommen sind, ist aus dem frühen und hohen Mittelalter infolge des kirchlichen Verbotes der Grabbeigaben weltlicher Schmuck im Gegensatz zu kirchlichen Edelmetallarbeiten fast nicht erhalten. Die goldene Rundfibel hatte ursprünglich in der Mitte ein farbiges Emailplättchen; die Mittelscheibe trug zwischen Filigranstegen aus aufgelöteten Goldblechstreifen vier Edelsteine oder Glasflüsse, deren leere Fassungen noch vorhanden sind. Die gesamte Mitte ist durch eine Rundbogenstellung über die äußere Grundplatte erhoben, die über ebensolchen Arkadenreihen acht kuppelförmige Aufbauten trägt, in denen blaue und grüne Glasflüsse mit granulierten Goldkugeln wechseln. Ka

24 Die Himmelfahrt Christi. Ägypten, Ende 6. bis Anfang 7.Jahrhundert. Wirkerei in Leinen und Wolle; 12:13 cm. Gew 236.
Das um 1885 in einem Grab der christlichen Kopten Ägyptens gefundene Medaillonfragment ist als gewirkte Verzierung eines Leinengewandes mit Leinen- und mit bunten Wollfäden auf dem Webstuhl gearbeitet. Der Kreuznimbus bezeichnet die mittlere Figur als Christus. Die beiden Tiere zu seinen Seiten, die hier zwar eher als Panther denn als Pferde erscheinen, tragen ihn in den Himmel. Die Darstellung, die auf antike Verbildlichungen der Auffahrt des Sonnen-

gottes Helios zurückgeht, ist in ihrer ent-
körperlichenden Stilisierung typisch für
die christliche Umsetzung des Themas
durch die Kopten. Die ursprüngliche Le-
bensnähe in koptischen Werken des 4./
5. Jahrhunderts wurde Schritt für Schritt
aufgegeben bis hin zu fast völliger Abstraktion im 8./9. Jahrhundert. vW

25 Schläfenring, 8./9. Jahrhundert. Gold
mit Filigran und Granulation; 10,5 cm.
FG 977.
Nach Ausweis ost- und südosteuropäi-
scher Grabfunde wurden Schläfenringe
paarweise oder in Sätzen als Gehänge an
einem Kopfband getragen. Diese Mode
ist typisch für die Frauentracht der karo-
lingisch-ottonischen Epoche, die unter
dem Einfluß byzantinischer Vorbilder
stand. Der 1887 aus dem Kunsthandel erworbene Schmuck mit Hakenösenver-
schluß, halbmondförmiger durchbrochener Innenzier und rundem Appendix in
Durchbruchtechnik ist eines der qualität-
vollsten Beispiele seiner Art. Das hervorragend ausgeführte Filigran und die reiche Granulation machen eine italo-byzan-
tinische Herkunft des Stückes wahrscheinlich. Me

26 Seidenfragment mit Jagdszene.
Syrien oder Ägypten, Ende 8. bis Anfang
9. Jahrhundert. 33,5 : 51,5 cm. Gew 368.
Das Muster des vermutlich aus einem
rheinischen Kirchenschatz kommenden
Geweberestes ließ sich mit Hilfe eines
zugehörigen, bis 1945 im Berliner Kunst-
gewerbemuseum aufbewahrten Stückes
rekonstruieren: In gerahmten Kreisen
von ca. 80 cm Durchmesser ritten jeweils
zwei königliche Reiter auf Flügelpferden
über Tierkampfszenen aufeinander zu.
Das aus Persien stammende Thema
wurde im gesamten Orient und ebenso in
Byzanz beliebt und ist in der Seidenweberei mit einer Reihe von Varianten erhalten. Solch kostbare Seidenstoffe gelangten über den Handel und als Geschenke
in das Abendland, wo sie für weltliche
und für liturgische Gewänder und – wegen ihres hohen Wertes – als allein würdige Hüllen der verehrten christlichen Reliquien Verwendung fanden. vW

27 Reliquienbeutel. Byzanz, 2. Hälfte
11. Jahrhundert. 15 : 13,5 cm. KG 562.
Auf der Vorderseite des Beutels aus pur-
purfarbener Seide bilden applizierte, von
Perlkränzen eingefaßte, vergoldete Sil-
berplättchen in Form des griechischen
Kreuzes ein quadratisches Feld, in das ein
Kreuz eingestellt ist; seine Plättchen sind
in der Mitte durch Almandine ausgezeichnet. Leisten – an den Seiten und unten
– mit Steinfassungen tragen zur weiteren
Bereicherung der prunkvollen ehemaligen Reliquienumhüllung bei. Auf der
Rückseite ist auf roter Seide mit Goldfäden ein Doppelkreuz gestickt, aus dessen
Fuß Rankenwerk hervorwächst; die griechischen Buchstaben IC und XC darüber
stehen für Jesus Christus. Die Tasche
stammt wahrscheinlich aus einem Kirchenschatz der Diözese Hildesheim und
könnte mit vielen anderen Kostbarkeiten
nach der Plünderung Konstantinopels im
Jahre 1204 nach Niedersachsen gekommen sein. vW

24

25

26

27

28

28 Medaillon mit Johannes dem Täufer.
Byzanz, 12. Jahrhundert. Perlstickerei;
Dm. 9,5 cm. Gew 2430a.
Die Halbfigur des bärtigen, nach links ge-
wendeten Täufers gehörte ursprünglich
vielleicht zu einer Deesis, der byzantinischen Darstellung von Christus als Wel-
tenherrscher und Weltenrichter mit Maria
und Johannes dem Täufer als Fürbittern
der Menschheit. Die Flächen des Hintergrundes und des Gewandes sind dicht
mit kleinen Perlen bestickt, während Gesicht und Hände mit Seiden-, die Konturen und die griechischen Buchstaben mit
Goldfäden gestickt sind. Wegen der Kostbarkeit der echten Perlen sind von den
einst zahlreich vorhandenen Perlarbeiten
nur sehr wenige, die meisten zudem in
fragmentarischem Zustand, erhalten.
vW

sern sind – überwiegend aus abendländischen Kirchenschätzen – vierzehn bekannt. Die ältere Annahme ihrer Entstehung in Ägypten ist durch neuere Boden-
funde in Weißrußland, wo im 12. Jahrhundert ähnliche Gläser hergestellt wurden, erschüttert worden. Der Name
Hedwigglas weist auf ein legendarisches
Weinwunder, das sich in einem solchen
der Hl. Hedwig von Schlesien (gest. 1243)
gehörenden Glase vollzogen haben soll.
Der Becher ist im späteren Mittelalter
durch den zugefügten kupfervergoldeten
Fuß zu einem Meßkelch oder Reliquiar
umgearbeitet worden. Ka

30

30 Pyxis. Sizilien, 12. Jahrhundert. Elfenbein, mit vergoldeten Bronzebeschlägen;
7:7,5:7,7 cm. KG 718.
Elfenbein diente vor allem in Verbindung
mit Gold und Edelsteinen in der Spätantike und dem frühen Mittelalter zum
Schmuck von Buchdeckeln oder zur Herstellung von Hostiendosen. Im 12. Jahrhundert, als der Vorrat der im Abendland
vorhandenen antiken Elfenbeinplatten offenbar aufgebraucht war, konnte fast nur
noch Walroßzahn als Ersatz verarbeitet
werden. Außerhalb der islamischen Welt
standen lediglich in Süditalien aus Afrika
neu eingeführte Elefantenzähne zur Verfügung. Dort wird das kleine, aus einem
Stück geschnitzte Kästchen in der Form
eines Zentralbaus mit Apsiden an den
vier Seiten wohl als Reliquiar oder Kreuzfuß geschaffen worden sein. Ka

29

29 Hedwigglas. Fatimidisch, 10. Jahrhundert. Glas, geschnitten; 9,7 cm. KG 564.
In die dicke Wandung des rauchtopasfar-
benen Glases sind in Hochschnitt zwei
hintereinander schreitende Löwen und
ein Greif eingeschnitten. Von den sogenannten fatimidischen Hochschnittglä-

32

31 Reliquienostensorium. Venedig, um 1350; fatimidischer Bergkristall von 1021/36. Silber, vergoldet; 42 cm. KG 695.
Die erneuerte Reliquientafel ist umgeben von einem Bergkristallring, der möglicherweise ursprünglich als Beißring Bestandteil eines Pferdegeschirres war. In ihn ist eine kufische Segensinschrift für den ägyptischen Kalifen Zähir (1021-36) eingeschnitten. Der Bergkristall wurde um 1350 durch einen Goldschmied in Venedig zu einem Reliquienschaugefäß umgearbeitet. Solche Verwendung kostbarer fremdländischer Gegenstände, insbesondere aus Bergkristall und Edelstein, für liturgische Geräte war im Mittelalter beliebt, wobei man an der ehemals weltlichen Zweckbestimmung, soweit man sie kannte, keinerlei Anstoß nahm. Der Kristallring war in der Mitte von einer Kreuzigungsgruppe bekrönt. Ka

32 Sog. **Ardennenkreuz** (Vortragekreuz), 2.Viertel 9.Jahrhundert. Holzkern, mit Gold- und vergoldetem Kupferblech beschlagen, mit Edelsteinen und Glasflüssen besetzt; 73:45 cm. KG 763.
Das nach seiner angeblichen Herkunft aus einem Kloster in den luxemburgischen Ardennen benannte Vortragekreuz ist eines der ganz wenigen erhaltenen frühmittelalterlichen Großkreuze mit Edelsteinschmuck. Die crux gemmata, das mit Edelsteinen verzierte Kreuz, war seit der Spätantike als Zeichen des Sieges Christi über Sünde und Tod und seiner Wiederkehr am Ende der Zeiten in Liturgie und Kunst geläufig; die Verehrung des Kreuzes als Leidenswerkzeug Christi und die plastische Darstellung des sterbenden oder toten Christus am Kreuz gehören erst einer späteren Zeit an. Der von Edelsteinen umgebene Bergkristall in der Kreuzmitte wird ursprünglich eine Kreuzreliquie bedeckt haben. Auf der Rückseite ist als Mitte des Rankenschmucks die Darstellung eines Agnus Dei zu vermuten. Ka

31

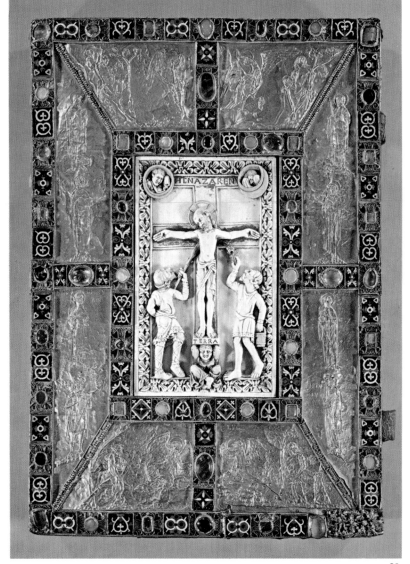

33

33 Buchdeckel des codex aureus aus Echternach. Trier, 985-991. Holz, Elfenbein, Goldblech, Zellenschmelze, Edelsteine und Perlen; 44 : 31 cm. KG 1138. Der Deckel, ein Geschenk König Ottos III. (983-1002) und seiner Mutter Theophanu (gest. 991) an die Abtei Echternach bei Trier, schmückte die nebenliegende Evangelienhandschrift (Nr. 34). Der Kreuzigung Christi über der Personifikation der Erde sind auf den goldgetriebenen Reliefs außer den Patronen der Abtei Echternach und den Stiftern die in kosmischer Bedeutung verbundenen Evangelistensymbole und Paradiesflüsse zugeordnet: Wie die vom Paradies aus in die vier Himmelsrichtungen die Welt durchströmenden Flüsse verbreiten die Evangelien das vom Kreuz Christi ausgehende Heil. Die Ornamentik mit den Almandinherzen und den transluziden Schmelzen auf Goldgrund findet sich auch in anderen Werken einer vor der Jahrtausendwende in Trier für Erzbischof Egbert tätigen Goldschmiedewerkstatt.   Ka

34

34 Codex aureus der Abtei Echternach.
Echternach, um 1020-30. 136 Bll; 44:31
cm. Hs 156142.
Das Evangeliar ist die früheste der großen ottonischen Prunkhandschriften, welche die Schreib- und Malschule der Abtei
Echternach meist in kaiserlichem Auftrag
geschaffen hat. Der Text ist in Gold auf
Pergament geschrieben; alle Bild- und
Zierseiten haben Purpurgrund. Unzählige
Initialen und Ziertitel schmücken die An-
fänge der einzelnen Abschnitte der Evangelien. Ein ganzseitiges Bild des in der
Glorie thronenden Christus, umgeben
von den vier Evangelisten und ihren
Symbolen als Darstellung der Evange-
lienharmonie, steht am Anfang der Handschrift; Ziertitel und zehn Kanontafeln folgen. Jedes der vier Evangelien beginnt
seinerseits mit vier Zierseiten, vier Seiten
mit streifenförmig angeordneten Bildern
aus dem Leben Christi, dem Bild des
schreibenden Evangelisten und weiterer
drei Zierseiten. Ka

35 Gereonsteppich. Rheinland (?), 3. Viertel 11. Jahrhundert. Wirkarbeit in Leinen
und Wolle; 71:150 cm. Gew 421.
Das Eckfragment gehört zu einem größeren, in drei Farben gewirkten Stück eines
Teppichs, das 1857 in der Kölner St. Ge-
reonskirche gefunden wurde. Auf Vorbildern der byzantinischen und vorderasiati-
schen Seidenweberei fußend, zeigt das
Muster dieses ältesten erhaltenen deutschen Wirkteppichs aneinandergereihte
Rundmedaillons, in denen ein Greif einen
Stier schlägt und sich links daneben ein
Adler erhebt. Dagegen sind einheimisch
geprägt die Stiermasken, die in den Borten und in den verbindenden kleineren
Kreisen symmetrische Ranken verknüp-
fen. Darstellungen derartiger Themen
– Tierkämpfe, Szenen aus der antiken
Sage, Geschichte usw. – bedeckten ge-
webt, gemalt oder als Mosaik im hohen
Mittelalter die Sockelzone der Wände und
den Boden der Kirchen, unterhalb der
christlichen Bilder. vW

35

36

38

36 Emailplatten: Die Evangelisten Markus und Lukas. Maasgebiet, um 1160-70. Grubenschmelz und vergoldetes Kupfer; je 10,4 : 5,7 cm. KG 691/692.
Die halbkreisförmigen Scheiben müssen mit zwei verlorenen Darstellungen der Evangelisten Matthäus und Johannes den Schmuck einer Vierpaßform, vielleicht eines Scheibenreliquiars, gebildet haben, als deren Mitte eine Darstellung Christi oder ein Reliquienbehälter mit einem Bergkristall zu vermuten ist. Grubenschmelze dieser Art, bei der aus einer Kupferplatte Teile ausgehoben und dann mit farbigem Glasfluß gefüllt wurden, während die stehengebliebenen Teile der Oberfläche vergoldet wurden, sind seit der Mitte des 12. Jahrhunderts, vor allem im Rhein-Maasgebiet in großer Anzahl entstanden. Dieselben Werkstätten schufen Platten mit emaillierten Figuren auf goldenem Grund und mit emaillierten Gründen bei ausgesparten goldenen Figuren. Ka

37 Emailplatte: Majestas Domini. England (?), um 1160-80. Grubenschmelz und vergoldetes Kupfer; 21 : 11,4 cm. KG 690.
Christus, der in der Glorie zwischen den Buchstaben Alpha und Omega, die Anfang und Ende seiner Schöpfungstat bedeuten, auf dem Erd- oder Himmelsbogen thront, die eine Hand zum Segensgestus erhoben, in der anderen das aufgeschlagene Evangelienbuch, erscheint hier in dem wichtigsten spätantiken und mittelalterlichen Bildtyp. Seine Weltherrschaft und seine Wiederkehr am Ende der Tage bestimmen den Bildgehalt der Majestas Domini, der üblicherweise noch die Evangelisten oder ihre Symbole zugeordnet werden. Die Emailplatte gehört dem Stil nach nicht zu der reichen Emailproduktion der zweiten Hälfte des 12. Jahrhunderts im Rhein-Maasgebiet; gewisse Züge weisen nach England, wo freilich nur wenige Emails erhalten sind. Ka

38 Emailplatte: Petrus auf dem Wasser. England, um 1160-80. Grubenschmelz (weitgehend ausgebrochen) und vergoldetes Kupfer; 8,6 : 12,7 cm. KG 609.
Christus spricht mit erhobener Hand zu Petrus, der das Boot der fischfangenden Jünger verlassen hat, um über das Meer dem erscheinenden Herrn entgegenzugehen. Die große Redegebärde Christi wird von den kurvenden, mit blauem Email eingelegten Faltenzügen seines reich gemusterten Gewandes aufgenommen und mächtig gesteigert. Tiefblau ist auch der Grund emailliert; grün, grau und weiß sind die Wellen des Meeres; von Violett über Grau nach Weiß spielt das farbige Email des Rahmens. Die Platte gehört mit sechs weiteren in europäischen und amerikanischen Museen, die Szenen aus dem Leben der Hll. Petrus und Paulus darstellen, zu einer Gruppe, die wahrscheinlich zum Schmucke eines oder eher zweier Kästen oder Tragaltäre diente. Ka

39 Armilla (Oberarmschmuck) vom Ornat Kaiser Friedrich Barbarossas. Maasgebiet, gegen 1180. Grubenschmelz und vergoldetes Kupfer. 12 : 11,7 : 4,5 cm. KG 1239.
Zum Herrscherornat der deutschen Könige und Kaiser des Mittelalters gehörten kostbare, am Oberarm getragene Armspangen, sogenannte armillae. Während der Regierungszeit Kaiser Friedrich Barbarossas (1152/55-90) sind im Maasgebiet vier emaillierte armillae mit der Darstellung der Geburt und Darbringung, der Kreuzigung und Auferstehung Christi entstanden. Die beiden ersten, vielleicht zunächst zum Ornat der Kaiserin gehörig, befanden sich noch im 18. Jahrhundert

bei den damals in Nürnberg verwahrten Reichskleinodien und sind 1796 verloren gegangen. Die beiden anderen, bis heute erhaltenen (die mit der Auferstehung im Louvre, Paris), waren ursprünglich wohl für den Kaiser und König selbst bestimmt und dürften wegen ihrer Entstehungszeit noch von Barbarossa getragen worden sein. Stellen die rheinisch-maasländischen Emails schon an sich einen besonderen Höhepunkt der mittelalterlichen Goldschmiedekunst dar, so gehören gerade die armilla zu den schönsten Werken der Kunst dieser Gegend, in der in den Jahren um 1170/80 mehrere überragende Künstlerpersönlichkeiten tätig waren und in Goldschmiede- und Emailarbeit große Bildkompositionen dieser Art schufen. Ka

40

40 Kruzifix. Köln, um 1160 (Kopf um 1220). Weidenholz, Reste alter Fassung; 220 cm. Pl 33.
Der Kruzifix stammt vermutlich vom Triumphbogen der Kölner Kirche St. Maria im Kapitol und repräsentiert den frühesten Dreinageltyp. Bis in die Mitte des 12. Jahrhunderts zeigte das Bild des Gekreuzigten die Annagelung mit vier Nägeln, die Füße dabei nebeneinander. Trotz der Neigung zur monumentalen Vereinfachung wird hier das Bemühen um die Wahrheit des Erscheinungsbildes deutlich: Die Brust hat modellierte Rippen, der Bauch ist weich vorgewölbt. Die Neigung des Hauptes und das schräge Durchhängen des Körpers mit abgewinkelten Beinen veranschaulichen das vorausgegangene Leiden und Sterben. Der später ergänzte Kopf entstand erst um 1220 unter dem Einfluß der klassischen Kathedralplastik Frankreichs. Sta

gedrehte Säule mit eigener Basis und eigenem Kapitell in den mit Blattwerk und einer Weinrebe überzogenen Pfeiler eingestellt ist, so sind auch die hockende Karyatidenfigur und der Löwe in die miteinander vielfach verspannten Formgebilde des Vierkantblockes des Pfeilers mehr gezwungen, als daß sie den Kämpfer tragen. Ka

39

41 Pfeiler aus Kloster Prüfening. Regensburg, Mitte 12. Jahrhundert. Kalkstein; 148 : 48 : 22 cm. A 2680.
Der heute gänzlich verschwundene Kreuzgang der Benediktinerabtei Prüfening bei Regensburg wurde wahrscheinlich unter Abt Erbo I. (1121-62) erbaut. Seine Innenwand bestand aus offenen Arkaden mit wechselnden Stützen; auf zwei Säulen folgte jeweils ein Pfeiler nach Art des hier gezeigten, dessen Tiefe der Stärke des darüberliegenden Bogens und der Außenwand entsprach. Wie die

41

42

44

42 Kruzifixus. Schwaben, um 1100. Lindenholz, mit Resten alter Fassung; 141 cm. Pl 34.

Gegenüber der deutschen Kunst um die Jahrtausendwende, die sich noch mit dem überlieferten Formengut der Spätantike auseinanderzusetzen hatte, bemühte sich die Zeit des Meisters von diesem aus Urach/Württemberg stammenden Kruzifix um eine Formverfestigung, die, zunächst primitiv erscheinend, zu einer eigenständigen mittelalterlichen Kunstentwicklung führte. Der Oberkörper der Figur ist fast bretthaft reduziert und hat parallel geführte Umrisse. Die Modellierung zeigt überall das Bestreben, auf Grundformen zurückzugehen: Die Arme sind röhrenförmig, die Knie kugelig gebildet, der Schienbeingrat ist als gerade, scharfe Kante gegeben. Das Wissen um die natürliche Beschaffenheit des Körpers bleibt trotzdem vorhanden und ist spürbar gemacht in der Angabe der Beweglichkeit der Gliedmaßen. Sta

43 Thronende Muttergottes. Südtirol (Pustertal), um 1230. Föhrenholz, alt gefaßt; 60 cm. Pl 22.

Die Madonna soll aus einer Kapelle bei Bruneck stammen und läßt sich überzeugend mit gleichzeitiger Südtiroler Plastik verbinden. Ihr breitbeiniges Sitzen wirkt heute befremdend, weil das Christkind, das einst auf ihrem linken Knie saß, verloren ist. Die für die romanische Stilstufe charakteristische Blockgebundenheit ist noch wirksam, wird aber bereits aufgelockert durch die aus Frankreich über die Lombardei eingedrungenen Stilmerkmale der Gotik. Das Gewand umspielt unter dem roten Mantel in reicher Fältelung den Unterkörper. Auch das Kopftuch hängt aufgelockert auf die Schultern herab. Der Thron ahmt gedrechselte Arbeit nach und liefert die Vorstellung eines Prunkmöbels der Zeit um 1200. Sta

44 Johannes der Täufer. Oberschwaben, um 1280. Pappelholz, alt gefaßt; 99 cm. Pl 2342.

Die Kunst zeigt den Vorläufer Christi meist als bärtigen Asketen. Unser Johannes hat jedoch auffallend jugendliche Gesichtszüge. Diese Jugendlichkeit könnte sich aus der Legende erklären, nach der Johannes als Kind vorübergehend in der Wüste lebte und dort dem Jesuskind begegnete, als die Hl. Familie von ihrer Flucht nach Ägypten in die Heimat zurückkehrte. Doch entspricht diese Zuwendung zu einer Daseinsform in kindlicher Unschuld auch einer mystischen Gedankenwelt, die in der Zeit besonders in Frauenklöstern gepflegt wurde. Johannes trägt auf dem linken Arm das Lamm und in der Rechten einen (fragmentierten) Kelch, Hinweise auf Christus und dessen Blutopfer. Sta

45 Heiliges Grab. Maastricht, um 1100.
Bronze, gegossen, graviert; 22 : 15,8 cm.
KG 159.
Über dem unteren aufklappbaren Kasten,
der wohl eher zur Aufnahme einer Her-
ren- oder Heilig-Grab-Reliquie als zur
Aufbewahrung der Hostie und der Ölge-
fäße für den Krankenversehgang (Provi-
sur-Pyxis) diente, erhebt sich das in Arkaden durchbrochene Heilige Grab, in dem,
außen von zwei sitzenden Engeln be-
wacht, der tote Christus ruht; auf der Vorderseite des Kastens sind die Gestalten
der schlafenden Wächter eingraviert.
Über dem Dach steht auf einer baumarti-
gen Ranke eine fünffigurige Gruppe der
Kreuzabnahme. Die Verbindung zweier
historisch nicht gleichzeitiger Geschen-
nisse – Kreuzabnahme und Ruhe im
Grabe – ist an einem liturgischen Gerät,
das nicht der Erzählung der Passion, sondern der Verbildlichung ihres Heilsgehal-
tes dient, nicht ungewöhnlich. Ka

46

45

47 Gießgefäß in Gestalt eines Löwen.
Norddeutschland, um 1200. Bronze, gegossen, graviert; 21,4 : 23,2 cm. KG 491.
Wassergefäße in Tier- oder Menschengestalt aus Ton hatte bereits die Antike ge-
kannt; aus Silber und aus Bronze gegossen, dienten sie im frühen Mittelalter im
Orient als Räuchergefäße. Vom 12. bis
zum 15. Jahrhundert müssen sie im
Abendland als Gießgefäße zum Händewaschen während der Messe, aber auch
im profanen Bereich überaus beliebt gewesen sein. Silberne Aquamanilien werden häufig genannt; aus Bronze haben
sie sich in nicht geringer Zahl erhalten.
Der niedrige kurzbeinige Löwe mit dro-
hend aufgerissenen Augen, riesigen
Brauen und hochgezogenen Nüstern
zeigt wie ein zweites ebenfalls norddeut-
sches Untier in Löwengestalt mit einem
Hund im Maul und einem Drachen als
Griff (KG 493) den Phantasiereichtum und
die knappe Gestaltung der frühen norddeutschen Gießlöwen. Ka

47

46 Altarleuchter. Maasgebiet, 2. Hälfte
12. Jahrhundert. Bronze, gegossen, graviert, ehemals vergoldet; 14,6 cm.
KG 226.
Fuß und Knauf, durchbrochen gearbeitet,
bestehen aus Fabeltieren und Blattwerk.
Zwischen drei geflügelten Drachen wach-
sen auf sich verwölbenden Flächen die
Ranken aus dem Haupt eines Untieres
hervor, über dem jeweils ein nackter
Mann sitzt. Drei kleine Drachen kriechen
über den Knauf an der Unterseite der
Traufschale empor. Der Leuchter ist ein
Erzeugnis der im Maasgebiet, vor allem
in Lüttich, seit dem Anfang des 12. Jahrhunderts aufblühenden Bronzegießer-
werkstätten, in denen Altargeräte, Aquamanilien, Kruzifixe, aber auch größere
Gußwerke wie Taufbecken entstanden.
Ka

50

48

48 Gießgefäß in Gestalt eines Buckligen.
Niedersachsen (?), 13. Jahrhundert.
Bronze, gegossen, graviert; 26,8 cm.
KG 488.
Gießgefäße in Menschengestalt sind selten, allenfalls Kopf- und in späterer Zeit
Reiteraquamanilien kommen vor. Auch
der Bucklige mit übergroßem Kopf, Hüh-
nerbrust, dickem Bauch und kleinen ver-
krüppelten Beinen ist kein Mensch, sondern ein Flußgott. Die antiken Flußgötter
lebten in der Vorstellung des christlichen
Mittelalters weiter, einerseits als Personifikation der vier Paradiesesflüsse, andererseits wie viele antike Götter als dämo-
nisierte Unholde. Die verkrüppelte Erscheinung, die sich um seinen Arm win-
dende Schlange als Zeichen der Erde, des
Niedrigen und des Bösen, weisen in
diese Richtung. Die Schlange diente ursprünglich als Wasserausfluß; der auf
dem Bauch angebrachte Kran ist eine
spätere Zutat. Ka

49 Gießgefäß in Gestalt eines Hundes.
Nürnberg, um 1400. Bronze, gegossen,
graviert; 30,6 cm. KG 583.
Waren die Aquamanilien im hohen Mittelalter vorwiegend als zähnefletschende
Löwen, Drachen, jedenfalls als wilde, ge-
fährliche Bestien gebildet, so überwogen
im späteren Mittelalter die freundlicheren
Tiere, vor allem Pferde, aber auch Hir-
sche und Hunde. Das ältere Thema des
Kampfes mit den sich oft in den Hals des
Tieres verbeißenden Schlangen hatte
seine Schrecken verloren, auch wenn der
Griff der Gießgefäße traditionell die
Schlangenform beibehielt. Unter den vier
bekannten Hunden, sämtlich hochbeinig
mit flach gedrückten polsterförmigen
Schnauzen und großen Schlappohren
und fast immer mit Ringelschwanz, zeich-
net sich der Nürnberger durch besondere
Straffheit und federnde Spannkraft seiner
Körperhaltung aus. Ka

50 Antependium aus Quern. Schleswig
oder Jütland, um 1220-30. Kupfer, getrieben, vergoldet, Braunfirnis; 102 : 202,5
cm. Pl 201.
Das aus der Kirche in Quern bei Flens-
burg stammende Antependium, das in
späteren Jahrhunderten, mit gemalten
Flügeln versehen, als Altaraufsatz diente,
gehört als südlichstes Beispiel zu einer
Gruppe kupfervergoldeter Antependien
und Retabeln, von denen sich in Jütland
mehrere erhalten haben. Die Darstellung
des thronenden, von Evangelistensymbolen umgebenen Christus im Kreis der
zwölf stehenden Apostel hat durch die
Zufügung der Taube und des Lammes einen trinitarischen Bezug erhalten, in dessen Rahmen die Gestalt des Sohnes Christus zugleich das Bild des Vaters verkörpert, da nur in ihm der Vater sichtbare
Gestalt angenommen hat, während Christus selbst durch das Opfersymbol des
Lammes und die dritte göttliche Person
durch die Taube vertreten werden. Ka

49

51

51 Die Hll. Petrus und Paulus, Dominikus und Petrus Martyr. Oberbayern, um 1260. Gemälde auf Holz; 40,3 : 86,3 cm. Gm 1198.

Das Bruchstück eines Antependiums, das wahrscheinlich aus Kloster Altenhohenau stammt, gehört zu den ältesten Zeugnissen der Tafelmalerei in Bayern. Nur wenige Beispiele gemalter Altarvorsätze haben sich erhalten, die wohl einen billigeren Ersatz für die in Kupfer oder Gold ausgeführten (vgl. Nr. 50) bildeten. In der Zeit, als die Priester bei der Messe vor den Altar traten, entwickelte sich das hinter dem Altartisch stehende Retabel (Altaraufsatz). Aus der plastischen Form der Antependien sind in dem Werk aus Altenhohenau die halbrund ausgeführten Säulen übernommen, zwischen denen die Heiligen gemalt sind. Ihre knitterigen Gewänder weisen auf den Einfluß byzantinischer Vorbilder, die auch den Stil gleichzeitiger Buchmalerei bestimmen. Str

52 Büste einer Heiligen. Freiburg, um 1300. Sandstein, mit Resten alter Fassung; 32 cm. Pl 2186.

Das Fragment einer weiblichen Heiligen wurde im Mauerverband eines Hauses in Villingen gefunden und zu einer Büste abgearbeitet. Es zeigt den Stil von Figuren, die in der Hütte des Freiburger Münsters geschaffen wurden. Die Skulptur gehört also nicht zu den seltenen echten, meist in der Bauplastik verwendeten hochgotischen Büsten, deren Form letztlich zurückgeht auf eine römische Form des Porträts mit Konzentrierung auf den Kopf, der, vom Hals getragen, auf dem Fundament der Schultern ruht. Sta

52

53 Thronende Muttergottes. Maasgebiet, 1230. Weidenholz, originale Goldfassung; 43 cm. Pl 305.

Trotz äußerer Beschädigungen, die auch den Verlust des Christuskindes bedingen, macht sich die Qualität dieses Kleinbildwerkes geltend. Es war ganz auf Kostbarkeit der Gesamterscheinung angelegt. Dieser Wirkungsabsicht sollte auch die Vergoldung des Obergewandes dienen. Die feine Fältelung, welche die Glieder flüssig umspielt, ja deren Anatomie betont, zeugt von der Einwirkung der klassisch-gotischen Kathedralskulptur Frankreichs. Sta

53

54 Maria im Wochenbett. Niederrhein, um 1350. Eichenholz, mit alter Fassung; 53 cm. Pl 18.

Im Laufe des 14. Jahrhunderts entstand eine Reihe von Einzelfiguren und Gruppen, die einen größeren Zusammenhang innerhalb der Heilsgeschichte vertreten. Christus als Schmerzensmann und als Kreuzträger, Johannes, der an der Brust Christi ruht, sind hervorragende Beispiele aus dem Umkreis der Passion. Aus den Szenen des Marienlebens ist die Darstellung der Gottesmutter im Wochenbett genommen, die das Geheimnis der Menschwerdung vertritt und im Sinne der Mystik mit dem Gemüt faßbar macht. Das Kind sitzt nackt auf dem Schoß der liegenden Mutter und greift nach ihrer Brust. Der Typus der Darstellung spricht für eine Herkunft vom Niederrhein. Sta

54

55 Krümme eines Bischofsstabes. Limoges, 2. Hälfte 13. Jahrhundert. Grubenschmelz und vergoldetes Kupfer; 34 cm.
KG 608.
Seit dem 12., vor allem aber im 13. Jahrhundert entstanden in der südwestfranzösischen Stadt Limoges in großem Umfang kirchliche Geräte aus vergoldetem
Kupfer, deren Hauptschmuck blauer, grüner, roter und weißer Grubenschmelz bildete. Eine Besonderheit der Limousiner
Werkstätten, die ihre Erzeugnisse in einem für mittelalterliche Verhältnisse geradezu industrieartigen Umfang nach
ganz Europa lieferten, war die Verbindung von Grubenschmelz mit plastischen
Darstellungen. Der Knauf der Krümme
zeigt in Email einen Adler mit Menschen-
kopf als Symbol des Evangelisten Johannes. Die Kurve selbst umschließt eine
plastische Gruppe der Marienkrönung.
                                           Ka

56

55

56 Thronende Muttergottes. Regensburg, um 1290. Sandstein, mit spätgoti-
scher und neuerer Fassung; 140 cm.
Pl 2300.
Vor ihrer Erwerbung durch das Museum
befand sich die Muttergottes in der
Durchfahrt eines Straubinger Wohnhau-
ses, doch war sie ursprünglich nicht für
diesen profanen Platz bestimmt. Der bedeutendste im Regensburger Bistum gegen Ende des 13. Jahrhunderts tätige
Bildhauer war der Erminoldmeister, so
benannt nach seinem Hauptwerk, dem
Grab des Abtes Erminold in der Klosterkirche zu Prüfening. Der Schöpfer unserer
Muttergottes steht diesem großen Meister nahe und hat sich dessen Vorliebe
für rauschende Gewandmassen zu eigen
gemacht. In der Behandlung des Mantel-
endes, das von den Knien der Gottesmutter in Kaskaden herabfällt und Strudel in
Bodennähe bildet, sucht er das Vorbild zu
erreichen. Das Kind greift an die Rosen-
brosche der Mutter; eine Geste, die der
Auflockerung der hieratischen Feierlich-
keit dient.   Sta

57 Meßkelch mit Patene. Hildesheim,
um 1230. Silber, vergoldet, Filigran und
Niello; 14,7 cm. KG 516.
Der niedrige Meßkelch aus Kloster Ma-
riensee bei Hannover weist auf seinem
Fuß ein reiches auf die Eucharistie bezo-
genes Programm auf. In vier großen Medaillons stehen vor nielliertem Grund die
gravierten und vergoldeten Darstellungen der Kreuzigung Christi und ihrer typologischen Vorbilder aus dem Alten Testament: Abel opfert Feldfrüchte, Abraham opfert seinen Sohn Isaak und König
Melchisedech opfert Brot und Wein. Vier
kleine Medaillons zeigen Brustbilder von
Propheten und Aposteln, denen die auf
dem Rand eingravierten, auf die Kreuzigung Bezug nehmenden Texte aus dem
Brevier der Karwoche zugeordnet sind.
Der Knauf des Fußes ist mit Filigran übersponnen, das vier kleine Medaillons mit
Christus als Weltenrichter, dem Agnus
Dei und den vier Evangelistensymbolen
freiläßt.   Ka

58

58 Maria mit dem Kind. Passau, um 1300.

Grünsandstein, mit spärlichen Resten alter Fassung; 139 cm. Pl 2384.
Die Figur stammt aus der Ortenburgkapelle des Passauer Domes, doch ist ihre ursprüngliche Aufstellung in diesem Kirchenbau nicht bekannt. Statuen der stehenden Muttergottes wurden bevorzugt außen am Mittelpfeiler von Doppelportalen angebracht, aber auch an der entsprechenden Stelle des Innenraumes. Der gotische S-Schwung, der die Haltung des Körpers bestimmt, die von der Hüfte ausgehenden, lang durchgezogenen Falten, die das Standmotiv verschleiern und in zwei großen Schüsselfalten ihren Gegenpart finden, sind für die Zeit um 1300 typisch. Das im 13. Jahrhundert oft noch grimassierende Lächeln hat sich gelöst und läßt die Figur mit ihrer liebevoll spielerischen Verbindung zwischen Mutter und Kind dem individuellen Beter besonders zugewandt erscheinen. Sta

59 Leopardenkasten. Thüringen, 2. Hälfte 13. Jahrhundert.

Holz, mit Pergament überzogen, innen und ursprünglich auch außen versilbert; 36 : 45 : 23 cm. HG 8215.
Der auf kurzen Beinen kauernde, wie ein Wappentier stilisierte mächtige Löwe mit seinem dem Beschauer zugewandten Gesicht, im Sprachgebrauch der Heraldik also ein Leopard, diente als Kasten. Die Spuren dicker Eisennägel zeigen, daß vorn ein Schloß, hinten zwei Scharniere und im Rücken ein Griff zum Tragen vorhanden waren. Auf der Brust ist ein sitzendes Paar gemalt; der Mann, der ein purpurfarbenes Gewand mit lang herabfallenden Zierärmeln trägt, scheint auf der Hand einen rot-weiß gemalten Vogel gehalten zu haben, während von der Dame nur noch ihr schwarzes Kostüm zu erkennen ist. Einer der Wappenschilde auf den Schenkeln des Tieres soll früher den Löwen der Grafen von Schwarzburg-Rudolstadt gezeigt haben, aus deren Besitz der Kasten stammt. Ka

59

60 Reliquienschrein. Limoges, um 1300.

Holz, mit vergoldeten Kupfer- und Grubenschmelzplatten; 37,6 : 20 : 43,5 cm. KG 674.
In Form eines Hauses mit steilem Satteldach gebildet, ist der hölzerne Kasten ganz mit blauemaillierten Platten mit einem regelmäßigen Muster aus vergoldeten Blüten bedeckt. Auf der Vorderseite sind als kupfergetriebene Hochrelief-Figuren der gekreuzigte Christus zwischen Maria und Johannes und zwei Weihrauchfässer schwingende Engel, auf den Seitenwänden die Hll. Petrus und Paulus angebracht. Auf der Dachschräge tragen zwei weitere Engel das Haupt eines heiligen Bischofs, wahrscheinlich des Hl. Saturnin, des Patrons der wichtigsten Toulousaner Abtei St. Sernin; rechts und links knien zwei Stifter. Die Wappen der Stadt Toulouse neben denen Frankreichs und der Normandie (= England) auf der Rückseite des Schreins deuten die ursprüngliche Bestimmung des Reliquienschreines, der wohl das Haupt des Hl. Saturnin enthielt, für Toulouse an. Ka

60

61

61 Kopfreliquiar des Hl. Gonsaldus.
Deutsch, um 1320. Kupfer, getrieben, vergoldet; 23,3 cm. KG 589.
Reliquienbehälter sind im Mittelalter häufig in der Form der in ihnen geborgenen Reliquie gebildet. Zur Aufnahme einer Schädelreliquie, die hier durch eine gitterartige Öffnung auf dem Kopf sichtbar gemacht war, dienten deshalb vornehmlich Kopf- und Büstenreliquiare. Außer einer Partikel vom Schädel des Hl. Gonsaldus, eines südwestfranzösischen Heiligen des 7. Jahrhunderts, enthielt die Büste nach der Inschrift des Sockels Reliquien von neun weiteren Heiligen. Sie ist, nach dem Vorbild ähnlicher Reliquiare aus Limoges, aus Kupfer in zwei Teilen getrieben und zusammengelötet. Die in modischen Wellen über die Ohren gelegten Haare und die Augen sind graviert, der Bart durch Punzierung wiedergegeben. Vgl. Nr. 112. Ka

62 Die Hl. Anna Selbdritt. Steiermark, um 1330. Ahornholz, mit Resten alter Fassung; 52 cm. Pl 2494.
Die Darstellung der Mutter Anna in Verbindung mit ihrer Tochter Maria und dem Christuskind ist eine Schöpfung des 13. und 14. Jahrhunderts. Maria sitzt mit ihrem Kind auf dem Arm ihrer Mutter, als Attribut diese kennzeichnend. Bei den frühen Gruppen ist ein realistischer Maßstab zwischen den Generationen nicht gewahrt. Die Namen der Mutter Mariens und ihres Mannes Joachim werden nur in apokryphen Texten genannt. Der Kult der Hl. Anna gewann durch die Kreuzzüge vermehrte Bedeutung, erreichte aber seinen Höhepunkt erst am Ende des Mittelalters mit der Diskussion um die unbefleckte, d. h. von der Erbsünde freie Empfängnis Mariens im Mutterschoß der Hl. Anna. Die Herkunft unserer Figur aus der Gegend von Mariazell bestimmte die kunsthistorische Einordnung. Sta

62

63 Mitra. Venedig, um 1325. Bunte Seiden- und Goldstickerei; 25,5 cm (ohne die Bänder). KG 709.
Die Vorderseite zeigt in ganzen Figuren die Verkündigung an Maria, die Rückseite die Hll. Laurentius und Antonius von Padua. Während auf den Borten dazwischen und darunter Heiligenbüsten vorn biblische Gestalten darstellen, fällt hinten die Zahl der Franziskanerheiligen auf; durch den erst 1317 heiliggesprochenen Franziskanerbischof Ludwig von Toulouse – in der Mitte – wird die Datierung eingegrenzt. Auf den Bändern stehen sich unter Sonne und Mond der Täufer Johannes und der Einsiedler Antonius, Katharina von Alexandria und Maria Magdalena gegenüber. Auf Oberitalien und Venedig weisen die abgekürzten Namensbeischriften, vielerlei byzantinische Anklänge und schließlich die Sticktechnik. Da der Hl. Laurentius hervorgehoben und zweimal erscheint, könnte die Mitra für den franziskanischen (?) Bischof einer Diözese bestimmt gewesen sein, deren Patron er war. vW

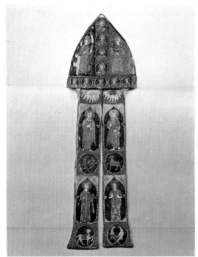

63

64 Der Tod Mariëns. Böhmen (?), um
1320-30. Stickerei mit Seiden- und Goldfäden; 30 : 56 cm. Gew 2438.
Hinter dem Totenlager der Gottesmutter
steht vor einer mit Lilien – Symbol der
Reinheit Mariens – gefüllten Strahlenglo-
rie Christus mit der Seele der Verstorbenen, in Gestalt eines Kindes, auf dem
Arm. Zu beiden Seiten trauern die zwölf
Apostel. Das Typische der zierlichen Gestalten, die Intensität ihrer vielfach vari-
ierten, ausdrucksvollen Hingabe, die zarte
Lyrik der Verbildlichung lassen sich mit
verwandten Darstellungen in der böhmischen Malerei der Zeit vergleichen. Wo
heute die Stickseide verloren ist, tritt die
Vorzeichnung zutage. Das von einer Ro-
senranke gerahmte breitformatige Bild
und sein gesticktes Pendant mit der Beweinung und Auferstehung Christi dienten vielleicht als untere Besätze auf Vor-
der- und Rückseite einer Albe oder einer
Dalmatika. vW

65 Seidenbrokat in Rot-Gold. Italien,
4. Viertel 14. Jahrhundert. 32 : 32,5 cm.
Gew 520.
Bei dem voller Phantasie gebildeten Muster folgt auf eine Reihe mit großen Y, in
denen jeweils ein Pfau steht, eine andere
mit großen S, durch deren Bögen Jagd-
leoparden in die entgegengesetzte Richtung springen. Solche kostbaren spätmit-
telalterlichen Gewebe waren, unabhängig
von ihren Darstellungen, vor allem in
kirchlichem Gebrauch; unser Fragment
stammt aus dem Paramentenschatz der
Danziger Marienkirche. Allerdings könnten sich hier die beiden Buchstaben auf
Anfang und Ende des Namens Jesus (ye-
sus) beziehen und auch die Tiere symbolische Bedeutung haben. Von dem gleichen Muster gab es noch eine einfachere
Ausführung in Rot und Grün sowie etwas
Weiß, also ohne Gold, für das hier das
sogenannte Häutchengold verwendet ist.
vW

64

66

65

66 Kruzifixus. Frankreich, um 1300. Elfenbein; 19,4 cm. Pl 3014.
Der Corpus Christi, dessen Arme verloren
sind, stammt von einem wohl silbernen
Altarkreuz. Der Kopf ist leicht nach rechts
geneigt und fällt stark vornüber, die unter
der Dornenkrone hervortretenden Haare
liegen als geschlossene Fläche auf dem
Rücken. Die Knie treten weit nach vorn,
die Beine sind überkreuzt. Der Leib ist in
weich gerundeten Formen wiedergegeben, das Lendentuch in großen Dreiecks-
falten harmonisch geordnet. Der Körper
zeigt keine Spuren des Leidens; die Haltung des Gekreuzigten ist von jener für die
französische Kunst der Entstehungszeit
bezeichnenden Zurückhaltung, die Christus selbst im Augenblick des Todes als
den schönsten aller Menschen verehrt.
Vgl. demgegenüber den späteren norddeutschen Silberkruzifixus Nr. 71.   Ka

67

67 Klappaltärchen mit der Anbetung der Hll. Drei Könige und der Kreuzigung Christi. Frankreich, 2. Viertel 14. Jahrhundert. Elfenbein; 15,4 : 18 cm. Pl 369.
Hatte das Elfenbein als Werkstoff und das Elfenbeinrelief als Kunstform nach seiner großen Blüte in der Spätantike und in der daran anknüpfenden karolingischen und ottonischen Kunst seine Bedeutung zunehmend eingebüßt, um im 12. Jahrhundert schließlich fast ganz zu verschwinden, so entwickelte sich nach längerer Pause um die Mitte des 13. Jahrhunderts Frankreich, vor allem Paris, als neues, überaus fruchtbares Zentrum der Elfenbeinkunst. Zunächst entstanden vorwiegend Einzelfiguren höchsten künstlerischen Ranges, deren Formprinzipien denen der Großskulptur nahestanden. Im 14. Jahrhundert wandte sich die Produktion zahlreicher nebeneinander bestehender Werkstätten stärker Reliefs zu, vor allem kleinfigurigen, der privaten Andacht dienenden Klappaltärchen.   Ka

68 Großes Siegel der Universität Heidelberg. 1386. Silber, gegossen, graviert; Dm. 7 cm. Si St 216.
Als 1386 als dritte deutsche Universität nach Prag und Wien die Universität Heidelberg gegründet wurde, ließ Kurfürst Ruppprecht von der Pfalz auf Bitten des Rektors durch seinen namentlich nicht bekannten Goldschmied je einen Siegel-stempel der Universität und des Rektors herstellen. Das große Siegel der Universität gehörte zu den Insignien des Rektors und wurde ihm jeweils bei der feierlichen Amtseinführung übergeben. Wie das ältere Prager Siegel Kaiser Karl IV. vor dem Hl. Wenzel darstellte, zeigt auch das Heidelberger unter reicher Baldachinarchitektur den Patron der Universität, den thronenden Hl. Petrus mit Schlüssel. Vor ihm knien zwei Ritter mit den Wappenschilden der bayerischen Rauten und des Pfälzer Löwen. Die Umschrift lautet: S. universitatis studii heydelbergensis.   Ka

68

69 Reliquienkasten. Frankreich oder Westdeutschland, um 1300. Holz mit Zinnornamenten; 23 : 37 : 18 cm. KG 170.
Der hausförmige Kasten aus einer Nördlinger Kirche ist außen und innen versilbert und außen zusätzlich mit vergoldeten durchbrochenen Zinnornamenten besetzt. Auf der Kastenwandung wiederholen sich in Kreisen Evangelistensymbole und Harpyen, auf den Dachflächen zwei gegeneinander gewandte Löwen und abermals Harpyen. Die Dachkanten waren oben und unten ursprünglich mit bunten Seidenfransen verziert. Solch kostbar verzierte Kästen, die ursprünglich durchaus auch weltlichen Zwecken gedient haben und erst später in Kirchen gestiftet worden sein können, haben sich verschiedentlich in Kirchenschätzen erhalten, wo sie zur Aufbewahrung von Reliquien dienten.   Ka

69

70

71 Kruzifixus. Norddeutschland, Mitte 14. Jahrhundert. Silber, getrieben, graviert, teilweise vergoldet; 17,5 cm. Pl 441.
Der Leib Christi hat sich im Leiden verkrampft; zwischen den steil nach oben gezerrten Armen ist das schwere Haupt mit der Dornenkrone, umflossen von den langen goldenen Locken des Haupt- und Barthaares, fast eingesunken. Der Mund steht im Tode halb offen. Die linke Hüfte ist nach links und die Knie weit nach rechts gedrückt, wobei das linke sich unter das rechte geschoben hat. In gegensätzlicher Bewegung weichen die Füße dem Druck des Angenageltseins aus. Im Gegensatz lastender Schwere des Oberkörpers und dem Sich-Ineinander-Verstauchen der Beine haben die dramatischen Todesqualen eindrucksvoll Gestalt gewonnen, die im Verständnis der Zeit den Bildgehalt der Darstellung bestimmen. Ka

70 Vortragekreuz. Regensburg, um 1310. Hartholz, bemalt; 50:40 cm. KG 1054.
Das Kreuz, das hohen geistlichen Würdenträgern oder Prozessionen vorangetragen wurde, ist auf beiden Seiten mit einer Darstellung des toten und des noch lebenden Gekreuzigten bemalt. Die dreipaßförmig ausgebildeten Stammenden erweitern das Programm durch die Evangelistensymbole auf der einen, Sonne, Mond und zwei Engel auf der anderen Seite. Im Gegensatz zu Italien sind Kreuze mit einer Wiedergabe des Erlösers in Malerei im deutschen Kunstraum nur ganz vereinzelt überkommen. Es besteht die Möglichkeit, daß in diesem Fall ein weniger kostspieliger Ersatz für die oft sehr aufwendigen Vortragekreuze aus Edelmetall (vgl. Nr. 32) gesucht wurde. Der Stil der Malerei verweist auf Regensburg, wobei sich Vorder- und Rückseite in der Durchführung unterscheiden. Str

71

72

72 Kelch. Halle, um 1370. Silber, getrieben, vergoldet; 18,8 cm. KG 701.
Der aus der Stadtpfarrkirche in Halle/Saale stammende Kelch ist auf Fuß und Knauf nach dem Vorbild oberitalienischer, besonders venezianischer Kelche verziert. Die Zarge besteht aus einer Reihe durchbrochener Vierpässe. Auf dem konischen Fuß sind von rückwärts große akanthusförmige Blätter und mit Eicheln und Eichenblättern besetzte dünne Äste herausgetrieben; die übrige Fläche ist von der Vorderseite her durch Punzen gleichmäßig aufgerauht, so daß die Pflanzen sich hell und glatt wie vor einem dunklen Grund abheben. Zwischen Ringen, die die Vierpaßreihe der Zarge aufnehmen, sitzt der aus offenen Maßwerkformen gebildete Knauf. Die ausladende Kuppa ist wie bei fast allen mittelalterlichen Kelchen unverziert. Ka

73

73 Sog. Almosentasche. Westdeutschland, um 1325-30. Seiden- und Goldstickerei; 20 cm. T 1213.
Im späten 13. und frühen 14. Jahrhundert besaßen Taschen, in denen ursprünglich das Almosen für die Armen bereit gehalten wurde, eine dreieckige, oben abgerundete Form, dazu eine breite Klappe und Quasten an der Unterkante. Auf der hier ganz ausgestickten, von Ranken mit Blättern in Herzpfeilform überzogenen Vorderseite steht oben Amor als gekrönte Figur, im fußlangen, gegürteten Gewand, mit großen Flügeln und je zwei Pfeilen in den Händen, über einem Liebespaar, einem jungen Mädchen im Schleppkleid und einem Jüngling mit einem Kranz in der linken Hand. Die Minneszene mag andeuten, daß die Tasche eine Liebesgabe gewesen ist. vW

75

74 Kästchen. Österreich, um 1400. Leder über Holz, getrieben, geschnitten, mit Eisenbeschlägen; 16:25:13 cm. HG 292.
Kostbar verzierte Kästchen erfreuten sich im 14. und 15. Jahrhundert großer Beliebtheit. Ihre Bezeichnung als Minnekästchen, wobei sich mit diesem aus dem 19. Jahrhundert stammenden Ausdruck die Vorstellung verbindet, ein Ritter habe sie – mit Geschmeide gefüllt – der Dame seines Herzens überreicht, verkennt, daß in ihnen häufiger Urkunden, allenfalls gelegentlich Schmuck und nicht selten auch Reliquien verwahrt wurden; immer waren es kleine Gegenstände, die durch Verschließen vor Diebstahl oder Einsichtnahme gesichert werden sollten. Die Tiere auf der Wandung des Kastens sind in kräftigem Relief aus dem feuchten und erweichten Leder herausgetrieben, ihre Umrisse durch eingeschnittene Linien begrenzt. Weitere ähnliche mittelalterliche Kästchen in Raum 16. Ka

74

75 Grabmal des Grafen Heinrich von Sayn (gest. 1247). Mittelrhein, um 1250. Eichenholz, mit spärlichen Resten alter Fassung; 293 cm. Pl 2299.
In der Prämonstratenserkirche von Sayn bei Koblenz lag die Holzskulptur auf einer Steintumba. Der Kopf des Grafen ist deshalb auf ein Kissen gebettet. Das mächtige Haupt bedeckt ein Blütenkranz; die Züge sind in der Lebenswahrheit – ohne Porträt zu sein – fast häßlich. Als Hinweis auf die Überwindung des Bösen und auf die Auferstehung stehen die Füße des Grafen auf einem Drachen und einem Löwen. An seiner rechten Seite erscheint seine nachgeborene, bald nach der Geburt ebenfalls verstorbene und im Grab des Vaters beigesetzte Tochter. Er drückt ihr das Schapel (Blütenkrone) auf das Haupt, eine symbolische Handlung, welche die Übergabe von Macht und Würde beinhaltet. Sta

76 Die Auffindung des Hl. Kreuzes. Paris, 1243-48. Drei Fragmente eines Glasfensters; 61 cm. MM 1-3.
In der im wesentlichen auf das Mittelalter beschränkten Kunstform der monumentalen Glasmalerei wurden kleine farbige Glasscheiben durch Bleiruten wie ein Mosaik zusammengesetzt. Auf das Glas wurde zuvor mit einer einzigen Farbe, dem Schwarzlot, die Binnenzeichnung

mit dem Pinsel aufgetragen und einge-
brannt. In den fünfzehn über fünfzehn
Meter hohen Fenstern und den drei Rosen der 1243-48 erbauten Sainte Chapelle
in Paris, aus der diese Scheibe stammt,
hat das in der französischen Kathedrale
ausgebildete Ideal, die gemauerte Wand
weitestgehend aufzulösen und durch farbig verglaste Fensterwände zu ersetzen,
seine reinste Ausprägung gefunden. Die
drei Fragmente stammen aus dem hinter-
sten (westlichen) Fenster der Südwand,
in dem die Geschichte der in der Kapelle
aufbewahrten Passionsreliquien dargestellt war. Ka

76

77

77 Der Hl. Mauritius. Rheinland (?), um
1250. Glasmalerei; 94 : 44,5 cm. MM 15.
In der für die Kunst der Glasmalerei des
3. Jahrhunderts in Deutschland typischen Vielfarbigkeit steht der jugendliche
Ritterheilige in voller Rüstung mit Schild
und Speer vor einem Flechtband-Hinter-
grund, in den rote, blaue und gelbe Qua-
drate eingelassen sind. Der mosaikarti-
gen Buntheit des Grundes entspricht die
fleckenhafte Wiedergabe der Kleidung.
Der Kettenanzug ist nur an Armen und
Beinen sichtbar; darüber liegen ein grünes Waffenhemd und ein gelber, aus einzelnen Schuppen zusammengesetzter,
wohl lederner Panzer mit rotem Gürtel
und weißer Binde um die Brust; der
blaue Mantel ist auf den Rücken zurück-
geschlagen. Das wahrscheinlich beschädigte Gesicht des Hl. Mauritius wurde ersetzt, offenbar nach dem Vorbild des alten Zustands. Ka

78 Ornamentscheibe. Mitteldeutschland,
um 1250. Glasmalerei; 148 : 49 cm.
MM 14.
Die angeblich aus dem Dom zu Merseburg, möglicherweise aber aus einem
Seitenschiffenster des Domes in Naumburg stammende Scheibe zeichnet sich
durch dunkelglühende Farbigkeit und betont räumliche Bildung des an sich abstrakten Blütenmusters aus. Die Fläche ist
gänzlich mit Blütenrosetten gefüllt. Jede
einzelne besteht aus vier weißen, um
eine gelbe Mitte geordneten, an den Rändern umgeschlagenen äußeren Blättern,
denen abwechselnd je ein blaues und ro-
tes kleineres gefiedertes Blatt aufgelegt
ist. Grüne Vierpässe, blaue Rauten und
gelbe Sterne mit roten Mittelblüten füllen
den Grund zwischen den Blütenrosetten.
Ka

78

79

80

81

79 Der Hl. Pankratius. Köln, um 1280.
Glasmalerei; 73,5 : 30 cm. MM 7.
Unter einem mit drei Türmchen besetzten
Dreipaßbogen steht vor schwarz-weißem
Rautengrund der jugendliche Hl. Pankra-
tius in blauem Gewand und rotem Mantel
mit einem Blütenkranz im Haar und einer
Märtyrerpalme in der Hand. Der Bogen
bleibt ein bloßer Rahmen, ohne Räum-
lichkeit anzudeuten. Der große Anteil der
Grundfüllung mit abstrakten Grisaillemu-
stern an der Komposition ist für die Köl-
ner Glasmalerei bezeichnend. Das cha-
rakteristische Motiv der kreuzförmigen
Blüten, die jeweils in drei Sprosse auslau-
fen, findet sich auch auf Fenstern des
Kölner Domes. Die Scheibe mit dem Hl.
Pankratius und eine zugehörige mit dem
Hl. Lambertus sollen aus der Stiftskirche
St. Kunibert in Köln stammen.   Ka

81 Der Hl. Benedikt. Steiermark, 1295-97.
Glasmalerei; 104 : 38 cm. MM 19.
Mit vier weiteren Scheiben und zehn an
Ort und Stelle verbliebenen stammt die
Benediktscheibe aus der Chorverglasung
der Kirche St. Walpurgis bei St. Michael
in der Obersteiermark, für die sie nach
Ausweis des dargestellten Stifters, des
Abtes Heinrich von Admont, zwischen
der Vollendung des Baus 1295 und Hein-
richs Todesjahr 1297 entstanden sein
muß. Dem spröden Linienstil der geraden
Gewandbahnen, die den Figuren große
Festigkeit geben, entspricht auch die Binnenzeichnung des Antlitzes. Die natürlichen Einzelformen werden zu geometri-
schen Liniengebilden abstrahiert, besonders augenfällig in der dem Halbkreis an-
genäherten Linie der Brauen und den in
Kurven geordneten Locken des Haares.
                                          Ka

80 Teil einer Baldachinarchitektur. Westfalen (?), Mitte 14. Jahrhundert. Glasmalerei; 57 : 43 cm. MM 31.
Spätestens seit dem Beginn der Gotik bildete die Glasmalerei spezifische Kompo-
sitionsformen zur Füllung der großen
Fenster aus. Der Anteil des Figürlichen an
der ständig wachsenden Gesamtfläche
war im Verhältnis zum aufwendigen Rah-
mensystem relativ klein. Abgesehen von
Wurzel-Jesse-Fenstern und ähnlichen
teppichartigen Kompositionen, füllten zunehmend Architekturen, in die einzelne
Figuren eingestellt wurden, als Bekrönung und rahmende Prospekte, im
14. Jahrhundert oft als riesige fassadenartige Schauwände, die Fensterfläche. Das
kleine Fragment einer solchen Architektur
stammt angeblich aus Münster in Westfalen, wo sich sonst keine mittelalterliche
Glasmalerei erhalten hat.   Ka

82 Muttergottes mit Kind. Wiener Neustadt, 1. Viertel 14. Jahrhundert. Glasmalerei; 110 : 61 cm. MM 717.
Gegenüber den meist kleinfigurigen
Scheiben des Museums ist die Muttergottes das einzige Beispiel einer Verglasung
in monumentalem Maßstab mit überlebensgroßen Figuren und baurißartig auf-
gefaßtem Architekturprospekt. Sie
stammt nebst dem zugehörigen Architek-
turbaldachin und einer verlorenen gleichgroßen Scheibe mit dem Unterkörper
Mariens aus Wiener Neustadt, wahrscheinlich aus dem dortigen Dom. In ihrem von westeuropäischer Hochgotik geprägten Stil wird die in gegensätzlichen
Schwingungen von Körper und Kopf bewegte Figur aus langgezogenen parallelen, kurvig geführten Linien gebildet. Wie
sehr solche abstrakten, schöngeschwun-
genen Linien zur Verbildlichung lebendiger Formen dienen, wird im Antlitz Mariens besonders deutlich, das reiche Leben dieses Linienspieles dagegen vor allem in Kopf und Locken des Kindes.   Ka

83

83 Prophet. Wiener Neustadt, um 1360.
Glasmalerei; 112,5 : 63,5 cm. MM 720.
An der Verglasung des Domes (?) in Wiener Neustadt, aus der außer der Muttergottes (Nr. 82) auch der stehende Hl. Johannes einer Kreuzigungsgruppe und der
Prophet mit Spruchband stammen, muß
jahrzehntelang gearbeitet worden sein.
Trotz äußerlicher Anpassung in den Motiven des Bildgrundes hat sich in der formalen Gestaltung von Figuren und Architektur ein tiefgreifender Wandel vollzogen: An die Stelle eines zeichnerischen
Architekturaufrisses ist ein raumhaltiger
Baldachin getreten, unter dem die Figur
in ihrer Körperlichkeit Platz finden kann.
Die Gestalt entsteht nicht mehr aus dem
Fluß schöner Linien, sondern ist als
Masse begriffen, was im Motiv des zu-
sammengerafften Mantels des Propheten
auch äußerlich sinnfällig bekundet wird.
Ka

84

84 Die Anbetung der Hll. Drei Könige.
Wiener Hofwerkstatt, 1380-90. Glasmalerei; 38,5 : 24,5 cm. MM 804.
Aus einem Auftrag des Heinrich Streun
zu Schwarzenau und seiner Gemahlin haben sich sechs Scheiben erhalten, darunter auch die Darstellung der knienden
Stifter und ihrer Wappen. Die Verglasung
muß aus der Kapelle einer der nieder-
österreichischen Burgen des Paares
stammen. Als Erzeugnisse einer Wiener
Werkstatt, die für den Herzog, aber auch
für einige, die Geschicke des Landes be-
stimmende, führende Adelsgeschlechter
arbeitete, zeigen die kleinformatigen
Scheiben jene Reize der Verfeinerung
und höchster handwerklicher Vollendung,
die zu allen Zeiten Kennzeichen höfischer
Kunst waren. Der Schönlinigkeit der Figu-
ren- und Gewandbildung entspricht der
dekorative Reichtum der radierten, d. h.
aus dem Schwarzlotüberzug herausge-
kratzten Blattrankengründe. Ka

85

**85 Propheten in einer Baldachinarchitek-
tur.** Köln, um 1465. Glasmalerei; 128 : 64
cm. MM 92/93.
1465 stifteten die Kölner Patrizier Johann
und Peter Rink Glasmalereien mit Darstellungen aus dem Alten Testament für
den Kreuzgang der Kölner Kartause.
Wahrscheinlich gehört unsere Scheibe
zusammen mit andernorts erhaltenen zu
diesem Zyklus mit großem typologischen
Programm, bei dem einer neutestament-
lichen Szene jeweils zwei Vorbilder aus
dem Alten Testament und eine Bekrö-
nungsscheibe mit Prophetenhalbfiguren
zugeordnet waren. Die Texte der Spruchbänder der Propheten Isaias, Jeremias
und Ezechiel beziehen sich auf die
Menschwerdung Christi. Bei sparsamer
Farbigkeit, die sich im wesentlichen auf
den mit Fiederranken bemalten blauen
Grund beschränkt, nimmt die weitgehend
in Grau gemalte Scheibe spezifisch graphische Kunstmittel, insbesondere wechselnde Formen von Schraffuren, auf. Ka

86 Melchior von Gmer, 1472. Peter Hemmel von Andlau; Andlau um 1420/25-1505 Straßburg. Glasmalerei; 69 : 46,5cm. MM 702. Leihgabe Freiherrn von Türkheim-Baden.
Peter Hemmel, der ab 1447 Straßburger Bürger war und dort 1477 mit vier anderen Meistern eine »Gesellschaft für Glasmalerei« gründete, erfreute sich als weithin gesuchter Meister seines Faches kaiserlicher, fürstlicher und patrizischer Aufträge aus großen Teilen Deutschlands. Er bereicherte die Glasmalerei durch eine bis dahin unbekannte Detailtreue bei der Wiedergabe der Gesichter, Pflanzen und der modischen Gewandung. In der meisterhaften Anwendung des Schwarzlotauftrages durch Stupfen mit dem Borstenpinsel, durch Radieren an Stelle von Malen, durch ausgiebige Verwendung von Silbergelb und Ausschliffen im roten Überfangglas vermochte er Transparenz und Leuchtkraft der Scheiben zu steigern, wobei er eine durchaus malerische Wirkung mit den spezifischen Mitteln der Technik der Glasmalerei gewann. Ka

86

87 Theodor von Plieningen und Anna von Memmersweiler. Heidelberg, 1499. Glasmalerei; 47 : 37 cm. MM 109.
Die Stifterscheibe des Ehepaares Plieningen und eine zweite mit zwei anderen Familienangehörigen waren Teil einer größeren Verglasung. Hinter einer Brüstung erscheinen die Stifter unter ihren am Astwerk aufgehängten Wappenschilden. Dr. Theodor von Plieningen ist als Humanist aus dem Kreise des Wormser Bischofs Johann von Dalberg mit vielfachen Beziehungen nach Heidelberg bekannt, wo er das Fenster für die von ihm erbaute Kirche in Kleinbottwar/Schwaben in Auftrag gegeben haben muß. Als Jurist stand er eine Zeitlang im Dienst der bayerischen Herzöge. Im Typ des Doppelbildnisses wie im Streben nach individueller Charakterisierung schließt sich die Scheibe den gleichzeitigen Porträts der Tafelmalerei an. Ka

87

88 Der Hl. Bischof Hugo von Lincoln, 1512-17. Freiburger Ropstein-Werkstatt; nach Entwurf von Hans Baldung Grien; Schwäbisch-Gmünd 1484/85-1545 Straßburg. Glasmalerei; 146 : 54 cm. MM 253.
Aus der Folge der für den Kreuzgang der Freiburger Kartause geschaffenen Scheiben mit stehenden Heiligen lassen sich vierzehn, darunter die beiden des Nürnberger Museums, auf Entwürfe Baldungs zurückführen, der sowohl während seiner Nürnberger Tätigkeit in der Werkstatt Dürers als auch später in Straßburg neben seiner Tätigkeit als Tafelmaler zahlreiche Entwürfe für Glasmalerei fertigte. Die Umsetzung in das Medium der Glasmalerei erfolgte durch spezialisierte, rein handwerklich arbeitende Werkstätten. Die modellierende Schwarzlotmalerei auf großen Glasstücken, die nur noch aus statischen Gründen ohne Rücksicht auf die Komposition weitgehend rechteckig durch Bleiruten gegliedert sind, bezeugt, wie sehr die Glasmalerei sich in ihrer letzten Phase von ihren technischen Voraussetzungen gelöst hatte. Ka

88

89 Der reitende Tod als Bogenschütze,
nach 1502. Werkstatt des Veit Hirsvogel
d. Ä.; Nürnberg 1461-1525; nach Entwurf
Albrecht Dürers; Nürnberg 1471-1521.
Glasmalerei; 40 : 37 cm. MM 155.

89

Die Scheibe stammt mit ihrem Gegenstück, dem am offenen Grabe knienden
Propst Sixtus Tucher, auf den der Tod mit
seinem Bogen zielt, vermutlich aus dem
Erker am Pfarrhof von St. Lorenz in Nürnberg. Die Entwurfszeichnung von der
Hand Albrecht Dürers aus dem Jahre
1502 hat sich erhalten. Wie sein Lehrer
Michael Wolgemut, der selbst in großem
Umfang Fenster in seiner Werkstatt aus-
führte, lieferte Dürer mehrfach Entwürfe
für Glasfenster, in späteren Jahren über-
ließ er diese Tätigkeit freilich zunehmend
seinen Schülern. Die kleinfigurige, wahrscheinlich in eine Butzenverglasung ein-
gefügte Scheibe kennzeichnet mit ihrem
kabinettscheibenartigen Charakter das
Ende der monumentalen Glasmalerei am
Ausgang des Mittelalters.   Ka

90 Kartäuserkirche, Chor von Osten.

91 Blick in den großen Kreuzgang.

92 Kleiner Kreuzgang mit Blick auf die
Südwand der Kirche (Rekonstruktion von
Oktavian Catrici).
Von dem Kartäuserkloster Marienzelle, in
dessen Gebäude das Germanische Nationalmuseum seit 1856 seinen Sitz hat,
sind im wesentlichen die Kirche (Raum
8), zwei Flügel des großen Kreuzganges
(Raum 5) mit Resten einiger Mönchshäuser an der Nordseite (Raum 15-21) und
die Umfassungsmauern von drei Seiten
des – heute überbauten – kleinen Kreuzganges (Raum 10) erhalten geblieben.
Das Kloster wurde 1380 durch den Nürnberger Patrizier Marquard Mendel (gest.
1385) gegründet, die Kirche 1381 begon-

91

92

nen, 1383 geweiht und zwei Jahre später
vollendet. Der große Kreuzgang mit den
Mönchshäusern wurde zwischen 1380
und 1460, der kleine Kreuzgang mit den
heute weitgehend verlorenen Nebenräu-
men wohl im zweiten Viertel des 15. Jahrhunderts errichtet. Im Gegensatz zu den
übrigen abendländischen Mönchsorden
pflegten die Kartäuser nicht das gemeinsame Leben, sondern waren ein Einsied-
lerorden. Unter selten gebrochenem Still-
schweigen und in fast völliger Abgeschie-
denheit voneinander lebten sie, mit Gebet, Studium und Handarbeit beschäftigt,
in kleinen, selbständigen Häusern, die sie
im wesentlichen nur zum Gottesdienst in
der Kirche, zum gemeinsamen Essen an
Sonn- und Festtagen im Refektorium und
zu einem wöchentlichen gemeinsamen
Spaziergang im Kreuzgang verließen.
Diese Eigenart des Ordens prägte auch
die architektonische Anlage der Nürnberger Kartause, die dem üblichen Schema
des Ordens entspricht. Wenigen beschei-
denen Gemeinschaftsräumen um den
kleinen Kreuzgang südlich der Kirche
– Kapitelsaal, Refektorium und Bibliothek
– steht in beachtlichen Abmessungen der
große Kreuzgang gegenüber, um den die
vergleichsweise geräumigen Mönchs-
wohnungen mit Studier-, Arbeits- und
Schlafzimmer gruppiert waren. Dabei be-
herbergte die Nürnberger Kartause nicht
mehr als zwölf Mönche und sechs Laien-
brüder. Ursprünglich bildeten je zwei der
heutigen Räume 15-21 eine Mönchswoh-
nung, zu denen noch ein Raum im Dach-
geschoß und ein kleiner von Mauern um-
gebener Garten hinter dem Haus gehörte.
Zwischen den einzelnen Mönchshäusern
bestand keine Verbindung. Zum Kreuzgang gab es neben der selten geöffneten
Tür nur eine Durchreiche, wie sie in
Raum 17 erhalten ist. Durch sie konnte
den Mönchen das Essen und die notwendigen Nachrichten gereicht werden. Das
Kloster bestand nur bis 1525.   Ka

**93 Totenschild des Wilhelm von Wolff-
stein,** gest. 1448. Regensburg, Mitte
15. Jahrhundert. Holz, bemalt; Dm. 108,5
cm. KG 1046.
Aus der für das 12. Jahrhundert überlieferten, aber wohl älteren Sitte, in den Kirchen über den Gräbern der Ritter ihre
Waffen, vor allem den Schild aufzuhän-
gen, entwickelte sich der spätmittelalter-
liche Totenschild. Im 14. Jahrhundert
noch in der Form des wirklich getragenen
zugespitzten Reiterschildes, im 15. Jahrhundert meist in einfacher Rundform,
wurde einer Holzplatte plastisch oder gemalt das Wappen des Verstorbenen aufgelegt. Eine Umschrift nennt meist Namen und Sterbedatum. Wilhelm von
Wolffstein war 1417 Landrichter in Sulz-
bach und 1430 in Hirschberg in der Oberpfalz. Der Schild mit dem Wolffstein-
schen Wappen, zwei rote schreitende Löwen auf goldenem Grund, stammt aus
der Klosterkirche in Seligenporten/Ober-
pfalz, in der Wilhelm begraben war.   Ka

93

**94 Grabplatte des Konrad von Neu-
markt,** gest. 7. 3. 1296. Nürnberg, um
1360. Sandstein; 210 : 101 cm. Gd 46.
Leihgabe prot. Kirchenverwaltung.
Konrad von Neumarkt und sein Bruder
Weiglin gehörten zu den angesehensten
und wohlhabendsten Bürgern Nürnbergs
im späten 13. Jahrhundert. Am 27. Mai
1295 stiftete er zusammen mit seiner
Frau Adelheid geborene Pfinzing das Katharinenkloster der Dominikanerinnen.
Aber erst lange nach dem Tode des Stifters wurde die Grabplatte geschaffen und
auf »steinernen Säulen« als Tischgrab im
Chor der Kirche aufgestellt. Sie zeigt ihn
liegend mit gefalteten Händen, barhäup-
tig und nach der Mode der Entstehungszeit gekleidet, in einem knielangen, über
den Hüften gegürteten Gewand mit fal-
tenreichem Rock. Zwischen den breitge-
stellten Füßen lehnt der Wappenschild
mit einem steigenden Löwen und einem
Fisch. Die rahmende Inschrift meldet Namen, Verdienst und Todesdaten.   vW

94

95 Kurfürsten und Helden vom »Schönen Brunnen«. Nürnberg, 1385-92. Sandstein, ehemals farbig gefaßt; Figuren je ca. 120 cm. Pl 251 ff. Leihgabe Stadt Nürnberg.

96 Kopf des Königs Artus. Sandstein; 25,5 cm. Pl 251. Leihgabe Stadt Nürnberg.

Der Schöne Brunnen auf dem Nürnberger Hauptmarkt, eines der frühesten Platzdenkmäler, das Architektur und Skulptur verbindet, zeigt im Hauptgeschoß des Turms sechzehn Statuen, nämlich die sieben deutschen Kurfürsten sowie die neun »Guten Helden«. Diese Idealgestalten ritterlicher Tugenden sind entnommen der heidnischen Antike, dem Judentum und der christlichen Welt. Von den Kurfürsten haben sich, teilweise fragmentiert, fünf erhalten: Köln, Trier, Böhmen, Brandenburg, Sachsen; von den Helden blieben als Statuen übrig: Caesar, Josua, Gottfried von Bouillon. Das Denkmal von rechtssymbolischer Bedeutung entstand in einer Bauhütte, die sich an gleichzeitiger Prager Plastik orientierte. Führender Figurenbildner war der »Artusmeister«, so benannt nach dem erhaltenen Kopf dieses christlichen Königs der Sage. Der Kopf erschließt eine für die damalige Zeit neue Dimension menschlichen Selbstverständnisses durch den verinnerlichten Gesichtsausdruck. Die Züge sind eher versonnen als kühn, weisen eher auf einen Denker als auf einen Herrscher. Die Brunnenfiguren stellen wohl Könige und Fürsten dar, interpretieren sie aber aus der Sicht des Bürgers, also des vorurteilsfreien Standes der aufstrebenden Handelsstädte. Sta

96

97 Der Hl. Petrus. Nürnberg, um 1310. Sandstein; 154 cm. Pl 2277. Leihgabe Sebalduskirche, Nürnberg.

Die durch Körperwendung und Blickrichtung nach links geöffnete Figur fand an ihrem ursprünglichen Standort an der rechten Stirnseite eines Seitenschiffsportals der Sebalduskirche ihre Ergänzung in einer Statue der Hl. Katharina vor dem linken Gewände, die sich heute im Kircheninnern befindet. Mit der an St. Sebald nach 1300 tätigen Bauhütte trat Nürnberg erstmals mit bedeutenden bildnerischen Leistungen in Erscheinung, lange nachdem im benachbarten Bamberg einer der größten deutschen Bildhauer (der Reitermeister) sein Werk abgeschlossen hatte. Der Rückstand gegenüber der Bischofsstadt wurde erst aufgeholt, als die gesteigerte Wirtschaftsmacht der Handelsstadt sichtbaren Ausdruck in der Kunstförderung suchte. Sta

95

97

98

99

98 Brunnenfigur, sog. »Hansel«. Nürnberg, um 1380. Bronze; 118 cm. Pl 2204. Leihgabe Stadt Nürnberg.
Der mit übereinandergeschlagenen Beinen auf dem Brunnenstock sitzende Schalmeibläser trägt die neueste Mode seiner Zeit, ein knapp anliegendes Kostüm. Sein Haupt ziert ein Schapel, ein Kränzlein. Als Gürtel dient eine um die Hüften geschlungene Kette, die ursprünglich bis zu einer Öse am linken Schuh führte. Die unter dem Namen »Brunnenhansel« bekannte Musikantengestalt ist die älteste in Nürnberg erhaltene figürliche Bronzehohlguß. Sie stand ursprünglich im vorderen Hof des Nürnberger Heilig-Geist-Spitals. Der auf einfache Formen angelegte Umriß der Figur läßt zusammen mit einer Reihe alter Flickstellen erkennen, daß der Gießer in der schwierigen Technik des Bildgusses noch keine großen Erfahrungen hatte.   Br

99 Der Hl. Christophorus. Nürnberg, 1442. Sandstein; 335 cm. Pl 2423. Leihgabe Sebalduskirche, Nürnberg.
Aufblick und Gebet zum Hl. Christophorus, der den Vierzehn Nothelfern zugerechnet wurde, sollten vor einem plötzlichen Tod im Zustand der Ungnade bewahren. Ein Bild des heiligen Riesen war deshalb sehr häufig an einer mittelalterlichen Kirche zu finden. Das Gesicht unseres Christusträgers, der in der Mitte des Stromes unter dem Gewicht eines Kindes zu versinken droht, ist von tiefem Ernst erfüllt. Der Sinn der schönen Legende von der Ohnmacht der rohen Kraft gegenüber der im Kind verhüllten Göttlichkeit ist nie eindringlicher zur Anschauung gebracht worden. In der Nähe des alten Aufstellungsortes an der rechten Stirnseite des Südturmportals von St. Sebald befand sich ehemals die Grablege des Stifters Heinrich Schlüsselfelder.   Sta

100

101 Die Muttergottes mit Begleitfiguren. Eichstätt, um 1400. Kalkstein, farbige Fassung mit Ergänzungen; 100 cm. Pl 2085.
Die aus vier Figuren zusammengesetzte Gruppe hat zu unterschiedlichen Sinndeutungen geführt. Es war z. B. naheliegend, in dem priesterlich gewandeten Jüngling, der dem Jesuskind die Traube darreicht, den Johannesknaben zu sehen, der oft als Begleiter des göttlichen Kindes auftritt. Eine neuere Deutung erkennt in ihm den Engel, der auch noch in der tridentinischen Messfeier angerufen wurde, das in Christi Leib und Blut verwandelte Opfer von Brot und Wein auf Gottes Altar emporzutragen. Der Engel der Gruppe wird so gleichzeitig zum Verkünder der Passion. In Konsequenz dieses Gedankens stellt die bärtige Männerfigur zu Füßen Mariä den durch ihre Mutterschaft überwundenen »Unglauben« dar bzw. das Heidentum. Sta

100 Christus auf dem Palmesel. Nürnberg, um 1370. Erlenholz, mit originaler Fassung; 172,5 cm, L. 169 cm. Pl 153. Leihgabe Stadt Nürnberg.
Christus sitzt segnend auf dem Esel und hielt wahrscheinlich in der linken Hand einen heute verlorenen Palmzweig. Um 982-92 findet sich in der Vita des Hl. Ulrich von Augsburg die älteste Nachricht von einer Palmsonntagsprozession, bei der eine auf einem Esel sitzende Figur Christi mitgeführt wurde. In Nürnberg überliefern Nachrichten von 1436 und 1442 den Besitz von »unseres lieben Herrn Bild auf dem Esel« in der Katharinenkirche der Dominikanerinnen und in der Frauenkirche. Ob unser wesentlich älterer Palmesel mit einem von diesen identisch ist, läßt sich nicht mehr entscheiden. Die ursprünglich unter dem Fußbrett angebrachten Holzräder sind verloren. vW

102

102 Der Schmerzensmann. Nürnberg, 1437. Sandstein; 222 cm. Pl 2271. Leihgabe Sebalduskirche, Nürnberg.
Die Nürnberger Stadtpfarrkirchen waren im Mittelalter von Friedhöfen umgeben, die erst im 16. Jahrhundert aufgelassen wurden. An den Außenseiten dieser Kirchen erinnern viele Bildwerke daran, daß deren Stifter in der Nähe ihre Familiengrablege besaßen. So ist auch der lebensgroße Schmerzensmann mit dem Wappen des Stifters auf der Konsole ein Hinweis auf die Grablege der Patrizierfamilie Rieter an der Westseite der Sakristei der Sebalduskirche. Die Skulptur vereinigt symbolhaft die Phasen des überstandenen Leidens und Sterbens. Christus trägt die Dornenkrone und zeigt mit der (verlorenen) Rechten auf die Bluttraube, die aus der Seitenwunde quillt. Auch ein Symptom des vorhergegangenen Todes ist nicht verheimlicht: die entleerte Magengrube. Damit ist das Bildwerk Zeugnis einer gegen 1450 aufkommenden realistischen Stilrichtung. Sta

101

103 Die Beweinung Christi. Adam Kraft;
Nürnberg um 1455/60-1509. Sandstein;
122:165 cm. Pl 2149. Leihgabe Stadt
Nürnberg.
Adam Kraft hatte schon ein umfangreiches Werk in Nürnberg geschaffen, als er
den Auftrag zu den Kreuzwegstationen
erhielt (1505 ?), über deren Vollendung er
1509 verstarb. Die Reliefs sind also Spätwerke, deren Altersklassik sich in der
steingerechten Ruhe der bildnerischen
Form äußert. Die Grablegung ist die
siebte der Stationen, die einst die Straße
vom Tiergärtnertor zum Johannisfriedhof
säumten, also der Bürger auf ihrem letzten Weg begleiteten. Der fortgeschrittene
Verwitterungszustand erzwang die Anbringung von Kopien an den alten Stand-
orten und die Rettung der Originale ins
Museum. An den ursprünglichen Plätzen
waren die Reliefs frei aufgestellt und ruh-
ten, von schützender Rahmung umgeben, auf breiten Pfeilern. Sta

103

104 Die Auferstehung Christi, um
1470-75. Meister des Landauer-Altars;
Nürnberg 3. Drittel 15. Jahrhundert. Gemälde auf Holz; 184:113 cm. Gm 883.
Leihgabe B. Staatsgemäldesammlungen.
Die beweglichen Flügel des Altars, der
zwischen 1468 und 1475 von Marx (Markus) Landauer in die Nürnberger Katharinenkirche gestiftet wurde, zeigen neben
dem Schrein mit Schnitzfiguren Geburt
und Auferstehung Christi, auf den
Außenseiten den Kalvarienberg und die
mystische Verlobung der Titelheiligen
mit der reizvollen Schilderung des Interieurs eines bürgerlichen Wohngemachs.
Der Künstler gehört zu den Malern, die
im Umkreis und unter dem Einfluß des
Hans Pleydenwurff Formeln niederländischer Kunst in Nürnberg heimisch machten. Mit Burg und Stadt im Hintergrund
der Auferstehung gibt der Maler eine
freie Wiedergabe von Nürnberg und stellt
auch auf diese Weise eine Beziehung
zum Bestimmungsort des Altars her, dem
Katharinenkloster, in dem die rechts unten dargestellte Tochter Elisabeth des
Stifters Klosterfrau war. Str

104

105 Die Geburt Christi. Epitaph für Wal-
burg Prünsterer, gest. 1434. Meister des
Bamberger Altars; tätig in Nürnberg um
1430. Gemälde auf Holz; ohne das alte
Gehäuse 152,4:111,6 cm. Gm 117.
In Gedächtnisbildern, die den Kirchen gestiftet wurden, gedachten die Nürnberger
Familien ihrer Toten. Häufig wird eine
Darstellung aus der Heilsgeschichte, der
in einem gesonderten Streifen die Figuren der Stifter zugeordnet sind, durch ein
zinnenbekröntes Dach geschützt, an dessen Unterseite eine Inschrift Namen und
Todesjahr der Betrauerten nennt. Eine
Reihe solcher Epitaphien sind halbrund
gebogen und damit den Stützen des Kirchenschiffs angepaßt. Die Säulen der zu
Beginn des 19. Jahrhunderts abgebrochenen Dominikanerkirche, aus der diese Tafel stammt, waren ein bevorzugter Ort zur
Anbringung solcher Monumente, die
dem Andenken der Toten und der Auffor-
derung, ihrer im Gebete zu gedenken, gewidmet waren. Str

105

106

106 Heiltumsschrein. Nürnberg, 1438-40. Holz, mit ins Gesenke gedrückten Silberplatten belegt, Unterseite bemalt; 98 : 178 : 50 cm. KG 187. Leihgabe prot. Kirchenstiftung Hl. Geist, Nürnberg.
Nachdem König Sigismund 1424 die Reichskleinodien der Stadt Nürnberg zu immerwährender Obhut anvertraut hatte, ließ die Stadt in den Jahren 1438-40 durch den Schreiner Hans Nürnberger, die Goldschmiede Hans Scheßlitzer und Peter Ratzko und den Maler Lucas diesen Schrein zur Aufbewahrung der zum Reichsschatz gehörenden Reliquien anfertigen. Die Silberreliefs der Wände zeigen das Nürnberger Stadtwappen. Auf der bemalten Unterseite weisen Engel die vornehmsten im Schrein geborgenen Reliquien, die große Kreuzreliquie aus dem Reichskreuz und die heilige Lanze. Der Schrein hing bis 1796 an zwei Ketten im Gewölbe der Kirche des Heilig-Geist-Spitals, in der an anderer Stelle auch die Krone und die übrigen Reichsinsignien verwahrt wurden.   Ka

107 Turmmonstranz. Rheinland, um 1400. Kupfer, vergoldet, versilbert; 61 cm. KG 697.
Der Wandel der Frömmigkeitsformen im 13. Jahrhundert, vor allem die Einführung des Fronleichnamsfestes 1264 und der eucharistischen Prozessionen, führte am Ende des 13. Jahrhunderts zur Ausbildung besonderer Schaugefäße für die konsekrierte Hostie. Die stets dreigeschossig ausgebildete Monstranz besteht aus einem Fuß mit Knauf, dem eigentlichen Schaugefäß aus Kristall oder Glas und einer dachartigen Bekrönung. Neben der runden Turmmonstranz, in der Form älterer Reliquiare, bilden andere durch Häufung von Fialen und Strebebögen fassadenartige Architekturen aus. Die Monstranzen sind neben den hochmittelalterlichen Reliquienschreinen die größten und aufwendigsten mittelalterlichen Goldschmiedewerke.   Ka

108

108 Holzkasten. Oberrhein, um 1430. Holz, bemalt; 8 : 33 : 29 cm. KG 1194.
Der Kasten diente wahrscheinlich zur Aufnahme des Korporale, des weißen Leinentuches, das während der Messe unter Kelch und Hostie gebreitet wird und symbolisch das Grabtuch Christi bedeutet. Damit verbindet sich die Darstellung des im offenen Grabe stehenden und seine Wunden weisenden Schmerzensmannes auf dem Deckel. Die Verwendung als Buchkasten für eine besondere, in der Kirche verwahrte Handschrift, etwa ein Verbrüderungsbuch, ist andererseits nicht auszuschließen.   Ka

109 Standkreuz. Deutsch, 2. Hälfte 15. Jahrhundert. Silber, getrieben, Figuren gegossen; 27 cm. KG 220.
Auf einen Fuß, wie er auch bei anderen liturgischen Geräten, insbesondere Kelchen und Monstranzen üblich ist, führte ein silbernes Kreuz gesetzt, das nach Art der als Anhänger getragenen silbernen Reliquienkreuze (vgl. ein Beispiel in derselben Vitrine) an den vier Kreuzarmen in großen Dreipässen endet. Auch dieses Kreuz, dessen Rückseite abnehmbar ist, barg ursprünglich in seinem Inneren Reliquien. Maria und Johannes stehen auf S-förmig gebogenen, vom Kreuzfuß ausgehenden Ästen. Das allenthalben das Kreuz umgebende Blattwerk und die großen gravierten Ranken spiegeln noch die bis in altchristliche Zeit zurückreichende Symbolik vom Kreuz Christi als Baum des Lebens.   Ka

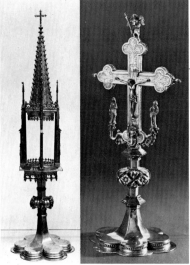

107   109

110 Kreuzgruppe. Nürnberg, um 1420.
Lindenholz, alt gefaßt; je 90 cm.
Pl 124-26.
Die Gruppe stand ursprünglich wohl im
Schrein eines Flügelaltars. In den zurückhaltenden Gebärden der Trauer wie in
den weichen Formen der Faltengebung
reihen sich die Figuren als Erzeugnisse
einer bürgerlichen Kunst in die Zeitströ-
mung eines internationalen höfischen
Stils. In Nürnberg selbst schließen sie
sich an eine Folge von Tonplastiken an
(vgl. Nr. 111). Die hervorragend erhaltene
Fassung vermeidet ebenfalls alles Grelle.
In den Gewändern herrscht ein gedämpf-
tes Grauweiß vor, wählerisch verschönt
durch das Spiel goldener Saumschlingen
und das stellenweise hervorlugende
blaue Mantelfutter. Sta

111

**112 Reliquienbüste einer gekrönten Hei-
ligen.** Nürnberg, um 1440. Lindenholz, alt
gefaßt; 60 cm. KG 191.
Die Porträtbüste der Antike fand im Mittelalter ihre gebräuchlichste Wiederauf-
nahme in der Reliquienbüste, die Teile
des Leibes eines Märtyrers aufnahm und
als Einzelstück oder in Reliquienaltären
aufbewahrt wurde. Ein Verschluß aus
Bergkristall oder Glas ließ die Reliquie in
der Büste erkennen. Reliquienkult und
Reliquienmanie erreichten am Ende des
Mittelalters mit großen »Heiltumssamm-
lungen« einen Höhepunkt. In der künstlerischen Ausformung dieser Büste aus
Holz, bei der eine goldene Fassung das
für Reliquiare häufig verwendete Edelmetall ersetzt, begegnen die Schönheitsvor-
stellungen des »Weichen Stils« einem
neu aufkommenden Realismus (vgl.
Nr. 52, 61). Sta

110

111 Der Apostel Bartholomäus. Nürnberg, um 1400. Gebrannter Ton, ursprünglich farbig gefaßt; 65 cm. PL 232.
Im späten 14. Jahrhundert verlagerte sich
das Schwergewicht der bildnerischen
Aufgaben von den Portalen ins Innere der
Kirchen. Bevorzugter Gegenstand der In-
nenausstattung wurde der Altar. Man
darf annehmen, daß die sechs erhalten
Apostelfiguren mit sechs weiteren einst
in einem Altarschrein standen und diesen
in zwei Rängen übereinander ausfüllten,
wohl zentriert von der Gestalt Christi. Der
Ton, der für bildnerische Aufgaben um
1400 beliebt war, verführt als Werkstoff
zu kühnen Formbildungen, da er mühelos
dem leisesten Fingerdruck gehorcht. Die
Figur des Bartholomäus gehört als plasti-
sches Gebilde zu den originellsten Erfindungen der Zeit des »Weichen Stils«.
                                                    Sta

112

113

115

113 Hausmadonna, um 1510. Veit Stoß;
Horb a. N. 1447(?)-1533 Nürnberg. Lindenholz, alte Fassung verwittert; 141 cm.
Pl 217. Leihgabe Stadt Nürnberg.
Bis zum Jahre 1892 war die Muttergottes
an der Außenseite eines Hauses in der
Wunderburggasse zu Nürnberg allen Un-
bilden des Wetters ausgesetzt, ehe sie in
die Obhut des Museums kam. Der lange
Verbleib am ursprünglichen Standort ist
für den Verlust der alten farbigen Fassung verantwortlich, mit der sie sich als
Himmelskönigin auswies: Ihr Mantel war
blau und mit goldenen Zinnsternen über-
sät. Einige der Sterne haben die Zeiten
überdauert, wenn auch ihr Goldglanz ver-
lorenging. Die Beruhigung in der Bewegung der Falten, die zu einem geschlossenen Umriß mit langgezogenen, durch-
laufenden Binnenformen führt, wie auch
der pralle Kinderkörper und das rundliche
Gesicht Mariä sind als Einfluß der neuen
Sehweise Dürers zu werten. Sta

**114 Der Erzengel Raphael und der junge
Tobias,** 1516. Veit Stoß; Horb a. N. 1447
(?)-1533 Nürnberg. Lindenholz, ungefaßt;
Raphael 97 cm, Tobias 85 cm. Pl 2720.
Leihgabe Jakobskirche, Nürnberg. Pl
1834. Leihgabe Stadt Nürnberg.
Die Gruppe zeigt den Erzengel Raphael,
der sich dem jungen Tobias unerkannt
als Begleiter auf einer gefahrvollen Reise
anbietet, und war ursprünglich in der
Nürnberger Predigerkirche aufgestellt.
Das in Deutschland kaum bekannte
Thema wurde von dem Stifter, dem in
Nürnberg ansässigen Seidenhändler Raffael Torrigiani aus Florenz, bestimmt, der
seinem Namenspatron huldigen und dessen Schutz auf Reisen erflehen wollte.
Der Erzengel schwebt dem zögernd folgenden Tobias voran und trägt ein ermu-
tigendes Lächeln zur Schau. Das über
den rechten Arm geworfene Mantelende
wirbelt auf, wie von einem Windstoß erfaßt. Ein solches Faltengebilde, in dem
die letzten Möglichkeiten des Materials
ausgeschöpft sind, gleicht einer Signatur
des Meisters. Sta

115 Der Hl. Veit im Ölkessel, 1520. Veit
Stoß; Horb a. N. 1447 (?)-1533 Nürnberg.
Lindenholz, alte Fassung abgelaugt; 50,5
cm. Pl 3013.
Der Hl. Veit gehört zu den vierzehn Nothelfern und wurde auch gegen die fallen-
de Sucht, den Veitstanz, angerufen. Als
Märtyrer wurde er in einem Ölkessel ge-
sotten und deshalb von den Kesselschlä-
gern als Patron verehrt. Die ungewöhnliche, in den Kesselboden der kleinen
Skulptur eingeschnittene Signatur mit
dem Meisterzeichen des Veit Stoß und
dem Entstehungsjahr 1520 läßt erwägen,
ob der Meister nicht persönlich seinen
Namenspatron ehren wollte. Ursprünglich hatte die Figur wohl ihren Platz in
einem Altarschrein. Bevor das Werk auf
Umwegen ins Museum kam, befand es
sich im Besitz des Dichters Leo Weisman-
tel, der 1939 den Roman »Gericht über
Veit Stoß« schrieb. Sta

114

116

117 Tod und Krönung der Hl. Klara.
Nürnberg, um 1360-70. Gemälde auf
Holz; 102:37 cm. Gm 1187/1161.
Die Tafel bildet das aus zwei Teilen zusammengesetzte Bruchstück eines Altars,
der, zusammen mit stilistisch verwandten
Altären, einst wahrscheinlich in der Nürnberger Niederlassung des Ordens der Hl.
Klara stand. Der Maler hat sein selten
dargestelltes Thema der Ikonographie
des Marientodes angepaßt. Christus und
Maria erscheinen zusammen mit anderen
Heiligen am Bett der Sterbenden, die von
ihren, im Bedeutungsmaßstab winzig
klein wiedergegebenen, Mitschwestern
beklagt wird. Entsprechend der Marienkrönung empfängt auch Klara im Himmel
die Krone der Heiligkeit. Stilistisch steht
die liebevoll erzählende Darstellungsweise in einer unmittelbaren Entsprechung
zum Charakter des Frauenklosters.   Str

116 Rosenkranztafel, Ausschnitt, um
1515. Werkstatt des Veit Stoß; Horb a.N.
1447(?)-1533 Nürnberg. Tannen- (Tafel)
und Lindenholz(Figuren); erhebliche Reste alter Fassung mit Ergänzungen; 233:
173 cm. Pl 229. Leihgabe Stadt Nürnberg.
Die Thematik der Tafel, die sich bis ins
18.Jahrhundert als Altar im Südschiff der
Nürnberger Frauenkirche befand, umfaßt
das gesamte Heilsgeschehen. Im oberen
Mittelfeld schließt der Rosenkranz den
Gnadenstuhl (Kruzifix verloren) ein, verehrt von der Gemeinschaft der Heiligen.
Oben flankieren Maria und Gabriel Gottvater, darunter erscheinen Vertreter des
Alten und Neuen Testaments. Volkstümliche männliche und im untersten Rang
weibliche Heilige folgen. Das Jüngste Gericht füllt das untere Mittelfeld. Die Rahmenstreifen bestehen aus Kleinreliefs mit
der Genesis, dem Marienleben und der
Passion. Oben findet sich ein Feld mit
zwölf Nothelfern. Als hervorragende Leistung des Schnitzers fallen vor allem die
Genesis-Reliefs auf. Andere Teile sind
schwächer.   Sta

117

118

**118 Die Hll. Agnes, Margarethe, Barbara.
Die Hll. Katharina, Ursula, Dorothea.** Meister des Tucher-Altars; tätig in Nürnberg
um 1440. Gemälde auf Holz; je 35:57 cm.
Gm 120/121.
Die Nothelferinnen bildeten die Innenseiten der Predella eines ursprünglich für
die Klosterkirche der Nürnberger Augustiner-Eremiten geschaffenen Altars, der
sich jetzt in der Frauenkirche befindet.

Die abgespaltenen Außenseiten zeigen
die zwölf Apostel. Der Künstler vertritt in
Nürnberg die um 1400 geborene Generation der Maler, die den auslaufenden
»Weichen Stil« kräftig zupackend durch
neue, körperlich-plastisch gesehene Formen ersetzen. Niederländisch-burgundische Vorbilder haben zur Bildung des
Stils beigetragen, den der Meister in
Nürnberg einführte.   Str

119 Christus fällt unter dem Kreuz, um 1495. Monogrammist LCz; tätig in Bamberg um 1485-1500. Gemälde auf Holz; 78,5 : 61,2 cm. Gm 1025.
Das Monogramm, nach dem der Künstler benannt wird, findet sich auf einer Reihe von Kupferstichen, die von der gleichen Hand stammen, doch konnte die Persönlichkeit bisher noch nicht einwandfrei identifiziert werden. Als Maler zeichnet sich der Meister innerhalb der fränkischen Kunst als feiner Kolorist aus. Durch Farbklänge der beherrschenden Gruppe im Vordergrund wird die Intensität der Beziehungen gesteigert und die Verbindung zu den Nebenereignissen, den trauernden Frauen um Maria und dem Zwiegespräch des Pilatus mit seiner Frau, hergestellt. Die Darstellung des Falles Christi unter dem Kreuz, der sich in der Kreuzwegverehrung des deutschen Sprachraums siebenmal wiederholte, wurde wohl durch Passionsspiele angeregt. Str

120

119

121 Christus am Ölberg. Nürnberg, um 1480. Gemälde auf Holz; 110 : 77,2 cm. Gm 159a. Leihgabe Stadt Nürnberg.
Die eindringliche Darstellung der Todesangst Christi hatte den Passionsaltar, der einst in der Nürnberger Katharinenkirche stand, im Volksmund zum »Angstaltar« werden lassen. Erstmals in der deutschen Kunst wird die Dunkelheit der durch natürliche und übernatürliche Lichtquellen erhellten Nacht wirklich dargestellt und nicht nur im Gebrauch von Fackeln symbolisch angedeutet. Zu dieser Bewältigung der Lichteffekte wurde der Maler wohl durch niederländische Werke angeregt, deren Kenntnis ihm auch die Gestaltung des Lichtes im Sonnenaufgang der Auferstehung Christi des gleichen Altars ermöglichte. Str

120 Die Kirchenväter Ambrosius und Augustinus, um 1495. Michael Wolgemut; Nürnberg 1434-1519. Gemälde auf Holz; 56,3 : 47,1 cm. Gm 150. Leihgabe Stadt Nürnberg.
Die Tafel bildete mit einer zweiten, die sich in englischem Privatbesitz befindet und die beiden anderen lateinischen Kirchenväter Hieronymus und Gregor zeigt, die Flügel der Predella eines Apostelaltars, den Andreas Harsdörffer in die Nürnberger Katharinenkirche stiftete. Die gelehrten Heiligen stehen zugleich für die ersten Interpreten der christlichen Lehre, die Evangelisten, deren Attribute, hier der Stier des Lukas und der Engel des Matthäus, ihnen beigesellt sind. Die eigenhändig ausgeführte Malerei läßt deutlich den harten Stil Michael Wolgemuts erkennen, der die kantigen Gesichter mit tiefen Falten durchschneidet, so daß die Halbfiguren den Charakter von geschnitzten Büsten annehmen. Str

121

**122 Bildnis des Domherrn Georg Graf
von Löwenstein,** um 1456. Hans Pleydenwurff; Bamberg (?) um 1420-1472 Nürnberg. Gemälde auf Holz; 34 : 25 cm.
Gm 128.
Das Bildnis des greisen Domherrn von
Bamberg gehört zu den frühesten Porträt-
leistungen der deutschen Malerei, die
erst in der zweiten Hälfte des 15. Jahrhunderts die vergängliche Gestalt des Indivi-
duums zum selbständigen Bildinhalt er-
hob. Das Porträt des Löwenstein war allerdings der religiösen Sphäre noch nicht
ganz entrückt. Es bildete zusammen mit
einer Darstellung des von Wunden gezeichneten Erlösers ein Diptychon. Genaue Kenntnis niederländischer Malerei,
in der das Porträt schon einige Jahrzehnte heimisch war, befähigte den Maler, an
den Beginn der neuen Bildgattung ein
Meisterwerk zu stellen. Str

123

124 Schreinmadonna. Westpreußen,
Ende 14. Jahrhundert. Lindenholz, mit alter Fassung und Vergoldung; 126 cm.
Pl 2397.
Die Gottesgebärerin als goldenen Schrein
aufzufassen, der ein Heiligtum birgt, war
dem Mittelalter ein naheliegender Gedan-
ke. Die mystische Spekulation des
14. Jahrhunderts kombinierte diese Vorstellung mit anderen marianischen Sym-
bolgehalten: hier mit dem Bild der
Schutzmantelmadonna. Das Bildwerk
kann in der Senkrechten getrennt werden. Bei der Öffnung des Schreins erscheinen dann auf gemalten Flügeln die
geistlichen und weltlichen Stände als
Schutzflehende unter dem ausgebreiteten Mantel. Das eigentliche Heiligtum,
das gleichfalls im Innern Mariä sichtbar
wird, ist der plastisch gebildete »Gnadenstuhl«: Gottvater mit dem (verlorenen)
Kruzifixus in Händen und die (ebenfalls
verlorene) Heiliggeisttaube. Sta

122

123 Bildnis des Hans Perckmeister, 1496.
Michael Wolgemut; Nürnberg 1434-1519.
Gemälde auf Holz; 50,7 : 41,5 cm.
Gm 135.
In keiner anderen deutschen Stadt wurde
so schnell und vielfältig von der neuen
Möglichkeit Gebrauch gemacht, sich im
eigenen Bildnis zu erhöhen und weiterle-
ben zu lassen, wie in Nürnberg. Auch den
Porträts, die in größerer Zahl in seiner
Werkstatt entstanden, drückt Wolgemut
den Stempel seines herben Realismus
auf. Dabei steht die Wiedererkennbarkeit
durch die Anbringung von physiognomi-
schen Merkmalen vor der Erfassung der
gesamten Persönlichkeit aus ihren charakteristischen Zügen. Str

124

125

125 Die Darbringung Jesu im Tempel,
um 1425. Meister von Raigern; tätig in
Mähren um 1410-30. Gemälde auf Holz;
82,3 : 75,4 cm. Gm 306.
Das mosaische Gesetz verpflichtete zur
Übergabe des Erstgeborenen an den
Priester und seine Auslösung vom Tem-
peldienst durch ein Opfer. Durch die auf-
rechte Haltung macht der Maler auf die
besondere Stellung des Jesuskindes aufmerksam, das der Priester mit verhüllten
Händen, einer noch heute im römischen
Ritus gültigen Gebärde der Ehrfurcht,
empfängt. Die Tafel war Teil eines großen Marien- und Jakobsaltars, der einst
wohl in der Jakobskirche in Brünn stand.
Der Meister, benannt nach einem Altar in
Stift Raigern (Rajhrad) bei Brünn, verbindet in seinem Stil, der sich durch klar
abgesetzte Flächen in heller, einheitlicher
Farbigkeit auszeichnet, böhmische und
österreichische Elemente. Str

126 »Maria lactans«. Niederösterreich,
um 1380. Lindenholz, alt gefaßt; 94 cm.
Pl 2387.
Schon in antiken Kulten ist die Vorstellung der Muttergöttin entwickelt worden,
die ihrem Sohn die Brust reicht. Die äußere Bildform wurde vom vormittelalter-
lichen Christentum übernommen und auf
die Hl. Maria übertragen. Die Kunst des
Spätmittelalters betont im Gegensatz zur
hieratischen Auffassung von Antike und
Frühchristentum das natürliche Verhältnis zwischen Mutter und Kind. Aus dem
Alltagsgeschehen ist die Skulptur aus der
Sigmundskapelle bei Mariazell in der
Steiermark aber herausgehoben durch
die idealisierende Fassung des Gewandes in Weiß und Gold; farbig ist nur das
Inkarnat. Sta

126

127

127 Die Beschneidung Jesu, um 1430.
Wiener (?) Werkstatt; tätig um 1410-30.
Gemälde auf Leinwand über Holz; 81,2 :
69 cm. Gm 307.
Die Tafel gehört zu einer Gruppe von Bildern, die den »Weichen Stil« der Frühzeit
des 15. Jahrhunderts in Österreich vertritt. Die Werkstatt, in der über einen längeren Zeitraum mehrere Künstler verhältnismäßig selbständig tätig waren, dürfte
in Wien mit Ausstrahlung nach Wiener
Neustadt ansässig gewesen sein. Der
Künstler gibt unter Verwendung weniger,
leuchtender Farben und einer Architektu-
rangabe mit komplizierten Durchblicken
den Akt der Beschneidung wieder. Die
beiden langen, gedrehten Kerzen in der
Hand des Mannes weisen über das Fest
der Reinigung Mariens (Lichtmeß) auf die
Darstellung des Jesuskindes im Tempel,
die im Text des Lukasevangeliums der
Beschneidung folgt. Str

128

**128 Die Muttergottes als »Neuer Thron
Salomonis«.** Schlesien, um 1370. Lindenholz, alt gefaßt; 85 cm. Pl 2876.
Maria wurde als der »Neue Thron Salomonis« gepriesen, da auf ihrem Schoß
die ewige Weisheit, der »wahre Salomon«, in Gestalt des Christusknaben saß.
Um diese Metapher in der Sprache der
bildenden Kunst auszudrücken, wurde
Mariens Sitz mit den Attributen des Thro-
nes des weisen Königs ausgestattet.

Nach der Beschreibung im Buch der Könige standen zwei Löwen neben den
Armlehnen, zwölf weitere auf den Stufen.
Die Darstellung der Muttergottes auf dem
Löwenthron war besonders in der schlesischen Kunst des 14. Jahrhunderts beliebt. Diese Figur stammt aus einer Kirche
der ehemaligen Grafschaft Glatz. Die
idealisierende Fassung verwendet vor-
zugsweise Gold und Silber.   Sta

**129 Die Muttergottes mit der Erbsenblü-
te,** um 1410. Meister der Hl. Veronika;
tätig in Köln um 1400-20. Gemälde auf
Holz; 54 : 36 cm. Gm 4. Leihgabe Wittelsbacher Ausgleichsfonds.
Durch eine sanfte Neigung und Wendung
des Hauptes trifft sich der Blick der Mutter und des in ihren Armen liegenden
Kindes. Mit spitzen Fingern werden die
Blüten des Erbsenstrauchs gehalten. Die
aufgebrochene Hülse am größeren Zweig
in der Hand der Madonna dient als Symbol der Mutterschaft der mädchenhaft
jungen Frau. Die Darstellung der Gottesmutter in Halbfigur hat ihre Quellen in
der byzantinischen Kunst, deren hoch
verehrte und vielfach kopierte Gnadenbil-
der die Form vermittelten. Im Werk des
frühen Kölner Meisters verbindet sich im
Schmelz der Farbe und in dem Wohllaut
der schwingenden Konturen die alte Tradition aufs glücklichste mit dem Zeitstil.
Str

130

131 Maria mit dem Kind, 1499. Hans Holbein d. Ä.; Augsburg um 1465-1524 Isenheim (?). Gemälde auf Holz; 46,5 : 32,4
cm. Gm 273. Leihgabe Wittelsbacher
Ausgleichsfonds.
Mit Hans Holbein d. Ä. wurde Augsburg
an der Wende vom 15. zum 16. Jahrhundert zu einer der bedeutendsten Pflege-
stätten deutscher Malerei. Ohne direkte
Kenntnis italienischer Renaissancekunst
entwickelte er einen Stil, der als Ausdruck
eines eigendeutschen klassischen Ge-
fühls erscheint. Die kleine Tafel gehört zu
den frühen Werken des Malers. Nach
Ausweis der Wappen in dem wuchern-
den Maßwerk wurde das Bild von dem
Augsburger Georg Gossenbrot und seiner Gemahlin Radegundis Eggenberger
gestiftet. Str

129

130 Die Verlobung der Hl. Agnes, um
1495-1500. Meister des Bartholomäusal-
tars; tätig in Utrecht und Köln um
1450-1510. Gemälde auf Holz; 41,2 : 33,2
cm. Gm 1634.
Das Thema ist im Gegensatz zu der häufig dargestellten Verlobung der Hl. Katharina auf die niederländisch-nieder-
deutsche Kunst der Spätgotik beschränkt.
Die erst dreizehnjährige Tochter aus ed-
lem römischen Geschlecht wies nach der
Erzählung der Legenda aurea den Antrag
des Sohnes des Präfekten zurück, da sie
sich bereits einem anderen Bräutigam
verlobt habe, dessen Mutter Jungfrau sei.
Der Maler, in den zierlichen Gesichtern
der Mädchen-Frauen, dem Spiel der gra-
zilen Hände, dem modischen Reichtum
des Kostüms und der Raffinesse der
Farbgebung unverkennbar, formte seinen
Stil unter der Einwirkung der Malerei in
Utrecht und war anschließend in Köln tätig, wo er für die Klosterkirche der Kartäuser mehrere große Altäre schuf. Str

131

132

**133 Johannes Ev. und das apokalypti-
sche Weib**, 1453. Meister von Hallein; tätig in Salzburg um 1440-60. Gemälde auf
Holz; 31,2 : 22,2 cm. Gm 1121.
Auf der Innenseite des rechten Flügels
eines doppelseitig bemalten Diptychons
erscheint Maria in der Identifizierung mit
dem von Johannes geschilderten Weib,
das am Ende der Tage erscheint, »beklei-
det mit der Sonne, den Mond unter ihren
Füßen, auf ihrem Haupt eine Krone von
zwölf Sternen«. Wie der Maler stilistisch
noch der höfischen Gotik des Jahrhun-
dertanfangs verpflichtet ist, so bedeutet
auch die Gestaltung des Klappaltärchens
als Diptychon den Rückgriff auf eine im
14. Jahrhundert entwickelte Form, die in
der traditionellen Gegenüberstellung von
Marien- und Passionsdarstellungen in der
deutschen Kunst späterer Zeit kaum noch
auftritt. Str

**132 Maria mit dem Kind von Engeln ge-
krönt**, um 1505. Hans Holbein d. Ä.;
Augsburg um 1465-1524 Isenheim (?).
Gemälde auf Holz; 63,5 : 49,5 cm. Gm
279. Leihgabe Wittelsbacher Ausgleichsfonds.
Das Bild zeigt gegenüber der verwandten
älteren Darstellung einen stilistischen
Wandel, der einer allgemeinen Entwicklung entspricht. Durch die Verschiebung
der Bildgrenzen haben die Waagrechten,
die durch eine lange Balustrade mit Vögeln und allerhand Gegenständen unterstützt werden, an Bedeutung gewonnen.
An die Stelle eines Strebens aus der Be-
engung nach oben ist ein ausgewogenes
Verhältnis von Vertikalen und Horizontalen getreten, das dem Bildraum Weite
und Festigkeit verleiht. Str

133   134

134 Allegorie auf Leben und Tod. Oberrhein, um 1480. Gemälde auf Holz; 95,2 :
22 cm. Gm 109. Leihgabe Wittelsbacher
Ausgleichsfonds.
In welchem Zusammenhang die beiden
Allegorien als Hinweis auf die Vergänglichkeit irdischen Lebens zu dienen hatten, läßt sich bei der außerordentlichen
Seltenheit profaner Darstellungen in der
Tafelmalerei des 15. Jahrhunderts nicht
mehr mit Sicherheit feststellen. Das
Thema gehört zu den Mahnungen, des
unabwendbaren Endes stets eingedenk
zu sein, die auch mit Porträtdarstellungen
verbunden waren. Die Durchführung in
der Gegenüberstellung des Werdens und
Vergehens, in die auch die Landschaft
einbezogen wird, weist auf die höfische
Verfeinerung des Lebensstils im burgundischen Kulturkreis. Der Maler wurde in
den Niederlanden geschult, ehe er im Bo-
denseegebiet tätig war. Str

135 Die Anbetung des Kindes, 1457. Johann Koerbecke; gest. 1491 Münster/W. Gemälde auf Holz; 93 : 65 cm. Gm 1400.
Die sechzehn Bilder des Hochaltars der Zisterzienserkirche Marienfeld wurden bei der Aufhebung des Klosters in zahlreiche Museen zerstreut. Johann Koerbecke, 1432 Bürger in Coesfeld, 1453 in Münster ansässig, gehört zu jener Generation von Malern, die ihre Umwelt mit neuen Augen sahen und mit Hilfe ihrer Erfahrungen die alten Themen der Heilsgeschichte als reale Ereignisse der Gegenwart schilderten. Konstruktion, Baustoff und Räumlichkeit der Hütte werden im aufleuchtenden und verdämmernden Licht deutlich gemacht, der Standort der Figuren im Raum geklärt, der Blick über Wiesen und Wege in die Tiefe der Landschaft geführt. Str

136

135

137 Die Heimsuchung Mariä. Niederbayern, Anfang 15. Jahrhundert. Sandstein; 96 cm. Pl 2401.
An der Ausbildung von Andachtsbildern sind häufig Frauenklöster beteiligt. So stand auch diese Gruppe ursprünglich im Nonnenkloster Niedernburg in Passau. In der thematischen Behandlung verdankt die Szene der Heimsuchung der weiblichen Gefühlsregung ihre verklärenden Züge. Maria und Elisabeth begrüßen sich, indem sie sich gegenseitig ihrer Schwangerschaft versichern. Mit Zartheit und zugleich Anmut ist das beiderseitige Abtasten der gesegneten Leiber wiedergegeben. Die sichtbaren Leibesfrüchte waren ursprünglich durch Glasverschlüsse geschützt. Maria darf als Jungfrau ihre Lockenpracht – ursprünglich vergoldet – zeigen, während die Ehefrau Elisabeth ihre Haare verbergen muß. Sta

136 Der Hl. Georg im Kampf mit dem Drachen. Niederösterreich, um 1380. Lindenholz, alt gefaßt; 146 cm. Pl 32.
Die Freiplastik, also die Statue, die ohne direkte Bindung an die Architektur aufgestellt ist, war im Mittelalter eine Seltenheit. Zu den Ausnahmen gehört dieser Drachenkampf des Hl. Georg, der u.a. durch die Sorgfalt der Oberflächenbehandlung auch auf der Rückseite als mehransichtig zu erkennen ist. Ihre eigentliche Bedeutung erhält die Figur als Reliquienbehälter. In die Brust war ein Schaugefäß eingelassen, dessen Metallrahmen für den Deckel aus Bergkristall sich erhalten hat. Die farbige Fassung ist besonders kostbar angelegt. Die Metallteile der Rüstung sind versilbert und vergoldet, der bunte Waffenrock mit eingesetztem Kreuz ist durch gepunzte Goldmusterung verschönt, der tiefsitzende Dusing (Gürtel) mit einst vergoldeten Maßwerkbeschlägen aus Zinn versehen.
Sta

137

138 Die Verkündigung an Maria, um
1444. Konrad Witz; Rottweil um
1400-1445/46 Basel (?). Gemälde auf
Holz; 156 : 120 cm. Gm 878.
Der mit höchster Eindringlichkeit geschil-
derte schmucklose Raum, in den das
Licht durch ein Fenster im Hintergrund
und aus einer weiteren, unsichtbaren
Quelle rechts vorne einfällt, umfängt
schirmend die behutsamen Gebärden der
Figuren. Die Botschaft, die Gabriel zu
bringen hat, ist auf einem Schriftband
niedergelegt, das seine rechte Hand ent-
rollt. Maria empfängt das Wort des Herrn
mit einer leisen Wendung des Hauptes.
Scharfe Schlagschatten lassen die Bolzen
im rissigen Holz des Trägergerüstes, die
Krampe, die als primitiver Griff in die Tür
geschlagen ist, hervortreten. Die herbe
Kraft der Gestalten und des Raums sind
die Frucht einer genauen Beobachtung
der realen Gegebenheiten, die, von den
Niederlanden ausgehend, der Malerei
neue Impulse gab.   Str

138

139

139 Die Anbetung der Hirten, um 1500. Meister des Hausbuchs; tätig am Mittelrhein bis um 1510. Gemälde auf Holz; 160,5 : 59,3 cm. Gm 1823. Leihgabe B. Staatsgemäldesammlungen.
Ein für die Zeit ungewöhnlich enges Verhältnis zur Wirklichkeit, das die Zeichnungen im sog. Mittelalterlichen Hausbuch und eine Reihe von Kaltnadelradierungen auszeichnet, findet sich in der Bindung an religiöse Themen auch in den Gemälden des Meisters wieder. Die Hirten sind wetterharte Gesellen in Kleidung geeignet für die Nacht auf dem Felde, aber als Zeichen der Armut ihrer Träger abgenützt und teilweise zerrissen. Das Kind liegt auf einem Tuch im Steintrog, der Ochs und Esel als Krippe dient, der zugleich aber auf den Sarkophag verweist, in den der Leichnam des Erlösers, in Tücher gehüllt, gelegt werden wird. Im Landschaftsausblick über den Bretterzaun auf Bach und Brücke zeigt sich ein Naturgefühl, das sich an der Realität orientiert hat. Str

140 Christus am Kreuz, um 1445. Stefan Lochner; Meersburg/Bodensee um 1410-1451 Köln. Gemälde auf Holz; 107,5 : 190,3 cm. Gm 13.
Auf einer schmalen Bühne stehen Maria und Johannes (zu seinem Buchbeutel vgl. Nr. 178) unter dem Kreuz als Zeugen der letzten Stunden Christi. Ihnen beigegeben sind die Hll. Ursula (?) und Magdalena, Dorothea und Christophorus. Die Auswahl geht wohl eher auf ihre allgemeine Beliebtheit als auf eine Verbindung zu den Stiftern Andreas von Dallem und Gertrud Struyss zurück, deren Wappen an die Andeutung des Golgathafelsens gelehnt sind. Weich fließen die in ihrer Beschaffenheit meisterlich charakterisierten Gewänder, deren Alternieren in warmen Rot- und kühlen Blau- und Grüntönen noch einmal die ausgewogene Symmetrie der Tafel betont. Obwohl Lochner aus Meersburg zuwanderte, wurde seine Kunst reinster Ausdruck Kölner Malerei. Str

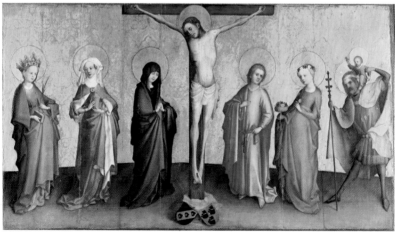

140

141

141 Die Aufnahme Mariens in den Himmel, um 1480. Meister der heiligen Sippe; tätig in Köln um 1480- um 1520. Gemälde auf Holz; 123,5 : 42 cm. Gm 31. Leihgabe Wittelsbacher Ausgleichsfonds. Die Tafel ist Teil eines Altars aus dem Benediktinerinnenkloster zu den Macchabäern in Köln, der auf den Flügeln und der jetzt im Louvre befindlichen Mitteltafel die Sieben Freuden Mariä zeigte. Zur Bestattung Mariens versammelt, umstehen die Apostel das plötzlich leere Grab, in dem allein der Schleier zurückgeblieben ist. Der wiederum ungläubige Thomas hält als Zeichen des Wunders den Gürtel in der Hand, den die Gottesmutter, im Himmel von Christus empfangen, ihm zugeworfen hat. Die reiche Produktion der Werkstatt des Meisters der heiligen Sippe führte die Kölner Malerei an der Wende eines spätgotischen Stils, der die Figuren in starkfarbiger Buntheit isolierte, zu einer neuen Vereinheitlichung des Bildfeldes durch eine Farbskala tonig aufeinander bezogener Werte. Str

142 Die Verkündigung an Maria, um 1464. Meister der Lyversberger Passion; tätig in Köln 2. Hälfte 15. Jahrhundert. Gemälde auf Holz; 186,9 : 137 cm. Gm 22. Leihgabe Wittelsbacher Ausgleichsfonds. Flügelaußenseite eines 1464 gestifteten Altars der Kölner Kartause. Der Maler steht wie der Meister des Marienlebens in der Nachfolge Stefan Lochners und verbindet die Kölner Tradition mit den Neuerungen der niederländischen Malerei. Die Figuren sind in ein weites gewölbtes Zimmer gestellt, dessen perspektivischer Vorstoß in die Tiefe durch die Bahnen der violetten und weißen Fliesen des Fußbodens unterstützt wird. Die Gestalten des grüßenden Engels und der sich ihm zuwendenden Maria erhalten damit einen Freiraum, in dem sie sich entfalten können, und gewinnen eine Monumentalität der Form, die anderen, gleichzeitig arbeitenden Malern der Kölner Schule fremd ist. Str

142

143

143 Die Anbetung der Hll. Drei Könige,
um 1470. Meister des Marienlebens; tätig
in Köln um 1460-90. Gemälde auf Holz;
78 : 126,5 cm. Gm 21. Leihgabe Wittelsbacher Ausgleichsfonds.
Der Maler, dessen Werk etwa zehn Jahre
nach dem Tod Stefan Lochners einsetzt,
hat seinen Stil im engen Anschluß an
Werke des Brüsseler Stadtmalers Rogier
van der Weyden ausgebildet. Dessen Altar für die Kölner Kirche St. Kolumba
(heute in der Alten Pinakothek in München) hat eine unvergleichbare Wirkung
auf zahlreiche Maler aus dem gesamten
deutschen Kunstraum ausgeübt. Die Mitteltafel mit der Anbetung der Könige
spiegelt sich auch in der Darstellung des
gleichen Themas durch den Meister des
Marienlebens. Der Kölner hat die Komposition in die Breite gezogen und an Stelle
der in gleichmäßigen Intervallen agieren-
den Hauptpersonen seines Vorbildes
Gruppen geschaffen, die locker nebenein-
andergestellt sind. Str

144

144 Die Taufe der Hl. Ursula, um
1495-1500. Meister der Ursulalegende;
tätig in Köln, Wende 15./16. Jahrhundert.
Gemälde auf Leinwand; 124 : 114 cm. Gm
38.
Ein heute auf mehrere Sammlungen ver-
teilter Zyklus der Ursulalegende erzählt in
zahlreichen Bildern ausführlich das Leben
der Heiligen von ihrer Taufe bis zu ihrem
Märtyrertod in Köln als Ereignisse der
Gegenwart. Ungewöhnlich ist die Verwendung von Leinwand als Bildträger,
die dadurch ermöglicht wurde, daß die
Bilder einzeln in einer Kölner Kirche, die
nicht mehr mit Sicherheit festgestellt
werden kann, hingen. Der Maler hat die
Besonderheit der Technik, bei der die
Struktur des Gewebes auf der Bildober-
fläche wirksam wird, geschickt mit seinem auf die Abstimmung gedämpfter
Farbwerte gerichteten Kolorismus verbunden. Str

145

145 Die Händewaschung des Pilatus, um
1480. Derick Baegert; Wesel (?) um 1440-
nach 1515. Gemälde auf Holz; 158,7 : 102
cm. Gm 37.
Aus der weiten Gerichtshalle, in der sich
Pilatus auf dem Richterstuhl die Hände
wäscht und die Augen verschließt vor
den Argumenten, die seine hinter ihm
stehende Frau an den Fingern aufzählt,
wird der Blick in einem großen Sprung
in die Tiefe geführt zu den nun folgenden
Stationen der Passion, der Dornenkrönung und der Vorbereitung der Kreuze.
Die Komposition ist voller Bewegung. In
Gruppen schwingen die Figuren gegeneinander. Die Gewänder behalten ihre aggressive Buntfarbigkeit, mit der sie Christus im dunkelvioletten Rock bedrängen,
auch im Hintergrund bei. Die Verbindlich-
keit der Raumordnung niederländischer
Gemälde für deutsche Künstler der zweiten Hälfte des 15. Jahrhunderts wird in
diesem Flügel eines Passionsaltars deutlich. Str

147 Die Hl. Elisabeth, um 1500. Tilman
Riemenschneider; Heiligenstadt/Eichs-
feld(?) um 1460-1531 Würzburg. Lindenholz, mit Resten alter Fassung; 105 cm.
Pl 2413.
Die Hl. Elisabeth, als Landgräfin von Thüringen 1231 in freiwilliger Armut gestor-
ben, weihte ihr Leben der Pflege der
Kranken und der Speisung der Hungri-
gen. Deswegen trägt sie in der rechten
Hand als Attribut einen Brotlaib. Die auf
der Rückseite ausgehöhlte Figur war ursprünglich für einen Altarschrein bestimmt, in dem sie wohl mit weiteren
Heiligen stand. Die Bedeutung der Fassung zur Darstellung der schmuckreichen
zeitgenössischen Kleidung vornehmer
Stände läßt sich noch deutlich erkennen.
Riemenschneider gelingt eine Andeutung
des Wesens der Heiligen, deren Freige-
bigkeit nicht allein Tugend ihres hohen
Standes, Demut und nicht Herablassung
war. Sta

146

146 Die Beweinung Christi, um 1510.
Bartholomäus Zeitblom; Nördlingen
1455/60- um 1520 Ulm. Gemälde auf
Holz; 180,5 : 163,4 cm. Gm 246. Leihgabe
B. Staatsgemäldesammlungen.
Als bedeutendes Zentrum der Malerei
wurde Ulm gegen Ende des 15. Jahrhunderts durch die fruchtbare Werkstatt vertreten, der Bartholomäus Zeitblom vorstand. Figuren in ruhigen Gesten, Zäh-
mung der Temperamente, große, komplementär gegeneinandergestellte Farbflächen kennzeichnen seinen Stil. Seine
späte Beweinung Christi ist in der Komposition abhängig von Dürers Holzschnitt
der Großen Passion, doch macht gerade
die Dämpfung der Schmerzausbrüche zu
stiller Trauer die schwäbische Eigenart
Zeitbloms deutlich. Die Ausführung des
Leichnams Christi hat der Maler einem
Schüler, wohl Martin Schaffner, überlassen. Str

147

148 Die Beweinung Christi, um 1500. Tilman Riemenschneider; Heiligenstadt/Eichsfeld(?) um 1460-1531 Würzburg. Lindenholz, mit Resten älterer Fassung; 60 cm. Pl 2370.
Riemenschneiders Beweinung Christi zeigt kein lautes Wehklagen. Die Trauernden, seine Mutter und der Lieblingsjünger Johannes, verhalten ihren Schmerz, wenden ihn nach innen. Die Spuren des körperlichen Martyriums haben weder Christi Leib verunstaltet, noch die Züge des von Dornen verwundeten Hauptes entstellt. Der Schönheitssinn Riemenschneiders vermeidet alle Extreme äußerer und innerer Bewegung, deren sich die Künstler der Spätgotik häufig bedienen, um emotionale Ergriffenheit in Aktion umzusetzen. Diese Zurückhaltung hat wesentlich zur Vorliebe des 19. Jahrhunderts und teilweise auch noch unserer Zeit für seine Kunst beigetragen. Sta

149

150 Der Kalvarienberg, Ausschnitt. Meister des Tegernseer Hochaltars; tätig in München um Mitte 15. Jahrhundert. Gemälde auf Holz; 185,8 : 265,5 cm. Gm 1055. Leihgabe B. Staatsgemäldesammlungen.
Die Tafel bildete einst die obere Hälfte der Mitte des gewaltigen Flügelaltars der gotischen Kirche von Kloster Tegernsee. Unter ihr befand sich im gleichen Format eine Darstellung der Kreuztragung Christi. Die Flügel zeigten Szenen aus dem Leben des Titelheiligen der Kirche, des Hl. Quirinus. Figurenreich, mit zahlreichen realistischen Detailschilderungen, wird die Endphase des Passionsdramas erzählt. Häßlichkeit im Aussehen, bizarre Formen von Waffen und Kleidung, divergierende, aufeinanderstoßende Bewegung sind Stilmittel, von denen die Wirkung der Tafel bestimmt wird. Ihnen passen sich auch der Übermalungen der Barockzeit an, die Wolken und die Verdunkelung der Sonne beim Tode des Erlösers zufügten. Str

148

149 Ein Hostienfrevel in Regensburg. Regensburg, 1476. Gemälde auf Holz; 109,8 : 96,6 cm. Gm 1806.
Das Bild stellt zusammen mit dem Gegenflügel (Gm 1807) ein zeitgenössisches Ereignis aus Regensburg dar. Ein Dieb wirft die konsekrierten Hostien aus einer silbernen Pyxis in den Keller eines Hauses. Die wiedergegebene Stadtansicht zeigt in sehr freier Gestaltung die Örtlichkeit. Die Tafeln dürften die Flügel eines der drei Altäre der heute profanierten Kapelle gebildet haben, die zur Sühne am Ort der Tat erbaut wurde, nachdem der Dieb ergriffen und die Hostien feierlich eingeholt worden waren. Die Bilder gehören zu den ganz wenigen Resten, die sich von der Regensburger Malerei des 15. Jahrhunderts erhalten haben, doch lassen sich Erzählfreudigkeit, liebevolles Eingehen auf das Detail, genaue realistische Schilderung der Nebenumstände als Eigenarten der Kunst der Stadt erkennen. Str

150

151 Vesperbild. Salzburg, Ende 14. Jahrhundert. Lindenholz, alt gefaßt; 93 cm.
Pl 2801.
Eine Totenklage Mariens über den auf
ihren Schoß gebetteten Sohn ist in den
Evangelien nicht belegt. Indes griffen die
deutschen Mystiker seit dem frühen
14. Jahrhundert aus dem Fluß des Pas-
sionsgeschehens solche Momente heraus, die dem Einfühlungsbedürfnis ent-
gegenkamen und sich gleichzeitig auch
zum Bild isolieren ließen. Auf diese
Weise entstand das Vesperbild, das seinen Namen durch die Verbindung der
Tagzeitgebete mit dem Tod Christi und
seiner Kreuzabnahme »um die neunte
Stunde«, d. i. gegen drei Uhr am Nach-
mittag, gewann. Die Herkunft aus Salzburg verweist auf ein Kunstzentrum, das
den Typ des Vesperbildes neben dem der
»Schönen Madonna« vorbildhaft gestaltet hat. Sta

152

151

152 Die Darstellung Jesu im Tempel,
1444. Meister der Pollinger Tafeln; tätig
in München um Mitte 15. Jahrhundert.
Gemälde auf Holz; 129 : 85,6 cm. Gm
1057. Leihgabe B. Staatsgemäldesammlungen.
Der Chor einer gotischen Kirche ist durch
Glasfenster mit Moses und einem Propheten sowie den Tafeln der zwölf Gebote auf dem Altar in den Tempel von Jeru-
salem verwandelt. Mit der gleichen De-
tailfreudigkeit wie der gotische Raum mit
seinen spitzbogigen Maßwerkfenstern
und Rippengewölben ist der Ausblick
über die Friedhofsmauer auf die Häuser
einer gepflasterten Straße geschildert.
Für den Maler, der mehrere Altäre für das
bei Weilheim gelegene Kloster Polling
gemalt hat, aus dem auch diese Tafel
stammt, ist die Realität des bayerischen
Oberlandes in seinen Bewohnern und
Örtlichkeiten von besonderer Bedeutung
gewesen. Im zugehörigen Flügel (Gm
1637) zeigt er die Landschaft in der Nähe
von Polling, das Ammerseegebiet mit
Schloß Pähl und Kloster Andechs. Str

153 Christus am Ölberg, um 1490. Jan
Polack; Krakau (?) um 1450/60-1519 München. Gemälde auf Holz; 174,5 : 186,6 cm.
Gm 1602. Leihgabe B. Nationalmuseum.
Der aus Krakau zugewanderte Maler ist
mit seiner Werkstatt für die Malerei in
München in den ersten Jahrzehnten des
16. Jahrhunderts bestimmend. Auch eine
der repräsentativsten Aufgaben, die in
dieser Zeit vergeben wurden, die Flügel
des Hochaltars der Peterskirche mit Darstellungen aus der Passion Christi und
dem Leben der Hll. Petrus und Paulus,
wurde ihm anvertraut. Eine lebhafte Er-
zählweise, starke konstrastierende Farben
bestimmen seinen noch in der Spätgotik
verhafteten Stil. In dem auf Fernsicht berechneten Altarbild werden Christus und
die schlafenden Jünger zu einer Gruppe
zusammengefaßt, hinter der sich eine
weite Landschaft ausdehnt, in der die
kommenden Ereignisse, die Ankunft des
Verräters Judas an der Spitze der Schergen und die Abführung des Gefangenen,
spielen. Str

153

154

156

154 Die Krönung Mariä, um 1425. Hans von Judenburg; in Judenburg 1411-1424 nachweisbar. Pappelholz, alt gefaßt, vergoldet; 107-122 cm. Pl 29-31.

Im Dezember 1421 erhielt der steiermärkische Bildschnitzer Hans von Judenburg den Auftrag zur Ausführung des Hochaltarschreins der Pfarrkirche zu Bozen. Die höchst qualitätvollen Figuren unserer Marienkrönung bildeten die Mittelgruppe dieses der Verherrlichung Mariens gewidmeten, heute nurmehr in Resten nachweisbaren Altars von zweifellos beträchtlicher Größe. Maria, Fürbitterin der Menschheit und künftige Himmelskönigin, kniet betend vor Christus, der seine Arme zum Krönungsgestus ausstreckt. Dem an der Szene nur segnend teilnehmenden Gottvater war, wie an der Proportionierung seines Kopfes abzulesen ist, ein erhöhter Platz in der Gruppe zugedacht. An Attributen sind zu ergänzen die Krone für Maria, die Weltkugel in der Linken Gottvaters sowie die zur Dreifaltigkeit gehörende Taube des Heiligen Geistes.

Br

155

155 Die Geburt Mariens, um 1480. Meister der Uttenheimer Tafel; tätig in Südtirol (Bruneck) um 1460-80. Gemälde auf Holz; 94 : 92 cm. Gm 1180.

Die Geburt Mariens war eines der wenigen Themen, die dem mittelalterlichen Künstler gestatteten, die Welt des Profanen ausführlich zu schildern, die sich sonst nur in kleinen Szenen im Hintergrund in das Bildgeschehen einschleichen durfte. Der Maler der Tafel, benannt

nach einem Bild aus der Pfarrkirche zu Uttenheim bei Bruneck, war Zeitgenosse und Landsmann Michael Pachers. Ihm verdankt er die künstlerischen Voraussetzungen zur klaren Schilderung des Zimmers, das sich als Kastenraum hinter einem gemalten Rahmen mit hängendem Maßwerk in die Tiefe zu erstrecken scheint und die Figuren, die Hl. Anna im Wochenbett und ihre um das Kind bemühten Helferinnen, aufnimmt. Str

156 Der Hl. Nikolaus, um 1470. Friedrich Pacher; Neustift b. Brixen (?) um 1435/40- nach 1508 Bruneck (?). Gemälde auf Holz; 204 : 76 cm. Gm 309.

Der Flügel eines wahrscheinlich aus Bozen stammenden Altars stellt den Heiligen als farbig gefaßte Schnitzfigur auf einem Sockel in einem Schrein dar, der in seinem oberen Viertel durch Maßwerk vergittert ist. Diese Bemühung, die menschliche Figur als einen plastischen Körper, der um sich Raum schafft, zu gestalten, entsprach den Voraussetzungen Südtiroler Künstler, die, bereits jenseits der Alpen schaffend, stets Verbindungen zu Oberitalien hatten und früher als ihre Kollegen im Norden Kenntnis von der Kunst Andrea Mantegnas mit einem neuen Verhältnis zu Körper und Raum erlangten. In späteren Jahren kam der Maler unter den Einfluß des bedeutenderen Michael Pacher und wurde sein Gehilfe am Werk in St. Wolfgang. Str

157 Die Hll. Leonhard und Stephan, um 1495. Hans Klocker; nachweisbar in Brixen 1477-1500. Zirbelholz mit ergänzter Fassung; 162 cm. Pl 47/48.
Hans Klocker ist der bedeutendste neben Michael Pacher in Tirol tätige Bildhauer. Die aus Vilnöß (bei Klausen) stammenden Standfiguren sind Reste aus einem verlorenen Schrein. Die dargestellten Heiligen genossen in den Alpenländern große Verehrung. Stephan mit Steinen als Hinweis auf sein Martyrium gilt als Beschützer von Vieh und Pferd. Die gleiche Aufgabe als Patron der Nutztiere erfüllt, neben anderen Zuständigkeiten, der Hl. Leonhard. Außer dem Herkunftsort liefert die Form der Gewandbehandlung den Anhalt für die Zuschreibung bzw. die kunstgeographische Einordnung. Bei Klocker (und Pacher) sind die Gewänder in harte Brüche zerlegt, welche an die geologische Struktur der Alpen erinnern. Sta

158

157

158 Reliquienaltärchen mit Geißelung und Beweinung Christi. Nürnberg um 1350. Malerei auf Holz; Flügel je 85 : 22 cm. KG 1.
Die Flügel des kleinen, in den Fächern ursprünglich mit Reliquien, in der Mitte mit Figuren des Gekreuzigten zwischen Maria und Johannes ausgestatteten Altars stehen am Anfang einer zwei Jahrhunderte während Tradition Nürnberger Malerei. Die Figuren scheinen ohne körperliches Volumen vor dem Goldgrund zu schweben, der durch ein feines, in das hauchdünne Metall gepunztes Muster belebt ist. In den spitzen Enden der Altarflügel sind Symbole angebracht, die der theologischen Deutung der Szenen dienen. Der Pelikan, der seine Jungen mit seinem Blute nährt, weist auf Leiden und Tod des Erlösers hin, der Phönix, der sich selbst verbrennt und verjüngt aus der Asche emporsteigt, ist Sinnbild der dem Tode folgenden Auferstehung. Str

159 Maria und Elisabeth mit ihren Kindern bei häuslicher Arbeit. Nürnberg, um 1400. Gemälde auf Holz; 95 : 138,5 cm. Gm 1087. Miteigentum der Stadt Nürnberg.
Die Tafel gehört zu einem großen Flügelaltar, der einst in der Nürnberger Frauenkirche gestanden haben könnte. Die Flügel zeigen auf den Außenseiten Szenen aus der Passion Christi, auf den Innenseiten vor feierlichem Goldgrund Ereignisse aus dem Leben Mariens. Die Grundlagen seines Stils verdankt der Meister böhmischer Malerei, deren Einfluß auf Nürnberg seit der zweiten Hälfte des Jahrhunderts wirksam wurde. Von dort her leitet sich die malerische Rundung der Formen, das weiche Spiel von Licht und Schatten, der tiefsinnige Ernst, den die Szene auch in der ungewöhnlichen Schilderung des häuslichen Tuns der Frauen und des Spiels der Kinder bewahrt, deren Streit um ein Pfännlein durch den Ruf des Johannes »sichin muter ihesus tut mier« deutlich gemacht wird. Str

159

160

161 Christus als Schmerzensmann zwischen Maria und Johannes, 1418-22. Meister des Imhoff-Altars; Nürnberg 1. Viertel 15. Jahrhundert. Gemälde auf Holz; 116 : 74 cm. Gm 116. Leihgabe Stadt Nürnberg.
Die Tafel ist die Rückseite eines ursprünglich frei in der Lorenzkirche stehenden, von Konrad Imhoff zwischen 1418 und 1422 gestifteten Altars. Der von den Wunden des Kreuzestodes gezeichnete, lebende, aber nicht verklärte Christus wird von seiner Mutter und Johannes, während er im Sarkophag steht, den Gläubigen zur trauernden Anbetung gewiesen. Die liturgische Entsprechung zu der mystischen Szene bildet die Kreuzverehrung des Karfreitags. Der Künstler setzt die Tradition der Werkstatt des großen Marienaltars fort und ist die bedeutendste Nürnberger Kraft in der Zeit des »Weichen Stils«. Str

160 Die Gefangennahme Christi. Nürnberg, um 1400. Gemälde auf Holz; 95 : 138,5 cm. Gm 1087. Miteigentum der Stadt Nürnberg.
Die Passionsszenen auf den Außenseiten der Flügel des großen Marienaltars sind vor dunkelblauen, heute fast schwarzen Grund gestellt (vgl. Nr. 159). Die sich folgenden Ereignisse um die Gefangennahme Christi sind als gleichzeitig ablaufend auf einen einzigen Augenblick konzentriert: Judaskuß, kurze Gegenwehr des Petrus, Heilung des Ohres des Malchus, Flucht der Jünger, wobei Markus seinen Mantel in der Hand eines der Häscher zurückläßt, Wegführung des Gefangenen auf grausamste Weise mit einem Strick um den Hals. Die Nachtszene wird wie üblich durch eine brennende Fackel angedeutet, doch kennzeichnet auch die zurückhaltende Farbgebung, die Blattsilber für alle Eisenteile der Bewaffnung verwendet, eine seelische Verdüsterung.
Str

162

161

162 Die Abnahme Christi vom Kreuz, 1462. Hans Pleydenwurff; Bamberg um 1420-1472 Nürnberg. Gemälde auf Holz; 286,3 : 142,2 cm. Gm 1127.
Nürnberger Werkstätten exportierten Altäre, die in Zusammenarbeit von Malern und Bildhauern geschaffen wurden. 1462 stellte Hans Pleydenwurff den von ihm gelieferten Passionsaltar persönlich in der Elisabethkirche in Breslau auf. Der Maler, der sich durch eine intensive Schulung an niederländischer Malerei und durch eine helle, auf die Schönheit der Farbklänge bedachte Koloristik von gleichzeitigen Nürnberger Künstlern unterscheidet, hatte sich 1457 in der Reichsstadt niedergelassen. Hinter seiner Kreuzabnahme aus Breslau, in der die würdige Niederbringung des Leichnams Christi mit allen Details geschildert wird, steht die Behandlung des gleichen Themas durch Rogier van der Weyden in einem berühmten Bild aus dem Escorial. Str

**163 Die Hll. Dorothea, Katharina und An-
tonius der Eremit,** um 1430. Thüringer
Meister; tätig wahrscheinlich in Arnstadt.
Gemälde auf Leinwand über Holz; 105 :
76 cm. Gm 10.
Die Figuren der Heiligen, denen weitere
auf dem Gegenflügel (Gm 11) folgen, stehen gereiht unter einem durch Kreuzrip-
pengewölbe geteilten Baldachin und setzen die Schnitzfiguren, die im verlorenen
Schrein zu denken sind, fort. Der Maler
vertritt die Endphase des sich langsam
verhärtenden »Weichen Stils« in Thüringen, das mit einem Zentrum in Erfurt
einen eigenen Stil entwickelt hat, der
Beziehungen sowohl nach Böhmen als
auch nach Niedersachsen aufweist. Die
Darstellung des Eremiten Antonius, der,
etwas abgerückt von den beiden Nothelferinnen, hervorgehoben wird, läßt an
eine Beziehung des Bestimmungsortes
des Altars zum Orden der Antoniter
denken.   Str

163

164 Altarschrein mit Marienkrönung. Erfurt, um 1460. Tannen- (Schrein) und Lindenholz (Reliefs), alt gefaßt, vergoldet;
175 : 155 cm. Pl 149.
In der Mitte des breit gerahmten, durch
reiches architektonisches Beiwerk in fünf
Szenenfelder unterteilten Altarschreins
erscheint, nach Stellung und Größe herausgehoben, die fast vollplastische
Gruppe der Marienkrönung. Kleinteiliger
und von geringerer Tiefe sind die paarweise angeordneten Reliefs, die links die

Geburt Christi und die Anbetung der Könige, rechts die Auferstehung Christi und
die Ausgießung des Heiligen Geistes zeigen, womit zugleich die christlichen
Hauptfeste Weihnachten, Epiphanias,
Ostern und Pfingsten bezeichnet werden.
Der lebhaft vergoldete Schrein vertritt
einen in der zweiten Hälfte des
15. Jahrhunderts in Thüringen heimischen Typus, wurde aber, anders als
etwa der Erfurter Regler-Altar, als Altarta-
fel ohne Flügel konzipiert.   Br

164

165 Der Hl. Lukas malt die Madonna,
1487. Meister des Augustiner-Altars; tätig in Nürnberg um 1490. Gemälde auf Holz; 135 : 90 cm. Gm 144. Leihgabe B. Staatsgemäldesammlungen.
Die Szene wurde an Feiertagen auf dem Hochaltar der Klosterkirche der Augustiner-Eremiten in Nürnberg sichtbar. Das lebendige Bild, das Lukas am Anfang seines Evangeliums von der Gottesmutter zeichnet, ließ die Legende entstehen, der Heilige sei Maler gewesen. Mit den Mitteln einer genauen Schilderung der räumlichen Gegebenheiten gelingt dem Meister eine Erklärung der Erzählung. Lukas, vor seiner Staffelei sitzend, Pinsel, Palette und Malstock in den Händen, zeichnet das Bild der Madonna, wie es vor seinem geistigen Auge steht. Der Evangelist kann von seinem Standort aus sein Modell in der Realität nicht sehen, wenn auch die Mauer, die den Wohnraum von der Werkstatt trennt, für den Betrachter des Bildes unterbrochen ist.
Str

165

166

166 Der Hl. Veit verweigert die Ehe,
1487. Rueland Frueauf d. Ä. (?); um 1440/45-1507 Passau. Gemälde auf Holz; 137 : 93 cm. Gm 142. Leihgabe B. Staatsgemäldesammlungen.
Bei geschlossenen Flügeln zeigte der Altar der Nürnberger Augustiner-Eremiten in zwölf Bildern die Legende des Titelheiligen der Klosterkirche, des Hl. Veit. Der ausführende Maler war eine gegenüber dem Hauptmeister relativ selbständige Kraft. Er hat diese Tafel mit dem Monogramm RF gezeichnet und 1487 datiert und ist wahrscheinlich identisch mit dem in Salzburg und Passau tätigen Rueland Frueauf, der sich bereits als fertiger und erprobter Meister dieser Aufgabe unterzogen hätte. In den Physiognomien wie in der bunten Farbgebung unterscheidet er sich deutlich vom Hauptmeister, der die vier Bilder der letzten Öffnung des Altars geschaffen hat (vgl. Nr. 165).   Str

167

167 Die Hl. Anna Selbdritt, um 1510. Michael Wolgemut. Nürnberg 1434-1519. Gemälde auf Holz; 136:90,5 cm. Gm 161.
Das Spätwerk Michael Wolgemuts zeigt deutlich den Einfluß, den der große Schüler Albrecht Dürer auf seinen Lehrer ausgeübt hat. Nicht nur der Frauentypus der Hl. Anna, zu deren Füßen die Nürnberger Stifter Nikolaus Groß und seine Gemahlin Anna von Plauen knien, ist samt der tektonischen Faltengliederung des großen Kopftuchs von ihm übernommen; auch die Vereinigung der Figuren in einem gemeinsamen Umriß zu einer fest gebauten Gruppe wäre Wolgemut ohne Dürers Vorbild, vielleicht sogar Entwurf, kaum gelungen. Str

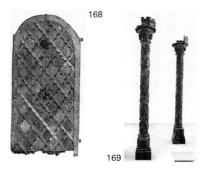

168

169

168 Eisenbeschlagene Tür. Nürnberg, 14.Jahrhundert. Holz, ins Gesenke geschlagene Eisenbleche; 238:123 cm. A 1686.
Türen dieser Art wurden in Nürnberg im 14. und 15.Jahrhundert mehrfach geschaffen. Die Wappenbleche zeigen den gekrönten Adler (des Reiches?) und den doppelgeschwänzten böhmischen Löwen. Er würde, falls die überlieferte Herkunft der Tür von der Nürnberger Kaiserburg zutrifft, auf die Kaiser aus dem böhmisch-luxemburgischen Hause hinweisen. Die Bleche sind einzeln von rückwärts unter Zuhilfenahme eines Stückes Blei in eine negative Form geschlagen worden, eine Technik, die als »ins Gesenke schlagen« oder »ins Gesenke drücken«

in der Goldschmiedekunst geläufig ist und mit deren Hilfe auch die Nürnberger Wappenbleche des Heiltumsschreins geschaffen wurden (Nr. 106). Ka

169 Velen-Säulen. Franken, 15.Jahrhundert. Eichenholz, mit Resten späterer Fassung; 260 cm. KG 11/12.
Die Säulen dienten in der Gumbertuskirche in Ansbach dazu, rechts und links des Altares Kerzen und Vorhänge zu tragen, die den Altar während der Messe nach den Seiten verhüllten. Die als Ehrfurchtsgeste aus altchristlicher und ostkirchlicher Tradition bekannte Verhüllung des Altares vor den Augen der Gläubigen während der Wandlung als dem Höhepunkt der Messe war im späten Mittelalter zu einem nur noch andeutungsweise verstandenen Brauch herabgesunken, zumal sich gerade für das Zeigen und verehrende Anschauen der verwandelten Hostie besondere Frömmigkeitsformen herausgebildet hatten. Die nur noch seitliche Verhüllung des Altares, wie sie sich bis heute in der anglikanischen Liturgie erhalten hat, findet sich auf Bildern des 15.Jahrhunderts, vor allem der Gregorsmesse, häufig dargestellt. Ka

170 Zweigeschossiger Schrank. Alpengebiet, Ende 15.Jahrhundert. Zirbelkiefernholz, teilweise geschnitzt, gefaßt; 297:216:72 cm. HG 1526.
Auf einem etwas vorspringenden Sockel ruhen die beiden kastenartigen Geschosse; sie werden getrennt durch eine vorkragende Gürtelzone und bekrönt von einem hohen Aufsatz mit geschnitztem Maßwerk. Eine Restaurierung hat 1972/73 die schöne Maserung des Zirbelholzes und die Farbigkeit der Gründe der Schnitzereien, die von Schwarz im Sockel über Blau nach Rot an Leuchtkraft zunimmt, wieder freigelegt. Der wohl proportionierte architektonische Aufbau, die Abstufung von kräftigem Rankenwerk bis zu ganz zarten, spitzenartig geschnitzten Formen, die Ausgewogenheit der Maßverhältnisse und der verschiedenen Flächen zueinander bestimmen die Schönheit des Möbels. vW

170

171

172 Unterlageplatte für den Zugring einer Tür. Süddeutschland, 15. Jahrhundert. Eisen; 41 cm. A 323.
Die Zugringe mittelalterlicher Kirchentüren waren in der Frühzeit häufig in bronzenen Löwenköpfen befestigt. Später wurden auch durchbrochene schmiedeeiserne Unterlagen – meist auf farbigem roten oder blauen Grund – an Haus-, Zimmer- und selbst an Schranktüren üblich (vgl. Nr. 170). Von einer Kirchentüre stammt die Platte mit der Kreuzigung und zwei Drachen im Rankenwerk in der für das 15. Jahrhundert charakteristischen sog. Achtortform des Straßburger Bauhüttenschlüssels. Die geschmiedete Eisenplatte ist mit Setzmeißeln vielfach ausgehauen, mit Punzen geschrotet; die so entstandenen Ranken sind von hinten teilweise mit Kugelpunzen hochgedrückt; anschließend ist durch Kerben auf der Vorderseite die Binnenzeichnung angebracht worden.   Ka

171 Wandfliese mit Christuskopf. Leipzig, vor 1500. Ton mit farbiger Blei- und Zinnglasur; 48 : 26 cm. A 1409.
Die Außenwand des im 15. Jahrhundert erbauten Paulinerklosters in Leipzig war mit farbig glasierten Tonplatten verkleidet. Dort wo der Bau in einer Länge von vierzig Metern die Stadtmauer überragte, war als oberer Abschluß ein Fries angebracht, der aus Kacheln mit dem dornengekrönten Antlitz Christi in wechselnden Farben bestand. Kleinere Kacheln mit je drei grünen, gelben und blauen Rosen unterbrachen die Reihe der Christusköpfe. Oben und unten war der Fries durch eine grünglasierte Weinlaubranke eingefaßt. Solche Weinlaubranken gliederten rautenförmig auch die Wand darunter. Der Töpfer hat es verstanden, die technisch bedingten laufenden Glasuren zur Steigerung des Ausdruckes des auf Fernsicht berechneten Antlitzes Christi zu nutzen.   Ka

173

172

173 Liebespaar und Orgelspieler. Franken, um 1475. Wollstickerei; 68,5 : 49 cm. Gew 2446.
Der linke junge Mann reicht dem Mädchen eine Blume für den Kranz, den sie, erst angefangen, in der linken Hand hält. Rechts scheint dem Tragorgelspieler eine Sängerin zugeordnet gewesen zu sein, doch sind nur noch Teile ihres Kleides und das Notenblatt vorhanden. Die jungen Leute haben sich nach dem farbenfreudigen modischen Chic der Zeit gekleidet. Das Mädchen trägt das Haar in Zöpfen aufgesteckt und darüber eine rote Kappe mit langen, hinten herabfallenden Fransen (Gefräns). Gegenüber dieser realistischen Schilderung sind jedoch die Bäume mit den bunten Vögeln voller Phantasie gebildet.   vW

174

175 Kästchen. Südwestdeutschland, 2. Viertel 15. Jahrhundert. Buchenholz mit Eisenbeschlägen, innen bemalt; 15:29,5: 18 cm. HG 238.
Der Kasten ist innen auf dunkelgrünem Grund mit weißzüngelndem lappigen Blattwerk bemalt. Der Deckel zeigt eine schwer aufzulösende allegorische Darstellung: Zwei Tugenden – Keuschheit und Demut – bilden eine mittlere Gruppe; in dem Gnadenstrahl hinter ihnen empfängt die Demut eine apfelartige Frucht. Der links stehende, reich gekleidete junge Mann mit nackten Füßen steht für die rechte Liebe; sie überdauert die ihm aufgeschriebenen Gegensätze von Winter und Sommer, fern und nah, Leben und Tod. Der nackte junge Mann rechts steht für die Reue. Auf den Knoten seiner Geißel stehen die Worte »wünschen«, »wollen«, »sprechen«, »tun«; die Inschrift in seinem Rücken besagt, daß er Gnade erwarte, Meiden und Leiden jetzt aber seine Genossen seien. Ka

174 Turnierszene aus dem »Busant«. Elsaß (Straßburg?), um 1490. Ausschnitt aus einem Wirkteppich in Leinen, Wolle, Seide; 70:198,5 cm (Gesamtmaß). Gew 673.
Die Szene ist die vierte des Rücklakens, das den guten Ausgang des elsässischen Versepos vor Augen führt, bei dem ein Bussart (Busant) den Anstoß zu tragischen Verwicklungen gegeben hatte. Die wiedervereinten Königskinder (rechts) und das Herzogspaar (im Hintergrund) beobachten das zur Feier der Hochzeit veranstaltete Lanzenstechen zweier gepanzerter Ritter zu Pferde, von denen jeder auf dem Schild sein Wappen führt. Die modische Tracht der jungen Leute unterscheidet sich von der der älteren Generation; als verheiratete Frau verbirgt die Herzogin ihre Haare unter der Haube. Im Elsaß sind im 15. Jahrhundert viele solcher meist langer Rücklaken mit bilderreichen Folgen aus Geschichte, Sage, Dichtung oder Fabel gewirkt worden; zeitgenössische Dokumente führen sie als »heidnisch werk« auf. vW

176

175

176 Futteral. Prag, Werkstatt der Reichskleinodienfutterale, um 1350. Leder, geschnitten, punziert, bemalt; 62:45:18 cm. HG 3591.
Das kofferförmige Futteral, das ursprünglich oben 8 cm höher war, zwei eiserne Querbeschläge und auf der Seite ein Schloß aufwies, hat möglicherweise zum Schutz eines Reliquiars mit einer Herrenreliquie gedient, da in der Inschrift der Vorderseite von der Erlösung durch Kreuz und Blut Christi die Rede ist. Da dieselbe Prager Werkstatt im Auftrag Kaiser Karls IV. Lederfutterale für die Reichskleinodien geschaffen hat, vermutete man, dieses Futteral habe ebenso zur Verwahrung von Gegenständen des Reichsschatzes gedient. Die Wappen Karls IV. – der Reichsadler und der böhmische Löwe – dürften jedoch auch andere von ihm in Auftrag gegebene Werke geschmückt haben. Ka

177

178

177 Bucheinband. Nürnberg, um 1460. Leder, geschnitten, punziert; Messingbeschläge; 31 : 24 cm. D 631. Leihgabe Löffelholz-Archiv.
Der Lederschnitt, neben der Blindpressung die wichtigste Technik zum Schmuck von Bucheinbänden, erreichte im 15. Jahrhundert seine höchste Blüte. Fränkische, namentlich Nürnberger Werkstätten leisteten dabei Hervorragendes. Der für ein Mitglied der Nürnberger Patrizierfamilie Löffelholz geschaffene erste Band einer Weltchronik trägt auf der Vorderseite das von Blattranken und Fabeltieren umgebene Familienwappen. Die Umrisse sind in das Leder eingeschnitten, die freie Fläche ist durch Punzen flachgeschlagen, so daß sich ein leichtes Relief bildet. Die den Einband schützenden getriebenen Beschläge sind mit ihren Buckeln und Blattwerk für eine Nürnberger Werkstatt charakteristisch, die um 1460-80 tätig war. Ke

178 Buchbeutel. Nürnberg, 1471. Wildleder, Messingsbeschläge; Einband 13,5 : 10,5 cm; Beutel-L. 42 cm. Hs 17231.
Nördlich der Alpen kam im 14. Jahrhundert der Brauch auf, Bücher, die man häufig zur Hand nahm, derartig einbinden zu lassen, daß man sie bequem mit sich tragen konnte. Dafür wurde um den Band ein Ledertuch gespannt, dessen überlappende Enden sich zusammengerafft mit einem Haken oder Knoten am Gürtel befestigen ließen. Der Buchbeutel des Nürnberger Patriziers Hieronymus Kreß fällt durch kunstvoll durchbrochene und ziselierte Messingbeschläge und -schließen mit dem Familienwappen auf, während im allgemeinen Buchbeutel ihrer Verwendung entsprechend schmucklos waren, wie es sich beim Hl. Johannes von Stefan Lochners Kreuzigung (Nr. 140) beobachten läßt. Der Kreßsche Buchbeutel umhüllt ein auf Pergament geschriebenes Gebetbuch, dessen Widmungsblatt 1471 datiert ist. Ke

179 Vorderwand einer Truhe. Dortmund (?), um 1400. Eichenholz; 74 : 168 cm. HG 1863.
Zwischen die seitlichen Frontstollen, die zugleich die Füße gebildet haben, ist mittels Nut und Feder das Vorderbrett eingespannt. Bei der die gesamte Fläche überziehenden, in Felder aufgeteilten, ursprünglich farbig gefaßten Reliefschnitzerei wechseln groteske Tierfiguren mit Blatt- und Maßwerk. Sowohl die Zimmermannsweise des Truhenbaus als auch die Art der Verzierung und deren Motive sind charakteristisch für norddeutsche Möbel des späten Mittelalters. vW

179

180

180 Truhe. Salzburg, Ende 15. Jahrhundert. Tannenholz, mit Maßwerkschnitzerei; 105 : 189 : 70 cm. HG 1278.
Der Truhenkasten ruht auf einem hohen Untersatz mit drei Schubladen. Beim Kasten ist ein Rahmengerüst, dessen vordere Flächen mit Intarsien dekoriert sind, die geschnitzten Füllungen eingelassen. Das Truheninnere hat wie üblich eine Einrichtung, nämlich einen Seitenkasten und mehrere Schubladen. Im Gegensatz zur meist norddeutschen Stollenbauweise ist das Möbel auf Gehrung gearbeitet, das heißt, daß die Bretter an den Ecken schreinermäßig verzahnt sind. Truhen dienten auch zur Aufbewahrung der Kleider, die erst sehr viel später in Schränken aufgehängt wurden. vW

181 Tafelnde Wilde Leute. Elsaß, um 1420. Ausschnitt aus einem Wirkteppich in Leinen und Wolle; 89 : 134 cm (Gesamtmaß). Gew 3806.

Die Wilden Leute waren für das Mittelalter Waldwesen, von menschlicher Gestalt, doch fast am ganzen Körper behaart. Wenn sie auch wie Menschen handelten, wäre aber ihr Benehmen urtümlich und tierhaft. Hier sitzt unter einem Zelt, dessen Dach von einem alten und einem jungen Wilden Mann mit Seilen gespannt wird, eine gekrönte Wilde Frau zwischen einem Greis und einem Jüngling; von dem auf dem Tischtuch ausgebreiteten Mahl bietet der eine eine Keule an, der andere kredenzt ihr einen Daubenbecher. Die dichte Musterung der Gewänder, des Zeltes und des Hintergrundes sowie der schollenartige Untergrund verbinden den in leuchtenden Farben gearbeiteten Teppich mit den übrigen oberrheinischen der ersten Hälfte des 15. Jahrhunderts. vW

181

182 Die Ausbreitung der Kartäuserklöster, Ausschnitt. Schwaben, um 1510. Gemälde auf Holz; Mittelbild 164 : 98 cm, Flügel je 164 : 44 cm. Gm 580.

Auf den Innenseiten eines Triptychons werden in Form eines Stammbaums, nach Ordensprovinzen geordnet und in eine Berglandschaft mit Flüssen und Seen eingebettet, die Ansichten von 192 Kartausen gezeigt. Die Nürnberger Niederlassung »cella beatae Mariae« befindet sich in der linken unteren Ecke der Mitteltafel. Die Ranke des Stammbaums, die Halbfiguren von Kartäusermönchen trägt, geht von der aula Mariae in Buxheim aus. Für eine Herkunft des Triptychons aus diesem Kloster spricht auch der Stil der Malerei, der auf Bernhard Strigel aus Memmingen weist. Die geschlossenen Flügel zeigen einen Kartäuser und einen Stifter im Gebet vor den Ordensheiligen Bruno und Hugo von Lincoln. Ms

182

183

183 Schleifkanne einer Breslauer Handwerkszunft. Breslau, Ende 15. Jahrhundert. Zinn, gegossen, graviert; 54 cm. HG 5157.

Die Kanne ist eines der frühesten Stücke einer eng umrissenen Gruppe schlesischer, vor allem Breslauer Zinnkannen aus dem späten 15. und frühen 16. Jahrhundert, die nicht wie die meisten Zinnkannen der Zeit aus einem bauchigen Körper über hohem oder niedrigem Fuß bestehen, sondern wie ein Säulenstumpf gebildet und in mehreren Zonen unterschiedlich facettiert sind. Gravierungen überziehen die gesamte Wandung und zeigen in der Mittelzone neben der Kreuzigung mit Maria und Johannes verschiedene Heilige, unten eine Serie des Salvators und mehrerer Apostel, oben Liebespaare, Phantasiegestalten und Putten. Die Gravierungen folgen spätgotischen Kupferstichen, vielfach von Martin Schongauer. Ka

184

184 Messingbecken mit Verkündigung an Maria. Nürnberg, Anfang 16. Jahrhundert. Messing, geschlagen; Dm 64,5 cm. HG 8987.

Noch heute erinnert die »Beckenschlägergasse« in Nürnberg an ein Handwerk, das in dieser Stadt vom 15. bis 17. Jahrhundert blühte und seine Erzeugnisse seit dem Mittelalter in großer Anzahl nach ganz Europa exportierte. Die in Gesenke mit Patrizen geschlagenen Becken, die mitunter, wie dieses Stück, einen großen Umfang und beträchtliche Materialstärke besitzen – kleinere Stücke haben dagegen eine dünnere Wandung –, zeigen vorwiegend religiöse Motive, bisweilen aber auch profane wie Jagdszenen und zahlreiche gepunzte Ornamente. Die Gebrauchsspuren an den meisten Becken deuten auf eine Verwendung im kirchlichen und häuslichen Bereich. P

von denen sich jedoch nur wenige vollständig erhalten haben. Auch der aus dem Würzburgischen Kapitel-Amtshaus, dem späteren Rathaus, in Ochsenfurt am Main stammende Ofen mit Aposteln, Landsknechten und den Wappen Würzburger Domherren, fränkischer Adeliger und fränkischer Städte ist in seiner farbigen Pracht nur ein Teil des ursprünglichen Ofens. Ka

186 Christus im Hause des Simon, 1476. Gabriel Mälesskircher; München um 1425-1495. Gemälde auf Holz; 79,5 : 46 cm. Gm 1463.
Das Haus des Pharisäers ist wie das eines süddeutschen Bürgers im späten Mittelalter eingerichtet. Maria Magdalena salbt die Füße von Christus, der auf einer Bank mit Klapplehne sitzt. Hinter dem mit einem weißen Tuch, Zinngeschirr, einem Glas, Broten und einem Fasan gedeckten Tisch schenkt ein Diener ein, während ein anderer einen Pfauenwedel hält, um Fliegen abzuwehren. Durch die geöffnete Durchreiche der Rückwand schaut eine Frau aus der Küche in die Stube. Links daneben steht ein zweigeschossiger Schrank, rechts ein hoher Waschkasten mit Schüssel und Wasserbehälter, ein langes Handtuch ist über eine Rolle gelegt. Zwei Wandborde tragen Flaschen und Schüsseln, in Ausschnitten der Vorderkante des einen hängen Kannen mit den geöffneten Deckeln nach unten. vW

185

185 Ofen aus Ochsenfurt. Mainfranken, 1495-1519. Farbig glasierte Ofenkacheln; 187 : 80 : 98 cm. A 503.
Im 15. und 16. Jahrhundert war der Kachelofen kunstvoll gestalteter Bestandteil fürstlicher und bürgerlicher Wohnungen, oft ihr aufwendigster Einrichtungsgegenstand. Als Kunstwerk ist er eine Schöpfung des deutschen Sprachraums, während in den meisten anderen Ländern offene Kamine üblich waren. Größte Buntheit an Wappen- und Figurenschmuck beherrschte die Öfen des 15. Jahrhunderts,

187

187 Musterstreifen eines Handtuches. Augsburg, um 1460. Leinen, etwas Baumwolle, Seide, Häutchengold; 145 : 42 cm. Gew 634.
In den Bildstreifen mit konfrontierten Löwen hat der Weber seinen Namen eingetragen: velman; an anderer Stelle steht sein Vorname Hans. Er war Glied einer Augsburger Weberfamilie des 15. Jahrhunderts. Das Wappenbild dieses bedeutenden schwäbischen textilen Zentrums, der Pinienzapfen (Pyr), findet sich zwischen den Panthern der folgenden Bildzeile. Solch lange, oft reich verzierte Handtücher hingen in der Stube neben dem Waschschrank über einer Rolle (vgl. Nr. 186). Die Klöppelspitzenkante des Tuches ist eine Ergänzung des 17. Jahrhunderts. vW

186

188 Henkelkrug. Steiermark, Anfang
15. Jahrhundert. Ton mit Preßdekor; 22,7
cm. Ke 2576.
Der Krug, ein Bodenfund aus Schloß
Spielfeld an der steirisch-jugoslawischen
Grenze, nimmt im Rahmen der in Form
und Dekor durchweg relativ einfachen
mittelalterlichen Keramik eine besondere
Stellung ein. Reichere Formen, figürlicher
Schmuck und farbige Glasur finden sich
im deutschsprachigen Gebiet fast nur an
Bau- und vor allem an Ofenkeramik. Der
auf der Scheibe gedrehte Fuß des Kruges
ist zu einem bauchigen Mittelteil ausgezogen, in den mit Metallstempeln verschiedene Muster, vor allem Rosetten
und Rauten gedrückt sind.   Ka

188

189 Gewichtssatz. Nürnberg, 1. Hälfte
15. Jahrhundert. Messing, gegossen; 11
cm. WI 167.
Eine der wichtigsten Aufgaben der Rotschmiede, des besonders in Nürnberg
blühenden Messing verarbeitenden
Handwerks, war die Anfertigung von Ge-
wichten, die bereits im Mittelalter häufig
in ganzen Sätzen in Form von Einsatzge-
wichten hergestellt wurden. Waren die
ineinandergestellten Gewichte als kleine
glatte Schalen oder Eimer gebildet, so
wurde das äußere eimerförmige Gehäuse, zu dem ein Deckel mit Henkel und
Verschluß gehört, oft mit Masken, Tier-
oder Menschenköpfen, aber auch mit
Delphinen verziert. Das älteste und einzige mittelalterliche in Nürnberg erhaltene
Stück steckt noch in seinem ursprünglichen Lederuntersatz mit hochgetriebenen
Ranken über gepunztem Grund.   Ka

189

**191 Ofenkachel mit der Vertreibung aus
dem Paradies.** Wien, Ende 15. Jahrhundert. Ton, bunt glasiert; 43:31 cm. A 495.
Die Kachel stammt mit sechs weiteren,
teils grün, teils bunt glasierten von einem
sehr großen Ofen, der nach alter Tradition in der Sakristei des Stephansdomes
in Wien gestanden haben soll. In tiefen
Nischen mit seitlichen Ranken oder architektonischen Baldachinen, in denen teilweise auch Figuren stehen, sind die Gestalten – besonders der Simson – von
urwüchsiger Kraft der Modellierung. Dieselbe großzügige Gestaltungsweise spiegelt die Farbigkeit der an den Rändern
ineinanderlaufenden weißen, blauen,
grünen und gelegentlich gelb-braunen
Glasuren.   Ka

190

190 Feldflasche. Tirol, um 1500. Leder,
geschnitten, geschält; 45 cm. HG 9191.
Das große Wasser- oder Weingefäß übernimmt trotz seiner Größe die Form einer
Feldflasche mit seitlichen Schlaufen für
den Tragriemen, besitzt aber einen eisen-
beschlagenen hölzernen Standfuß. Die
mittelalterliche Technik des Lederschnit-
tes ist dadurch bereichert, daß neben den
durch Schnitte eingezeichneten Ranken
im Grunde die oberste Lederschicht abgelöst ist. Die sonst seltene Lederschäl-
technik scheint um 1500 im Alpenraum
verbreitet gewesen zu sein. Das Wappen
der Vorderseite zeigt wie das österreichische einen einfachen Balken, der Stech-
helm darüber als Helmzier drei Eicheln.
Großes fleischiges Blattwerk mit einer Ei-
chel, einer Nelke und einer Rose zieren
auch die Rückseite.   Ka

191

**192 Ofenkachel mit dem Hl. Bartholo-
mäus.** Sachsen, 2. Hälfte 15. Jahrhundert.
Ton, bunt glasiert; 32 : 20 cm. A 1284.
Die Nischenkachel mit dem Hl. Bartholomäus, der seine im Martyrium abge-
schundene Haut als Attribut über dem
Arme trägt, stammt mit acht weiteren Kacheln mit Heiligen und der Dreiviertelfigur des Kurfürsten von Sachsen mit seinem Wappen und vier später entstandenen Nischenkacheln mit verschiedenen
sächsischen Wappen, darunter dem des
Bischofs Ernst von Halberstadt
(1479-1513) von einem Ofen aus Halberstadt. Die Verwendung verschiedener Kacheln am selben Ofen war im 15. Jahrhundert nicht ungewöhnlich. Kacheln der
älteren Serie sind auch in Goslar gefunden worden. Beide Serien zeichnen sich
durch besonders farbigen Reichtum und
ungewöhnlich qualitätvolle Glasuren aus,
die sogar bei der feinsten Binnenzeichnung der Wappen nicht ineinanderlaufen.
Ka

193

192

**193 Ofenkachel mit perspektivischer Ar-
chitektur.** Nürnberg, 2. Viertel 16. Jahrhundert. Ton, grün glasiert, mit Resten
von Vergoldung; 26,5 : 26,5 cm. A 528.
Die reinen Architekturphantasien dieser
und der acht zugehörigen Kacheln zeigen
das in Nürnberg wie in Augsburg im
16. Jahrhundert früh auftretende Interesse an den Formen der italienischen Renaissance. Die perspektivisch gestalteten
Ansichten gewölbter Hallen mit reicher
architektonischer Gliederung weiten sich
teilweise zu Kuppelräumen mit seitlichen
Nischen und eröffnen den Blick auf mit
Festons geschmückte Galerien und auf
Treppen, auf denen einzelne Menschen
gehen. Rahmen und Bildfeld wurden aus
verschiedenen Modeln gedrückt, was
wechselnde Kombinationen ermöglichte.
Der Rahmen mit den seitlich hinter den
Ballustraden knienden Figuren konnte
– farbig glasiert – deshalb auch bei den
darunter angebrachten Kacheln mit
Szenen aus dem Leben Christi Verwendung finden. Ka

194 Die Rache des Vergil, Kachel vom
Ofen aus Hohenaschau. Südtirol, 1555.
Ton, mit weißer Fayenceglasur, farbig bemalt; Kachel 52 : 36 cm, Ofen 298 : 118 :
143 cm. A 3396.
Bis zum 17. Jahrhundert bestanden Ka-
chelöfen üblicherweise aus farbigglasier-
ten kleinen Reliefs. Dieser gehört jedoch
zu einer kleinen Gruppe im 16. Jahrhundert in Südtirol entstandener Öfen, deren
Kacheln auf glatter Fläche wie Fayence-
teller über weißer Glasur bemalt sind, im
wesentlichen mit blauer, grüner und wenig gelber Farbe. Beispiele echter Vater-
landsliebe, der Gerechtigkeit und anderer
moralischer Exempel sind dargestellt. In
den Bilderkreis der »Weiberlisten« gehört
die Rache des Vergil. Als dieser von einer
Frau überlistet worden war, die ihn auf
halber Höhe vor ihrem Fenster in einem
Korb hängen ließ (wie im Hintergrund zu
erkennen), ließ der große Zauberer alle
Feuer Roms verlöschen, so daß die Bürger sich am Schoß dieser Frau neues
Feuer holen mußten. Ka

194

195

der Passion, sein Blut wird von einer Nonne im Kelch der Gnade aufgefangen. Daneben thront im Bild des Gnadenstuhles Gottvater und hält vor sich den gekreuzigten Christus, zu dessen Haupt die Taube des Heiligen Geistes fliegt. Die lateinischen Inschriften der Spruchbänder enthalten alttestamentliche Vorhersagen des Erlösungswerkes. Die anbetenden Klosterfrauen scheinen Klarissen zu sein, Angehörige des Ordens der Hl. Klara.

vW

197

195 Zwei Weise Männer. Nürnberg, um 1380. Ausschnitt aus einem Wirkteppich in Wolle und Leinen; 65 : 445 cm (Gesamtmaße). Gew 3721. Leihgabe Lorenzkirche, Nürnberg.
Dieser früheste erhaltene Nürnberger Teppich zeigt »Weise Männer« in vierfach variiertem Dialog unter Spruchbandbögen, die in Rede und Gegenrede von der Demut, vom gläubigen Vertrauen in Gott, vom rechten Reden und Verschweigen künden. In diesem auch in der Ausführung auf dem Webstuhl hervorragenden Stück äußert sich zur gleichen Zeit wie im benachbarten Böhmen ein befruchtender, westlicher, niederländischer, Einfluß. Der Teppich scheint erst im 19. Jahrhundert in die Lorenzkirche gekommen zu sein; vielleicht war er ursprünglich für die kleine Ratsstube des Nürnberger Rathauses bestimmt, damit seine Sprüche – wie bei entsprechenden gemalten Darstellungen u. a. in Erfurt – stets mahnend den Ratsherren vor Augen stünden.   vW

196 Christus in der Kelter und Gnadenstuhl. Franken (Nürnberg?), Anfang 15. Jahrhundert. Seidenstickerei auf Leinen; 71 : 119 cm. Gew 2464.
Hier ist Christus als Keltertreter – eine auf die Eucharistie bezogene Verbildlichung seit dem hohen Mittelalter – verbunden mit dem Schmerzensmann, der seine Wunden weist, aus denen das erlösende Blut fließt. Dieser Christus ist Inbegriff

197 Der Hl. Sebaldus rettet Schiffbrüchige. Nürnberg, um 1420. Ausschnitt aus einem Wirkteppich in Wolle und Leinen; 104 : 100 cm. Gew 3710. Leihgabe Sebalduskirche, Nürnberg.
Der meist als heiliger Pilger dargestellte Sebaldus wurde besonders in Nürnberg, an der Stätte seines Grabes, verehrt. Die Nürnberger mußten sich jedoch lange bemühen, bis sie endlich 1425 seine Heiligsprechung erreichten. Der Teppich könnte seiner Entstehungszeit nach mit diesen Bemühungen in Zusammenhang stehen. Er führt vor allem Wunder nach dem Tode des Heiligen vor. Auf dem einzigen »Bild« mit dem lebenden Sebaldus rettet dieser zusammen mit der Hl. Barbara in Seenot geratene Pilger und vertreibt die Teufel, die jene in die Tiefe stürzen wollten. Während des 15. Jahrhunderts sind in Nürnberg in verschiedenen, nebeneinander arbeitenden Werkstätten viele Teppiche gewirkt worden, von denen jedoch nur ein Bruchteil erhalten ist.   vW

196

198

198 Die Auffindung des Hl. Kreuzes.
Nürnberg, um 1430-40. Wirkteppich in
Wolle, Leinen, Seide; 86:188 cm.
Gew 3715. Leihgabe Sebalduskirche,
Nürnberg.
In Gegenwart von Kaiser Konstantin
weist die Kaiserin Helena auf die
Stelle, an der nach dem Kreuz gegraben
werden soll. Rechts wird ein Toter durch
die Berührung mit dem aufgefundenen
wahren Kreuz zum Leben erweckt; daneben liegen die Kreuze der beiden Schä-
cher. Die Wappenschilde geben als Stifter
ein Mitglied der reichen Nürnberger Familie Rummel an, vielleicht den Ritter
Franz Rummel (gest. 1460), der seit 1421
mit Agnes Haller (gest. 1471) verheiratet
war. Der Teppich mag einem Heiligkreuz-
altar als Antependium gedient haben.
Zeitgenössische Inventare verzeichnen zu
den zahlreichen Altären nicht nur der beiden Nürnberger Pfarrkirchen jeweils
mehrere solcher »Vorhänge«, einfache
für die Werktage und kostbare festliche.
vW

199 Das Jüngste Gericht. Nürnberg,
Mitte 15. Jahrhundert. Wirkteppich in
Wolle und Leinen; 242:147 cm. Gew 671.
Im roten richterlichen Gewand thront
Christus auf dem doppelten Regenbogen
und weist die Wundmale. Als Zeichen
von Gnade und Gerechtigkeit gehen von
seinem Mund Lilienstab und Schwert
aus. Vier Engel halten die Leidenswerkzeuge: Lanze, Geißelsäule und Geißel,
Kreuz, Dornenkrone und Rute. Darunter
knien auf Wolkenbändern Maria und Johannes d. T. als Fürbitter der sündigen
Menschheit. Zwei Engel wecken mit Po-
saunenschall die Toten. In den unteren
Ecken der Laubstabbordüre stehen die
Wappenschilde der Nürnberger Familien
Volckamer und Schürstab. Einen solchen
Teppich hat man als »Grabteppich« über
den aufgebahrten Sarg gebreitet. Da Teppiche im rechten Winkel zur Bildrichtung
gearbeitet werden, brauchte man für diesen – im Gegensatz zu den schmalen
Rücklaken und Antependien – einen wenigstens zweieinhalb Meter breiten Webstuhl. vW

200 Liebesgarten. Nürnberg, um 1460.
Wirkteppich in Wolle und Leinen; 65:141
cm. Gew 672.
Zwei Musikanten unterhalten mit Fidel
und Laute drei vornehme Mädchen und
einen jungen Mann, die links um einen
gedeckten Tisch versammelt sind. Ein
plauderndes Liebespaar trennt diese
Gruppe von einem Brunnen mit hohem,
sechspassigem Becken und mit Löwenköpfen als Ausgüssen an der Mittelsäule,
aus denen ein Jüngling trinkt, während
ein anderer Wasser in einen Krug laufen
läßt. Den für Nürnberger Teppiche lange
Zeit charakteristischen tiefdunkelblauen
Grund überziehen Bäume mit ihrem
Laubwerk, während im Vordergrund Grä-
ser, Blumen und Blattpflanzen den Gar-
tenboden andeuten. vW

200

Malerei und Plastik von der Renaissance bis zum Barock

201 Bildnisdiptychon des Hans Straub und seiner Frau Barbara geb. Pirckheimer, 1525. Hans Plattner; Nürnberg 1495/1500-1562. Gemälde auf Holz; je 63,5 : 50 cm (mit Rahmen). Gm 180.
Über das Menschenbild der Renaissance geben die zahlreichen in dieser Zeit entstandenen Porträts Auskunft. Die Form des Diptychons mit dem Allianzwappen der verbundenen Familien war in der ersten Hälfte des 16. Jahrhunderts die übliche Form für Bildnisse von Ehepaaren.

Zusammengeklappt in Truhen aufbewahrt, dienten sie zugleich als Dokumente der Familiengeschichte. Die Ehe des Hans Straub mit der ältesten Tochter von Dürers Freund Willibald Pirckheimer wurde 1518 geschlossen. Nach dessen Tod, 1530, zog das Paar in sein Haus am Hauptmarkt, in dem ein großer Teil von Dürers schriftlichem Nachlaß als gemeinsames Familienerbe aufbewahrt wurde.
　　　　　　　　　　　　　　　　　　Str

201

202

202 Bildnis eines Bräutigams. Mitteldeutschland, 1535. Gemälde auf Holz; 61,5 : 39 cm. Gm 1462.
Die Eheschließung war häufig Grund für einen oder beide Partner, sich malen zu lassen. Der Kranz des Bräutigams oder eine Nelke gaben Hinweise auf den auch rechtlich bedeutsamen Akt, der festgehalten werden sollte. Die auch heute noch übliche Photographie des Brautpaares knüpft an diese Dokumentation des neuen Standes an. Eine weite Landschaft bildet den Hintergrund zum Konterfei des einundzwanzigjährigen Mannes, der sich sein Kränzlein aus Rosenblüten schräg auf die Stirn gesetzt hat und ein Sträußchen in der Rechten hält. Aus offenen Augen schaut er energisch in die Zukunft. Der Maler des lebendigen und nicht zuletzt durch die einfarbig modellierte Landschaft originellen Bildes ist noch nicht erkannt, muß aber im weiteren Umkreis der Cranach-Werkstatt seine künstlerische Form gefunden haben.   Str

203

204 Bildnis Kaiser Maximilians I.
(1459-1519), 1518/19. Albrecht Dürer; Nürnberg 1471-1528. Gemälde auf Leinwand; 83 : 65 cm. Gm 169.
Dürer konnte den Kaiser 1518 auf dem Reichstag in Augsburg zeichnen. Die Aufnahme wurde Gemälden und einem Holzschnittporträt zugrunde gelegt. Die auf Leinwand ausgeführte Fassung zeigt den Kaiser mit der Kette des ursprünglich burgundischen Ordens vom Goldenen Vlies, in der Hand, in Anspielung an das Herrschaftszeichen des Reichsapfels, sein persönliches Symbol, den vielkernigen Granatapfel. Dürer hatte wesentlichen Anteil an den künstlerischen Arbeiten, die der Habsburger zur Wahrung des Ruhms seiner eigenen Taten und der Geschlechterfolge seiner Familie in Auftrag gab. Mit einer Leibrente von jährlich 100 Gulden aus der Nürnberger Stadtsteuer belohnte der Kaiser die guten Dienste des Malers.
Str

204

203 Bildnis des Malers Michael Wolgemut, 1516. Albrecht Dürer; Nürnberg 1471-1528. Gemälde auf Holz; 29 : 27 cm. Gm 885. Leihgabe B. Staatsgemäldesammlungen.
Mit fünfzehn Jahren kam Albrecht Dürer als Lehrling in die Werkstatt des Malers Michael Wolgemut, als 45jähriger schuf er das Bildnis seines alten Lehrers, versah es mit seinem Zeichen, der Jahreszahl 1516 und mit einer Inschrift, die uns die Lebensdaten Wolgemuts überliefert. Er behielt das Porträt in seinem eigenen Besitz und fügte 1519 eine Notiz vom Tod des Malers zu. Dürer hat seinen Lehrer gemalt, wie ihn in der Werkstatt zu sehen gewohnt war: ein dunkelgraues, fast schwarzes Tuch zum Schutz der Haare gegen Farbspritzer fest um die Stirn geschlungen. Der braune Pelzbesatz der Schaube ergibt einen festen, dunklen Sockel, aus dem der faltige Hals aufwächst. Schonungslos vermerkt Dürers Pinsel alle Zeichen des Alters, um den ungetrübten, scharf zupackenden Blick des Malers um so stärker wirken zu lassen.   Str

205 Kaiser Karl der Große im Krönungs-ornat, 1512/13. Albrecht Dürer; Nürnberg 1471-1528. Gemälde auf Holz; 215 : 115,3 cm (mit Rahmen). Gm 167/68. Leihgabe Stadt Nürnberg.
Der Rat der Stadt Nürnberg bestellte bei Dürer die Bilder der Kaiser Karl der Große und Sigismund für die Heiltums-kammer am Hauptmarkt, in der die Reichskleinodien und -reliquien vor ihrer jährlichen Vorzeigung am zweiten Freitag nach Ostern aufbewahrt wurden. Inschrif-ten auf den Rahmen und Rückseiten be-ziehen sich auf die Verbindung der Reichs-insignien mit Karl d. Gr. und ihre Über-führung nach Nürnberg auf Anordnung Kaiser Sigismunds 1424. Dürer schuf un-ter Anlehnung an den Gottvatertypus ein Idealbildnis, das bis in das 19. Jahrhun-dert die Vorstellung vom Aussehen Kai-ser Karls bestimmte. Die Abzeichen des Herrschers studierte er in Zeichnungen am Original und gab sie mit historischer Treue wieder. Str

206

206 Herakles im Kampf gegen die stym-phalischen Vögel, 1500. Albrecht Dürer; Nürnberg 1471-1528. Gemälde auf Lein-wand; 87 : 110 cm. Gm 166. Leihgabe B. Staatsgemäldesammlungen.
Das Gemälde ist das einzige Dürers, dem einer der antiken Sagenstoffe zugrunde liegt, die im übrigen der Druckgraphik vorbehalten waren. Mit Temperafarben auf ein feines Gewebe gemalt, hat es durch den späteren Auftrag von Firnis et-was von dem spröden Reiz dieser von Dürer öfters geübten Technik verloren. Die Vertreibung der am See Stymphalos in Arkadien hausenden Vögel gehört zu den klassischen Taten des Helden. Für die muskulöse nackte Gestalt hat dem Maler ein italienisches Vorbild zur Verfü-gung gestanden, während er den Vögeln die halb menschliche, halb tierische Ge-stalt gibt, in der Dante die Harpyien schil-dert, griechische, den alles austrocknen-den Südwind symbolisierende, men-schenschädigende Fabelwesen. Str

207 Rahmen zum Allerheiligenbild
Albrecht Dürers (Ausschnitt). Nürnberg, 1511. Lindenholz, alt gefaßt; 284 : 213 cm. Pl 211. Leihgabe Stadt Nürnberg.
Für die von Matthäus Landauer gestiftete Kapelle des Zwölfbrüderhauses, eines Asyls für betagte Handwerker, schuf Dü-rer 1511 nach italienischem Vorbild die-sen neuartigen Altar. Über einer Predella erheben sich auf kannelierten Säulen ein Gebälk und ein halbrundes Giebelfeld,

die in geschnitzten Figuren eine Darstel-lung des Jüngsten Gerichts tragen. Die Mitte nahm eine heute in Wien befind-liche Tafel mit der Anbetung der Hl. Drei-faltigkeit von Dürers eigener Hand ein. Der bedeutende Schnitzer des Rahmens folgte einem Entwurf Dürers von 1508. Um eine Vorstellung von der ursprüngli-chen stilistischen wie inhaltlichen Einheit zu vermitteln, wurde dem originalen Altar eine Kopie des Gemäldes eingefügt. Sta

207

208 Die Nürnberger Madonna, um 1515. Lindenholz, alt gefaßt; 150 cm. Pl 210. Leihgabe Stadt Nürnberg.
Die Marienfigur wurde wahrscheinlich als Teil einer Kreuzigungsgruppe konzipiert. Ihr gefühlsbetonter Aufblick fixiert den Standort unterhalb des Gekreuzigten. Auf dessen anderer Seite wäre der Evangelist Johannes zu denken. Das federnde Standmotiv, der relativ kleine Kopf und die flüssige Faltendraperie verleihen der Maria eine Eleganz, die ihre Volkstüm-lichkeit hinreichend erklärt. Das Motiv des schmerzerfüllten Ringens der Hände ist dem großen Nürnberger Zeitgenossen des unbekannten Bildhauers, Albrecht Dürer, entlehnt. Er steht hinter allem, was an dieser Figur als positive Errungen-schaft zu werten ist: ihre »Klassizität«, ihre »Schönheit«. Sta

208

209 Die Beweinung Christi, um 1500.
Albrecht Dürer; Nürnberg 1471-1528;
Werkstatt. Gemälde auf Holz; 150 : 120
cm. Gm 165. Leihgabe Wittelsbacher
Ausgleichsfonds.
Zu den Aufträgen, die an die Nürnberger
Malerwerkstätten ergingen, gehören in
großem Umfang die Gedächtnisbilder,
auf denen in kleinen Figuren, gekennzeichnet durch die Wappen, die Stifter
und ihre Angehörigen erscheinen (vgl.
Nr. 105). Auch Albrecht Dürer steht in
dieser Tradition. Die Totenklage der Angehörigen und Freunde am Leichnam des
vom Kreuz abgenommenen Erlösers wird
zum Vorbild für die Trauer um den 1480
verstorbenen Karl Holzschuher. Die Komposition schließt sich an ein Gedächtnisbild Dürers mit dem gleichen Thema für
den Goldschmied Albrecht Glimm an
(München, Alte Pinakothek). Die Ausführung wurde weitgehend einem Mitarbeiter der Werkstatt überlassen. Str

211

211 Bildnis einer jungen Frau, 1535. Barthel Beham; Nürnberg 1502-1540 Italien.
Gemälde auf Holz; 78,5 : 59 cm. Gm 1611.
Gegen 1520 kam eine junge Generation
von Nürnberger Künstlern zu Wort, unter
denen das Dreigestirn Sebald und Barthel
Beham und Jörg Pencz hervorragte. Die
Form ihrer künstlerischen Aussage hat
Dürers Werk zur Grundlage. Darüber hinaus verband die drei Künstler eine radika-
le Einstellung auf religiösem und sozia-
lem Gebiet, die 1525 den Rat der Stadt
zum Eingreifen und zur Verbannung der
»gottlosen Maler« aus der Stadt zwang.
Barthel Beham zog nach München. Von
Dürers Porträtkunst ausgehend, betätigte
er sich fast ausschließlich als Bildnismaler. Das Porträt der einunddreißigjährigen
Frau verrät in seiner zurückhaltenden, auf
Braun, Schwarz und Gold beschränkten
Farbigkeit eine neue Zeit und die Wirkung
italienischer Bildniskunst. Str

209

210 Die Taufe Christi, 1516/17. Wolf
Traut; Nürnberg um 1480-1520. Gemälde
auf Holz; 147,5 : 114,5 cm. Gm 181.
Die Tafel gehört zu den Altarbildern, die
Wolf Traut und sein Vorgänger Hans
Traut für die romanische Klosterkirche
von Heilsbronn geschaffen haben. Als ein
Werk Dürers angesehen, gelangte sie
1606 in die Sammlung Kaiser Rudolfs II.
nach Prag. Mit der Darstellung der Taufe
Christi vor einer »Jordanlandschaft«, die
sich hinter der Figurengruppe weit in die
Tiefe erstreckt, schließt sich der Maler an
Albrecht Dürers Anbetung der Heiligen
Dreifaltigkeit (Wien, Kunsthistorisches
Museum) an. Für Dürer in den Jahren um
1515 als Mitarbeiter am Holzschnittwerk
der Ehrenpforte für Kaiser Maximilian tätig, nähert sich auch die helle Buntfarbigkeit seiner Gemälde dessen koloristischen Vorstellungen der gleichen Zeit.

210

212 Stehende Muttergottes, um 1515-20.
Leonhard Magt; seit 1514 in Mühlau/Ti-
rol, gest. 1532. Bronze; 85 cm. Pl 2964.
Leihgabe Sebalduskirche, Nürnberg.
Die mit einer hohen Krone und reich verzierten Gewändern ausgestattete Bronze-
figur der Muttergottes aus dem Ostchor
der Nürnberger Sebalduskirche steht in
engem stilistischen Zusammenhang mit
den Heiligenstatuetten für das Maximi-
liansgrabmal in Innsbruck. Der Stifter der
Plastik war nach Ausweis einer in St. Sebald verbliebenen hölzernen Wappenkon-
sole der Nürnberger Patrizier Melchior
Pfinzing, Propst an St. Sebald und in
Mainz, Geheimsekretär Maximilians I.
und Mitarbeiter am kaiserlichen Ritter-
epos »Theuerdank« (vgl. Nr. 376). Pfinzing hat die Gußwerkstätte des Stefan
Godl, für den Leonhard Magt als Modellschnitzer arbeitete, in Mühlau wahrscheinlich bei seiner Innsbruckreise 1515
aufgesucht. Die fertige Figur wurde in
Nürnberg vermutlich 1518 aufgestellt,
spätestens aber 1521. Br

212

214 Bildnis eines jungen Mannes, um
1520. Hans Süss von Kulmbach; Kulmbach (?) um 1480-1522 Nürnberg. Gemälde auf Holz; 36 : 26 cm. Gm 1162.
Das Porträt zeigt Hans von Kulmbach im
Bann des Bildnisstils seines Lehrers Albrecht Dürer unmittelbar vor dessen niederländischer Reise, doch beruht die
künstlerische Qualität nicht auf der phy-
siognomischen Deutung des Modells, das
mit offenen Augen zu träumen scheint,
sondern auf der feinen Kultur der Haltung
des blauäugigen Mannes. Die Betonung
der Horizontalen in Ausschnitt und
Hemdrand gibt in Verbindung mit der festen Verspannung der Figur in der Bild-
fläche dem Dargestellten die innere Sicherheit des neuen Menschentyps der
Renaissance. Str

213

213 Erdglobus, 1491/92. Entwurf: Martin
Behaim; Nürnberg 1459-1506/07 Lissa-
bon; Ausführung: R. Kolberger; Nürnberg
1470-1505; Malereien: Georg Glockendon
d. Ä.; gest. 1514 Nürnberg. Papier, bemalt
über geleimter Leinwand und Leder;
Meridianring Eisen; Horizont Messing,
graviert; Gestell von 1510 Schmiedeeisen; 133 cm, Dm. 51 cm. WI 1826
Der »Erdapfel« des Martin Behaim ist die
älteste erhaltene Darstellung der Welt in
Kugelgestalt. Vor der Reise des Kolumbus angefertigt, fehlt noch Amerika auf
ihm. Er zeigt also den freien Seeweg
nach Indien, dem ursprünglichen Ziel des
Kolumbus. Behaim, ein Nürnberger Patri-
ziersohn, war in Portugal Mitglied der
»Junta dos Mathematicos« geworden,
die systematisch die Welt erforschen
wollte. Zur Regelung einer Erbschaftsan-
gelegenheit in Nürnberg weilend, ließ er
möglicherweise den Globus herstellen,
um oberdeutsches Kapital zur Finanzie-
rung einer Fahrt nach Indien über den
Atlantik zu erhalten. Asien und Afrika
sind nach Erkenntnissen früherer Reisen
gezeichnet, für China und die angrenzenden Gebiete gibt Behaim z.B. ausdrück-
lich Marco Polo als Quelle an. Wi

214

215 Die Madonna mit der Traube, 1510.
Hans Burgkmair; Augsburg 1473-1531.
Gemälde auf Holz; 40,5 : 28 cm. Gm 283.
Leihgabe B. Staatsgemäldesammlungen.
Hans Burgkmair gehört zu den deutschen
Malern, die den Einfluß italienischer
Kunst unmittelbar erfahren haben. Ein
Aufenthalt in Oberitalien in den Jahren
1504/05 läßt sich erschließen. Motiv und
Komposition des Bildes erweisen sich
dem Kreis der Nachfolger Leonardos da
Vinci verpflichtet. Das Kolorit der Figuren,
das starke Kontraste ungebrochener Far-
ben vermeidet, und die Tonwerte der in
mildes Licht getauchten Landschaft zei-
gen die Wirkung der venezianischen
Farbkunst. Str

216

217 Drachenleuchter, 1522. Veit Stoß;
Horb a.N. 1447(?)-1533 Nürnberg; nach
Entwurf von Albrecht Dürer; Nürnberg
1471-1528. Lindenholz, alt vergoldet, mit
Rentiergeweih; 153 : 125 cm. HG 68.
Der Drachenleuchter wurde 1522 von Anton II. Tucher (1458-1524) in die Regi-
mentsstube des Nürnberger Rathauses
gestiftet. Es ist das einzige bekannte
Kunstwerk, an dem sich der größte Maler
und der größte Bildhauer Nürnbergs zu
gemeinsamer Arbeit zusammenfanden.
Veit Stoß schnitzte den Leuchter nach einem erhaltenen Entwurf Dürers (Kon-
stanz, Wessenberg-Gemäldegalerie), der
in einer alten Beischrift die Zusammenarbeit bestätigt. Der Maler, an allem Außerordentlichen interessiert, besaß selbst
eine Sammlung von Geweihen. Dem
Schnitzer gelang es, die Bewegung des
Drachens noch zu steigern, die beim
Flackern der auf seinen Krallen befestig-
ten Kerzen wie lebend erschien. Sta

215

**216 Bildnis der Anna Laminit aus Augs-
burg,** um 1502/03. Hans Burgkmair;
Augsburg 1473-1531. Gemälde auf Holz;
28,9 : 20,6 cm. Gm 1554.
Das kleine Bild gewinnt seine Bedeutung
vor allem in der Person der Dargestellten.
Wie die Inschrift in der oberen Ecke an-
gibt, handelt es sich um die Hungerkünst-
lerin Anna Laminit, genannt das Amalit-
len, die vorgab, allein vom Empfang der
hl. Kommunion zu leben und deshalb
weit über Augsburg hinaus als Heilige
angesehen wurde. Bei einem Aufenthalt
in München wurde sie 1511 von der skep-
tischen Erzherzogin Kunigunde entlarvt.
Nachdem sie, 1514 verbannt, die Stadt
mit Hilfe unerschütterlicher Anhänger
verlassen hatte, nahm sie am Rhein ein
übles Ende. Das Porträt erhält hier den
Charakter eines historischen Dokuments,
da der Maler die Frau als stadtbekannte
Persönlichkeit porträtiert hat. Str

217

218 Christus am Kreuz, 1508. Hans
Schäufelein; Nördlingen (?) 1480/85-
1538/40 Nördlingen. Gemälde auf Holz;
102 : 51 cm. Gm 292. Leihgabe Wittelsbacher Ausgleichsfonds.
Nicht der historische Vorgang des Kreuzestodes Christi, wie ihn die Evangelisten
schildern, ist dargestellt, sondern die
Deutung des Ereignisses im Rahmen der
Heilsgeschichte, die mit der Übergabe
der Gesetzestafeln an Moses, die im Hintergrund zu sehen ist, beginnt. Unter dem

Kreuz stehen an Stelle von Maria und dem Evangelisten Johannes, der Vorläufer Johannes d. T., der Christus das Lamm Gottes genannt hat, und König David, aus dessen Stamm nach den Propheten der Messias hervorgehen sollte. Stilistisch steht die Tafel noch unter dem Einfluß Albrecht Dürers, in dessen Werkstatt Schäufelein seit 1503/04 arbeitete, doch zeigt die weiche, tonige Farbigkeit bereits den Einfluß der Malerei in Augsburg, wohin sich der Künstler von Nürnberg aus begab. Str

218

219 Die Kommunion des Hl. Onuphrius, um 1515/20. Hans Schäufelein; Nördlingen (?) 1480/85-1538/40 Nördlingen. Gemälde auf Holz; 128,4 : 73 cm. Gm 1106. Leihgabe Wittelsbacher Ausgleichsfonds. Die Tafel gehört wahrscheinlich zu einem Altar, der einst in dem Kartäuserkloster St. Peter in Christgarten stand. Der Eremitenorden der Kartäuser gedachte in besonderem Maße der heiligen Einsiedler. Nach der Legende soll dem in einem abgelegenen Felsenkloster von Göreme lebenden Onuphrius ein Engel an jedem Sonn- und Feiertag die Kommunion gereicht haben. Verbunden wurde mit ihm auch die Erzählung von der Vergewaltigung einer Königstochter, die in die Einsamkeit gelangt war, und von seiner Buße durch Verzicht auf Kleidung und aufrechten Gang (Gm 294). Der Künstler dürfte den Altar bald nach seiner Übersiedlung von Augsburg nach Nördlingen geschaffen haben, wo er seit 1515 Bürger und Stadtmaler war. Str

219

220 Christus fällt unter dem Kreuz, um 1530. Meister von Meßkirch; tätig 1. Hälfte 16. Jahrhundert in der Bodenseegegend. Gemälde auf Holz; 65 : 50 cm. Gm 304. Leihgabe Wittelsbacher Ausgleichsfonds.
Der Meister, der die Ausstattung der Stadtkirche in Meßkirch mit acht Altären geschaffen hat, ist wahrscheinlich identisch mit dem Maler Peter Strüb d. J. aus Veringenstadt bei Sigmaringen, der 1540 starb. Das Festhalten seines Auftraggebers, des Grafen Gottfried Werner von Zimmern, am alten Kult ermöglichte es dem Maler, noch einmal die Fülle der religiösen Themen zur Darstellung zu bringen. Stilistisch steht sein Werk merkwürdig zwiespältig in der Zeit. Plastisch durchgeformte, fest dem Boden verbundene Figuren werden unter Verzicht auf Bildtiefe eng verflochten und in den Vordergrund geschoben. Die farbige Gestaltung erweitert zwar die Skala der Töne, hält aber grundsätzlich an der Umschreibung des Überweltlichen durch den Eigenwert leuchtkräftiger Farbsubstanz fest. Str

220

221 Der Hl. Wenzel. Nürnberg, um 1530;
Bildschnitzer der Vischer-Werkstatt. Lin-
denholzmodell für Bronzeguß; 113,5 cm.
Pl 216. Leihgabe Stadt Nürnberg.
Der heilige Schutzpatron von Böhmen ist
– seiner fürstlichen Herkunft entsprechend – mit Herzogshut, Harnisch, Schild,
Schwert und Fahne dargestellt. Die Figur,
in deren Haltung sich fromme Zuversicht
mit männlicher Festigkeit verbindet, ist
vollrund ausgearbeitet und diente als
Modell für den in der Wenzelskapelle des
Prager Domes aufgestellten Wenzels-
leuchter, einen der schönsten Bronzegüs-
se der Vischer-Werkstatt. Die Stiftung der
Zunft der Brauer und Mälzer der Prager
Altstadt zur Erinnerung an die hussiti-
schen Kämpfe wurde wohl noch bei Peter
Vischer d. Ä. bestellt. Sein Sohn Hans Vischer führte 1532 den Auftrag aus und
fügte noch einen rahmenden Baldachin
und Putten hinzu.   P

221

**222 Ehrenmedaille der Stadt Nürnberg
für Kaiser Karl V.,** 1521. Hans Krafft d. Ä.;
tätig in Nürnberg, gest. 1542/43; nach
Entwurf von Albrecht Dürer; Nürnberg
1471-1528. Silber, gegossen, überprägt;
Dm. 7,2 cm. Kreß 6. Leihgabe Stadt
Nürnberg.
Die Medaille zeigt den jugendlichen Kaiser mit sorgfältig gesträhntem Haar,
Krone und Harnisch. Auf der Rückseite
erscheint der doppelköpfige Reichsadler
mit dem österreichisch-burgundischen
Schild auf der Brust, zu beiden Seiten auf
erhöhtem Rand die Wappen jenes Reiches, »in dem die Sonne nicht unter-
ging«. Der Rat der Stadt Nürnberg wollte
die Medaille dem Kaiser auf dem für 1521
in Nürnberg geplanten Reichstag überrei-
chen. Albrecht Dürer hatte dafür unter

Beratung Willibald Pirckheimers »ein sau-
ber und werklich fisir gestellt«, der kaiserliche Historiograph Johannes Stabius die
Richtigkeit der Inschriften und Wappen
geprüft. Die Medaille, ein Kleinkunstwerk
von höchstem Rang, ist mit ihrem hohen
Relief auch technisch eine große Leistung
der reichsstädtischen Münzstätte Nürnberg.   V

222

223 Porträtmedaille Jakob Welser, 1519.
Hans Schwarz; Augsburg um 1492 – nach
1532 Niederlande (?). Bronzeguß; Dm.
5,7 cm. Med 8009.
Jakob Welser, Stifter der jüngeren Linie
des bekannten Augsburger Handelshau-
ses, wurde 1468 in Augsburg geboren,
siedelte 1490 nach Nürnberg über und
starb hier 1551. 1504 wurde er Mitglied
des kleinen Rates. Der Großhandel, den
er in Nürnberg begründete, hatte seinen
Mittelpunkt in Antwerpen. Die Porträtmedaille zeigt J. Welser im 51. Lebensjahr.
Auf der Rückseite erscheint in einem einfachen Schild die Lilie, das Wappenbild
der Welser. Das Stück zählt zu den wenigen zweiseitigen Medaillen des Hans
Schwarz, dessen Porträts das gesunde
Selbstbewußtsein stolzer Handelsherren
und die herbe Schönheit ihrer Frauen
frisch und unbekümmert widerspiegeln,
ohne sich im Detail zu verlieren.   V

223

224 Porträtmedaille Albrecht Dürer,
1520. Hans Schwarz; Augsburg um 1492-
nach 1532 Niederlande (?). Bronzeguß;
Dm. 5,8 cm. Med 9401.
Das Porträt zeigt den deutschen Maler
(PICTOR GERMANICUS) Albrecht Dürer
(1471-1528) mit langem, gelocktem Haar,
kurz gestutztem Vollbart und Pelzschau-
be, etwa in der Form, wie Dürer selbst
sich auf dem Münchner Selbstbildnis darstellte. Das Modell schnitt Hans Schwarz
im Auftrage Dürers für zwei Goldgulden
in Buchsholz, wahrscheinlich während
seines Aufenthalts in Nürnberg im Hause

des Propstes von St. Sebald, Melchior Pfinzing. Die Tätigkeit von Schwarz als Bildhauer beeinflußte den Stil seiner Medaillen wesentlich, vor allem hatte sie ein hohes, großzügiges Relief zur Folge. Die Medaille wurde möglicherweise in der Vischerschen Gießhütte gegossen. Das für die italienische Medaille spezifische Wachsmodell fand in Deutschland erst seit 1550 Eingang. V

224

225 Porträtmedaille Albrecht von Brandenburg, 1526. Medailleur der Gruppe Nürnberg 1525/26 (Ludwig Krug ?). Bronzeguß; Dm. 10,5 cm. Med 3871.
Albrecht (1490-1545), jüngster Sohn des Kurfürsten Johann Cicero von Brandenburg, wurde 1513 Bischof von Magdeburg und Administrator des Bistums Halberstadt, 1514 Erzbischof und Kurfürst von Mainz; 1518 erhielt er die Kardinalswürde. Die Gebühren für diese Pfründenhäufung, für die Albrecht bei den Fuggern Geld aufgenommen hatte, sollte ein von Tetzel vertriebener Ablaß hereinbringen, gegen den Luther seine Thesen richtete. Der im 37. Lebensjahr porträtierte Kurfürst trägt das geistliche Habit. Er war ein Freund der Künste und des Humanismus, jedoch ohne tiefere Religiosität. Die wegen ihres großen Formats ungewöhnliche Medaille entstand in der Werkstatt eines Nürnberger Medailleurs, den wir mit Sicherheit nicht identifizieren können. Möglicherweise stammt das Modell von dem Goldschmied Ludwig Krug. V

225

226

226 Modell der Porträtmedaille Matthäus Schwarz, 1527. Friedrich Hagenauer; Straßburg um 1500 – nach 1546 Köln. Lindenholz, später farbig gefaßt; Dm. 7,1 cm. Med 6722.
Matthäus Schwarz, geb. 1497, ein Vetter des Medailleurs Hans Schwarz (vgl. Nr. 223/24), Augsburger Kaufmann und Fuggerscher Buchhalter, hat sein Leben in Wort und Bild im Wolfenbüttler »Trachtenbuch« (Braunschweig, Herzog Anton Ulrich-Museum) ausführlich dargestellt. Seine Lehrzeit als Kaufmann verbrachte er in Mailand und Venedig. Die Medaille zeigt ihn in dem Kostüm, das er 1527 auf der Hochzeit Anton Fuggers trug. Der längere Zeit in München und Augsburg tätige Friedrich Hagenauer, Sohn eines Bildhauers, war möglicherweise Goldschmied, wofür die Zierlichkeit und Exaktheit seines Medaillenstils spricht. Er hat das vorliegende Medaillenmodell selbst geschnitten. V

227 Gußform der Porträtmedaille Kurfürstin Susanne von der Pfalz, 1529. Hans Daucher; Ulm (?) um 1485-1538 Stuttgart. Ziegelmasse; Dm. 6,7 cm. Pl 626.
Susanne (1502-43), Markgräfin von Brandenburg-Ansbach, Tochter des Herzogs Albrecht IV. von Bayern, vermählt 1518 mit Markgraf Kasimir von Brandenburg-Ansbach, heiratete nach dessen Tod 1528 in zweiter Ehe den Pfalzgrafen Ottheinrich, den späteren Kurfürsten. Die Medaille zeigt sie mit Netzhaube, Barett und reichem Schmuck. Der Medailleur Hans Daucher erwarb 1514 in Augsburg die Handwerksgerechtigkeit. In der Folge arbeitete er dort, in Wien und am württembergischen Hof. Die Gußformen, von denen das Museum eine große Anzahl besitzt, wurden aus Sand oder einer Masse aus Ziegelmehl oder Gips mit Hilfe des Medaillenmodells, das Daucher in Stechstein (Solnhofener Stein) schnitt, oder eines Zwischenmodells in Blei hergestellt. V

227

228

228 Porträtmedaille Johann d. Ä. Fernberger von Egenberg mit seinem Söhnchen Ulrich, 1532. Matthes Gebel; (?) um 1500-1574 Nürnberg. Bronzeguß; Dm. 3,9 cm. Med 8371.
Johann Fernberger von und zu Egenberg stammte aus einem alten Tiroler Adelsgeschlecht. Er war oberster Sekretär König Ferdinands I. und nahm als dessen Vertreter (Vitztum) am Augsburger Reichstag von 1530 teil. Die Bildnismedaille, die ihn im 38. Lebensjahr zeigt, ist kennzeichnend für Matthes Gebel, den wohl fruchtbarsten Medailleur der Renaissance. Äußerste Finesse in der Behandlung des Porträts und üppige Kostümdetails verbinden sich mit minutiös gearbeiteten Um- und Inschriften. Die in Solnhofener Stein subtil geschnittenen Modelle Gebels repräsentieren den Goldschmiedestil der Medaille, der im Gegensatz zur Bildhauermedaille steht, deren Modelle in großzügiger Form meist in Lindenholz gearbeitet sind. V

229 Teile einer Wandvertäfelung, 1546.
Umkreis des Peter Flötner; im Thurgau
zwischen 1486 und 1495-1546 Nürnberg.
A 3199. Leihgabe Stadt Nürnberg.
Von der Wandvertäfelung aus dem Hause
Hans-Sachs-Gasse 9 in Nürnberg haben
sich nur Reste erhalten: die Umrahmung
zweier nebeneinanderliegender Türen
mit charakteristischen Muschelnischen,
zwei Sockelbretter mit intarsierten Rund-
feldern, eine Tür mit Architekturintarsien,
drei Pilaster mit geschnitzten Ranken und
Masken, die aus Vasen aufwachsen und
die Jahreszahl 1546 tragen, der mit Stier-
schädeln geschmückte Giebel einer
Wandnische und ein zweigeschossiger
Wandschrank; seine Füllungen zeigen
nach italienischer Manier Intarsien mit
perspektivischer Architektur; die Köpfe
auf den Pilastern ahmen Medaillen mit
römischen Kaiserporträts nach. Die Ornamentik folgt bis ins einzelne graphischen
Vorlagen Peter Flötners, insbesondere
seinen 1533 veröffentlichten Entwürfen
für prunkvolle Betten. Ka

230

229

**230 Bildnis der Regina Baumgartner geb.
Honold,** 1540. Christoph Amberger;
Augsburg 1500/10-1561/62. Gemälde auf
Holz; 61 : 49,8 cm. Gm 1714.
Im Jahre ihrer Hochzeit ließ sich Regina
Honold vom bedeutendsten Maler ihrer
Vaterstadt porträtieren. Das rote Pracht-
gewand, das mit Perlen besetzte Hemd,
der überreiche Schmuck sprechen eine
deutliche Sprache vom Reichtum und
dem Aufwand der Augsburger Handelsherren, ihrer Frauen und Töchter. Die
Identifizierung der Dargestellten wird
durch das Wappentier, den Luchs, ermöglicht, das als Einlegearbeit in den
Schmuck des Holzpilasters am linken
Bildrand einbezogen ist. Der Ehebund
hielt nur drei Jahre, dann verließ die Frau
ihren Mann Anton Baumgartner, der ein
Tunichtgut war. Im Werke Ambergers
steht das Bild verhältnismäßig früh, das
Eindrücke venezianischer Schönfarbigkeit
für seinen Porträtstil relevant waren und
zur Erhöhung der dargestellten Persönlichkeit dienten. Str

231 Bildnis des Sebald Schirmer, 1545.
Georg Pencz; Nürnberg (?) um 1500-1550
Leipzig (?). Gemälde auf Holz; 123,8 :
96 cm. Gm 206. Leihgabe Stadt
Nürnberg.
Im Bildnistypus und in der Farbigkeit im
allgemeinen oberitalienischen Vorbildern
folgend, wird der Dürerschüler Pencz hier
in besonders treffender Weise dem Wesen des Feldhauptmannes der Stadt
Nürnberg gerecht. Das breitbeinige Sitzen, die strenge Frontalität, das kühle Kolorit und die Schärfe der Konturen unter-
streichen das Selbstbewußtsein dieses
mit physischer Kraft und Willensstärke
ausgestatteten Kriegsmannes. Die Treffsicherheit der Charakterzeichnung, gesteigert durch den Kontrast zwischen der
leicht hingetupften Spiegelung des Ge-
sichtes auf dem Helm und dem Derben
der wuchtigen Gestalt, macht dieses Porträt zu einem Hauptwerk altdeutscher
Bildniskunst. Ms

231

233 Löwe, um 1510. Hermann Vischer d.J.; Nürnberg 1486-1517. Bronze; L. 50 cm. Pl 2221. Leihgabe Stadt Nürnberg. Der sehr lebendig und individuell durchgebildete Löwe gilt mit einem zweiten (Pl 2222) als Probeguß für das Bronzegrabmal des Grafen Hermann von Henneberg in der Stadtkirche von Römhild, das von vier Löwenfiguren getragen wird und seit 1507 bei Hermann Vischer d.J. in Arbeit war. Der jung verstorbene Künstler, der älteste Sohn Peter Vischers d.Ä., eine der künstlerisch eigenwilligsten Persönlichkeiten in Nürnberg zu Beginn des 16.Jahrhunderts, schuf zusammen mit seinem jüngeren Bruder Peter Vischer d.J. den Hauptanteil des figürlichen Schmuckes am Sebaldusgrab, wo – als Attribut einer Allegorie der Stärke – ein ganz ähnlich modellierter Löwe angebracht ist.   P

232

232 Der Hl. Mauritius als Brunnenfigur, um 1500. Modellschnitzer: Simon Lainberger; in Nürnberg seit 1478 tätig, gest. 1503; Erzgießer: Peter Vischer d.Ä.; Nürnberg um 1450-1529. Bronzehohlguß; 58 cm. Pl 2226. Leihgabe Stadt Nürnberg. 1495 goß Peter Vischer d.Ä. die große Grabtumba für Erzbischof Ernst im Magdeburger Dom, auf deren Seiten unter Baldachinen Apostel und Heilige stehen, darunter der Hl. Mauritius. Die Nürnberger Gießhütte Vischers wurde für die Entstehung der deutschen Renaissance-Statuette von entscheidender Bedeutung. Bereits im ausgehenden 15.Jahrhundert kamen aus ihr Figuren, die – obgleich noch in gotischem Gewand oder eng anliegender Rüstung –, wie dieses zweite Exemplar der Mauritiusstatue, auch außerhalb eines stützenden architektonischen Rahmens als selbständige Einzelkunstwerke aufgestellt werden konnten. Nach einem Modell des zu seiner Zeit berühmten Bildhauers Simon Lainberger geschaffen, diente dieser Guß der Mauritiusstatue als Brunnenfigur für das Stadthaus des Nürnberger Patriziers Peter Imhoff.   P

234

234 Brunnenfigur eines fechtenden Kriegers. Nürnberg, um 1550; Modellschnitzer: Hans Peisser; Haßfurt um 1505- um 1571 Prag; Erzgießer: Pankraz Labenwolf; Nürnberg 1492-1563. Bronzevollguß; 22,3 cm. Pl 2851. Nürnberger Bronzebrunnen wurden während des ganzen 16.Jahrhunderts nicht nur an deutsche Höfe, sondern auch nach Italien und Dänemark geliefert. Die meisten gingen zugrunde, von einigen sind nur Einzelteile erhalten. In mehreren, übereinander stehenden Ordnungen führten die Brunnen der Spätrenaissance umfangreiche Bildprogramme vor, oft mit verschiedenen Themen. Es erscheinen Jagdszenen mit Jägern und Tieren, Göttergestalten, Figuren der Tugenden oder Kampfgruppen wie dieser Fechter und ein zugehöriger bogenschießender Türke (Pl 2948), zu denen noch weitere Kämpfer hinzuzudenken sind. Stilistisch wie auch in der Gußtechnik hängen beide Krieger mit dem Nürnberger Gänsemännchen und dem Rathausputto zusammen, deren Modelle Hans Peisser für die Gießhütte des Pankraz Labenwolf schnitzte.   P

233

235

235 Bauer als Brunnenfigur. Nürnberg,
um 1560; Meister der Labenwolf-Werk-
statt. Bronzehohlguß; 28,4 cm. Pl 798.
Zu Göttern und Heroen der antiken Sa-
genwelt, den von der deutschen Renaissancekunst zunächst dargestellten Figuren, traten seit dem zweiten Viertel des
16. Jahrhunderts Gestalten aus den unteren Schichten, wie sie vor allem die Graphik der Nürnberger Kleinmeister verbreitete. Der volkstümlichste unter den
Bronzegüssen dürfte das Nürnberger
Gänsemännchen sein, das einen Land-
mann verkörpert, der in der Stadt seine
Erzeugnisse feilbietet. Das kleinere, etwas
später entstandene Gegenstück eines
Käse (?), Brot und Milchkrug haltenden
Bauern diente in einem Bürgerhaus
gleichfalls als Brunnenfigur, was der Ausguß an der erhobenen rechten Hand bezeugt.   P

236 Kress-Missale, 1513. Jakob Elsner;
Nürnberg um 1460-1517. Pergament, 234
Bll.; 35,5 : 24,7 cm. Hs 113264. Leihgabe
Frhrn. v. Kress.
Dieses Fest- und Votivmissale schenkte
der Nürnberger Patrizier Anton II. Kress
von Kressenstein (1478-1513) der Pfarrkirche St. Lorenz zu Nürnberg, an der er als
Propst wirkte. Schon 1623 ging der kostbare Band wieder in den Besitz der Familie des Stifters über. Der handgeschriebe-
ne, von Jakob Elsner reich illuminierte
Pergamentcodex entstand zu einer Zeit,
in der die meisten Bücher, auch solche
liturgischen Inhaltes, bereits in den Werkstätten der ersten Buchdrucker hergestellt wurden. Für den roten Samtband
über Holz fertigte der Goldschmied Paulus Müllner, in Nürnberg seit 1500 nachweisbar, gegossene und gravierte Beschläge aus vergoldetem Silber an.   H

236

237 Pilgermantel, um 1571. Gelblicher
Wollfilz, bestickt. T550. Leihgabe
Friedrich von Praun'sche Familienstiftung.
Stephan III. Praun (Nürnberg 1544-1591
Rom), Sohn einer wohlhabenden Nürnberger Kaufmanns- und Ratsfamilie,
nahm 1569 als sprachenkundiger Sekretär an einer offiziellen kaiserlichen Ge-
sandtschaftsreise auf dem Balkan teil.
Nach einem Aufenthalt am Hofe von Königin Elisabeth von England ging er 1570
an den spanischen Hof, pilgerte 1571
nach Santiago de Compostela, kämpfte
1572 in den Niederlanden, 1578 in Marok-
ko gegen die Mauren, trat in den
Jesuitenorden ein, kämpfte 1580 mit den
Portugiesen gegen die Spanier, pilgerte
schließlich 1585 in das Heilige Land, rei-
ste von dort nach Syrien, auf die Halbin-
sel Sinai und durch ganz Nordafrika.
Seine Ausrüstung als frommer Pilger, in
der er sich um 1571 hat porträtieren lassen (Gm 655), wurde später zwischen
Kunstwerken, Antiquitäten und allerlei
Curiosa im berühmten Praun'schen Kabinett gezeigt.   vW

237

238

lieferung mit dem Auszug des Jörg Pencz, des letzten Dürerschülers, 1550 abgerissen war. Unter dem Vorbild der spanischen Hoftracht verdunkeln sich die Farben auch in der Frauenkleidung, werden laute Übertreibungen vermieden. Für den Mann verkürzt sich die Schaube, kurze, weite Hosen lassen die Beine bis über die Knie frei. An die Stelle des Baretts tritt meist ein runder Hut mit hohem Kopf.   Str

238 Pilgerhut, um 1571. T552. Leihgabe Friedrich von Praun'sche Familienstiftung.
Der Hut aus schwarzem Wollfilz ist dicht besteckt mit den Abzeichen der Pilgerfahrt des Stephan Praun zum Heiligtum des älteren Jakobus im äußersten Nordwesten von Spanien. Die Muscheln, die den Pilgern als Trinkgefäße dienten, sind das Attribut des heiligen Pilgers Jakobus. Pilgerstäbe und Pilgerflaschen, aus Elfenbein in Miniaturformat gedrechselt, bildeten in gleicher Weise Erinnerungsstücke wie die Figuren aus glänzendem schwarzen Erdpech (Gagat, Asphalt). Diese Masse, die bereits in heißem Wasser weich wird, läßt sich leicht kneten und schneiden.   vW

239 Bildnis des Wolfgang Münzer von Babenberg (1524-77), um 1565. Nicolaus Neufchatel; Grafschaft Bergen/Hennegau um 1525- nach 1573 an unbekanntem Ort. Gemälde auf Leinwand; 198 : 98,5 cm. Gm 1076. Leihgabe Stadt Nürnberg.
Das Porträt in ganzer Figur, zunächst nur Ausnahme und dem Fürsten vorbehalten, wurde mit zunehmender Bedeutung und Selbstsicherheit des Bürgertums auch von diesem okkupiert. Mit Nicolaus Neufchatel, der als Kalvinist seine Heimat verlassen mußte und in Nürnberg Asyl fand, begann in der Stadt eine neue Tradition der Bildniskunst, nachdem die alte Über-

240

240 Die Muttergottes in der Landschaft, 1509. Hans Burgkmair; Augsburg 1473-1531. Gemälde auf Holz; 162,5 : 100,5 cm. Gm 282. Leihgabe Stadt Nürnberg.
Das Thema des Bildes ist aus Martin Schongauers Darstellungen der Gottesmutter im Freien entwickelt. In früher Jugend war Burgkmair um 1488 bei dem Meister in Kolmar zur Ausbildung gewesen. Die Erfahrungen des Anfängers wurden überlagert durch die Eindrücke einer Reise nach Oberitalien, die sich in der Komposition, dem Ornament und der herrlichen Landschaft der großen Tafel mit aller Deutlichkeit widerspiegeln. Durch die Hoheit der aufrechten Haltung der Madonna, die Kostbarkeit des Materials ihres Sitzes, die Größe des »umschlossenen Gartens«, dessen zinnenbewehrte Mauer fern im Hintergrund mit einer Toranlage sichtbar ist, wird der Charakter der vom intimen Beisammensein von Mutter und Kind bestimmten Darstellungen Schongauers verwandelt und auf königliche Repräsentation ausgerichtet.   Str

239

241

242

241 Die Hl. Anna Selbdritt. Ulm, um 1520. Lindenholz, alte Fassung abgelaugt; 78 cm. Pl 199.
Der ältere Typus der Hl. Anna Selbdritt behandelte Maria mit ihrem Sohn als Attribut zur Kennzeichnung der Hl. Anna und gab sie verkleinert, wenn auch in der richtigen Altersstufung, wieder (vgl. Nr. 62). In der Ulmer Gruppe macht sich ein neuzeitlicher Realitätsbezug geltend. Es wird ein Vorgang zwischen den drei Generationen geschildert, der in anderen schwäbischen Darstellungen als »der erste Schritt des Jesuskindes« von der Mutter zur Großmutter ausgebildet ist. Die bewegte Gewandstruktur, besonders der weit ausgelegte Mantel Mariä mit dem Faltenwirbel in der Mitte des niedrigen Sockels, ist bezeichnend für die in Ulm geschaffenen Werke aus dem Kreis von Daniel Mauch, der bis 1529 in der Stadt lebte. Sta

243

242 Die Flucht nach Ägypten, 1501. Jörg Breu d. Ä.; Augsburg 1475/76-1537. Gemälde auf Holz; 92,5 : 127,5 cm. Gm 1153.
Die Tafel stammt von einem Altar mit Szenen aus der Passion Christi und dem Marienleben, den 1501 der junge Augsburger Maler Jörg Breu für die Kartause Aggsbach geschaffen hat. Die Komposition wird beherrscht durch die im Vordergrund bildparallel vorbeiziehenden Flüchtlinge, hinter denen sich die Landschaft fast bis zum oberen Bildrand erstreckt, so daß nur ein schmaler Streifen für den Goldbelag übrigbleibt, der das Blau des Himmels ersetzt. Die Schilderung des Schauplatzes ist Zeugnis einer neuen Natursicht, die in den ersten Jahren des 16. Jahrhunderts im Donauraum Gestaltung findet. Die Landschaft wird aus der bloßen Hintergrundsfunktion gelöst und zum wesentlichen Mitträger der Bildstimmung erhoben. Str

243 Bitte um Abwendung von Pestgefahr, um 1513. Martin Schaffner; Ulm 1477/78- um 1547. Gemälde auf Holz; je 167,8 : 49,5 cm. Gm 1103/4. Leihgabe B. Staatsgemäldesammlungen.
Uralten Vorstellungen folgend, denen schon Homer am Beginn der Ilias Ausdruck verliehen hat, werden Pfeile göttlichen Zorns zum Symbol des plötzlichen Auftretens von Seuchen. Deshalb ist auch Sebastian, der durch Pfeile getötet wurde, ein großer Helfer gegen die Pest und mit ihm Rochus, der in Rom die Sterbenden pflegte, um endlich selbst ein Opfer der Krankheit zu werden. Mit ihrer Fürsprache vereinigt sich die Bitte der Gottesmutter, die dem Sohn die Brust weist, die ihn genährt hat. In den Wolken aber kniet Christus selbst als Schmerzensmann vor dem richtenden und rächenden Vater und zeigt ihm die Erlöserwunden. Ihrer aller Flehen läßt die Pfeile, die von Engeln abgeschossen werden, brechen oder ihr Ziel verfehlen. Str

244

244 Die Anbetung der HII. Drei Könige,
um 1510/14. Martin Schaffner; Ulm
1477/78- um 1547. Gemälde auf Holz; 78 :
87 cm. Gm 267. Leihgabe Wittelsbacher
Ausgleichsfonds.
Martin Schaffner führte die Malerei in
Ulm zur neuen Bildgestaltung der Renaissance. Hervorgehend aus der großen
spätgotischen Tradition seiner Vaterstadt
bildete er seinen Stil an der Graphik Dürers und dessen Schule und an den Mal-
werken zunächst Hans Holbeins, dann
Hans Burgkmairs in Augsburg, der zur
Entwicklung der weichen tonigen Farbigkeit und der dekorativen Wirkung seiner
Bilder entscheidend beigetragen hat.
Diese Anpassung an die Errungenschaf-
ten des auch künstlerisch mächtig aufstrebenden Augsburg wird bereits deutlich auf dem Altarbild aus Heiligkreuztal,
das die Heiligen Drei Könige in etwas
plumpen, aber aus echter Zuneigung
kommenden Gesten der Verehrung zeigt.
Str

246 Der Hl. Johannes Ev., um 1525. Meister H.L.; tätig am Oberrhein, gest. 1533
(?). Lindenholz, ungefaßt; 150 cm. Pl 2205.
Leihgabe Wittelsbacher Ausgleichsfonds.
Die Tafel gehört zu einem Altar aus der
Annakapelle der St. Stephanskirche in
Mindelheim, die von der Familie Rech-
berg ausgestattet wurde. Dargestellt war
auf den Flügeln wie in der Altarmitte in
Einzelbildern die weitere Familie Christi,
nach der Aufstellung in der Legenda aurea des Jakobus de Voragine, der wichtigsten und von den Malern immer wieder ausgeschöpften Legendenquelle des
Mittelalters. Im Zentrum dieser Genealogie stehen Maria und ihr Sohn, beide
durch große Goldnimben mit Namensin-
schriften ausgezeichnet. Im Gegensatz zu
den übrigen Gruppen des Altars ist die
Gottesmutter nicht einer Familienszene
einbezogen, sondern beschäftigt sich allein mit ihrem Sohn, während Nährvater
Joseph als Zimmermann an der Hobel-
bank arbeitet. Str

246

246 Der Hl. Johannes Ev., um 1525. Meister H.L.; tätig am Oberrhein, gest. 1533
(?). Lindenholz, ungefaßt; 150 cm. Pl 2205.
Die Figuren des Täufers und des Evangelisten Johannes bildeten ursprünglich
wohl die Innenseiten der Flügel eines ver-
schollenen Altars. Der bisher nicht mit Sicherheit zu identifizierende, mit H.L. sig-
nierende Meister, dem auch Kupferstiche
zugeschrieben werden, war am Oberrhein tätig. Das Hauptwerk dieses wohl
größten Virtuosen der deutschen Schnitzkunst ist der 1526 vollendete Hochaltar
des Münsters zu Breisach. Die Handschrift des Schnitzers ist unverwechsel-
bar. Die Gewänder seiner Figuren sind
nicht allein Körperhüllen, sondern führen
als abstrakte Gebilde ein Eigenleben. Auf
die farbige Fassung hat der Künstler ver-
zichtet, da sie durch den notwendigen
Kreidegrund die Schärfe des Schnittes
beeinträchtigt und ein unangemessenes
naturalistisches Element in die Formen-
sprache eingeführt hätte. Sta

245

247

247 Die HII. Martin und Barbara. Meister von Ottobeuren, um 1515. Lindenholz, alt gefaßt; 176 cm. Pl 131.
Das Relief bildete mit dem Gegenstück (den HII. Gereon und Katharina) einst das Flügelpaar eines (verlorenen) Schreinaltars. Der Meister gehört zu den großen Unbekannten der Dürerzeit. Im schnitztechnischen Können ist er einem Veit Stoß ebenbürtig, zeigt indes mehr Sinn für das rein Dekorative. Einerseits durch monumentalen Gruppenaufbau, andererseits durch detaillierte Behandlung von Kostüm und reichlich wiedergegebenem Schmuck unterstreicht er seine Eigenart. Das zeitbedingte Stilelement der Parallelfalten steigert er – ohne in spielerisches Abstrahieren zu verfallen – zu kühnen Linienfigurationen von rhythmischer Vollendung. Sta

248

248 Die Marter des Hl. Sebastian, 1507. Hans Baldung Grien; Schwäbisch Gmünd 1484/85-1545 Straßburg. Gemälde auf Holz; 121,5 : 79,2 cm. Gm 1079.
Als junger Maler verbrachte Hans Baldung von 1503 ab einige Jahre in der Werkstatt Albrecht Dürers. Über Nürnberg lief wohl auch die Bestellung von zwei 1507 vollendeten Altären für Halle, die sich in der von Kardinal Albrecht von Brandenburg 1523 geweihten Kollegiatskirche, dem sog. Dom, befanden, doch bereits von dessen Vorgänger Erzbischof Ernst, dem Bruder des sächsischen Kurfürsten Friedrich, bestellt wurden. Der Nürnberger Schulung dankt Baldung die starke, leuchtende Farbigkeit des Bildes, doch zeigen Einzelheiten, daß ihm im sächsischen Bereich auch Werke des am Wittenberger Hof tätigen Lukas Cranach bekannt waren. Selbstsicher hat sich der Maler hinter dem Heiligen dargestellt, im grünen Gewand, mit dem er wohl auf seinen Spitznamen »Grün Hansen« anspielte. Str

249

249 Die Ruhe auf der Flucht nach Ägypten, um 1511. Hans Baldung Grien; Schwäbisch Gmünd 1484/85-1545 Straßburg. Gemälde auf Holz; 48,6 : 38,8 cm. Gm 344. Leihgabe Stadt Nürnberg.
Die Rast der heiligen Familie auf der Flucht vor Herodes wird mit dem 16. Jahrhundert ein bevorzugtes Thema der deutschen Kunst, da es den Malern Gelegenheit bietet, in freier Anlehnung an die Legenden eines apokryphen Matthäus-Evangeliums die Schilderung von Natur und Landschaft in die Heilsgeschichte einzubeziehen. Die Anwesenheit des göttlichen Kindes, das die Welt in ein neues Paradies von idyllischer Schönheit verwandelt. Früchte dienen zur Erquikkung der Mutter, eine Quelle ist für die Wanderer dem Boden entsprungen. Dürers Aquarelle aus Südtirol und der Umgebung von Nürnberg, die Baldung während seines Aufenthalts in Nürnberg kennenlernen konnte, haben seinen Blick für die koloristischen Werte einer im hellen Sonnenlicht verschwimmenden Landschaft geschärft. Str

250

251

250 Die Muttergottes im Gemach, 1516.
Hans Baldung Grien; Schwäbisch-Gmünd
1484/85-1545 Straßburg. Gemälde auf
Holz; 48 : 37 cm. Gm 903.
Zu Beginn des 16. Jahrhunderts erweiter-
te sich der Themenkreis der Tafelmalerei.
Mit den Vorwürfen aus der antiken und
biblischen Historie wurden nicht nur neue
Gegenstände darstellungswürdig, auch
die Ereignisse der Heilsgeschichte wurden neu überdacht und ihre Ikonographie
ausdeutend ergänzt. So steht auch dieser
Beitrag Baldungs außerhalb des traditionellen Bilderkreises um die Gottesmutter.
In einem zeltartigen Raum erscheint in
leuchtender Gloriole die Taube des Heiligen Geistes über Maria, die kniend das
Kind an sich drückt. Der Geist ist es, der
sie die Weissagungen verstehen läßt, die
im vor ihr liegenden Buch vom zukünfti-
gen Schicksal des Sohnes handeln. Durch
Gegensätze im Dinglichen wie in der
Farbgebung wird die Szene als Vision be-
greifbar gemacht, der kein überliefertes
reales Ereignis zugrunde liegt.   Str

251 Die Madonna mit den Papageien,
um 1525/28. Hans Baldung Grien;
Schwäbisch-Gmünd 1484/85-1545 Straßburg. Gemälde auf Holz; 91,5 : 65,3 cm.
Gm 1170.
Nur der feine Kreuznimbus des Kindes
und der kleine Engel, der sich schwebend
im hauchdünnen Schleier der Gottesmutter verfangen hat, lassen aus der Bildtra-
dition darauf schließen, daß es sich bei
der Darstellung einer jungen Frau, die,
von zwei Papageien umspielt, ihrem kräftigen Söhnchen die Brust reicht, um ein
Thema aus dem religiösen Bereich handelt. Schönheit und vornehme Lebensart,
ehedem nur Ausdruck des hohen Rangs
der Gottesgebärerin, werden unter dem
Einfluß des neuen Menschenbilds der Renaissance zu selbständigen Werten. Eigene Wege geht der Maler auch im Einsatz seiner koloristischen Mittel, die in
der Unabhängigkeit der Farbwerte gegenüber dem Naturvorbild auf den Manierismus zuführen.   Str

252

252 Judith mit dem Haupt des Holofernes, 1525. Hans Baldung Grien; Schwäbisch Gmünd 1484/85-1545 Straßburg. Gemälde auf Holz; 208,5 : 71,5 cm (ohne spätere Anstückungen). Gm 1093.
Die Nacktheit des antiken Gottes und Heros überträgt Baldung auf die Heldin des Alten Testaments. Nach der biblischen Erzählung tötete Judith den Feldherrn des feindlichen Belagerungsheeres, Holofernes, in seinem Zelt. Der Künstler konzentriert das mythische Ereignis auf die Person der Frau, die das Haupt des Getöteten und die blutige Tatwaffe als kennzeichnende Attribute in der Hand hält. Ihr mächtiger Leib steht nicht im klassischen Kontrapost fest auf dem Boden, sondern ist in einer Gegenbewegung der Körperhälften verwunden. In einem Rückgriff auf das Schweben der gotischen Figur wird das Standmotiv durch die Verschränkung der Schenkel der Drehung angeglichen und seine Statik aufgehoben. Str

253

253 Bildnis des Johannes Zimmermann (Xylotectus), 1520. Hans Holbein d.J.; Augsburg 1497/98-1543 London. Gemälde auf Holz; 57 : 43,3 cm. Gm 1195.
Der Sohn des älteren Hans Holbein verließ 1515 Augsburg und ließ sich in Basel nieder, um später nach London auszuwandern. Als Erbe des Vaters hatte er den scharfen Blick und eine wahre Leidenschaft für das Porträt mitgebracht, auf das sich sein Werk als Maler zunehmend konzentrierte. Mit kühlem Verstand, der sich nur selten persönlich engagierte, musterte er die Honoratioren und Gelehrten in Basel, die Kaufleute und den Hof in London. Das Bildnis des dreißigjährigen Angehörigen einer Luzerner Patrizierfamilie, der sich als Humanist Xylotectus nannte und schon 1526 an der Pest starb, ist mit Symbolen befrachtet. Als Sänger mit Harfe ließ sich der junge Gelehrte vor dem Gerippe des Todes und der fast abgelaufenen Sanduhr malen. Die über dem Portal stehenden Verse kleiden die Todesahnung in Worte. Str

254

254 Muttergottes, um 1515-20. Hans Leinberger; nachweisbar in Landshut 1511-1530. Lindenholz, mit erneuerter Fassung; 105 cm. Pl 2892.
Sanft und doch sicher hält Maria mit beiden Händen das nackte, strampelnd sich an sie schmiegende Jesuskind, dessen Spiel mit einem Granatapfel symbolisch auf die Auferstehung nach Tod und Finsternis hinweist. Der Gegensatz zwischen der ruhigen Haltung der ahnungsvoll in sich gekehrten Mutter und der geschmeidig-kräftigen Bewegung des Kindes, der dem Bildwerk innere Spannung verleiht, findet seine Entsprechung im kontrastreichen Faltenspiel der Gewandung Mariens, dessen Ausgewogenheit sich freilich nur noch erahnen läßt, da die Unterpartie der Skulptur verloren ist. Die ursprünglich in einem Altarzusammenhang zu denkende Muttergottes ist ein ebenso eindrucksvolles wie typisches Zeugnis für die Schnitzkunst des Hans Leinberger, der mit seinen Werken dem Kunstkreis der Donauschule zuzurechnen ist. Br

255 Muttergottes. Hildesheim, um 1515. Lindenholz, alte Fassung mit Ergänzungen; 114 cm. Pl 2492.
Für die niederdeutsche Skulptur beendete das frühe 16. Jahrhundert, die »Dürerzeit«, eine langdauernde Orientierung an den Niederlanden. Auch der unbekannte Hildesheimer Meister, dessen Bedeutung ein umfangreiches Œuvre bezeugt, muß die neue Anziehungskraft der Bildhauerkunst südlich des Mains erfahren haben. Eine Schulung bei Tilman Riemenschneider, auch Kenntnis von Werken des Veit Stoß erscheinen als möglich und könnten

hinter dem anmutigen Typus seiner Muttergottes und der Anordnung der Falten mit langen, scharf gezogenen Stegen stehen. Effektvoll setzt die Fassung die blauen Umschläge des Futters gegen das Gold der Oberseite des Mantels ab, dessen Umriß auf beiden Seiten flügelartig ausbricht. Sta

255

256

257 Venus mit Amor als Honigdieb, um 1530. Lukas Cranach d. Ä.; Kronach 1472-1553 Weimar. Gemälde auf Holz; 50,1 : 34,4 cm. Gm 213.
Das Bild zeigt Cranachs späteren Stil in der Darstellung antiker Stoffe und weiblicher Schönheit mit manieristisch abgewandelten gotischen Formmitteln. Von einer Blattkulisse abgeschirmt, mit überkreuzten Beinen tänzerisch schwebend, belehrt Venus ihren Sohn Amor, der, bei dem Versuch fremden Honig zu schlecken, von den Bienen überfallen wird. Als einzige Hülle dient der Liebesgöttin ein durchsichtiger Schleier, der sich vom Kopf bis zu den Füßen schlingt. Die lateinische Inschrift wendet das Thema, das auf eine antike Idylle zurückgeht, ins Moralische: Während der Knabe Cupido den Honig stiehlt aus dem Stock/Sticht in den Finger die Biene mit ihrem Stachel den Dieb. Also suchen auch wir oft begehrlich vergängliche Freuden / Die mit Schmerzen gemischt uns nur Schaden bereiten.
Str

256 Bildnis des Johann Stephan Reuß, 1503. Lukas Cranach d. Ä.; Kronach 1472-1553 Weimar. Gemälde auf Holz; 54,1 : 39 cm. Gm 207.
Um 1500 wanderte der junge Lukas Cranach, Eindrücke von der Kunst Albrecht Dürers sowie bayerischer und österreichischer Maler aufnehmend, nach Wien. Zu den Spuren, aus denen seine Tätigkeit in der Donaustadt erschlossen werden kann, gehört das Bildnis des 41jährigen Juristen der Wiener Universität. Durch eine leichte Drehung etwas vom Beschauer abgewandt, ist der Gelehrte unmittelbar konfrontiert. Im Bezug der Föhnstimmung mit den nahegerückten Schneegipfeln, der dunklen Silhouette des Baumes, der windbewegten Blattkronen, der abweisenden Mauern der Burg auf die herben Züge des geröteten Gesichts und das aggressive Rot des Talars vollendet sich die Verbindung zwischen Mensch und Natur zu wechselseitiger Steigerung des Ausdrucksgehalts. Str

257

258

258 Die Bekehrung Pauli, 1549. Lukas
Cranach d.J.; Wittenberg 1515-1586 Weimar. Gemälde auf Holz; 114,7 : 167 cm.
Gm 226. Leihgabe Wittelsbacher Ausgleichsfonds.
Die Tafel diente ursprünglich wohl als
Gedächtnisbild für den 1546 auf einem
Kriegszug Karls V. verstorbenen und in
Stuttgart begrabenen Wolff I. von Mans-
feld. Die Erzählung der Apostelgeschich-
te, wie aus Saulus Paulus wurde, ist in
die Gegenwart des verstorbenen Mans-
felders versetzt. Die gewaltige Schloßan-
lage des Familiensitzes bildet den Hintergrund der Szene. Als Ritter auf einem
Ausritt mit Standesgenossen und Knechten wird Paulus von der Erscheinung
Christi getroffen, die ihn mit seinem
Pferd stürzen läßt. Hastige Bewegungen
von Mann und Roß erfüllen die Reiter-
gruppe mit einem nervösen Leben und
lassen in dem Bild ein Werk des jüngeren
Lukas Cranach erkennen. Str

**259 Der Sündenfall. Die Verkündigung
an Maria,** 1584. Lukas Cranach d.J.; Wittenberg 1515-1586 Weimar. Gemälde auf
Holz; je 154 : 62 (größte Breite) cm. Gm
1116. Leihgabe Wittelbacher Ausgleichsfonds.
Im Raum der lutherischen Kirche richte-
ten sich Bemühungen auf die Schaffung
eines der evangelischen Lehre und ihrem
Kult entsprechenden Bildschemas. Dabei
wurde auf die mittelalterliche Gegenüberstellung von Ereignissen des alten Testaments, die als Vorausdeutungen angesehen wurden, und ihrer Erfüllung in Christus zurückgegriffen. Der in der Schloß-
kapelle zu Colditz errichtete Altar wies bereits durch die äußere Form auf das Herz
Jesu, dessen Verehrung auch im prote-
stantischen Kirchenlied zum Ausdruck
kommt. Auf der Außenseite des geschlossenen Altars war der Verführung
der Stammeltern Maria gegenüberge-
stellt, auf die Gottes Verheißung in der
Verwünschung der Schlange bezogen
wurde. Str

259

260

260 Bildnis Martin Luthers, 1533. Lukas Cranach d. Ä.; Kronach 1472-1553 Weimar. Gemälde auf Holz; 21:15 cm. Gm 216. Leihgabe B. Staatsgemäldesammlungen.
Die Kenntnis vom Aussehen Martin Luthers wird durch die Bildnisse vermittelt, die Lukas Cranach zu verschiedenen Zeiten, die zugleich Entwicklungsstufen im Leben und Wirken des Reformators bedeuten, von diesem geschaffen hat. Das Porträt war in dieser Zeit bereits zum Kampfmittel in den politischen und religiösen Auseinandersetzungen geworden. Es sollte in seiner Wirksamkeit in die Zukunft nicht nur den Ruhm des Dargestellten überliefern, sondern auch in der Gegenwart seine Bedeutung hervorheben. Zu diesem Zwecke mußte es vervielfacht werden, was mit Hilfe der Druckgraphik erfolgen konnte, oder, wie es durch Cranach geschah, durch die Wiederholung in zahlreichen Repliken in einer leistungsfähigen Werkstatt. Str

262

261 Das Neue Testament. Deutsch von Martin Luther. Wittenberg, September 1522. Gedruckt von Melchior Lotter. Verlegt von Christian Döring und Lukas Cranach d. Ä. Bibliothek N 271.
Die anonym erschienene Erstausgabe von Luthers Bibelübersetzung mit Illustrationen zur Apokalypse wird »September-Testament« genannt, da bereits im Dezember 1522 eine wenig revidierte zweite Auflage erschien. Als auffälligste Abweichung wurden für die spätere Ausgabe die aggressiv antipäpstlichen Darstellungen der Holzschnitte abgeschwächt. Nur in der Erstausgabe tragen die Drachen und die babylonische Hure die päpstliche Tiara. Das Dezember-Testament wandelte diese Insignie in einen einfachen Kronreif ohne symbolische Bedeutung um. Die Illustrationen entstanden in der Werkstatt von Lukas Cranach d. Ä. in Anlehnung an Dürers Apokalypse.
R

261

262 Bildnis des Markgrafen Kasimir von Brandenburg (1481-1527), um 1522. Lukas Cranach d. Ä.; Kronach 1472-1553 Weimar. Gemälde auf Holz; 61,8 : 39,9 cm. Gm 215. Leihgabe B. Staatsgemäldesammlungen.
Cranach hat den kriegerischen Fürsten, der sich mehrfach als Heerführer in kaiserlichen Diensten ausgezeichnet und es verstanden hatte, zwischen den religiösen Parteien eine neutrale Haltung einzunehmen, als frommen, in sich gekehrten Beter dargestellt, eine Attitüde, die sich nur schwer mit den Stationen des Lebenslaufs in Einklang bringen läßt. Um den Hals trägt der Markgraf Kette und Symbol des Schwanenritterordens, einer von den Brandenburger Fürsten ins Leben gerufenen ritterlichen Vereinigung, wie sie im »Herbst des Mittelalters«, während das Rittertum seine praktische Bedeutung schrittweise verlor, mehrfach gegründet wurden. Str

263

263 Sündenfall und Erlösung, 1535.
Georg Lemberger; Landshut (?) um 1495-
um 1540 Leipzig (?). Gemälde auf Holz;
67 : 80 cm. Gm 1601.
Der wahrscheinlich in Landshut geborene, jedenfalls an der Kunst Albrecht Altdorfers gebildete Maler überträgt die Natursicht der Donauschule nach Mitteldeutschland. Seine Bedeutung liegt vor
allem in den umfangreichen Folgen von
Holzschnittillustrationen zum Alten und
Neuen Testament, die er für die refor-
mierten Bibelausgaben schuf. Auch in
dem mit seinem Zeichen signierten Gemälde übernimmt er die lehrhafte Behandlung des Stoffes, die sich im Raum
der lutherischen Glaubensverkündigung,
auf älteren Versuchen basierend (vgl. Nr.
218), bildete. Die Landschaft, in die das
Geschehen eingestellt ist, zeigt, wie mit
der zeitlichen und räumlichen Entfernung
vom Ausgang der Donauschule die stil-
bildende Kraft nachgelassen hat.   Str

264 Allegorie vom christlichen Heilsweg,
1534 (?). Peter Dell d. Ä.; Würzburg um
1490-1552. Ahornholz; 51 : 72 cm. Pl 2069.
Leihgabe Stadt Nürnberg.
Peter Dell, Lehrling bei Tilman Riemenschneider und Geselle bei Hans Leinberger, führte vor der endgültigen Niederlassung in Würzburg ein bewegtes
Wanderleben, das ihn mit dem Gedan-
kengut der Reformation in Berührung
brachte. Davon zeugt auch unser Relief,
in welchem alles Figürliche und Gegen-
ständliche als Bedeutungsträger durch
Beischriften erklärt ist. Im Mittelpunkt der
Darstellungen steht das Schiff »Fleisch
und Blut«, getrieben von dem Segel »Der
Leib«, gelenkt von der Frau »Die Geduld«
mit dem Ruder »Das cristelich Leben«.
Das Schiff ist umlauert von personifizier-
ten Gefahren. Am linken Bildrand steht
der Apostel Paulus, rechts vor dem tem-
pelartigen Bau »Das ewich Vaterlant« der
Heiland mit der Kreuzesfahne.   Sta

264

265

265 Unkeuschheit und Völlerei, um 1535.
Peter Dell d. Ä.; Würzburg um 1490-1552.
Birnbaum, gebeizt und teilvergoldet; ca.
28 cm. Pl 773, 768.
Über Peter Dell ist etwas vom altbayeri-
schen spätgotischen »Barock« in die
kunstgeographische Domäne Riemenschneiders gedrungen. Nach den Wirren
des Bauernkriegs sahen sich die Schnitzer vielfach auf Arbeiten im kleinen Format verwiesen. Die Darstellung der sieben Todsünden als Frauengestalten – erhalten haben sich aus der Folge Dells nur
sechs – ist zwar im Rahmen christlicher
Begriffsallegorien entstanden, wird aber
in der hier dargebotenen Form durch den
Geschmack des privaten Kunstsammlers
bestimmt.   Sta

266 Die heilige Familie, um 1510-15.
Hans Daucher; Ulm (?) um 1485-1538
Stuttgart. Solnhofener Stein; 28:22 cm.
Pl 2380. Leihgabe Stadt Nürnberg (Stadt-
bibliothek).
Die Städte Augsburg und Nürnberg waren nicht nur Rivalinnen im Handel mit
Italien, sondern wetteiferten als Kunstzentren auch in der Aneignung italienischen Formenguts. Zu den in Augsburg
tätigen Bildhauern, die als erste italienische Anregungen verarbeiteten, nicht nur
in der äußeren Anwendung neuer Dekorationsformen, sondern der sinnlichen
Vergegenwärtigung des Figürlichen folgten, gehört Hans Daucher. Seinem form-
künstlerischen Ehrgeiz entsprach die Arbeit an Kleinreliefs profanen, aber auch
religiösen Gehalts, die der privaten Andacht ebenso dienten wie der ästhetischen Freude am Kunstbesitz. Daucher
wurde von dem Handelshaus der Fugger
zur Ausstattung der Familienkapelle bei
St. Anna herangezogen, für die auch Dürer als Entwerfer tätig war.   Sta

266

**267 Kaiser Karls Streit vor der Stadt Re-
gensburg,** 1518. Albrecht Altdorfer; Regensburg (?) um 1480-1538; und Werkstatt. Bemalte Tischplatte; 110,5:122 cm.
Gm 1682.
Dargestellt ist eine sagenhafte Schlacht
Karls d. Großen gegen die Ungläubigen
vor den Toren Regensburgs, die nach
drei Tagen durch das Eingreifen eines Engels mit dem Sieg der Christen endete.
Noch im 16. Jahrhundert wurde in Erinnerung an dieses Ereignis jährlich ein Dank-
gottesdienst in den Regensburger Nie-
derlassungen der Schotten-Mönche gehalten. Es kann angenommen werden,
daß die Tischplatte ein Geschenk der
Stadt Regensburg an Kaiser Maximilian I.
war anläßlich des Reichstages 1518 in
Augsburg, auf dem endlich energische
Anstrengungen gegen die wachsende
Türkengefahr beschlossen werden sollten. Die Ausführung erfolgte in der Werkstatt Albrecht Altdorfers durch Kräfte, die
vorher die großen Miniaturen eines Tri-
umphzuges Maximilians I. mit zahlreichen Schlachtendarstellungen geschaffen
hatten.   Str

268

**268 Die Festnahme des Hl. Florian auf
der Ennsbrücke,** um 1520-25. Albrecht
Altdorfer; Regensburg (?) um 1480-1538
Regensburg. Gemälde auf Holz; 76,5 :
64,1 cm. Gm 314. Leihgabe Wittelsbacher
Ausgleichsfonds.
Während der Christenverfolgung unter
Kaiser Diocletian wurde Florian, ein hoher Verwaltungsbeamter der römischen
Provinz Noricum, in Lauriacum (Lorch b.
Linz a. d. Donau) vor den Statthalter Aqui-
linus gebracht und nach Martern in der
Enns ertränkt. An der Stelle seines Grabes wurde später das Augustiner-Chor-
herrenkloster St. Florian bei Linz errichtet. Für einen unbekannten Auftraggeber
schuf Albrecht Altdorfer eine Folge mit
Darstellungen aus den Ereignissen um
den Tod des Heiligen. Die Übernahme
der realen topographischen Situation der
zur Stadt Enns gewordenen römischen
Ansiedlung in die erste Szene des Dra-
mas betont die fortdauernde Bedeutung
des historischen Ereignisses.   Str

267

269

270 Der Kalvarienberg, 1526. Albrecht
Altdorfer; Regensburg (?) um 1480-1538
Regensburg. Gemälde auf Holz; 41 : 33
cm. Gm 312. Leihgabe Wittelsbacher
Ausgleichsfonds.
Die Komposition des Bildes ist auf die
Figur Christi ausgerichtet, die als das gei-
stige Zentrum, von dem alles ausgeht,
erkannt wird, obwohl sie, den Gesetzen
der Perspektive unterworfen, klein erscheint. Die Landschaft bestimmt den
Platz der Figuren in der Tiefe. Die Gruppe
um Maria ist ganz nach vorn gerückt. Daneben kniet, von hinten gesehen, Magdalena, die den Blick nicht von Christus
wenden kann und damit auch den Betrachter zu den hohen Kreuzen hinführt.
Eine scheinbare zweite Rückenfigur, in
Wahrheit Hut, Mantel und Dolch, die der
Scherge auf der Leiter abgelegt hat, bildet mit einem kräftigen Farbakzent auf
dem Grün des Bodens die Verbindung zu
den streitenden Knechten im Hintergrund. Str

**269 Die Bergung des Leichnams des Hl.
Florian,** um 1520-25. Albrecht Altdorfer;
Regensburg (?) um 1480-1538 Regensburg. Gemälde auf Holz; 79,5 : 64 cm. Gm
315. Leihgabe Wittelsbacher Ausgleichsfonds.
Durch ein Wunder schwimmt der Mühl-
stein, an den der Heilige gefesselt wurde,
auf dem Wasser der Enns, so daß der
Leichnam geborgen werden kann. Der
Horizont und die Tiefe des Flußtals mit
hohen Bergen auf dem einen Ufer, Wei-
den und niedrigem Gebüsch auf dem anderen wird vom Licht der untergehenden
Sonne rot gefärbt. Durch Auswahl und
Sicht der Naturgebilde wird eine Landschaft geformt, deren Stimmungswerte
unmittelbar das Bildgeschehen und
damit auf die handelnden Menschen bezogen sind. Diese im Donauraum entwik-
kelte Natursicht vollendet sich im Werk
des Regensburger Meisters. Str

270

271

271 Die Hl. Anna Selbdritt. Niederbayern, um 1515. Lindenholz, mit Resten alter Fassung; 9,5 cm. Pl 2486.
Die miniaturhaft kleine Gruppe ist zeitweilig als Modell für ein größeres Bildwerk angesehen worden, doch handelt es
sich wohl eher um eine für den Bereich
privater Andacht bestimmte Kleinplastik.
Der als Matrone gegebenen Mutter Anna
ist die stehende Gestalt der jugendlichen
Maria zugeordnet. Verloren ist das auf
dem rechten Arm der Anna zu denkende
Jesuskind. Die Sorgfalt und künstleri-
sches Feingefühl verratende Schnitzar-
beit gehört dem Kunstkreis der Donauschule an, in dem nach Typus und Stil
verwandte Figuren mehrfach vorkom-
men. Die engste Beziehung besteht zum
»Meister der Altöttinger Türen« und seiner Werkstatt. Br

272

272 Der Monat August; aus einer Folge
von Monaten und Jahreszeiten. Hans
Wertinger; Landshut (?) um 1465/70-1533
Landshut. Gemälde auf Holz; 31,7 : 39,2
cm. Gm 1238.
Monatsbilder mit der realistischen Schilderung typischer Beschäftigungen sind
als Kalenderillustrationen seit dem
15. Jahrhundert häufig zu finden. Auch
dem Zyklus Wertingers haftet noch etwas
vom besonderen Charakter der Miniatur-
malerei an. Wahrscheinlich waren die Bilder in die Holzverkleidung eines Zimmers
eingelassen. Der Auftraggeber der Folge,
die in einer Verbindung von bäuerlicher
Arbeit und höfischem Lebensstil in Fest
und Jagd noch in der Tradition des Spätmittelalters steht, ist im Kreis des herzog-
lichen Hofes in Landshut zu suchen. Str

273

273 Die Hl. Katharina. Flandern, um
1510. Eichenholz, mit erheblichen Resten
alter Fassung; 56 cm. Pl 2488.
In ihrer pretentiösen Kleidung und Bewegung stellt sich die Figur an die Seite
flämischer, genauer Antwerpener Gemälde. Auch das Material spricht für eine
Entstehung im Nord-Westen. Die vollrun-
de Bearbeitung wie das kleine Format legen eine Konzeption als Einzelstück für
die private Sphäre nahe. Das Attribut des
Buches erinnert an die Gelehrsamkeit der
ägyptischen Königstochter, mit der sie
vierzig heidnische Philosophen bekehrte.
Das zerbrochene Rad verweist auf den
vergeblichen Versuch sie zu rädern, eine
in römischer Zeit und im Spätmittelalter
geübte Tötungsart. Das Schwert, mit dem
sie enthauptet wurde, befand sich in ihrer
rechten Hand. Obgleich getötet, trium-
phiert sie doch über ihren Widersacher,
den römischen Kaiser Maxentius, der unter ihren Füßen liegt. Sta

274

274 Bischof Philipp von Freising und
Naumburg, Pfalzgraf bei Rhein, 1524. Loy
Hering; Kaufbeuren um 1485- um 1554
Eichstätt. Solnhofener Stein; 17,5 : 12,8
cm. Pl 559. Leihgabe Stadt Nürnberg.
Im Mittelpunkt von Loy Herings Lebens-
werk stehen Grabdenkmäler und Altäre
aus feinporigem Kalkschiefer, wie er unweit seiner Eichstätter Werkstatt in Solnhofen gebrochen wurde. Dieser Stein läßt
sich glatt polieren und war deswegen für
die in der Zeit so beliebten Arbeiten kleinen Formats geeignet, zu denen auch
dieses Reliefbildnis gehört. Das Brustbild
des Bischofs in Linksprofil ist auf einen
Schriftsockel gesetzt, dem Name und
Ämter des Dargestellten zu entnehmen
sind. Ohne das Figürliche zu beeinträchti-
gen, füllen Familienwappen und Tafel mit
der Devise die oberen Ecken. Diese Form
des Porträts, die eine nach antikem Vorbild gestaltete Büste in ein Profilrelief
überträgt, ist nicht nur durch Münz- und
Medaillenbilder beeinflußt, sondern lehnt
sich auch an Bildnisse der vervielfältigen-
den Graphik an. Sta

**275 Die Muttergottes auf der Mondsi-
chel.** Mittelrhein, um 1515. Lindenholz,
Fassung abgelaugt; 140 cm. Pl 2242.
Die virtuose Schnitzkunst des Meisters
H. L. (vgl. Nr. 246), die in den ersten Jahrzehnten des 16. Jahrhunderts der oberrheinischen Skulptur das Gepräge gab,
hatte am Mittelrhein ihre Entsprechung
im Werk des 1519 in Mainz verstorbenen
Bildhauers Hans Backofen. Zu seiner
Schule gehört der unbekannte Schnitzer
unserer Muttergottes. Innerhalb der Stilrichtung des »spätgotischen Barock«
sprechen Ober- und Mittelrhein ihre Dia-
lekte, deren jeweilige Eigenart besonders
in der leidenschaftlichen Faltensprache
zum Ausdruck kommt. Sta

276 Die Dornenkrönung Christi mit der
Stifterin Anna Rinck. Auf den Flügeln die
Stifter Hermann Rinck und seine Gemah-
lin Sibilla, geb. Kannegießer; 1538. Bar-
tholomäus Bruyn; Wesel (?) 1493-1555
Köln. Gemälde auf Holz; Mitte 76 : 62 cm;
Flügel je 75 : 26 cm. Gm 48-50. Leihgabe
Wittelsbacher Ausgleichsfonds.
Bis in die ersten Jahrzehnte des 16. Jahrhunderts entwickelte in Köln die Spätgotik eine außerordentlich differenzierte
Malerei von hoher Qualität. Erst mit B.
Bruyn, der mehr als zwanzig Jahre jünger
war als Dürer, kam gegen 1512 ein Maler
nach Köln, der, angeregt durch Werke
niederländischer Italienkenner und durch
Stiche nach Raffael, Form und Geist der
neuen Kunst in der Stadt heimisch werden ließ. Da Rat und Geschlechter der
römischen Kirche und deren Kultformen
fest verbunden blieben, stellten sich dem
Meister in Andachtsbild und Flügelaltar
noch einmal die alten Themen der Heilsgeschichte. Der von der Familie Rinck gestiftete Altar stand ursprünglich in der
Kölner Kirche St. Mauritius. Str

275

276

277 Betender Stifter, um 1520. Jan Baegert (Meister von Kappenberg); Wesel (?) um 1470-1530/35 Wesel. Gemälde auf Holz; 33 : 25 cm. Gm 34. Leihgabe B. Staatsgemäldesammlungen.
Die Darstellung des prächtig gekleideten, möglicherweise zu Pferde sitzenden Mannes gehörte wohl als Stifterbildnis einem größeren Zusammenhang, vielleicht einem Kalvarienberg, an. Die individuellen Züge des Mannes, die den bei seinem Vater Derick (vgl. Nr. 145) ausgebildeten Maler als guten Porträtisten erweisen, lassen den fragmentarischen Zustand der Tafel vergessen und geben ihr den Charakter eines selbständigen Bildnisses.
Str

277

278 Bildnis einer jungen Frau mit nacktem Oberkörper, um 1535. Bartholomäus Bruyn; Wesel (?) 1493-1555 Köln. Gemälde auf Holz; 71 : 54 cm. Gm. 47.
Trotz der Freizügigkeit der Darstellung ist das Bild als echtes Porträt anzusehen. Der Bildtypus ist wohl in der Nachfolge Leonardos da Vinci in der Umgebung des französischen Hofs entstanden, wo er dann von der Schule von Fontainebleau aufgenommen wurde. An Barthel Bruyn wurde er durch den Antwerpener Maler Joos van Cleve vermittelt, der sich, einem Ruf König Franz' I. folgend, um 1529 wohl längere Zeit in Frankreich aufhielt.
Str

278

279 Bildnisdiptychon, 1518. Meister Michel; in Danzig nachweisbar 1510-26. Gemälde auf Holz; mit dem alten Rahmen je 77,2 : 58,1 cm. Gm 1613.
Von der traditionellen Anordnung (vgl. Nr. 201) abweichend, verbindet das Diptychon das Porträt eines Mannes auf der Außenseite mit zwei noch nicht voll gedeuteten Szenen auf den Innenseiten. Die linke gibt den Porträtierten bei Tisch im getäfelten Wohngemach wieder, umgeben von seiner Familie, bedient durch sechs auffallend gewandete junge Frauen, während die rechte noch einmal dieselben Frauen in einem gewölbten, durch Säulen geteilten Raum zeigt. Die kostbaren »Kirchenpelze« und die mit Hermelin besetzten Umhänge bringt der Danziger Maler Anton Möller in seinem Frauentrachtenbuch von 1601 als die Kleidung einer vergangenen Zeit. Schon Jakob Praun, der das Diptychon dem Kabinett seines Bruders zufügte und (heraldisch) links das Familienwappen anbrachte, konnte das ältere Wappen nicht auflösen. Str

280

280 Salomon betet im Tempel, um 1610-20. Isaak van dem Blocke; in Danzig nachweisbar ab 1589, vor 1626 gest. Deckengemälde auf Leinwand; 225 : 185 cm. Gm 1193.
Das neunteilige Deckengemälde soll aus der Rosenau bei Danzig stammen. Das ursprüngliche Programm des wohl nicht vollständig erhaltenen Plafonds läßt sich nicht mehr deuten. Es enthält neben Allegorien auf Zustände und menschliche Tugenden und Laster Szenen aus dem Alten und Neuen Testament. Durch Scheinarchitekturen öffnet der Maler die Decke und weitet dadurch den Raum.
Str

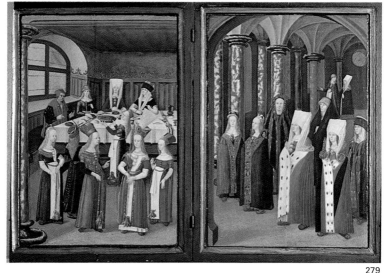

279

281

281 Narrenzepter. Deutsch (?), 2. Hälfte 16. Jahrhundert. L. 37 cm. T 1294.
Das von einem in Elfenbein – oder auch in Holz – geschnitzten Narrenkopf bekrönte Zepter, die Marotte, war seit dem späten 15. Jahrhundert das Herrschaftszeichen des Anführers der besonders in Frankreich und den Niederlanden beliebten ausgelassenen Narrenfeste sowie das Abzeichen des Hofnarren. Der lange, bunte, mit Glöckchen besetzte Zipfelkragen stellt das gescheckte Narrengewand vor. Indem der Narr sich selbst im Zepter führte, bekräftigte er bildhaft seinen auf Satire und Spott beruhenden Anspruch.
vW

282 Die Israeliten spenden für den Bau der Stiftshütte. Nach Adam Elsheimer; Frankfurt a. M. 1578-1610 Rom. Gemälde auf Holz; 48 : 55 cm. Gm 432.
Im zweiten Buch Moses wird berichtet, daß die Israeliten kostbare Gaben zur Errichtung und Ausstattung des Stiftszeltes darbrachten. Zur Ausführung der Arbeit wurden Beseleel und Ooliab berufen, denen Moses das Opfer des Volkes aushändigte. Der Maler ist dem Text der Schrift eng gefolgt. Moses, ausgezeichnet durch den Mantel in hellem Zinnober, neigt sich zu dem vor ihm knienden Beseleel, hinter dem sich die Kurve der Bewegung zu dem in Weiß und Blau orientalisch-prächtig gewandeten Ooliab erhebt, der ein Modell des Zeltes in den Händen trägt. Das Original des Bildes ist verschollen, die Kopie wurde dem vlämischen Maler A. van Stalbemt zugeschrieben. Der in Venedig und Rom tätige Elsheimer übte auf die Entwicklung der europäischen Malerei entscheidenden Einfluß aus. Str

282

283 Waldweiher, um 1620-25. Johann König; Nürnberg um 1586-1642. Gemälde auf Kupfer; 44:44,2 cm. Gm 1405.
Als ein Stück Natur, das aus unmittelbarer Nähe gesehen ist, hat König den im Waldschatten liegenden Weiher wiedergegeben. Kein zufälliger Ausschnitt aus einer identifizierbaren oder wenigstens charakteristischen Landschaft tut sich auf, sondern ein aus Bäumen und Sträuchern gebautes Phantasiegebilde. Entscheidend für die Bildstimmung wie für die Tiefenwirkung ist das von rechts vorn einfallende Licht, das Blätter und Rinde einer Ulme, ein Stückchen von Ufersand und Wasserfläche aufleuchten läßt und auch noch über das rückwärtige Waldstück spielt. Von 1610 bis 1613 lebte J. König, bevor er sich in Augsburg niederließ, in Rom und wurde durch die Werke des dort 1610 verstorbenen Adam Elsheimer nachhaltig beeinflußt. Str

283

284

284 Die Kreuztragung Christi, um 1650. Johann Heinrich Schönfeld; Biberach 1609-1682/83 Augsburg. Gemälde auf Leinwand; 26,7:53,3 cm. Gm 1561.
Der Augsburger Meister gehört zu den wenigen bedeutenden deutschen Malern des 17. Jahrhunderts. Nach einem längeren Aufenthalt in Neapel in Rom tätig, schuf er dort vermutlich auch dieses Bild. Die transparente Malweise läßt die Dinge schwerelos und unwirklich erscheinen. Flackerndes Licht umfängt die Gestalten und steigert das Dramatische der Handlung. Das schwärmerisch Exaltierte religiöser Gestaltung in Neapel wird durch Verinnerlichung des visionär gesehenen Geschehens ins Spirituelle transponiert. In der Vielfältigkeit der Phantasie und der Freiheit des gestalterischen Vermögens bewahrt Schönfeld noch etwas von der Empfindsamkeit des vergangenen nordischen Manierismus gegenüber dem Pathos des italienischen Hochbarock. Ms

285 Susanna im Bade, vom Deckel eines Kästchens. Eger, Mitte 17. Jahrhundert. Verschiedenfarbige und gefärbte Hölzer, Reliefschnitzerei und Einlegearbeit; 13: 31,5:23,5 cm. HG 10420.
Für den Rat der seit dem Dreißigjährigen Krieg immer häufiger in Bedrängnis geratenen deutschen Reichsstadt Eger gab es

zahlreiche Anlässe, Widersacher wie Verbündeten mit Geschenken Reverenz zu erweisen. Dazu dienten nicht selten mit bunten, vielfigurigen Reliefbildern ausgestattete Kabinettschränke. Daneben wurden kleinere Truhen und Kästchen angefertigt, von denen mehrere ausgestellte Beispiele zeigen, wie sehr die in Eger entwickelte Technik der farbigen Reliefintarsie, die Einlegearbeit mit Reliefschnitzerei vereinte, zur Blüte entwickelt wurde. Dieses Kunsthandwerk wurde hier über Generationen von einigen wenigen Familien – den Eck, Fischer, Bauer, Haberstumpf und Haberditzl – bis ins 18. Jahrhundert hinein ausgeübt. P

285

286

286 Venus, Amor und Bacchus, nach
1597. Hans von Aachen; Köln 1552-1615
Prag. Gemälde auf Holz; 67,4:52,1 cm.
Gm 1200.
Von Bartholomäus Spranger, der ent-
schiedensten Persönlichkeit des Künstlerkreises um Rudolf II., unterscheidet sich
Hans von Aachen, Kammermaler und
Kunstagent des Kaisers, durch das weiche, flackernde Licht, das seine Gestalten
überzieht und deren Körperlichkeit aufzu-
weichen beginnt. Im Gebrauch des mythologischen Themenschatzes, der sich
weitgehend von den Texten der antiken
Vorlagen gelöst hat und eigenwertig geworden ist, bleibt der Maler, der während
eines Aufenthalts in München auch zahlreiche Altarbilder mit den traditionsge-
bundenen religiösen Stoffen schuf, weniger einfallsreich als Spranger. Ms

288 Der Hl. Paulus im Nachdenken (Rembrandts Vater), um 1630. Rembrandt Har-
mensz van Rijn; Leyden 1606-1669 Amsterdam. Gemälde auf Holz; 47:39 cm.
Gm 392.
Dieses frühe, Ende der zwanziger Jahre
entstandene Bild kennzeichnet eine Stufe
der künstlerischen Entwicklung des Malers, in der Darstellungen historischer Be-
gebenheiten eine Vertiefung des Stim-
mungsgehaltes erfahren. Mildes Licht als
Träger spiritueller Eingebung umfängt
den im Nachdenken versunkenen
Apostel, der in der Ruhe und Gelassen-
heit des weise gewordenen Alters in seiner Zelle meditiert. In der Unmittelbarkeit
der Erfassung einer menschlichen Situation durch die Konzentration auf das Wesentliche zeigen sich Rembrandts Möglichkeiten der psychologischen Einfüh-
lung. Ms

288

287

287 Stilleben mit Obst und Backwerk,
um 1615. Georg Flegel; Olmütz
1563-1638 Frankfurt a. M. Gemälde auf
Leinwand (von Holz übertragen); 30:37,5
cm. Gm 1564.
Bereits seit der zweiten Hälfte des
15. Jahrhunderts findet sich auf Tafelbil-
dern die Darstellung künstlerisch geord-
neter Gegenstände des täglichen Lebens,
die im Bildganzen einen gewissen Eigenwert erlangen. Aber erst an der Wende
vom 16. zum 17. Jahrhundert wird, nach-

dem das isolierte Blumenstilleben vor-
ausgegangen ist, die Zusammenstellung
von Nahrungsmitteln, meist erweitert
durch die Zufügung von Schalen und Gefäßen, Tischgeräten, Tieren oder Blumen,
selbständiger und vollgültiger Bildinhalt.
Die neue Gattung nimmt ihren Anfang in
Haarlem und Antwerpen, gleichzeitig
aber auch, und wohl unbeeinflußt von
den niederländischen Ateliers, in Frankfurt a. M., im Werk Georg Flegels. Str

289 Die Einladung (Offizier und junge Frau), um 1663. Pieter de Hooch; Rotterdam 1629 – nach 1683 Amsterdam. Gemälde auf Leinwand; 59:66 cm. Gm 406. Leihgabe Stadt Nürnberg.
Grundlegende menschliche Bedürfnisse nach Geborgenheit und nach Freiheit zugleich erfaßt P. de Hooch in der Darstellung behaglicher Innenräume mit Ausblicken in helle Nachbarräume oder ins Freie. Dabei setzt er die miteinander korrespondierenden Hell/Dunkelwerte in Farbwerte um, die dann als Farbtriaden von Blau, Rot und Gelb über die Angabe des rein Gegenständlichen hinausgehen. Durch die feine Abwägung der farbigen Grundwerte innerhalb des Halbdunkels des Raums zugunsten der Einheitlichkeit der Fläche entsteht ein Bild, bei dem trotz des Vorrangs elementarer Schönfarbigkeit ein hoher Grad an Wirklichkeitsnachahmung gewahrt ist. Ms

289

290

291 Susanna im Bade. Cornelis von Haarlem; Haarlem 1562-1638. Gemälde auf Leinwand; 126:102 cm. Gm 1109. Leihgabe B. Staatsgemäldesammlungen.
Die umlaufende Mauerbrüstung der Brunnenarchitektur steigert in ihrer Umklammerung den Eindruck der Hilflosigkeit der Überfallenen gegenüber der Zudringlichkeit der Alten und gibt gleichzeitig die Nacktheit des Frauenkörpers wie auf einer Bühne preis. Dieser Doppelschichtigkeit manieristischer Kompositionsweise fügen sich alle Bildelemente ein. In Spannung zueinander treten das Häßliche und das Schöne, das Vorwärtsdrängen und das Zurückweichen, das Begehren und das Entfliehen, getragen von dem Willen, bei größtmöglicher Ausdruckskraft der Bewegung und einer delikaten Blässe der Farbe, der Szene einen erotischen Charakter zu geben. Ms

290 Venus und Amor, nach 1603. Joseph Heintz d. Ä.; Basel 1564-1609 Prag. Gemälde auf Leinwand; 177,5:111,4 cm. Gm 1118.
Mit dem Hauptmeister Bartholomäus Spranger aus Antwerpen und mit Hans von Aachen vervollständigt der aus Basel stammende Joseph Heintz die Gruppe der Maler mythologisch-erotischer Szenen um Rudolf II. Die im Mittelalter gewahrte Distanz zwischen dem Heilsgeschehen als Bildinhalt und dem Betrachter wird im Manierismus aufgelöst. Der profanierte Mythos fördert die Einbeziehung des Beschauers in das Bildgeschehen. Seine Anwesenheit bestätigt das listige Blinzeln des einen der scherzend ringenden Putti. Ihm offenbart sich die weibliche Schönheit im hellbeleuchteten, mit der Bilddiagonale korrespondierenden Rückenakt der Venus. Ms

291

292 Venus, Merkur und Amor, 1597. Bartholomäus Spranger; Antwerpen 1556-1611 Prag. Gemälde auf Leinwand über Holz; 89,1 : 69,1 cm. Gm 1167.
Das Bild vertritt inhaltlich wie stilistisch die Spätphase des Manierismus, wie sie sich am Prager Hof unter dem persönlichen Einfluß Kaiser Rudolfs II. entwickelte. An die Stelle des Kriegsgottes Mars, des mythologischen Liebhabers der Venus, ist Merkur als Schirmherr der Künste getreten, zu deren erster Aufgabe der Lobpreis weiblicher Schönheit gehört. Durch die kühle Farbigkeit des Fleisches erhält das erotische Element seinen besonderen Charakter. Nach einem zehnjährigen Aufenthalt in Italien, den er hauptsächlich in Rom verbrachte, war Spranger seit 1575 für Kaiser Maximilian II. und anschließend für seinen Nachfolger Rudolf II. tätig, dessen bevorzugter Maler er wurde. Str

292

293

293 Die Sintflut, um 1585. Joachim Antonisz Wtewael; Utrecht 1566-1638. Gemälde auf Leinwand; 148:183 cm. Gm 1212.
Der Enkelschüler des damals berühmtesten Vertreters des Antwerpener Romanismus, Frans Floris, leitet mit seinem reifen Werk schon zum Barock über. In der Schwerfälligkeit der sich um komplizierte Stellungen bemühenden Figuren und in der Robustheit der noch vom Körpervolumen der Gestalten Michelangelos beeinflußten Formen charakterisiert dieses Bild die typischen Stileigentümlichkeiten des Utrechter Spätmanierismus, in dem substantiell aufgefaßte anatomische Studien in Kontrast zu einem entmaterialisierten, schemenhaften Raum geraten.
Ms

294 Hannibal schwört den Römern ewige Feindschaft, um 1660. Johann Heinrich Schönfeld; Biberach 1609-1682/83 Augsburg. Gemälde auf Leinwand; 98:185,5 cm. Gm 1319.
Das Thema ist dem römischen Schriftsteller Titus Livius entnommen, der am Anfang seiner Schilderung des zweiten Punischen Krieges das umgehende Gerücht erzählt, Hannibal habe mit neun Jahren seinem Vater Hamilkar vor den Altären einen heiligen Eid geschworen, der Feind der Römer zu werden. Die Poesie der Erzählung, die großgesehene, vom Pantheon und römischen Barockbauten beeinflußte Architektur, die virtuose Behandlung des Helldunkels und die Beherrschung der Massenszene kennzeichnen Schönfeld als einen Maler, der italienische Kunst gesehen und die Anregungen ebenbürtig verarbeitet hat. (Vgl. Nr. 284). Str

294

295 Raufende Bauern, um 1620. Johann Liss; Oldenburg (Holstein) um 1597-1629 Venedig. Gemälde auf Leinwand; 67,4 : 83 cm. Gm 1163.
Die erste Würdigung von Persönlichkeit und Kunst des Jan Liss wird Joachim von Sandrart verdankt, der mit dem Maler in Venedig einige Zeit zusammenwohnte. In seiner »Teutschen Akademie« gedenkt er zweier Bilder des Malers, von denen eines eine Dorfhochzeit darstellt, das andere »der bezechten Bauern Uneinigkeit, die erbärmlich untereinander mit Mistgabeln und Hacken zuschlagen; darzwischen ihre Weiber rennen und hinterrucks die zornige, ganz erbleichte Männer aufhalten; der Zechtisch stürzet einen alten trunknen Bauern zur Erden, samt anderen vielen unhöflichen Bauernbräuchen«. Das Bild schließt sich im Thema niederländischen Bauernszenen an, mit denen der Maler bekannt wurde, ehe er über Frankreich nach Rom und Venedig ging. Str

295

296 Gelage von Soldaten und Dirnen, um 1622. Johann Liss; Oldenburg (Holstein) um 1597-1629 Venedig. Gemälde auf Leinwand; 160 : 240 cm. Gm 1182.
Joachim von Sandrart erwähnt auch diese Komposition in seiner »Teutschen Akademie« als eine der »Conversationen geharnischter Soldaten mit Venetianischen Courtisanen, da unter lieblichem Seiten- und Kartenspiel bey einem ergötzlichen Trunk jeder nach seinem Gefallen conversirt und im Luder lebt«. Es war der Holsteiner Liss, der die Tradition der venezianischen Farbkünstler des 16. Jahrhunderts als die bedeutendste

Kraft in der Stadt weiterführte und mit den barocken, in Rom von Caravaggio entwickelten neuen Möglichkeiten einheitlicher, die Gestalten plastisch runden der Lichtführung verband. Str

297

297 Der Triumph der Flora, 1683. Johann Heiss; Memmingen 1640-1704 Augsburg. Gemälde auf Leinwand; 129 : 92 cm. Gm 1673.
Jede Figur des Bildes ist als Zeichen zu deuten. Auf einem bekränzten Stier, dem Monatszeichen für April/Mai, reitet die Göttin der Blumen ein, begleitet vom geflügelten Zephyr (Westwind). Tellus (Mutter Erde), die Mauerkrone auf dem Kopf, der Hermes, hier als Bild der Sonne, die Hand auf die Schulter legt, erwartet sie. Bacchanten feiern ihre Ankunft. Ein altes Weib flieht auf einem Steinbock (Dezember/Januar), gefolgt vom drachenleibigen Boreas (Nord-Ostwind). Der Wassermann (Januar/Februar), dessen Gewässer die Fische (Februar/März) entstammen, wird angegriffen durch drei Putten, von denen einer den Widder (März/April) in den Kampf reitet. Str

296

**298 Landschaft mit Zisterziensermön-
chen,** 1667. Michael Willmann; Königsberg 1630-1706 Kloster Leubus. Gemälde
auf Leinwand; 114,7 : 173 cm. Gm 1614.
Entscheidend für die künstlerische Entwicklung Willmanns wurde die enge Bindung an die schlesischen Zisterzienser-
klöster Leubus und Grüssau. In einem
zehn Jahre (1650-60) während en Aufenthalt in den Niederlanden war er nicht nur
mit der Kunst Rembrandts und der holländischen Landschaftsmaler vertraut geworden, sondern hatte auch das gegenre-
formatorische Pathos des katholischen
Flandern kennengelernt. Als einzigem der
deutschen Maler in der zweiten Hälfte
des 17. Jahrhunderts gelang es ihm, die
gewonnenen Erfahrungen zu einer gegenüber den Vorbildern selbständigen,
kraftvollen Natursicht zu verarbeiten. Der
moorige Grund, verwachsene, rissige
Stämme und vermorschte Strünke geben
seinem Wald etwas urtümlich Unberühr-
tes, mit dem er sich nachdrücklich von
dem besiedelten Hintergrund abhebt.

Str

299

298

299 Ofen. Nürnberg, um 1620-30. Ofenverlag des Georg Leupold; gest. 1632
Nürnberg. Ton, schwarz glasiert;
280 : 100 : 145 cm. A 3012.
Das schwarz glasierte, ursprünglich reich
vergoldete Ofen aus dem Hause Hauptmarkt 11 in Nürnberg ist ein typisches
Erzeugnis der in Süddeutschland neben
Augsburg führenden Nürnberger Ofen-
kunst des Hochbarock. Er stammt aus der
Ofenfirma, im Sprachgebrauch der Entstehungszeit dem Ofenverlag der Familie
Leupold, die während des 17. Jahrhunderts durch sieben Generationen in Nürnberg die erste Stellung einnahm. Dies
verdankte sie vor allem den auch bei diesem Ofen verwendeten Modeln des
Creußner Bossierers Georg Vest (gest.
vor 1638), der für sie als Entwerfer tätig
war. Die großen Kacheln zeigen Herkules
und die Vertreter der vier großen Monar-
chien der Welt: Nimrod von Assyrien, Ky-
ros von Persien, Alexander als König der
Griechen und Julius Cäsar für das Römische Reich. Ka

300 Samson und Delila. Rheinland, um
1510-30. Glasmalerei; Dm. 28 cm. MM
250.
Während in Deutschland und den meisten europäischen Ländern monumentale
Glasmalerei für Kirchenfenster nach dem
ersten Viertel des 16. Jahrhunderts nicht
mehr entstand, erfreuten sich kleine Kabinettscheiben, die in die Butzenscheiben-
fenster bürgerlicher Häuser eingesetzt
wurden, noch lange größter Beliebtheit.
Als Grisaillen unter Verwendung von Sil-
berlot auf einer durchgehenden, nicht
durch Bleiruten gestörten Glasscheibe
entstanden im späten 15. und in der ersten Hälfte des 16. Jahrhunderts, vor allem im Rheinland, solche Scheiben mit
der Darstellung moralischer Exempel aus
Bibel und antiker Sage bei besonderer
Bevorzugung des Bilderkreises der Weiberlisten. In späteren Jahrhunderten wurden Kabinettscheiben mit überwiegend
heraldischen Kompositionen eine Besonderheit Schweizer, aber auch Nürnberger
Kunsthandwerks. Ka

300

301

berger Wappenscheibe, zu der eine zweite mit dem Wappen der Septemvirn des Nürnberger Rates gehört, ist in Technik und Stil ein Scheibenzyklus mit dem Leben des Hl. Bruno eng verwandt, den Schaper 1658-67 für die Kartause Prüll bei Regensburg schuf.   Ka

301 Das Reichswappen und die beiden Nürnberger Wappen, 1658. Johann Schaper; Hamburg 1621-1670 Nürnberg. Glasmalerei; 62:55 cm. MM 510. Leihgabe Stadt Nürnberg.

Vor einem reichen Architekturrahmen und zwei zum Ruhme Nürnbergs mit Posaunen blasenden Engeln stehen neben dem doppelköpfigen, nimbierten kaiserlichen Adler links der Nürnberger Jungfrauenadler und rechts das sogenannte kleine Nürnberger Wappen. Schaper, der 1658 Meisterrecht bei den Nürnberger Glasern erhielt, wurde hier der früheste Vertreter der holländisch-niederdeutschen Graumalerei mit wenig bunten Details, einer Technik, die er von der Glasmalerei auch auf Hohlgläser und Fayencekrüge übertrug (vgl. Nr. 455). Der Nürn-

302 Pellerschiff. Herrman Severin, Lübeck, 1603 und spätere Ergänzungen. Holz, Messing, Eisen, bemalte Leinwand; L. 132,4 cm. HM 1000.

Das Schiff ist die modellmäßige Nachbildung eines mittelgroßen deutschen Küstenschiffes aus dem Ostseeraum und darf als das überhaupt älteste deutsche Schiffsmodell angesehen werden. Seinen Namen hat es aufgrund des Wappens des Nürnberger Großkaufmanns Martin Peller, in dessen 1603 erbautem berühmten Hause es vielleicht von Anfang an aufbewahrt war. Obwohl nicht exakt maßstabgerecht nachgebildet, gibt das Pellerschiff doch Aufschluß über eine Reihe sonst nicht überlieferter Konstruktionselemente des historischen Schiffbaus. P

302

303 Zimmertür. Süddeutschland, 1558.
Erlenholz, mit verschiedenen Einlagen
und Brandmalerei; 177 : 94 cm. A 3179.
Wichtigste Ziertechnik der Möbelkunst
des 16. Jahrhunderts waren Intarsien. Neben perspektivischen Architekturansich-
ten in Form eingelegter Bilder (vgl. Tür
des Meisters HG von 1565 unterhalb der
Treppe) gab es auch abstrakte Gestaltungen, die bei den zwei gezeigten zusam-
mengehörigen Türen aus sich vielfach
durchdringendem Rollwerk bestehen.
Zentrum der Herstellung aufwendiger In-
tarsienmöbel war in Süddeutschland offenbar Augsburg. Aus Nürnberg sind dagegen bis jetzt nur relativ bescheidene
Arbeiten bekannt. Während in Augsburg
fast nur einheimische Hölzer verwendet
wurden, sind bei diesen Türen zahlreiche
exotische Hölzer eingelegt, neben Ahorn
und verschiedenen Nußbaumsorten vor
allem Palisander, Mahagoni, Zitrone, Ze-
der und Thuja. Ka

303

304

304 Wandvertäfelung eines Zimmers.
Nürnberg, 1591/92. 6,10 : 7,90 : 3,70 m.
A 3387. Ofen A 3413.
Die aus dem zweiten Stock des Hauses
Karlstraße 3 in Nürnberg stammende
Wandvertäfelung, ein charakteristisches
Beispiel Nürnberger Wohnkultur, gefertigt aus geflammter ungarischer Esche,
ist mit vorgelegten Säulen, Blendarka-
den, Nischen und verkröpftem Gesims
reich gegliedert; die beiden Türen sind
durch freistehende Säulen, Giebelfelder,
ursprünglich mit den Wappen der Besitzer, zu aufwendigen Portalanlagen ausgebildet. Die fünf Gemälde zwischen Vertäfelung und Decke mit den sieben Werken
der Barmherzigkeit und dem Opfer Abrahams stammen von dem Nürnberger Maler Franz Hein (geb. 1569, nachweisbar
bis 1607), der Ofen, der in den Ornamentformen und den Darstellungen der Plane-
tengottheiten auf Vorlagen Peter Flötners
(vgl. Nr. 229) zurückgeht, kommt aus dem
Nürnberger Ofenverlag des Wolfgang
Leupold (gest. nach 1620). Ka

305

305 Die Muttergottes in der Glorie,
1580/81. Christoph Schwarz; München
um 1548-1592. Gemälde auf Holz; 198:
153,5 cm. Gm 900. Leihgabe B. Staatsgemäldesammlungen.
Venezianische Form- und Farbenkunst
legten den Grund für die Darstellung der
Verherrlichung der Gottesmutter im Bild
des am Hof Wilhelms V. zu München arbeitenden Meisters. Dieser Altar wurde
durch den zeitgenössischen Arzt und
Volksschriftsteller Guarionius als ein
nachzueiferndes Exempel einer »geistigen, ehrlichen und gottseligen Kunst« bezeichnet. Das Wesen Mariens als Jungfrau und Gottesmutter sei vollkommen
zum Ausdruck gebracht. Damit war ein
bedeutsames Anliegen gegenreformato-
rischer Religiosität erfüllt. Die Flankierung
der unter dem Christusmonogramm thronenden Maria durch die Patrone der Stu-
dierenden, die Hll. Katharina und Hieronymus (Gm 901/02), entspricht der Aufgabe des Altars am alten Standort, dem
Münchner Jesuitengymnasium. Ms

306 Die Heimsuchung Mariä, 1596. Hans
Rottenhammer; München 1564-1625
Augsburg. Gemälde auf Leinwand; 73:
85,7 cm. Gm 1594.
Die auffälligste Erscheinung im Bild ist
eine junge Frau, die rechts die Begrü-
ßung der werdenden Mütter, Maria und
Elisabeth, anteilnehmend beobachtet.
Während die übrigen Figuren in die zeit-
losen Gewänder biblischer Historie gekleidet sind, trägt sie zeitgenössische venezianische Mode in extravaganter Form.
Der Engländer Thomas Coryat beschrieb
1608 eine stadtbekannte venezianische
Schönheit und erwähnt dabei auch die
Frisur, die der Haartracht dieser seltsa-
men Begleiterin Mariens entspricht: »Silberne Netze legen ihr Haar zu zwei ge-
kräuselten, hochstehenden Spitzen auseinander, die wie niedliche Pyramiden
aussehen«. Das Bild steht am Anfang eines zehnjährigen Aufenthalts des Malers
in Venedig. Str

306

307

308 Modell zum Putto des Nürnberger Rathausbrunnens, um 1555. Hans Peisser; Haßfurt a.M. um 1505- um 1571 Prag. Lindenholz, ungefaßt; 53 cm. Pl 565.

Natürliche Ungezwungenheit und Frische zeichnen die Gestalt des rundlich-kräftigen nackten Knäbleins aus, das sich, halb spielerisch, halb tastend ausschreitend, balancierend im Gleichgewicht hält. Die auf den ersten Blick sonderbar anmutende Haltung der Arme erklärt sich aus der Funktion des Putto als Schildhalter und Bannerträger, wie sie am ausgeführten Brunnenmonument abzulesen ist. Der Gießer der von der Reichsstadt Nürnberg bestellten Renaissance-Brunnensäule war Pankraz Labenwolf. Als Modellschnitzer des Putto, aber vielleicht auch der Architekturteile, ist auf Grund neuer Stilvergleiche Hans Peisser, der für mehrere Jahrzehnte mit Nürnberg verbunden war, ins Gespräch gebracht worden. Br.

307 Der Evangelist Johannes, 1697. Ehrgott Bernhard Bendl; Pfarrkirchen/Niederbayern um 1660-1738 Augsburg. Lindenholz, farbig gefaßt; 191 cm. Pl 2296. Die Figur des Evangelisten Johannes ist eines von den sechs mächtigen »Bildnussen« – vier Evangelisten, der Apostel Paulus und eine Darstellung Christi als Salvator –, die 1697 in der spätgotischen Klosterkirche von St. Georg zu Augsburg »aufgericht« wurden, geschaffen von dem damals bedeutendsten Bildhauer der Stadt, E. B. Bendl. Johannes ist im Zustand der Inspiration gegeben, den Blick nach oben gerichtet, in der erhobenen Rechten (ehemals) einen Federkiel, in der Linken das Evangelienbuch mit den eben niedergeschriebenen Anfangsworten »In principio erat verbum«. Konzipiert für eine Anbringung in beträchtlicher Höhe, sind die Statuen überlebensgroß und auf starke Untersicht angelegt. Charakteristisch für Bendl sind ihr schweres Pathos und die brodelnde Bewegung der Gewandmassen. Br

308

309 Herakles im Kampfe mit dem nemeischen Löwen. Nürnberg, um 1580. Holz, ungefaßt; 42 cm. Pl 563.
Die Gruppe, ein typisches Beispiel der seit dem späteren 16. Jahrhundert für fürstliche und bürgerliche Sammler geschaffenen Kleinskulpturen, stammt aus dem Praunschen Kunstkabinett in Nürnberg, einer Gründung des Patriziers Paul von Praun (1584-1616). Geschildert wird die erste der zwölf Arbeiten, die Herakles verrichtete, um die von Zeus versprochene Freiheit und Unsterblichkeit zu erlangen. Die mythologische Darstellung ist angelegt wie ein Bühnenauftritt. Das auf den Hinterbeinen stehende Untier, eine Mischgestalt aus Fabelwesen und stilisiertem Wappenlöwen, kontrastiert mit der Aktfigur des muskulösen keulenschwingenden Mannes, den seine untersetzte Statur ebenso als Geschöpf der deutschen Spätrenaissance ausweist wie seine Haar- und Barttracht. Br

309

310 Mars und Venus als Liebespaar, um 1520. Konrad Meit; Worms um 1480-1550/51 Antwerpen (?). Bronzehohlguß; Mars 34,3; Venus 23,6 cm. Pl 2886.
Die einst noch deutlicher gemachte erotische Verbundenheit der beiden Götter wurde durch Auseinanderrücken der Figuren gelockert, wodurch auch die formale Komposition der Gruppe eine beeinträchtigende Änderung erfuhr und die künstlerische Absicht Konrad Meits verunklärt wurde. Der Künstler, seit 1514 als Hofbildhauer der Margarethe von Österreich in Mecheln tätig, griff, auf der künstlerischen Höhe der Zeit stehend, ein Thema auf, das einerseits das verfeinerte Leben einer höfischen Gesellschaft widerspiegelt und ein Schönheitsideal nordeuropäischer Renaissance entwickelt, andererseits eine Auseinandersetzung mit bekanntgewordenen antiken Skulpturen ermöglichte, indem mit der sitzenden Marsfigur eine Ergänzung des berühmten Torso von Belvedere versucht wurde. P

311 Aphrodite, Hera und Athena aus einer Gruppe des Paris-Urteils. Flandern, um 1600. Buchsbaumholz; 18 bzw. 19 cm. Pl 2777-2779.
Nach der griechischen Sage warf Eris, die Göttin der Zwietracht, weil sie zur Hochzeit von Peleus und Thetis nicht geladen war, einen goldenen Apfel mit der Aufschrift »der Schönsten« unter die versammelten Göttinnen. Dies führte zu einem Streit zwischen Hera, Athena und Aphrodite, den Paris entscheiden sollte und an dem sich der Trojanische Krieg entzündete. Der Paris dieser Gruppe – meist ist er sitzend mit dem Zankapfel in der Hand wiedergegeben – blieb nicht erhalten, hat aber bereits Aphrodite den Eris-Apfel zuerkannt, den diese in der Linken hält. Der Meister dieser Göttergestalten, der gleichermaßen in der Darstellung der Figuren wie in der Wiedergabe der Gewandung und des Beiwerks brilliert, läßt deutlich flämische Schulung erkennen. P

312 Die Geißelung Christi, um 1630. Georg Petel; Weilheim 1601/2-1634/35 Augsburg; und Nachfolger. Birnbaumholz; Christus 14 cm; Schergen 23 und 23,8 cm. Pl 2893 a-c.
Erbarmungslos schlagen die Schergen, deren Roheit durch die aufgeblähten Gewänder unterstrichen wird (die Marterwerkzeuge sind zu ergänzen), auf die in tiefstem Schmerz zu Boden gesunkene Gestalt des Erlösers ein, dessen leidendes Antlitz die ganze Passion erahnen läßt. Während in der nur mit einem Lendentuche bekleideten Christusfigur körperlicher Schmerz und seelisches Leiden ergreifend zum Ausdruck gebracht sind, bleibt die Charakterisierung der vielleicht von einem Nachfolger Georg Petels herrührenden Schergenfiguren eigentümlich vordergründig und auch in den grinsenden Gesichtszügen des einen äußerlich. P

310

311

312

313

313 Die Hl. Katharina von Alexandrien,
um 1625. David Zürn; Waldsee um
1598-1666 Wasserburg a.I. Lindenholz,
farbig gefaßt; 164 cm. Pl 2163.
Die christliche Blutzeugin vom Anfang
des 4.Jahrhunderts war ihrer Legende
nach eine Frau von ungewöhnlicher Gei-
steskraft. Unsere lebensgroße, mit den
expressiven Mitteln des Frühbarocks gestaltete Figur umschreibt das Charakter-
bild der Hoheit und Anmut vereinenden
Erscheinung durch eine kunstvoll unge-
zwungene Gebärdensprache. In der
raumgreifend ausgestreckten Rechten
hielt die Patronin der Philosophen und
gelehrten Schulen ehedem ein Buch. Rad
und Schwert, die Zeichen ihres Martyriums, finden sich zu ihrer Linken. Stilisti-
sche Eigenheiten, etwa das knittrig-sprö-
de Faltenwerk der Gewandung, stützen
die Zuschreibung der Figur an David
Zürn, ein Mitglied der zwischen Boden-
see und Inn tätigen berühmten Bildhauer-
familie.   Br

314 Der Hl. Benedikt in der Glorie (Ausschnitt), um 1752. Johann Jakob Zeiller; Reutte/Tirol 1708-1783. Gemälde auf Leinwand; 135 : 199 cm. Gm 1320.
Der unweit Oberammergau im Graswangtal gelegene Benediktinerkonvent Ettal wurde 1330 von Kaiser Ludwig dem Bayern als Dank an Maria für die glückliche Heimkehr vom Romzug gegründet. Bereits die erste Kirche entstand als ein zwölfeckiger Zentralraum. Der nach einem verheerenden Brand ab 1744 errichtete Neubau übernahm den Zentralbaugedanken und überwölbte den Hauptraum der Kirche mit einer Kuppel von 36 Meter Spannweite. In dieses Abbild des Himmels malte der aus Wien berufene Johann Jakob Zeiller eine Apotheose des Benediktiner-Ordens. Bewegung und Farbe, die Elemente barocker Malerei, gestalten die Verherrlichung des Ordens zu einem rauschenden Triumphgesang, der seinen vollen Ton allerdings erst in der Ausführung im Kirchenraum, im Zusammenklang mit Architektur und Liturgie finden kann. Str

314

315 Die Hl. Notburga. Bayer. Schwaben, um 1770. Lindenholz, gefaßt, vergoldet; 142 cm. Pl 302.
Die heilige Dienstmagd trägt die sonntägliche ländliche Tracht der Frauen ihres Standes. Die (erneuerte) Sichel in ihrer erhobenen Rechten weist auf ihre Legende. Gewohnt sich am Vorabend eines kirchlichen Festes im nahen Kirchlein auf den Feiertag vorzubereiten, wurde sie einmal von ihrem Dienstherren aufgefordert, nach dem Vesperläuten weiterzumähen, worauf sie die Sichel für eine Weile in die Luft hing. Die Verehrung der um 1268 in Rattenberg geborenen Notburga gewann in der Barockzeit in Tirol und den benachbarten Teilen Bayerns und Österreichs große Verbreitung. Unsere dem späten Rokoko angehörende Figur vereint den Ausdruck frommer Empfindsamkeit mit heiter gelöster Bewegung. Br

315

316 Heiliggrab-Theatrum. Österreich, frühes 18. Jahrhundert. Holz, gefaßt, vergoldet; 68 cm. KG 756.
Das in der Art eines Altaraufbaus gestaltete Modell zeigt eines der Schaugerüste, die in der Barockzeit während der Kartage in den Kirchen Bayerns und Österreichs aufgeschlagen wurden. Im Zentrum der Scheinarchitektur des zweigeschossigen Theatrums befindet sich unten in einer Grotte das Heilige Grab mit dem Leichnam Christi. Das Obergeschoß enthält zwischen Geißelung und Dornenkrönung als Hauptszene die Darstellung Christi als Ecce homo. Auf Opfer und Auferstehung weisen symbolisch das Lamm Gottes in der Bühnenmitte sowie Phönix und Pelikan in der Giebelzone, auf der sich als Bekrönung die Statue des über den gestürzten Satan triumphierenden Erzengels Michael erhebt. Br

317 Der Engel der Verkündigung. Österreich, um 1700. Buchsbaum, ungefaßt; 48 cm. Pl 301.
Der Erzengel Gabriel, der auf Wolken heranschwebend Maria die himmlische Botschaft von ihrer Auserwähltheit als künftige Mutter des Gottessohnes überbringt – eine entsprechende Marienfigur ist als ursprüngliches Gegenstück zu denken –, erscheint als graziles Wesen voll jugendlicher Anmut. Leicht gewandet, Sandalen mit hoher, die Waden umspannender Schnürung an den bloßen Füßen, wirkt er den geflügelten Genien der Antike nicht unähnlich. Der seiner Nachricht zukommenden Bedeutung verleiht der Erzengel Nachdruck durch den traditionellen Gestus der aufwärtsweisend erhobenen Rechten. Br

317

318 Die Anbetung der Hll. Drei Könige, um 1705. Dominicus Stainhart; Weilheim 1655-1712 München. Elfenbein; 17 : 13,5 cm. Pl 2967.
Die Anbetung des Christkindes durch die Hll. Drei Könige vollzieht sich vor einer mit zwei Säulenstümpfen und Teilen eines Baumes knapp angedeuteten Raumkulisse. Während am Himmel aus den Wolken, einen Kometenschweif nachziehend, der Stern von Bethlehem hervorbricht, bändigt hinter den knienden Königen ein Kamelführer die Reittiere. Ausgehend von der Wölbung des Elefantenzahns, erzielte der virtuos arbeitende Schnitzer, dem ein Stich des römischen Malers Carlo Maratta als Vorlage diente, durch geschickte Materialausnutzung und tiefe Unterschneidungen für sein Relief eine beinahe freiplastische Wirkung. Ähnlich gearbeitet ist die zugehörige Platte mit der Verkündigung an Maria. Br

316

318

319 Der Hl. Petrus, 1765. Ignaz Günther;
Altmannstein/Oberpfalz 1725-1775 München. Ton, gebrannt; 33,5 cm. Pl 2496.
Die Figur diente als Modell für eine der
riesenhaften Holzskulpturen am Hochaltar der heute zu Freising gehörenden Prä-
monstratenser-Klosterkirche Neustift St.
Peter und Paul. Der erhaltene Altar zeigt
neben den Titelheiligen der Kirche die Or-
denspatrone Norbert und Augustin, deren in Berlin (Staatl. Museen Preuß. Kul-
turbesitz) bewahrte Bozzetti rückseitig die
Jahreszahl 1765 tragen. In einer kraftvollen Drehung, die Körper und Gewand di-
vergieren läßt, wendet sich Petrus nach
links der Altarmitte zu. Mit der Rechten
umgreift er das zum Boden gekehrte
Kreuz, das Zeichen seines Martyriums.
Als weiteres Attribut ist in der linken
Hand, entsprechend der ausgeführten
Skulptur, die in allen Hauptzügen dem
Modell folgt, die Schlüssel zu denken. Br

320

320 Der Hl. Elzearius, um 1770. Joseph
Götsch; Längenfeld/Tirol 1729-1793 Aib-
ling. Lindenholz, alt gefaßt; 47 cm.
Pl 2523.
Auf den Rokokosockel der Dreiviertelfigur
ist in Kartuschenrahmen die Inschrift
»S. Elzearius« gemalt. Elzear von Sabran,
1323 mit etwa 38 Jahren verstorben, Graf
von Ariano, Kriegsmann und Diplomat,
gottesfürchtig, keusch und als Freund der
Armen lebend, wird hier als Edelmann in
den besten Mannesjahren dargestellt, gekleidet in ein von Renaissance und spani-
scher Hoftracht inspiriertes Phantasieko-
stüm. Sein Blick deutet Demut an; der
unter dem Mantel sichtbar werdende To-
tenkopf gemahnt an die Vergänglichkeit
der eitlen Welt. Die Plastik ist zusammen
mit der ähnlich gearbeiteten Figur der
Hl. Elisabeth dem zur gleichen Zeit wie
I. Günther in Rott am Inn tätigen J. Götsch
zugeschrieben worden, aus dessen Aib-
linger Werkstatt zahlreiche Altäre für die
Kirchen im Alpenvorland hervorgingen.

Br

319

321

322

321 Der HI. Joseph mit dem Jesuskind,
um 1775. Johann Georg Dirr; Weilheim
1723-1779 Mimmenhausen. Alabaster;
43 cm. Pl 2726.
Gehüllt in ein weites Gewand, hält der
mit schmerzlichem Gesichtsausdruck em-
porblickende Heilige mit beiden Händen
das nackte Jesuskind. Ein Engelputto prä-
sentiert zu Josephs Füßen sein Attribut,
das Winkelmaß des Zimmermanns. Den
Nährvater Jesu als Einzelgestalt abzubil-
den, wurde erst mit dem Aufschwung
seines Kultes im 17. Jahrhundert üblich.
Das Mittelalter zeigte ihn fast ausschließlich als Assistenzfigur in Szenen aus dem
Leben der HI. Familie. Stilistisch ist unsere frühklassizistische Figur jenen Alaba-
sterskulpturen verwandt, die J. G. Dirr für
den Hochaltar der Klosterkirche von Salem in der letzten Phase seiner langen
Tätigkeit für dies reiche Kloster in der
Nähe des Bodensees schuf. Br

322 Maria Immaculata, um 1790. Roman
Anton Boos; Bischofswang/Allgäu
1733-1810 München. Ton, gebrannt;
53 cm. Pl 2721.
Geprägt von der Vorstellung, daß Maria
als künftige Mutter des Erlösers unbe-
fleckt, ohne den Makel der Erbsünde, in
die Welt hineingeboren worden sei, entstand im späten 16. Jahrhundert der neue
Bildtypus der Immaculata. Maria steht
auf der von einer Schlange umwundenen
Weltkugel und tritt mit dem rechten Fuß
auf das Tier, das – mit dem Apfel vom
Baum der Erkenntnis im Maul – die Erbsünde darstellt. Die als Modell für eine
Großplastik geschaffene Statuette des
Münchner Hofbildhauers R. A. Boos ist in
Bewegung und Ausdruck bereits berührt
von der strengen Kühle des Klassizismus.
Um reichlich ein Jahrzehnt früher entstand das gleichfalls ausgestellte Modell
für die Minerva im Park von Nymphenburg. Br

323

323 Vesperbild. Bamberg, um 1760. Lindenholz, ungefaßt; 32 cm. Pl 2373.
Das zu Beginn des 14. Jahrhunderts unter
dem Einfluß der Mystik entstandene Vesperbild (vgl. Nr. 151) blieb auch für die
nachmittelalterliche Kunst ein wichtiger
Typus des Andachtsbildes. Bei unverän-
dertem Grundthema, der Klage der Mutter um den toten Sohn, zeigt sich der
Wandel in der Auffassung durch die Wahl
der Ausdrucksmittel. Unsere Gruppe aus
Bamberg, wohl Modell für eine größere
Arbeit, verdeutlicht Erschütterung und
Schmerz nicht durch Erstarrung, sondern
durch langsam fließende Bewegung, die
die Leblosigkeit des der Mutter halb ent-
gleitenden Christuskörpers ebenso unterstreicht wie die Gebärdensprache der trä-
nenblind aufblickenden Maria. Typisch
für die religiöse Bamberger Kunst der
Zeit ist die lastende Schwere der Gestalten, der deutliche Verzicht auf nervöse
Feinfühligkeit und Eleganz.   Br

324 Kopf eines Hl. Bischofs, um 1750-60.
Joseph Anton Feuchtmayer; Linz
1696-1770 Mimmenhausen. Alabaster-
stuck, hochglänzend poliert; 67 cm.
Pl 2736.
In seiner ausdrucksstarken Physiognomie
ist das Antlitz des hervorragend gearbeiteten Kopfes ein charakteristisches Zeugnis für die virtuose Modellierkunst
Feuchtmayers. Der breite Rücken der
kräftigen Nase, die gewulsteten Augen-
brauen und Stirnfalten, die vorspringenden Backenknochen und schließlich der
von Bartgewirr überschattete, offenste-
hende Mund machen das Gesicht des
Heiligen einer zerklüfteten Felslandschaft
nicht unähnlich. Der monumentale Kopf
scheint das einzig erhaltene Fragment einer überlebensgroßen Statue zu sein, die
unter bewußter Überzeichnung der Einzelheiten vor allem auf Fernwirkung angelegt war.   Br

325 Schwebender Engel, um 1770. Ignaz
Günther; Altmannstein/Oberpfalz
1725-1775 München. Lindenholz, mit teilweise erhaltener Fassung; Figur ohne
Flügel 134 cm. Pl 2510.

324

Die Figur stammt, zusammen mit zwei
weiteren Engeln, aus der im 19. Jahrhundert abgebrochenen Knöbl'schen Hauska-
pelle in München. Günthers Engelgestal-
ten bezeichnen einen letzten Höhepunkt
des Rokoko, einer Kunstepoche, die mit
den Mitteln bühnenmäßiger Illusion ein
Ineinanderfließen von Schein und Sein,
von Ideal und Wirklichkeit erstrebte. Es
sind Geistwesen ohne Schwere, Boten einer in ihrer Unendlichkeit nicht erfahrba-
ren himmlischen Welt und zugleich ephe-
benhafte Gestalten aus Fleisch und Blut,
mit weich modellierten Körpern, deren
Nacktheit halb verhüllt, halb freigegeben
wird von lose flatternden Tüchern. Obwohl von sinnlicher Schönheit, bleiben
diese Engel doch überirdische Gestalten,
hoheitsvoll und unnahbar.   Br

325

326

327 Die Himmelfahrt Mariä. Mainz, um 1780. Holz, farbig gefaßt; 150 cm. Pl 2246. Den Blick in die Höhe gerichtet, die Füße auf eine Wolkenbank gesetzt, umfangen und getragen von einem Engel, dem sich ein kleiner Putto als Helfer beigesellt hat, schwebt Maria mit ausgebreiteten Armen und wehendem Gewande empor. Das schon für die Kunst des Mittelalters bedeutsame Thema der leiblichen Aufnahme Mariens in den Himmel fand in Renaissance und Barock illusionistisch kühne Interpretationen. In unserem an der Wende zum Klassizismus entstandenen Werk wird das Transitorische des Vorgangs weniger durch emphatische Bewegtheit als vielmehr durch eine Umsetzung in ruhige Zuständlichkeit anschaulich gemacht.   Br

326 Geflügeltes Puttenköpfchen, um 1760-70. Ignaz Günther; Altmannstein/ Oberpfalz 1725-1775 München. Lindenholz, farbig gefaßt; 27 cm. Pl 2719. Den Scharen der Engelkinder zugehörig, die zwischen Wolken sich tummelnd, die Kirchen des Barock und Rokoko bevölkern, dürfte unser Putto ursprünglich für einen Altarzusammenhang geschaffen worden sein. Zuschauer oder auch Assistenzfiguren bei heiligem Geschehen, teils in ganzer Figur, teils als Köpfchen mit Flügelansatz gegeben, agieren die Putten mit heiterer Unschuld. Das Mienenspiel der niedlichen Erscheinungen drückt freilich nicht nur fröhliche Unbekümmertheit aus. Erstaunen und Unbehagen, Schmerz und Trauer, die reiche Skala menschlicher Empfindungen kann sich, je nach der Fabulierfreude des Künstlers, auf den altklugen Gesichtern widerspiegeln, Begleitmusik zur eigentlichen Handlung in der Form von Paraphrase und Kommentar.   Br

328

328 Bildnis einer alten Dame, um 1755. Joachim Martin Falbe; Berlin 1709-1782. Gemälde auf Leinwand; 158,5 : 127 cm. Gm 1048. In der Menge der Frauenporträts des Rokoko fällt J. M. Falbes Porträt einer Matrone auf, da es das Alter als Zustand eigener Würde und Prägung anerkennt und darstellt. Die Dame, die das Gesangbuch neben sich gelegt hat und in farblich zurückhaltender Witwentracht auf dem Sofa sitzt, ein Häubchen auf dem Kopf, dem ein schwarzes Spitzentuch übergebunden ist, blickt mit einem eigentümlichen Charme, eine Spur von Lächeln um die schmalen Lippen, den Betrachter aufmerksam und nachdenklich an. Es liegt an dieser Auffassung der Persönlichkeit, daß das Bild bereits auf das 19. Jahrhundert vorauszuweisen scheint.
Str

327

329

**329 Landschaft in Niederösterreich mit
dem Schloß von Schloßhof,** 1774. Johann Christian Brand; Wien 1722-1795.
Gemälde auf Leinwand; 63,5:115,3 cm.
Gm 1196.
Die Landschaft ist durch den im Hintergrund sichtbaren Bau von Schloßhof als
das Marchfeld erkennbar. Vor dem tiefen
Horizont verschwimmen in der Ferne die
Anlagen des 1725-29 von Lukas von Hil-
debrandt für Prinz Eugen gebauten
Schlosses. Das Interesse des Malers gilt
nicht der Pracht barocker Architektur,
sondern den Formationen einer Sand-
grube, die, nach rechts abfallend, den
Vordergrund beherrscht. Dabei zeigt der
Künstler in den feinen Nuancen der koloristischen Werte eine intensive Beobachtung von Sand und Stein in ihrem wechselnden Erscheinungsbild entsprechend
ihrer Beschaffenheit und Beleuchtung.
                                        Str

330 Kaiser Karl VII., um 1780-90. Franz
Scheucher; Nassereit/Tirol um 1756-1803
Freising. Lindenholz, ehemals goldbron-
ziert; Figur ohne Sockel 158 cm. Pl 1833.
Antikisch gewandet, über der Lockenpe-
rücke den Lorbeerkranz, wird der Herrscher aus dem Hause Wittelsbach, der
1742-45 deutscher Kaiser war, nach Kostüm und Haltung als römischer Caesar
Augustus dargestellt, als welchen ihn
auch die Sockelinschrift nennt. Als Groß-
meister des von ihm 1729 erneuerten
bayerischen St. Georgs-Ordens trägt Karl
auf seinem hermelingefütterten Mantel
das Ordenskreuz. Das Buch mit den Sta-
tuten des Ordens steht neben ihm auf
einem Kissen am Boden; darüber fliegt
der doppelköpfige Reichsadler. Die auf einem mit antiken Ornamenten verzierten
Rundpostament stehende Figur hat Denk-
malcharakter. Erst mehrere Jahrzehnte
nach Karls Tode geschaffen, dürfte sie für
ein Schloß oder Kloster in Bayern bestimmt gewesen sein. Br

330

331 Bildnis der Kaiserin Maria Theresia
(1717-80), um 1745. Martin van Meytens
d.J.; Stockholm 1695-1770 Wien. Gemälde auf Leinwand; 259,5 : 161,3 cm.
Gm 1154.
Kaum ein Porträtmaler war so umworben
wie Meytens. Angebote vom Zaren Peter
d.Gr. und vom König von Schweden aus-
schlagend, wurde er der Lieblingsmaler
Maria Theresias. Die in Lebensgröße dargestellte Kaiserin – im Bildnis Kaiser
Franz I. (Gm 1155) im Habit des Ordens
vom Goldenen Vlies ihr Pendant findend
– war eine Zentralfigur in der europäischen Politik des 18. Jahrhunderts. Die
auf sie vereinigte Machtfülle manifestiert
sich in den Hoheitszeichen auf dem Tisch
neben ihr: der habsburgischen Kaiserkro-
ne, der ungarischen Königskrone, der
österreichischen Erzherzogskrone und
dem böhmischen Kurhut. Unter ihrer Regierung gewann der österreichische
Spätbarock beispielgebende Gültigkeit.
Ms

331

332

332 Prunkschreibtisch. Franken, um 1720.
Verschiedene Hölzer; Intarsien: Schildpatt, Metall, Perlmutt; 205 : 137 : 84 cm.
HG 9018.
Der Schreibtisch ist in seinem Aufbau
und in seinen Formen einem Ferdinand
Plitzner zugeschriebenen in Schloß Pommersfelden so eng verwandt, daß die bisher behauptete Herkunft aus Schloß
Schleißheim und die Deutung des Mono-
gramms an der Tür auf den bayerischen
Kurfürsten Max Emanuel nicht mehr auf-
rechterhalten werden können. Die Vielfalt
der Intarsien, ihre Feinheit und hohe Qualität weisen auf einen in Paris geschulten
Meister, wobei der in Ansbach von 1702
bis 1731 tätige »Kammer-Ebenist« Johann Matusch in Frage käme. Die Vorlagen für die Intarsien lieferten die Stich-
werke von Daniel Marot und Jean Bérain.
vW

333 Landschaft mit dem Gleichnis vom barmherzigen Samariter, um 1700. Anton Faistenberger; Salzburg 1663 – Wien 1708. Gemälde auf Leinwand; 170 : 224 cm. Gm 1306.

Zwei Typen von Landschaftsdarstellungen bilden sich im 17. Jahrhundert aus. Die meist kleinformatigen, die Weite der holländischen Ebene spiegelnden Naturwiedergaben der niederländischen Maler und die italienischen Phantasielandschaften, die oft mit Zeugnissen der vergangenen Antike und, nach dem Vorbild Claude Lorrains, mit kleinen Szenen aus der Mythologie oder Bibel ausgestattet sind. Beide Auffassungen verbinden sich im Werk zahlreicher, zeitweise in Italien tätiger holländischer und flämischer Künstler. Im Durchblick durch das Laub, im Spiel des Lichts auf Wasser und Waldboden gewinnt Faistenbergers Bild, dessen Staffagefiguren wie üblich von anderer Hand ausgeführt wurden, auch bei Verwendung vorwiegend italienischer Motive eigenständigen Charakter.   Str

335

333

334 Konsoltisch. München, um 1730; nach Entwurf von Joseph Effner; Dachau 1687-1745 München. Holz, geschnitzt, vergoldet; Marmorplatte; 86 : 162 : 65,5 cm. HG 9255.

Mit suggestiver Kraft bestimmen bärtige Blattmasken an den oberen Ansätzen der vier geschwungenen Beine die gebändigte dekorative Pracht des Möbels. Seine Streben münden in ein sich breit aufbäumendes, durchbrochenes Zierstück, das – auf dem Boden aufstehend – mit Akanthuslaub überzogen und von einer Palmette bekrönt wird. Die mittlere Kartusche der geschweiften hohen Zarge fassen Akanthus- und Gitterwerk ein. Mit seiner geschweiften Formung, der Effner die vielfältigen dekorativen Elemente mit hervorragender künstlerischer Befähigung verschmolzen hat, weist der aus Simbach am Inn stammende Konsoltisch über die Möbel hinaus, die jener bis 1729 für die Münchner Residenz und Schloß Schleißheim entworfen hat.   vW

335 Flora und Venus, 1747. Anton Kern; Tetschen 1710-1747 Dresden. Gemälde auf Holz; 86,5 : 61,3 cm. Gm 1283.

Das Bild läßt ein neues Verhältnis zur antiken Götterwelt erkennen. Venus, als Nymphe im Freien ruhend, hat zusammen mit Diana und Bacchus, die auf dem Gegenstück zu sehen sind, die alten Götter verdrängt und ist zur Herrscherin des Olymps geworden als Göttin tändelnder amouröser Erlebnisse, die insbesondere von der französischen Kunst des Rokoko in immer neuen Varianten dargestellt wurden. Eine Gruppe von zwei sich umarmenden Putten auf einer Säule im verschwiegenen Gebüsch des Hintergrundes bildet das Attribut der Göttin, der Amor die schönsten Blumen der Flora überbringt. Mit ähnlichen Darstellungen war wohl auch der Brautwagen geschmückt, den Kern im gleichen Jahr zur Hochzeit des sächsischen Kurfürsten Friedrich Christian mit Maria Antonia von Bayern geschaffen hat.   Str

334

336 Ein Bacchanal, 1790. Martin Johann
Schmidt, gen. Kremserschmidt; Grafen-
wörth 1718-1801 Stein. Gemälde auf
Leinwand; 76,5 : 93 cm. Gm 1166.
Einem Rausch der Freude hingegeben,
umtanzen Nymphen und Satyrn eine
Herme. Chronos spielt die Querflöte. Ein
neben ihm sitzender Putto bläst den Dop-
pelaulos. Links oben fährt Sol auf dem
Sonnenwagen über den Himmel. Unirdi-
sches Licht hebt die schemenhaften Gestalten aus dem Dunkel. Schwebend
leicht wirken die wie aus einer Traumwelt
herausgelösten Erscheinungen. Bei aller
Abhängigkeit von Rubens liegt das Besondere dieses Spätwerks in der Empfindsamkeit der Wiedergabe der mythologischen Szene, die als ein subjektiv erleb-
tes Ereignis verstanden wird. Ms

337 Bildnis des Roman Anton Boos, um
1780. Josef Georg Edlinger; Graz
1741-1819 München. Gemälde auf Leinwand; 60 : 45 cm. Gm 1397.
In der Verbindung einer kraftvollen, auf
niederländischen Vorbildern basierenden
pastosen, frei und zügig gestalteten
Malweise mit einem geradezu rücksichts-
losen Realismus vermochte J. G. Edlinger
die Gefahren des beginnenden akademi-
schen Klassizismus zu überwinden. Die
Unmittelbarkeit, menschliche Nähe und
Lebendigkeit seiner Schilderung des Bürgertums setzen seine Bildnisse von
gleichzeitigen Werken anderer Künstler
ab. Das Porträt zeigt den kurfürstlich-
bayerischen Hofbildhauer Roman Anton
Boos auf dem Höhepunkt seiner Schaf-
fenskraft und seiner künstlerischen Erfol-
ge. Mit scharfem und skeptischem Blick
schaut er in die Welt, in der sich entschei-
dende Veränderungen anbahnten, die
auch an seinem Werk nicht vorbeigingen,
ohne ihre Spuren zu hinterlassen (Vgl.
Nr. 322). Ms

**338 Selbstbildnis im Alter von etwa 45
Jahren,** um 1728. Antoine Pesne; Paris
1683-1757 Berlin. Gemälde auf Leinwand;
79,4 : 64,5 cm. Gm 1123.
Die Selbsteinschätzung des Künstlers im
18. Jahrhundert ist auch aus zahlreichen
Selbst- und Fremdbildnissen zu erkennen, die sich von Malern und Bildhauern
dieser Zeit erhalten haben. Den internationalen Verflechtungen der Barockkunst
und ihrer fürstlichen Träger entspricht
eine freie Beweglichkeit der Künstler, die
sich nicht nur zu Studienzwecken in Europa umsehen, sondern auch außerhalb ihrer Heimatländer mit wichtigen Aufträgen
bedacht werden. So wird der Franzose A.
Pesne zum wichtigsten Porträtisten im
Preußen Friedrichs I., der ihn 1710 nach
Berlin berief, Friedrich Wilhelms I. und
Friedrichs II., des Großen, und überliefert
in einer Unzahl von Bildern das Aussehen
von Adel und Bürgern jener Epoche. Str

**339 Der Landschaftsmaler Franz Jo-
achim Beich,** 1744. Georg Desmarées;
Österby/Schweden 1697-1776 München.
Gemälde auf Leinwand; 65 : 48,5 cm.
Gm 1098.
Helles Weinrot und Gelb dominieren im
Brustbild des 78jährigen Landschafters
aus Ravensburg, der als kurfürstlicher
Hofmaler in München tätig war. Nach einer ersten Ausbildung in der Malschule
des Martin van Meytens in Stockholm,
Besuch der Nürnberger Akademie, Stu-
dienreisen nach Venedig und Rom, arbeitete Desmarées in der bayerischen Resi-
denzstadt. In starkfarbigen, dekorativ
wirksamen Bildnissen malte er die Mitglieder des Münchner Hofes und den
bayerischen Adel, daneben aber auch die
eigene Familie und Malerkollegen, wobei
ihm, vom Zwang fürstlichen Repräsenta-
tionsbedürfnisses befreit, unter diesen
bürgerlichen Bildnissen einige seiner an-
sprechendsten und unmittelbarsten Por-
trätleistungen gelangen. Str

336

337

338

339

340 Die Ernte. Norbert Grund; Prag
1717-1767. Gemälde auf Holz; 20,9 :
32,3 cm. Gm 1593.
Abweichend von den holländischen
Landschaftsdarstellungen des 17. Jahrhunderts, die dem Künstler vertraut waren, ist es nicht allein die Erscheinung
von Luft und Licht in einer weiten Ebene,
die der Maler sichtbar machen will, auch
geht es nicht in erster Linie um die Darstellung von Landleben und Feldarbeit,
sondern um die Erzeugung einer Stimmung, die nicht vom Bildthema abhängig
ist und als etwas Selbständiges hinzutritt.
Sie erwächst aus der eigentümlichen Farbigkeit der großen braunen und grau-
braunen Flächen von Feld und Boden
und dem wie staubig wirkenden Blau des
Himmels, vom Gegenständlichen her aus
der Tafel an einer langen, durch Pfosten
gestützten Stange. Da deren Funktion
nicht erkennbar wird, bleibt dem Bild etwas Irrationales, das die Eigenart der
Kunst des Pragers trotz aller westlichen
Einflüsse bestimmt. Str

341

340

341 Die Künste und Wissenschaften, um
1739. Johann Evangelist Holzer; Burgeis/
Etsch 1709-1740 Schloß Clemenswerth b.
Meppen. Ölskizze auf Karton; 88 : 51 cm.
Gm 1331.
In der Dekoration der Galerie der Würzburger Residenz als einer Kunstkammer
zeigt J. E. Holzer auch die Repräsentanten verschiedener geistiger Berufe bei
charakteristischen Tätigkeiten, wobei das
Schwergewicht auf die Naturwissen-
schaften gelegt ist. An der östlichen
Längswand führt ein Arzt in der historischen Tracht des frühen 17. Jahrhunderts
eine Unterredung mit Äskulap, dessen
Statue über einem Anatomie-Skelett erscheint. Eine alchemistische Szene
schließt sich an. Die gegenüberliegende
Wandseite zeigt die Gruppe der Mathematiker und Physiker und die der Him-
melskundigen mit Vertretern der Kriegs-
wissenschaften. Auf der nördlichen, der
Kunst vorbehaltenen Schmalwand vollendet ein Maler ein Bild mit der Beleh-
nung Bischof Herolds mit dem Herzogtum Franken 1168 durch Friedrich Barbarossa. Ms

342 Die Kommunion der Apostel, um
1745-50. Matthäus Günther; Unterpei-
ßenberg/Oberbayern 1705-1788 Haid/
Oberbayern. Gemälde auf Leinwand; 65 :
71 cm. Gm 1184.
Zahl und Wirkung der kirchlichen und
profanen Aufträge, die ihm in Altbayern,
Schwaben, Franken und Tirol zufielen,
lassen M. Günther als einen der bedeutendsten Freskanten des schwäbisch-
bayerischen Rokoko erscheinen. Die Darstellung des letzten Abendmahls als
Kommunion der Apostel war in der Kunst
der Ostkirche stets üblich gewesen. Die
Teilnehmer am Mahl erheben sich vom
Lager an der halbrunden Tafel und empfangen das Brot aus der Hand Christi. Die
Szene erhält ihr Licht aus der Gloriole,
die hinter Christus aufglänzt, so daß die
Figuren im Gegenlicht stehen und sich
der visionäre Charakter der Darstellung
vollendet. Str

342

343 Abigail vor David, um 1770. Thomas
Christian Wink; Eichstätt 1738-1797 München. Ölskizze auf Kupfer; 48,5:33,8 cm.
Gm 1150.
Ölskizzen als Entwürfe für Deckengemälde hatten einen solchen Eigenwert bekommen, daß ihre flotte, nicht zur Durchführung von Details verpflichtende Malweise auch auf Bilder übertragen wurde,
die nicht für die monumentale Ausführung bestimmt waren. Das Gemälde des
vielbeschäftigten Freskomalers und sein
Gegenstück, die Begegnung Abrahams
mit Melchisedek (Gm 1151), sind solche
in Format und Durchführung den Ölskizzen angeglichenen Werke. Abigail überbringt David und seinem Heer die Nah-
rungsmittel, die ihr Mann Nabal hochmü-
tig verweigert hatte. Die Verbindung zum
Gegenstück wird durch die Betonung des
Opfercharakters der Speisen hergestellt.
Str

343

345

**345 Die Aufnahme Mariens in den Him-
mel,** nach 1778. Januarius Zick; München
1730-1797 Ehrenbreitstein. Ölskizze auf
Leinwand; 30,3:36 cm. Gm 1088.
1778 wurde Januarius Zick, damals Trier-
scher Hofmaler, mit der Oberleitung der
Inneneinrichtung der nach ersten Entwürfen von Johann Michael Fischer durch
Johann Georg Specht erbauten Abteikir-
che von Wiblingen betraut. Der an der
Schwelle des Klassizismus stehende, aus
drei Raumabschnitten mit zentrierenden
Tendenzen bestehende Bau wird durch
große Deckengemälde Zicks nach oben
geöffnet und die im übrigen weiß gehal-
tene Architektur farbig belebt. Der vorliegende kleine Entwurf ist für das linke der
flachen Spiegelgewölbe bestimmt, von
denen die Hauptkuppel auf beiden Seiten
begleitet wird, und nimmt im Thema auf
den darunterstehenden Marienaltar Rücksicht. Str

344 Kommode, um 1720-24. Ferdinand
Plitzner; Franken (?) 1678-1724 Eyrichshof. Nußbaumholz; Intarsien: Elfenbein
u. a.; 80:102:61 cm. HG 7357.
Nach einer wahrscheinlichen Pariser
Lehrzeit arbeitete F. Plitzner seit 1702 in
der Werkstatt des Ansbacher Hofschrei-
nereiinspektors Johann Matusch. Seit
1706 war er für den Grafen von Rotenhan
in Eyrichshof, seit 1709 für Kurfürst Lo-
thar Franz von Schönborn, vor allem für
dessen neues Schloß Pommersfelden, tätig. Die Auswahl der Intarsienhölzer (Ze-
der, Ebenholz, Mahagoni) und ihre Verbindung mit Elfenbein weisen die Kommode als seine Arbeit aus. Bei sonst ganz
strengem Aufbau bestimmt die Schwei-
fung der Vorderfront sie als Spätwerk
Plitzners. vW

344

347 Ziborium. Mittelrhein (?), um 1740.
Feingold, gegossen, getrieben, punziert;
33,5 cm. KG 890.
Das prächtige und außerordentlich kostbare Ziborium diente zur Aufbewahrung
von konsekrierten Hostien. Es ist geschmückt mit sechzehn in Kartuschen gerahmten Szenen der Leidensgeschichte
Christi. Einer bestimmten Kunstland-
schaft läßt es sich nur schwer zuordnen,
da Arbeiten dieser Qualität höchst selten
sind. Als gesichert erscheint die Entstehung in Deutschland als Auftrag eines
vermögenden weltlichen oder geistlichen
Fürsten, der, einer Tradition folgend, die
Bezeichnung des Gefäßes mit einer Mei-
stermarke unnötig machte. Der Stil der
hochplastischen Rocaillen, der Blütenge-
hänge und der zarten Reliefs weist auf
den Mittelrhein bzw. die Kurpfalz oder
auf das dieser dynastisch verwandte Bayern. F

**346 Kapelle aus dem Ebracher Hof in
Nürnberg,** 1483. Hans Beer zugeschrieben; tätig in Nürnberg 4. Viertel 15. Jahrhundert. 9,20 : 5,20 m. A 3426.
Die zweijochige Kapelle mit Empore, zwei
Fensterlaibungen und reichem Schling-
rippengewölbe stammt aus dem Stadthof
der Zisterzienserabtei Ebrach in der Karo-
linenstraße. Sie galt bereits im 18. Jahrhundert wegen der Ähnlichkeit ihrer Gewölbe mit der 1479-84 durch Hans Beer
errichteten, 1816 abgebrochenen Augu-
stinerkirche als Werk desselben Baumei-
sters. Die Gewölberippen, die sich am
mittleren Ansatz zwischen den beiden Jo-
chen phantasievoll durchschneiden, bilden, nach Art von Maßwerkformen, fä-
cherartig von den Rippenanfängen aufsteigende große Schlingen; die Mitte der
Gewölbefelder ist durch vier der Kreis-
form angenäherte kleinere Schlingen gefüllt. Ka

348 Reliquiar. München, um 1740;
Johann Christoph Steinbacher;
München, Meister 1719, gest. 1746. Silber, gegossen, getrieben, teilvergoldet;
Kupfer, vergoldet; 48 cm. KG 842.
Während das Kreuz Christi schon in früh-
christlicher Zeit verehrt wurde, setzte die
Verehrung des Herzens Jesu erst im
15. Jahrhundert ein. Wie die Inschrift besagt, barg die Herzkapsel des Reliquiars
einen Splitter des Baumes, an dem Christus im Hof des Hohenpriesters Annas
gegeißelt worden sein soll, und wurde
bei besonderen Anlässen den Gläubigen
gewiesen. Deshalb hat der Goldschmied
eine Schauseite ausgearbeitet und den
Fuß nur auf der Vorderseite geschmückt.
Über diesem halten drei Putten das Herz,
aus dem das Kreuz wächst. Von Steinbacher sind weitere ähnliche Goldschmie-
dearbeiten, Reliquiare und Monstranzen
im Stil des frühen Rokoko, erhalten. Ke

349

349 Ziboriumsmäntelchen. Süddeutschland, um 1730. Seide, bestickt mit Sei-
den- und Goldfäden, Flitter; Glasperlen,
Steine; 42 cm. KG 775.
Das Ziborium, das Deckelgefäß, in dem
die Eucharistie aufbewahrt wird, ist von
einem Mäntelchen meist aus Leinen um-
kleidet. Die hier zugehörige, von einem
Kreuz überhöhte Krone entspricht dem
Ziboriumsdeckel. Doch, abgesehen von
dem Monogramm Jesu IHS und wohl
auch von den Weintrauben auf der Rückseite, hat die bunte zeittypische Stickerei
mit Blumenranken und breiter Gitter-
werkborte keine Beziehungen zur Funktion dieser Hülle des Allerheiligsten. Der
Doppeladler mag den Stifter angeben.
vW

350 Sechs Altarleuchter. Breslau, 1704.
Tobias Plackwitz; Breslau 1657–1727. Silber gegossen, getrieben, innen Eisen-
kern; 88, 78 bzw. 69 cm. KG 1200. Leihgabe Bundesrepublik Deutschland.
Nur in ihrer Größe in drei Paare unterschieden, wiederholt sich auf jedem der
von reichem Akanthuszierat beherrschten, von strengem Umriß bestimmten
Leuchter Inschrift, Wappen und Jahreszahl. Danach hat sie Anna Helena von
Ruswitz 1704 für den Altar der evangelischen Friedenskirche von Groß-Glogau
gestiftet. T. Plackwitz war einer der meist-
beschäftigten Breslauer Goldschmiede,
von dem zahlreiche Arbeiten – zumal für
den Dom und andere Kirchen in Breslau
– überliefert sind. P

350

351

351 Die Salbung Sauls, um 1754. Franz
Anton Maulbertsch; Langenargen
1724-1796 Wien. Gemälde auf Leinwand;
94,7 : 73,3 cm. Gm 1183.
Mit Hilfe von Licht und Farbe gelingt dem
Maler eine geheimnisvolle Verinnerlichung des Vorgangs. Ein Lichtschein, der
nur aus der Weihe der Handlung, nicht
aus natürlichen Gegebenheiten erklärbar
ist, läßt die getroffenen Farben aufleuchten. Helles Blau rieselt über das gold-
braune Gewand des Propheten. Gelb und
Rot stützen die kräftige Gestalt des jungen Hirten Saul, der ausgezogen war, die
Eselinnen seines Vaters zu suchen. In einer Gebärde höfischer Devotion, wie sie
in solcher Ungezwungenheit nur dem Rokoko zur Verfügung stand, neigt er sich
vor der erhabenen Gestalt Samuels, der
ihm den Willen des Herrn eröffnet und
ihn zum König salbt, indem er ein Gefäß
mit Öl über sein Haupt ausgießt. Str

352 Der Hl. Joseph von Calasanza, 1757.
Franz Anton Maulbertsch; Langenargen
1724-1796 Wien. Ölskizze auf Leinwand;
57,4 : 41,8 cm. Gm 1188.
Die Skizze ist ein Modell für das Hochaltarbild der Piaristenkirche Maria Treu in
Wien. Das Thema, die Fürsorge des Heiligen, der 1597 im römischen Stadtviertel
Trastevere die erste unentgeltliche Volks-
schule errichtete, für die Kinder der Armen, wird durch Licht und Farbe ein-
dringlich gemacht. Raum und Figuren
verlieren ihre Dinglichkeit zugunsten der
Spiritualisierung einer im Grunde alltägli-
chen Szene. Aus der Höhe vom Licht getroffen, blicken Frauen trostsuchend zu
dem Heiligen auf, der im Schwarz seines
Ordensgewandes vom Helldunkel des
Kirchenschiffs umflossen wird. Rechts in
der Zone der Verheißung und Hilfe blü-
hen die Farben zu lichtem Gold, Rot und
Blau auf und schwingen sich zu Maria
empor. Str

353

**353 Christus und der Hauptmann von
Kapernaum,** um 1762. Franz Anton Maulbertsch; Langenargen 1724-1796 Wien.
Ölskizze auf Papier (auf Leinwand aufge-
zogen); 45 : 34,2 cm. Gm 1089.
Die mit höchster Sorgfalt ausgeführte
Ölskizze ist der Entwurf für eine der wenigen Radierungen, die Maulbertsch ausgeführt hat. Die Flucht der Apostel in den
Schutz des Meisters, ihr nicht eindeutig
definiertes Gebaren gegenüber der von
Rom gestützten militärischen Macht, wie
auch das maskenhafte Gesicht im Hintergrund, bringen etwas Unheimliches, eine
nervöse Spannung in das Bild, die vom
Thema her, der wunderbaren Heilung des
Sohnes des gläubigen Soldaten, nicht gegeben ist. Die auf einer Skala von Grautö-
nen beschränkte farbige Gestaltung verrät höchste koloristische Meisterschaft.
Vom Grauschwarz der tiefsten Schatten
bis zum fast reinen Weiß im hellsten
Licht reichen die Abstufungen, während
im bläulichen Himmel und in der rosafar-
benen Fahne die Grenze des Bunttons erreicht ist. Str

352

354

356 Querflötenbläser, um 1754-60. Ferdinand Dietz; Holtschitz/Böhmen 1708-1777 Memmelsdorf b. Bamberg. Sandstein; 77 cm (ohne Sockel). Pl 2543.
Die durch den Schnitt geformten, in der Belaubung undurchsichtigen Hecken der im französischen Stil angelegten Schloßgärten boten Einfassung und Hintergrund für Gartenplastiken, die, ursprünglich farbig gefaßt, in den Hauptachsen der Anlagen aufgestellt wurden. Die Halbfigur des Querflöte blasenden Kavaliers gehört zu einer Gruppe von sieben (ehemals neun) Gartenskulpturen, die Musikfreunde bei einem Konzert im Grünen vorstellen. Unter der Leitung eines Sängers, der mit zusammengerolltem Notenblatt als Dirigent die Einsätze gibt, agieren Musikanten und zwei Sängerinnen. Unbelastet von der Bindung an ein mythologisch-allegorisches Programm hat F. Dietz seine Personen mit großer Einfühlungsgabe zu Trägern eines Musikerlebnisses voller Harmonie und Heiterkeit gemacht.   Br

354 Sieg des Erzengels Michael über den Satan, um 1751. Michelangelo Unterberger; Cavalese 1695-1758 Wien. Ölskizze auf Leinwand; 90,5 : 46,2 cm. Gm 1232.
Die Ölskizze gilt als Entwurf für das ehemalige Hochaltarbild der Michaelerkirche zu Wien. Malerisch-dekorative Tendenzen überwiegen in dieser Spätphase barokken Gestaltens gegenüber plastisch-substantieller Formgebung. Gleichsam aus der Hand Gottvaters hervorgehend, sammeln sich die Licht- und Farbenergien im von Rot hinterlegten Stahlblau der Rüstung des Erzengels. Von hier aus weichen die dumpferen roten und braunen Töne, an die Verstoßenen gebunden, in die Tiefe des Höllenfeuers.   Ms

355

355 Konsoltisch, 1742. Johann Leonhard Baur; Oberbayern (München?). Linden-, Eichen-, Rotbuchenholz; Marmorplatte; 80,5 : 123 : 54,5 cm. HG 10081.
Die geschweiften Beine sind als jugendliche Hermen geschnitzt. Die tief herabgezogene Mitte der Zarge zeigt den Kriegsgott Mars, den Akanthusranken mit Gitterwerk seitlich einfassen. Der Meister, der das Möbel signiert und datiert hat, ist sonst unbekannt geblieben; doch handelt es sich zweifellos um eine bayerische, möglicherweise eine Münchner Arbeit. Solche oft nur zweibeinigen Konsoltische waren meist mit einem Wandspiegel verbunden und im 18. Jahrhundert sehr beliebt.   vW

356

357

358

357 Athena als Beschützerin eines Knaben, um 1760-64. Ferdinand Dietz; Holtschitz/Böhmen 1708-1777 Memmelsdorf b. Bamberg. Sandstein; 205 cm (ohne Sockel). Pl 2493.
Die kriegerische Tochter des Zeus tritt in dieser Monumentalgruppe aus dem Garten von Schloß Seehof bei Bamberg in ihrer Eigenschaft als Schutzgöttin der Wissenschaften und Künste auf. Den Schild mit dem drohenden Haupt der Medusa hoch erhoben, beschirmt sie die unsicheren Schritte eines nackten Knäbleins, das an Album und Zeichenrolle unter seinem rechten Arm als Musenjünger kenntlich ist. Als Gegenstück hatte die Gruppe eine Darstellung des Kriegsgottes Mars, wie denn antike Göttergestalten überhaupt zum festen Programm der Schloßgärten des 18. Jahrhunderts gehörten. F. Dietz gelang es wie wenig anderen Künstlern, seine Figuren nicht als bloße Denkmäler posieren zu lassen, sondern sie in lebendiger Bewegung wiederzugeben.   Br

358 Gärtnerin als Monatsallegorie, um 1764. Ferdinand Dietz; Holtschitz/Böhmen 1708-1777 Memmelsdorf b. Bamberg. Sandstein; 214 cm (ohne Sockel). Pl 2336.
Der Aufstieg des gebürtigen Böhmen Ferdinand Dietz zum bedeutendsten Bildhauer der Epoche des Rokoko in Franken ist untrennbar verbunden mit seiner jahrzehntelangen Tätigkeit für die Fürstbischöfe von Würzburg und Bamberg. Für sie hat er mit seiner Werkstatt die Schloßgärten von Seehof und Veitshöchheim mit unzähligen Skulpturen geschmückt, Schöpfungen, die für eine leichte Hand und einen inneren Humor zeugen, den auch häufige, zumeist durch den Amtswechsel seiner Auftraggeber entstehende Geldsorgen nicht zerstören konnten. Die Figur der den Monat Juli darstellenden leicht geschürzten Gärtnerin aus Seehof, die mit anmutiger Bewegung Gras zusammenrecht, ist dafür ein beredtes Beispiel. Ebenfalls ausgestellt ist das kleine Modell zu dieser Figur (vgl. Nr. 359).   Br

360 Athena, um 1765/68. Ferdinand
Dietz; Holtschitz/Böhmen 1708-1777
Memmelsdorf b. Bamberg. Lindenholz,
Fassung Weiß mit Gold; 35 cm. Pl 2367.
F. Dietz hat die Athena-Darstellungen, die
er nacheinander für Trier, Seehof und
Veitshöchheim schuf, jeweils ganz neu
gestaltet. Der Bozzetto für Veitshöchheim
ist das Dokument einer künstlerischen Vision, weit entfernt von herkömmlichen
Vorstellungen und in Sandstein kaum
ausführbar. An der Eule kenntlich als
Schützerin der Wissenschaften, schwebt
die Göttin auf Wolken jungfräulich nackt
heran, umflattert vom Mantel, den Helm
auf dem Haupte. Ein mit dem Medusen-
schild beladener Putto bemüht sich, in
gestrecktem Lauf Athena zur Seite zu
bleiben. Porzellanhaftes Weiß, sparsam
abgesetzt mit Gold, sollte auch die ausgeführte Gruppe in Veitshöchheim überziehen, die zwangsläufig durch starren Umriß, Erdenschwere und verunklärende Gewandung enttäuscht. Br

359

**359 Zwei Monatsallegorien: Juli, Dezem-
ber,** um 1764. Ferdinand Dietz; Holt-
schitz/Böhmen 1708-1777 Memmelsdorf
b. Bamberg. Lindenholz, farbig gefaßt;
ca. 27 cm. Pl 2323, 2325.
Die Monumentalfigur des Juli (vgl. Nr.
358) gehörte zu einem Zyklus von zwölf
Monatsallegorien für den Park von Seehof, die knapp fünfzig Jahre nach ihrer
Entstehung in alle Winde zerstreut wurden. Eine Vorstellung vom Gesamtpro-
gramm wie auch von der farbigen Bemalung läßt sich durch vier erhaltene Bozzetti gewinnen, Anschauungsobjekten für
den Auftraggeber. Die Figur des Juli bietet dabei die besondere Gelegenheit zu
einem Vergleich von Entwurf und Ausführung. Ähnlich wie schon im Mittelalter
sind die Allegorien auf Tätigkeiten im Zusammenhang mit dem Jahreslauf bezogen. Der Dezember hat Muff und Feuer-
becken, zum Juli gehört die Heuernte, der
Juni ist ein Schäfer. Eine Ausnahme
macht nur der Januar mit der doppelge-
sichtigen Gestalt des Gottes Janus. Br

360

Kunsthandwerk und Handwerksgerät von der Renaissance bis zum Barock

361

362 Klappsonnenuhr. Süddeutschland, vor 1471. Messing, gegossen, graviert, punziert; 4,2 : 6 cm. WI 7. Leihgabe Stadt Nürnberg.
In der Mitte des 15. Jahrhunderts war von Georg Peuerbach in Wien die Abweichung des magnetischen vom geographischen Nordpol entdeckt worden. Dadurch konnten genauere Sonnenuhren, vor allem Reisesonnenuhren, konstruiert werden. Die Klappsonnenuhr stammt vermutlich aus dem Besitz des berühmten Astronomen und Mathematikers Johannes Regiomontanus (1436-76). Wohl nach seinen Angaben hergestellt, ist sie, wie die Widmungsinschrift um das Reliefporträt von Papst Paul II. vermuten läßt, das Modell für ein wahrscheinlich in Edelmetall ausgeführtes Geschenk an den Papst gewesen. Wi

363 Torquetum, 1568. Johannes Praetorius (Richter); St. Joachimsthal 1537-1616 Altdorf. Messing, graviert, vergoldet; 17 : 17 cm. WI 33. Leihgabe Stadt Nürnberg.
Das Torquetum stammt, obschon sein deutscher Name vor der Übersetzung ins Lateinische »Türkengerät« lautete, nicht aus dem islamischen Kulturkreis und auch nicht aus der Spätantike. Es diente zur Sonnenbeobachtung und damit zur Zeitbestimmung, ferner zur Messung der Höhe eines Gegenstandes und der Länge und Breite der Sternpositionen. Bedeutende Astronomen und Mathematiker, wie Johannes Regiomontanus und Johann Schöner, befaßten sich mit Konstruktion und Verbesserung dieses Instruments. Da Torqueten in der Herstellung sehr teuer waren und auch nicht sehr oft hergestellt wurden, sind heute nur noch wenige erhalten. Das Torquetum des Praetorius verbindet auf glücklichste Weise feinmechanische Präzision und kunsthandwerkliches Können. Wi

361 Astrolabium. Saragossa, 1079/80. Ahmad ibn Muhammad an-Naqqash. Messing, graviert; Dm. 11,5 cm. WI 353. Funktion und Gestaltung bestimmen den besonderen Reiz wissenschaftlicher Instrumente, der sie über ihre Zweckbestimmung hinaus zu beliebten Objekten fürstlicher und bürgerlicher Kunstkammern werden ließ. Mit dem in der Antike erfundenen und von der Welt des Islam überlieferten Astrolab kann man die Sonnenstellung ablesen, bei Nacht die Zeit messen, die Zeitpunkte von Auf- oder Untergang eines Gestirns, die Dauer von Tag und Nacht, Zeitpunkt und Dauer der Dämmerung sowie die Richtung, in der ein bevorstehendes astronomisches Ereignis zu erwarten ist, feststellen. Außerdem lassen sich damit Winkelmessungen durchführen. Da für die Anwendung die Polhöhe des Beobachtungsortes wichtig ist, tragen die meisten Geräte mehrere Einlegescheiben für die Beobachtung an verschiedenen Orten. Dieses maurische Astrolab, das während der arabischen Besetzung Spaniens in Saragossa entstanden ist, gehört zu den ältesten erhaltenen Geräten dieses Typs. Wi

362

363

364

364 Markscheidegerät. Meister (?) W. P.,
um 1600. Grundplatte Pflaumenholz, mit
gravierten Beineinlagen, Aufsatz Messing, abgedreht, graviert, punziert; 17,7 :
22,3 cm. WI 1033.
Der stark gestiegene Metallbedarf des
15./16. Jahrhunderts machte eine Intensivierung des Bergbaus nötig. Sie führte u.
a. zu einer Verbesserung der Bergbauplanung und -vermessung. Die »Markscheidekunst«, wie die Vermessung unter
Tage genannt wurde, hatte mit nur kurzen einsehbaren Wegstrecken bei häufigen Abwinklungen des Meßwegs zu
rechnen, da man den verästelten Erzgängen folgen mußte. Der untere Kreis, in
der für die Markscheidekunst typischen
Einteilung in 24 Grade, diente der horizontalen, der obere Kreis, in zweimal
zwölf Grade geteilt, der vertikalen Winkelmessung. Zur genauen Einrichtung besitzt das Gerät ein Senklot am Aufsatz
und zwei Kompasse in der Grundplatte.
Wi

365

366 Bogenzirkel, 17. Jahrhundert. Messing, gegossen, gefeilt, graviert, punziert, vergoldet; 19 cm. WI 239.
Der Zirkel zeigt die für alte wissenschaftliche Geräte typische Verbindung von guter Form, Ornament und Präzision. Das im 16./17. Jahrhundert einsetzende starke Interesse für naturwissenschaftliche Probleme beeinflußte auch die Herstellung der dafür benötigten Instrumente, die jetzt in größeren Mengen bei gleichbleibender Qualität hergestellt werden mußten. Wi

365 Erdglobus. Bamberg, 1520. Johann Schöner; Karlstadt 1477-1547 Nürnberg. Holzkugel bemalt, Holzgestell; Dm. 87 cm. WI 1. Leihgabe Stadt Nürnberg.
Der Schöner-Globus ist der zweitälteste bemalte Erdglobus. Die Entdeckungsreisen seit der Entstehung des Behaim-Globus (1491/92; vgl. Nr. 213) haben auf ihm ihren Niederschlag gefunden. So ist Südamerika erstaunlich genau dargestellt, jedoch fehlt Nordamerika fast völlig; stattdessen ist Kuba riesengroß abgebildet. Wegen des viel zu lang dargestellten Mittelmeeres erscheint, nach Berücksichtigung der bereits bekannten Distanz Europa-Amerika, der Pazifik nur als ein schmaler Kanal zwischen »Zipangri« (Japan) und Amerika. Das asiatische Festland ist in großen Zügen nach den damaligen Kenntnissen wiedergegeben. Der Behaim- und der Schöner-Globus sind die bedeutendsten Zeugnisse für das geographische Weltbild am Beginn der Neuzeit.   Wi

367

367 Schlaguhr mit Wecker. Nürnberg, 1. Hälfte 15. Jahrhundert. Eisen, geschmiedet, gefeilt, beim Zifferblatt bemalt; Gewichte ergänzt; 42 : 29 : 25 cm. WI 999.
Räderuhren in der Größe von Turmuhren zu bauen, war im 15. Jahrhundert mit großen technischen Schwierigkeiten verbunden. Die Zeit wurde deshalb meist von einem Türmer durch Glockenschläge angezeigt. Zur Zeitbestimmung erhielt er eine Weckeruhr mit Stundenschlag. Die Noppen an den Stundenzeichen und der Dorn ganz oben dienten ebenso wie die Ausbildung des Zeigers als Pfeil zum Ablesen bei Nacht. Das Zifferblatt ist bei dieser Uhr aus einem Turm der Nürnberger Sebalduskirche der damaligen Zeiteinteilung in der Reichsstadt entsprechend mit sechzehn Stunden versehen. Da nach St. Sebald die anderen Uhrglocken geschlagen werden mußten, war diese unter Aufwand aller feinmechanischen Kenntnisse der Zeit gebaute Uhr gleichsam die Nürnberger Normaluhr des 15./16. Jahrhunderts.   Wi

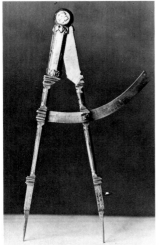

366

368

368 Sternuhr, sog. Nokturnal, um 1500.
Buchsbaumholz, mit Papier bezogen, be-
schriftet, bemalt; 17 cm. WI 1255.
Zur exakten astronomischen Beobachtung ist die genaue Uhrzeit notwendig.
Da nachts natürlich Sonnenuhren sinnlos
sind, andererseits die mechanischen Uhren jener Zeit nicht die benötigte Genau-
igkeit besaßen, benutzte man die scheinbare Drehung der Sterne am Himmel um
den Polarstern zur Zeitbestimmung.
Durch das Mittelloch des Geräts visierte
man den Polarstern an, der Zeiger wurde
als Lineal an die beiden hellsten Sterne
des großen Bären gelegt. Bei Berücksichtigung des jeweiligen Datums ließ sich
dann am Zackenrand des Geräts die genaue Uhrzeit ertasten. Obschon im Mittelalter ein großer Teil der astronomischen
Instrumente aus Holz war, zählen heute
solche Geräte zu den allergrößten Selten-
heiten. Wi

369 Sanduhr, 1506. Gehäuse Silber, gegossen, graviert, teilweise vergoldet; der
die Sandgläser verbindende Wulst mit
grüner Seide und Goldfäden bezogen;
8,5 cm. WI 1955.
Wann die Sanduhr erfunden wurde, ist
unbekannt. Im Mittelalter war sie jedenfalls viel in Gebrauch. Größere Zeiträume
mißt sie nur ungenau, deshalb wurde sie
nur für Stunden oder Viertelstunden konstruiert. Da sie einen begrenzten Zeitab-
schnitt anzeigt, wurde die abgelaufene
Sanduhr seit dem Mittelalter ein Symbol
für den Tod. Im kirchlichen Bereich fand
sie zur Zeitmessung im Gottesdienst Verwendung, wie auch die abgebildete, reich
verzierte Uhr, die auf der Oberseite ein
Herz und ein Kreuz eingraviert trägt. Alte
Sanduhren bestehen immer aus zwei ge-
trennten Gläsern, die zusammengebun-
den wurden. Zwischen ihnen befindet
sich eine metallene Lochscheibe, die den
Sandfluß reguliert. Wi

369

370

370 Dosenförmige Taschenuhr, um 1510.
Peter Henlein (?); Nürnberg um
1485-1542. Werk Schmiedeeisen, gefeilt;
Gehäuse und Zifferblatt Messing, graviert, vergoldet; 4,5 : 5 cm. WI 1265.
Seit dem 13./14. Jahrhundert gab es Räderuhren, allerdings, bedingt durch das
Fehlen feinmechanischer Technologien,
meist von sehr großem Format. Sie waren durch ihre »Waag«-Unruhe und den
Gewichtsantrieb vollkommen von der
Schwerkraft abhängig und deshalb als
tragbare Uhren nicht funktionsfähig. Im
15. Jahrhundert wurden der schwerkraftunabhängige Federantrieb, um 1500 die
schwerkraftunabhängige Unruhe erfunden und damit die Uhren transportabel
gemacht. Dem Nürnberger Uhrmacher
Peter Henlein werden die Verkleinerung
des Werks und gewisse Verbesserungen
der Unruhe zugeschrieben, so daß man
von nun an wirklich »von Taschenuhren«
sprechen konnte. Die Uhr hier ist zwar
nachträglich mit »Petrus Hele« (Henlein)
signiert, kann aber sehr gut seiner Werkstatt entstammen. Wi

**371 Standuhr Herzog Philipps des Guten
von Burgund.** Burgund, um 1430. Messing, vergoldet; 48 cm. HG 9771.
Die Uhr in Gestalt einer zweitürmigen Ka-
thedralfassade ist auch im einzelnen bis
in die reichen Sterngewölbe der Türme
durch Architekturformen geprägt, wie
dies bei Goldschmiedewerken, vor allem
bei Monstranzen und Reliquiaren, im 14.
und 15. Jahrhundert häufig der Fall war.
Im Gegensatz zur Technik der Goldschmiede ist das Gehäuse aber nur zu
geringen Teilen aus gegossenen Stücken
zusammengesetzt. Das meiste ist aus
ausgesägten Messingblättchen gebildet,
die in bis zu sieben Schichten übereinan-
derliegen. Da diese älteste erhaltene Uhr
mit Räderwerk und Federzug zum Antrieb
keiner Gewichte mehr bedurfte, konnte
sie als tragbares Gerät ausgebildet werden. Auf dem Turm hinter dem Zifferblatt
und dem Tabernakel zwischen den Tür-
men befanden sich bewegliche Automa-
tenfiguren. Ka

372 Das Schlüsselfelder Schiff. Nürnberg, vor 1503. Silber, getrieben, Einzelteile gegossen, teilweise vergoldet, Figuren mit kalter Bemalung; 79 cm. HG 2146.
Leihgabe Schlüsselfeldersche-Stiftung,
Nürnberg.
Tafelaufsätze in Schiffsform waren seit
dem 14. Jahrhundert beliebt. Lange Zeit
fürstlichen Personen vorbehalten, dienten sie zur Aufnahme von Bestecken und
giftanzeigenden Mitteln. Später wurden
sie auch als Trinkgefäße benutzt, was bei
diesem Schiff nach Abnahme der Aufbauten ebenfalls möglich war. Nach Ausweis des emaillierten Wappens am Fock-
mast wurde dieses größte bekanntgewor-
dene, fast sechs Kilogramm schwere Sil-
berschiff für die Nürnberger Patrizierfamilie Schlüsselfelder gearbeitet. Auf dem
zugehörigen Lederfutteral steht die Jahreszahl 1503. Ein als Sockel dienendes
Meerweib trägt den Tafelaufsatz in Form
eines großen Kauffahrteischiffes mit voll-
ständiger seefester Ausrüstung, Geschützen, Ballastsäcken und 74köpfiger Besat-
zung. Ka

371

373

374 Deckelpokal. Süddeutschland, um 1460. Silber, getrieben, teilweise vergoldet; 36,5 cm. HG 11 355.
Drei auf Dreipaßsockeln kniende Wilde Männer tragen den Rand des sechsfach gebuckelten Fußes, von dem aus sich der Körper des Gefäßes in spitzwinklig gegeneinander gesetzten Flächen konisch aufbaut, um sich dann, dem Fuß entsprechend, zu sechs großen Buckeln zu erweitern. Die sechs Buckel des Deckels sind zu einem mittleren gedrehten Zapfen zusammengezogen, der, von Blattwerk umspielt, einen Granatapfel trägt. Der vergoldete naturalistische Astkranz erweckt spielerische Assoziationen an die Urform solcher Gefäße, den durch geflochtene Astkränze zusammengehaltenen hölzernen Daubenbecher. Die scharf gegeneinander abgesetzten Einzelformen und die kantige Härte der Gesamtgestalt sind für Goldschmiedegefäße des zweiten und dritten Viertels des 15. Jahrhunderts bezeichnend.   Ka

373 Goldwaage mit Etui. Nürnberg, 1497. Silber, vergoldet; bemalter Holzkasten. HG 11 161. Leihgabe Frhrl. v. Harsdorfsche Familienstiftung.
Der Querbalken des Hauptständers trägt auf der einen Seite die Waage. Am Ende der anderen Seite ist ein Faden befestigt, der unten durch den Fuß des Hauptständers über eine Rolle läuft, um zu einem kastenförmigen Gewicht zu führen, mit dem die Auf- und Abbewegungen des Waagebalkens reguliert werden können. Zu der Waage gehörten ursprünglich zwei weitere Paare von Waagschalen, außerdem 27 kleine und fünf größere Gewichte, von denen noch siebzehn vorhanden sind, schließlich die erhaltene Pinzette. Die Malerei des Kastendeckels zeigt zwei Landsknechte mit den Wappen Harsdorf und Nützel. Diese älteste, aus dem Mittelalter auf uns gekommene Feinwaage gehörte nach Wappen, Initialen und einem beiliegenden Zettel Hans Harsdörfer (gest. 1511), der zeitweilig oberster Münzmeister des Königreiches Böhmen war.   Ka

374

375

**376 Gedächtnispokal für Melchior Pfin-
zing.** Nürnberg, 1534-36. Melchior Baier;
Meister 1525, gest. 1577 Nürnberg. Gold
mit Email; 17,5 cm. HG 8397. Leihgabe
Stadt Nürnberg.
Die von Melchior Pfinzing (1481-1535),
Propst an St. Sebald (vgl. Nr. 212), in Auftrag gegebene Schale gehört zu den wenigen erhaltenen Nürnberger Goldarbei-
ten. Ihr Schöpfer Melchior Baier steht
ebenbürtig neben den berühmtesten
Goldschmieden der Stadt, Ludwig Krug
und Wenzel Jamnitzer. In erlesener
Emailtechnik überzieht der Dekor mit farbig geschmelzten Blättern die Oberfläche
des zierlichen Gefäßes. Die Oberseite des
gewölbten Deckels enthält Nachgüsse
von Bildnismedaillen der drei Brüder des
Melchior Pfinzing, die den Pokal nach
dessen Tod vollenden ließen, von Matthes Gebel. Die Inschrift »Optima res vi-
num et bonus usus; at aufer abusum non
vina nocent, sed nocet ebrietas« weist
auf den rechten Genuß des Weines.   P

375 Der Hl. Bartholomäus, 1509. Paulus
Müllner; Bürger in Nürnberg 1500-46. Silber, in Teilen gegossen, verlötet, teilweise vergoldet; 45 cm. Pl 2452. Leihgabe
Bartholomäuskirche, Nürnberg-Wöhrd.
In einer Inschrift auf der Fußplatte des
Sockels, der ursprünglich eine Reliquie
barg, sind Stifter und Entstehungsjahr
der Statuette genannt. Als Meister kann
der seit 1501 in Nürnberg vielbeschäftigte
Goldschmied Paulus Müllner erschlossen
werden, der für Kurfürst Friedrich den
Weisen von Sachsen u. a. neben dreißig
Silberkreuzen mehrere formal engver-
wandte Silberstatuetten schuf, von denen
sich Abbildungen erhalten haben. In den
Jahren 1517/18 arbeitete er für das Würzburger Domkapitel eine silberne Kilians-
büste nach einem Holzmodell von Tilman
Riemenschneider. Wegen der Ähnlichkeit
in Gesichts- und Gewandbildung des Bartholomäus mit Reliefs auf dem Bamberger Kaisergrab wurde auch für diese Figur ein Holzmodell Riemenschneiders angenommen.   Ka

376

377 Stückleinkette. Nürnberg, um 1530-40. Edelsteine in Goldfassung, Perlen; L. 39,2 cm. T 4188.
Die Stückleinkette gehörte zum Schmuck der Nürnberger patrizischen Kronbraut. Als achteckige Glieder sind Achate von verschiedener Farbe, je ein Karneol, Moosachat, hellgrüner Chrysolith, Lapislazuli, Granat, Saphir, Smaragd, Malachit, Opal, Koralle, Edeltopas, Amethyst, Turmalin, Madeiratopas, Türkis, Bergkristall und eine geschnittene Muschelgemme – entweder gemugelt oder in Facettenschliff – gefaßt und durch Ösen mit durchstifteten Perlen verbunden. Solche Ketten, die auch als Armbänder (T 4695) – wie üblich paarweise – getragen wurden, gehen auf venezianische Vorbilder des späten 15. Jahrhunderts zurück. Die Hl. Agnes auf der Tafel vom Meister des Bartholomäus-Altares (Nr. 130) besitzt einen ähnlichen, noch reicher gefaßten Halsschmuck mit einem Glied als Anhänger. vW

378 Kopfschmuck, Ausschnitt. Nürnberg, um 1600. Goldfiligran, Perlen; Dm. 26 cm. T 3683. Leihgabe Stadt Nürnberg.
Das zierliche Filigran und rund vierhundert Perlen bilden sieben Blütenkränze, jeweils mit großer Mittelrosette, die durch langgestielte Blüten getrennt und zugleich zu dem im Halbkreis gelegten Band verbunden sind. Wie ein Diadem bekrönte der patrizische Kopfschmuck die Frisur, die hoch aufgetürmt sein mußte, um die aufgerichtete, breite, steife Halskrause, die um die Wende des 16. zum 17. Jahrhundert den Kopf wie ein großer Blütenkelch einfaßte, überragen zu können. vW

379 Doppelscheuer. Nürnberg, Anfang 16. Jahrhundert. Silber, getrieben, gegossen, vergoldet; 37,2 cm. HG 615.
In den Schenkbüchern des Nürnberger Rats taucht seit dem Ende des 14. Jahrhunderts häufig ein Trinkgeschirr auf, das meist mit »zween vergolt Köpf aufeinander« beschrieben wird. Als Willkomm diente es als das offizielle Geschenk des Stadtregiments und wurde Kaisern, Fürsten und Bischöfen bei deren erstem Besuch in der Stadt verehrt. Die Form des knorrigen, aus zwei fast gleichgroßen Hälften zusammengesetzten Buckelpokals ist seit dem 15. Jahrhundert gebräuchlich, während des ganzen 16. mit zahlreichen Beispielen belegt und noch bis zum Ende des 17. Jahrhunderts beibehalten worden. Die Doppelscheuer ist ein Nürnberger Gewächs, das aber frühzeitig an anderen Orten nachgebildet worden ist. P

380 Nautiluspokal. Nürnberg, 1595. Friedrich Hillebrandt; Nürnberg, Meister 1580, gest. 1608. Silber, gegossen, getrieben, graviert, punziert, vergoldet; Turboschnecke; 38,5 cm. HG 2147. Leihgabe Schlüsselfeldersche Stiftung.
Hillebrandt, einer der leistungsfähigsten unter den vielen um 1600 in Nürnberg tätigen Goldschmieden, kombinierte bei seinen Arbeiten – meist Trinkgefäßen in Gestalt eines Rebhuhns, Schwans, Hahns oder Papageis – Silber und Gold mit edlen Naturstoffen. Als Spätwerke manieristischer Goldschmiedekunst kennzeichnet seine Erzeugnisse, von denen sich heute noch zahlreiche in aus fürstlichen Kunstkammern hervorgegangenen Museen befinden, das Nebeneinander der verschiedenen Goldschmiedetechniken, der plastische Zierat – hier Neptun mit Seepferden auf dem Meere – sowie eigenwillige Formvorstellungen. Auch das Nürnberger Patriziat schätzte den Meister, wie das feinpunzierte Wappen der Schlüsselfelder und Löffelholz mit der Jahreszahl 1595 im Deckel bekundet. P

381 Ornamentale Füllung. Nürnberg, um 1570. Birnbaumholz (?); 8,7 : 11,5 cm. Pl 553. Leihgabe Stadt Nürnberg.
Die mit Rollwerk, weiblicher Maske und Fruchtgehängen geschnitzte Füllung gehört zu einer über verschiedene Sammlungen verteilten Gruppe von kleinen Holzmodellen nürnbergischen Ursprungs. Seit Peter Flötner waren hier immer wieder Bildschnitzer die Zulieferer von Goldschmiedemodellen, die zu einem Teil tatsächlich benutzt wurden, überwiegend aber schon frühzeitig – wie die Bronze- und Bleiplaketten – als kleine Kunstgegenstände Liebhaber fanden und in Nürnberger Kunstkabinette aufgenommen wurden. Die Nürnberger Herkunft einiger dieser Modellstücke ist gesichert, ohne daß man sie freilich mit einem bestimmten Bildschnitzernamen verbinden könnte. P

382 Kleinod der »Gesellschaft der brüderlichen Liebe und Einigkeit« in Kursachsen. Dresden, 1592. Gold, emailliert; 4,8 cm. T 519.
Herzog Friedrich Wilhelm I. von Sachsen-Altenburg, 1591-1601 Administrator von Kursachsen, führte diese Gesellschaft für die Söhne von Kurfürst Christian I. ein, für Christian II. (1583-1610), Johann Georg (1585-1656) und August (1589-1615). Das Kleinod zeigt auf beiden Seiten Frieden und Gerechtigkeit als zwei sich umarmende weibliche Gestalten mit einem Palmzweig bzw. mit einer Waage. Der Rahmen enthält zwischen den Wappenschilden des sächsischen Kurhauses den 1. Vers von Psalm 133: ECCE QVAM BONVM ET QVAM IVCVNDVM HABITARE FRATRES IN VNVM (Siehe, wie fein und lieblich ist's, daß Brüder einträchtig beieinander wohnen). – Solche Gesellschaftsstücke waren damals – in Anlehnung an mittelalterliche Ordenszeichen – in Sachsen beliebt und wurden stets in mehreren Stücken hergestellt und vergeben. vW

377

382

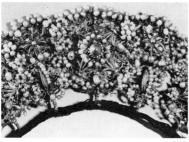

378

380

379

381

383

**383 Muster des Meisterbechers der
Goldschmiede.** Nürnberg, 1573. Silber,
gegossen, getrieben; 20,5 cm. Z 2181.
Leihgabe Stadt Nürnberg.
Schon im 15.Jahrhundert bildeten die
Goldschmiede in Nürnberg eines der
größten Gewerbe, die strengen Hand-
werksgesetzen unterworfen waren. Wer
Meister werden wollte, mußte drei Meisterstücke anfertigen, darunter »ein
Trinkgeschirr, seines Namens Ageley Blumen von Silber«. 1573 wurden die Muster für den Meisterbecher erneuert und
drei neue Stücke angefertigt. Sie wurden
dem »Gernmeister«, dem Gesellen, der
Meister werden wollte, mehrfach gezeigt;
ohne sonstige weitere Hilfe mußte er ein
gleichartiges Stück anfertigen, von der
gleichen Grundgestalt, nur die getriebenen oder gravierten Zierate konnten variiert werden. Im Museum befinden sich
zwei dieser Musterbecher, die nicht mit
Marken versehen und nicht vergoldet
sind. P

384 Taufkanne. Augsburg, Anfang
17.Jahrhundert. Christoph Lencker;
Augsburg, 1575 Geselle, gest. 1613. Silber, gegossen, getrieben, vergoldet;
26,5 cm. HG 10842 b. Leihgabe Egidienkir-
che, Nürnberg.
Die Prunkkanne, zu der eine getriebene,
im letzten Kriege beschädigte Schale gehört, kann ursprünglich kaum eine Taufkanne gewesen sein. Den Fuß halten
Meerjungfrauen, Griff und Ausguß zeigen
Masken, den Gefäßkörper schmückt auf
beiden Seiten ein Meeresungeheuer inmitten bewegter Wellen. Auch das emaillierte Habsburger-Wappen, wohl das des
Bestellers, bietet keinen Anlaß, das
Ensemble als Taufgarnitur anzusehen,
selbst wenn es später als eine solche ge-
braucht worden ist. Der Reliefstil der
Schale sowie das Schweif- und Knorpel-
werk kennzeichnen das Werk Ch. Len-
ckers, der einer angesehenen Augsburger
Goldschmiedefamilie angehörte, als Arbeit des frühen 17.Jahrhunderts. Ke

**385 Muschelschale mit Milon von Kro-
ton.** Nürnberg, 1616. Christoph Jamnitzer; Nürnberg 1563-1618. Silber, gegossen, getrieben, geätzt, graviert, vergoldet; 22 cm. HG 8393.
In der handwerklichen Ausführung der
verschiedenen der verschiedenen Goldschmiedetechniken zeigt sich Christoph
Jamnitzer, der letzte bedeutende Vertreter der bekannten Nürnberger Goldschmiedefamilie, ebensosehr als Meister
wie in der künstlerischen Verbindung von
Fußschale, Dekor und Figur des Milon.
Sein Werk spiegelt die reichen Möglichkeiten der zeitgenössischen Bestrebungen des europäischen Manierismus wider. Eine geätzte Inschrift auf dem Boden
weist das Gefäß als Patengeschenk aus,
wofür sich die Geschichte des Milon als
Beispiel der Beharrlichkeit vorzüglich eig-
net: Er trug Tag für Tag ein Kalb auf dem
Rücken, bis es zum Stier geworden war.
                                                       P

384

385

386

386 Brauttruhe. Oberfranken, um 1583.
Eichenholz; Intarsien: Nußbaum, Linde,
Ahorn; 104:199:89 cm. HG 58.
Nach Ausweis des oberen Wappenfrieses
wurde die Truhe für Christoph von Wie-
senthau und Cordula von Aufseß – wahrscheinlich aus Anlaß ihrer Hochzeit – angefertigt. Die vorgeblendete Front verbindet eine kleinteilige architektonische Gliederung von hohem Relief mit Schnitzerei
und intarsiertem Dekor. Die beiden intarsierten Frauengestalten in den von Hermen flankierten Giebelfeldern stellen Ju-
stitia (Gerechtigkeit) und Fides (Glaube)
vor. Der hohe Sockel und die Deckplatte
sind nach altem Vorbild ergänzt.   vW

387 Zimmertür. Augsburg, 2. Viertel
16. Jahrhundert. Lindenholz; 170:84 cm.
A 157.
Die Tür, wohl Bestandteil einer Zimmer-
vertäfelung eines reichen Augsburger
Hauses, zeigt im Rahmen einer letztlich
auf venezianische Vorbilder zurückgehen-
den Ornamentik ein typisch humanistisch
gefärbtes Programm, in dem die Liebe
mit der Macht des blinden Schicksals verbunden wird. Venus, angetan nur mit
großem Federhut, Halskette und losem,
vor dem Schoß flatterndem Schleier, ba-
lanciert auf dem Erdball, ihn zugleich be-
herrschend und doch nur unsicheren Halt
findend. Amor verschießt mit verbundenen Augen seine Pfeile. In einer großen
Schale trägt die Liebesgöttin das Opfer
dieser blindwütigen Liebesmacht, ein von
den Pfeilen Amors durchbohrtes mensch-
liches Herz. Der Figurenstil weist auf das
Werk des führenden Augsburger Bildhauers der Zeit Hans Daucher (um 1485-
1538.) Vgl. Nr. 266.   Ka

387

388 Das Wirken der Fortuna. Brüssel, gegen 1530. Wandteppich aus Wolle und Seide; 378 : 177 cm. Gew 3946.
Das große Wappen an der oberen Kante des Teppichs ist das des Auftraggebers, des Kurfürsten Ottheinrich von der Pfalz. Eine Meereslandschaft vereint alle die, die von Fortuna, dem günstigen Geschick, geleitet worden sind. Vorn reitet gegenüber von Dido der Sänger Arion – wie hinter ihm Melantho – auf einem Delphin, dazwischen Europa auf dem Stier. In einem Boot sitzt Cäsar, der den Rubikon überquerte; zwei Segelschiffe befördern die Mannschaft des Äneas. Am Ufer säugt die Wölfin Romulus und Remus. In den Lüften thront Phoebus als Sonnengott, begleitet von dem Windgott Äolus. Der Teppich gehörte mit zwei weiteren zu einer Art Triptychon; erhalten ist nur noch der mittlere, größere, mit Prudentia (Klugheit; Heidelberg, Kurpfälzisches Museum). vW

388

389

389 Zweigeschossiger Schrank, 1541. Nach Entwurf von Peter Flötner; im Thurgau zwischen 1486 und 1495-1546 Nürnberg. Tannen- und Eichenholz; Furnier: ungarische Esche; 235 : 175 : 88 cm. HG 1702.
Die strenge Symmetrie des wohlproportionierten Schrankes ist nur in den aufeinanderbezogenen, geschnitzten Türfeldern des Obergeschosses durchbrochen. Auf diese Weise wird das ausgewogene Verhältnis von aufsteigenden Senkrechten und ruhenden Waagerechten etwas aufgelockert. Vasen mit hohen Blatt- und Blütenständen, Schildtrophäen, Akanthusranken, Delphine, Tierschädel, Triglyphen gehören zum klassischen Ornamentschatz der Renaissance und wurden durch P. Flötner als Dekor des einheimischen deutschen Kunsthandwerks eingeführt. Der Schrank soll ehemals der Nürnberger Patrizierfamilie Holzschuher gehört haben. vW

390

390 Salomon und die Königin von Saba.
Wismar, um 1555-60. Wandteppich aus
Wolle und Seide; 312 : 230 cm. Gew 4157.
In antikisierender Rüstung und mit Mantel thront Salomon unter einem Baldachin. Vor ihm kniet die Königin von
Saba, ihm ihre Geschenke darbringend.
Der schmale untere Bildstreifen zeigt
– von einem Wilden Mann und einer
Wildfrau flankiert – das Urteil Salomonis
über die beiden Frauen, die sich um ein
Kind streiten. Für die vom Mecklenburger
Herzog um die Mitte des 16. Jahrhunderts
ins Leben gerufene Wandteppichproduk-
tion in Wismar haben zunächst emigrier-
te niederländische Weber gearbeitet. So
zeichnet unseren Teppich ein starker niederländischer Stileinfluß aus und hebt
ihn ab von den späteren Wismarer Arbeiten, die zwar das gleiche Thema bevorzugten, aber zumeist sehr volkstümlich
abwandelten. vW

391 Henkelkrug, um 1550. Werkstatt des
Paulus Preuning; Nürnberg, tätig ab 1539
bis Mitte 16. Jahrhundert. Buntglasierte Hafnerkeramik; 36 cm. Ke 1690.
Neben dem Steinzeug und der aufkommenden Fayence war im 16. Jahrhundert
noch die seit alters her bekannte schwach
gebrannte Hafnerkeramik, jetzt jedoch
meist glasiert, verbreitet. Während bei
Fayence und Porzellan die weißglasierten
Gefäße mit dem Pinsel bunt bemalt werden, wird bei der Hafnerkeramik der noch
ungebrannte Scherben mit farbiger Glasur überzogen. Die Glasurmasse kann
durch Zinnoxyd deckend weiß und durch
andere Metalloxyde u. a. blau, gelb oder
grün gefärbt werden. In der Werkstatt des
Paulus Preuning in Nürnberg entstanden
vor allem große Krüge mit figürlichen
und ornamentalen plastischen Auflagen,
einzeln ausgeformten aufgelegten Landsknechten, biblischen Gestalten, kleinen
Löwen, Blättern und weißen Stegen, zur
Trennung der verschiedenfarbigen Glasuren. Ka

391

392

392 Schauteller. Schlesien (?), 1608.
Buntglasierte Hafnerkeramik; Dm. 37 cm.
HG 5392.
Der zum Aufhängen an der Wand bestimmte Zierteller mit der Umschrift »Is
was gar ist trink was klar ist 1608« gehört
zu einer kleinen Gruppe schlesischer Hafnerkeramik, hauptsächlich Schautellern,
die, nach Bodenfunden zu urteilen, möglicherweise in Neiße hergestellt wurden.
Im Gegensatz zu den überwiegend trans-
parenten und stark fließenden Nürnberger Glasuren ist bei ihnen durch Zusatz
von Zinnoxyd eine undurchsichtige Gla-
surschicht erreicht, der auch ein völlig anderes farbiges Erscheinungsbild entspricht: Türkis, Stahlblau und Weiß sind
die wichtigsten Farben. Eingeritzte Linien
trennen die einzelnen Farbflächen scharf
voneinander. Ka

393 Schale. Faenza, um 1560-70. Virgi-
liotto Calamello; tätig in Faenza bis gegen 1570. Majolika, gelber Scherben,
weiß glasiert, bemalt; Dm. 46 cm.
Ke 1892.
Die Fahne und Spiegel zusammenfassende Malerei führt die neun Lebensalter des
Mannes in symmetrischem Auf- und Ab-
steigen vor. Nach deutschem graphischen Vorbild sind sie in das Weltgericht
eingestellt, zwischen Christus und den
Höllenschlund, aus dem links erlöste See-
len aufsteigen und in den rechts ver-
dammte hinabstürzen. Um 1540 ver-
drängte die auf weißer Glasur skizzenhaft
aufgetragene Malweise allmählich die bis
dahin in Faenza geübte Technik der poly-
chromen Majoliken. Der Anstoß kam von
dem damals in größeren Mengen einge-
führten ostasiatischen Porzellan, das man
nachzuahmen trachtete. V. Calamello ist
vor allem durch sein Service aus dem
Jahre 1556 für Aloisio d'Este bekannt.   F

394 Pokal. Murano, 1. Hälfte 16. Jahrhundert. Farbloses und dunkelblaues Glas,
Emailmalerei, Vergoldung; 11 cm. Gl 164.
Durch die engen Beziehungen Venedigs
zu Byzanz und dem Orient erhielten auch
die dortigen Glasmacher bedeutende Anregungen. Bereits seit 1383 waren diese
den Künstlern gleichgestellt und hoch-
geehrt. Um 1500 gelang es ihnen, das
reine, farblose Glas herzustellen. Als be-
gehrtes Handelsobjekt ging das »Cristal-
lo« in nahezu alle Länder Europas, bis
– trotz der schweren Strafen, die entflo-
henen Glasbläsern drohten – mit deren
Hilfe auch nördlich der Alpen eigene Hütten gegründet wurden. Die Form des Po-
kals weist auf Vorbilder aus der Goldschmiedekunst, bei der in gleicher Weise
Fuß und Kuppa voneinander abgesetzt
sind.   F

395 Teller. Nürnberg, 1530. Fayence,
graugelber Scherben, weiß glasiert, blau
bemalt; Dm. 41 cm. Ke 2124.
Von einer breiten, mit lockerem Rankenwerk geschmückten Fahne eingefaßt,
zeigt der Fond eine noch spätgotisch dra-
pierte, auf der Mondsichel schwebende
Muttergottes mit dem Kind im Strahlen-
kranz. Dieser Teller gehört mit weiteren
Stücken des Museums zu den ältesten erhaltenen deutschen Fayencen. Diesseits
der Alpen wurden die ersten in Tirol und
in Nürnberg hergestellt, die Vorbilder waren aus Venedig importiert und vor allem
als Hochzeitsschüsseln beliebt. In Nürnberg fertigte die Werkstattgemeinschaft
des Augustin Hirschvogel mit Hans Nik-
kel und Oswald Reinhard, der in Venedig
selbst die Kunst des »Schmelzens« er-
lernt hatte, ebenso wie die Werkstatt des
Paul Preuning Albarelli, Schalen und Flaschen.   F

396 Reichsadlerhumpen. Deutschland
oder Böhmen, 1596. Grünliches Glas,
Emailmalerei; 26,6 cm. Gl 433.
Die Wandung des zylindrischen Humpens
zeigt den Reichsadler (Doppeladler), vor
dessen Brust ein Kruzifix schwebt und
auf dessen Flügeln nach dem Vorbild eines Holzschnittes von Hans Burgkmair 56
Wappen von Gliedern des Reiches nach
Quaternionen geordnet und mit Beischriften versehen sind. Die Reichsadlerhumpen erfreuten sich bis zum Ende des
17. Jahrhunderts großer Beliebtheit. Das
Fassungsvermögen solcher Gefäße – drei
bis vier Liter – vermittelt einen Einblick in
die Trinkgewohnheiten der Zeit. Wie die
Ochsenkopfgläser, entstanden vielleicht
auch diese im Fichtelgebirge, wo die
Hütte von Bischofsgrün das Zentrum der
Glasmacherei bildete.   F

397 Ochsenkopfglas. Fichtelgebirge,
1688. Grünes Glas, Emailmalerei; 32,6
cm. Gl 399.
Der Humpen mit dem Wappen des Carl
Erdmann von Falkenstein zeigt den dicht
bewaldeten, von Tieren bevölkerten Och-
senkopf, der damals als höchster Berg
des Fichtelgebirges angesehen wurde;
seine Schätze verschließt eine goldene
Kette. Von ihm entspringen die Flüsse
Eger, Saale, Main und Naab. Inschrift:
»Ich bin die Edle Fichte Bergk, darinn
gott schuff manch schöneß werck, den
Silber, gold unnd Edle stein, In mir Recht
Ann Zu treffen sein, doch findtet da nicht
einfalt das, weiln desen schatz ohn un-
derlaß ümbgeben Ist mit einer kett Inn
den der stark qual besteht, außden mayn,
Eger, Naab und saal endt springen und-
den all Zu mahl, hin lauffen in vier endt
der welt, drumb suche Recht wen dirß
gefält den schlüssl, so wirstu allein, der
Reichst in diesen landte sein, wie oft du
nun drinckst auß mir, so gibe den höchsten danck darfür. ANNO 1688.«   F

393

395

394

397

396

398

398 Teller mit Kaiser Ferdinand III. Nürnberg, um 1637. Michel Hemersam; Nürnberg 1596-1658. Reliefzinn; Dm. 20 cm. HG 458.
Während Gegenstände des täglichen Gebrauchs im 16. Jahrhundert auch mit Reliefzierat versehen wurden, bildet sich zu Beginn des 17., wohl zuerst in Nürnberg und unter dem Einfluß Caspar Enderleins, die Gepflogenheit heraus, handspannengroße Zinnteller mit Reliefzierat zu gießen, die der bloßen Betrachtung dienen sollten. Neben biblischen Themen, wobei meist kleine Rundbilder von spätmanieristischem Dekor gerahmt sind, fanden die sog. Krönungsteller mit den Kaisern Ferdinand II. bzw. Ferdinand III. und den Kurfürsten – 1637 bei Krönung des letzteren gleich neun Modelle – souvenirartige Verbreitung; seltener erscheinen König Gustav Adolf von Schweden oder der Türkenkaiser. Diese figürlichen Motive blieben wie die Blumenfriese bis ins 18. Jahrhundert auf Zinntellern beliebt. P

399 Schüssel mit Muttergottes. Nürnberg, 1611. Formschneider Caspar Enderlein; Basel 1560-1633 Nürnberg; Gießer Sebald Stoy; Nürnberg um 1580-1623. Reliefzinn; Dm. 46,4 cm. HG 1709. Leihgabe Lorenzkirche, Nürnberg.
Wie mancher andere große Kunsthandwerker ist C. Enderlein 1584 von auswärts zugezogen und wurde dann 1586 in Nürnberg Meister. Die von ihm hier entfaltete maßgebliche Tätigkeit bestand vor allem darin, daß er – zu einem guten Teil nach Werken des Franzosen François Briot – neugestaltete Formen für andere Nürnberger Zinngießer schnitt. Besonders gefragt war offensichtlich seine Temperantiaschüssel, zu der – als Gießgarnitur oder als Taufgerät verwendet – stets eine Kanne gehört. Die Marienschüssel der Lorenzkirche variiert diesen Typus und zeigt in der Mitte statt der Temperantia die Muttergottes, umgeben von den vier Elementen und den Freien Künsten auf den Spiegeln des Randes.   P

399

400

400 Bartmannkrug. Köln, um 1540. Braunes salzglasiertes Steinzeug; 33,5 cm. Ke 2295.
Wappenkrug. Raeren, 1598; Werkstatt des Jan Baldems Mennicken. Braunes salzglasiertes Steinzeug, Zinnmontierung; 51 cm. Ke 2312.
Schnelle (Trinkgefäß). Siegburg, 1573; Töpfer L. W. Weißes salzglasiertes Steinzeug; 35 cm. Ke 2330.
Die auf der Scheibe geformten Tongefäße wurden durch einen sehr hohen Brand von 1100-1300 Grad hart und wasserundurchlässig. Aus Matrizen gepreßte Tonreliefs, die, auf die Wandung aufgetragen, mitgebrannt und glasiert wurden, waren der übliche Schmuck. Die Modeln gehen zumeist auf graphische Blätter des 16. Jahrhunderts von Virgil Solis, Sebald Beham, Jost Amman u. a. zurück. Die vor allem auf Kölner und Frechener Krügen vorkommenden Bartmasken knüpfen möglicherweise an Trinkgefäße mit Gesichtsdarstellungen an, die Kölner Ausgrabungen schon für die spätrömische Zeit nachweisen.   Ke

401 Puppenhaus. Nürnberg, 1639. 217 :
152 : 52 cm. HG 4063.
Dieses Haus, das allerdings keine Puppen
enthält, ist das einzige der vier großen
Puppenhäuser aus dem 17. Jahrhundert
im Museum, dessen gesamte Einrichtung
– bis hin zu dem handgeschriebenen
Brief auf dem Tisch des Zimmers im ersten Stock oder dem Spinett auf dem
Vorplatz des zweiten – noch aus der Entstehungszeit stammt. Zum richtigen Spielen waren aber die frühen Puppenhäuser
nicht bestimmt, vielmehr dienten sie zur
anschaulichen Belehrung und Unterwei-
sung der heranwachsenden Töchter. Bei
fast jeder Einzelheit des süddeutschen
barocken Bürgerhauses und seines Haus-
rates läßt sich auf die Puppenhäuser verweisen. Aber nie sind sie die Miniatur-
ausgabe eines tatsächlichen Hauses gewesen, sondern bieten ein solches und
seinen Inhalt beispielhaft dar.   vW

401

402 Küche eines Puppenhauses. Nürnberg, 17. Jahrhundert mit späteren Ergänzungen. HG 7831. Leihgabe Bäumler.
Bis weit in das 18. Jahrhundert hinein
wurde in vielen Häusern auf einem großen Herd, meist in der Mitte der Küche,
mit offenem Feuer gekocht; der Rauch
zog durch den offenen Schlotfang ab.
Das Geschirr und das notwendige Gerät,
aus Holz, Ton oder Fayence, aus Zinn,
Kupfer, Messing oder Eisen, bewahrte
man auf langen Borden auf, die sich
übereinander an den Wänden entlang
hinzogen. Bei diesem Puppenhaus war
im 19. Jahrhundert die originale Bemalung mit einer hellen Einheitsfarbe über-
tüncht worden. Erst vor wenigen Jahren
konnte das dunkle Rot mit den hellen Blü-
tengehängen, Ranken und Kartuschen,
das den Außen- und den Innenwänden
ihren zeittypischen Charakter verleiht,
wieder freigelegt werden.   vW

402

403

404

404 Puppe. Deutsch; Porzellankopf Mitte 19. Jahrhundert, Kleid um 1878. 57 cm. HG 7973.
Die anmodellierte Frisur mit dem seitlich eingerollten und hinten zu einem Zopfknoten zusammengesteckten Haar zeigt, daß die Puppe nach einer Generation neu eingekleidet worden ist. Nun trägt sie über Leinenwäsche zwei Halbunterröcke, der eine aus gemustertem bräunlichen Kattun. Das zweiteilige Kleid aus einem hellbraunen Stoff mit feinen Streifen besteht aus einem Faltenrock mit als Cul gerafftem Überrock und einem taillierten Oberteil mit Schoß, das vorn mit Perlmuttknöpfen geschlossen ist. Zur neuen Mode gehört ebenso das schwarze Samtband um den Hals, der bestickte Seidenschal mit langen Quasten, die Lederstiefel mit vier Goldknöpfen und hohen Absätzen. Bis zum Ende des 19. Jahrhunderts stellten Spielpuppen fast ausnahmslos – von tatsächlichen Babypuppen abgesehen – Erwachsene vor.   vW

403 Puppe. Thüringen, um 1530. Lindenholz, geschnitzt und gefaßt; 21 cm. PI 2993.
Wie bei den Kleidern der von Lukas Cranach porträtierten Damen war der lange, fein plissierte Rock des vollrunden Figürchens in modischer Zeittracht ursprünglich mit breiten weinroten Streifen versehen. Die Puppe ist hinter der Vertäfelung in einem Thüringer Schloß gefunden worden, wohin sie frühzeitig verschwunden sein dürfte und wo Mäuse sie angenagt haben. Aus dem 16. Jahrhundert kennt man Puppen sonst fast nur von Abbildungen auf Gemälden und Holzschnitten und aus schriftlichen Nachrichten.
vW

405 Affe, Ende 18. Jahrhundert. Johann Georg Hilpert; Coburg 1732-1801 Nürnberg. Zinn, gegossen, bemalt; 12 cm. HG 5094. Leihgabe A. Krauss.
Hilpert, der mit seinem Bruder und seinem Sohn zusammenarbeitete, gilt als der erste Zinnfigurenhersteller. Die Vorlagen für seine Folgen von besonders sorgfältig gezeichneten und nach dem Guß ziselierten Affen, Meerkatzen, Hirschen oder Rentieren hatte er in dem mit vielen exakten Kupferstichen ausgestatteten »Bilderbuch für Kinder« gefunden, das F. J. Bertuch seit 1790 in Weimar herausgab. Die Zinntiere sind auf ihren profilierten Sockeln mit den lateinischen Namen versehen. Als naturwissenschaftliches Anschauungsmaterial dienten sie ebenso didaktischen Zwecken wie im frühen 19. Jahrhundert die Serien von mittelalterlichen Rittern, antiken Göttern, Angehörigen fremder Völkerschaften oder exotischen und einheimischen Lebewesen in Zinn.   vW

405

406 Brett für das Gänsespiel. Süddeutschland, 1. Viertel 17. Jahrhundert. Holz, bemalt; 45,5 : 40,5 cm. HG 1412.
Die unterhaltenden Laufspiele stehen in einer bis zu den Ägyptern zurückreichenden Tradition. Das zu diesen gehörende Gänsespiel scheint im 16. Jahrhundert in Deutschland entstanden zu sein; bald breitete es sich nach Italien, Frankreich und den Niederlanden aus. Der bei unserem Exemplar gemalte, sonst häufig auch gedruckte, Spielplan ist meist in einer, in 63 Felder aufgeteilten, Spirale angelegt. Entsprechend der beim Würfeln erzielten Augenzahl rückt jeder Spieler vor; kommt er auf ein Feld mit einer Gans, kann er noch einmal so weit ziehen. Hemmnisse der verschiedensten Art auf mancherlei Straffeldern bringen Verzögerungen, Rückzieher oder gar zeitweiligen Ausschluß. Im Laufe der Zeit entwickelten sich aus dem Gänsespiel eine Vielzahl ähnlicher Spiele mit anderen Bildern.
vW

407 Schachspiel, Ausschnitt. Österreich, um 1710. 44 : 44 cm (Brett); 7-8,2 cm (Figuren). HG 9708.
Das zusammenklappbare Brett mit Auflagen aus Perlmutt und Schildpattimitation ist auf der einen Seite für das Tricktrack-, auf der anderen für das Schachspiel eingerichtet. In Bronze gegossen und versilbert bzw. vergoldet, stellen die Schachfiguren König und Königin als Sultan und Sultanin bzw. als europäische Fürsten, die Springer als Pferde, die Läufer und Bauern als türkische Krieger bzw. als rauchende und waffentragende österreichische Grenadiere vor. Wie hier die Türkenkriege des 17. und frühen 18. Jahrhunderts die Figurenbildung der beiden Parteien motiviert haben, bestimmten immer wieder Zeitereignisse und die für die verschiedenen Zeiten charakteristischen Interessen, Vorstellungen, Meinungen und Fragen die Bilder und Motive der Spiele.
vW

407

406

408 Kabinettschrank. Oberbayern (München?), um 1670. Nußbaumholz; 320 : 150 : 69 cm. HG 9343.

Die wuchtigen Proportionen, die architektonische Ausgestaltung der Türfelder, die Besetzung der Kanten mit rahmenden, gedrehten Säulen mit Blattmaskenkapitellen, das kräftige Akanthusschnitzwerk und die schweren, den Aufsatz seitlich begleitenden Bandvoluten kennzeichnen die süddeutsche Herkunft des Möbels. Die Türen seines Hauptgeschosses verbergen eine breite Schubladenfront mit verschlossenem Mittelfach sowie Geheimfächern. Die vier in Lindenholz geschnitzten Figuren stellen die Göttinnen Venus, Juno (?), Ceres und Diana vor. Die Wappen – in den Bekrönungen der Türfelder – beziehen sich auf den fürstbischöflich-freisingschen Kämmerer Oswald Ulrich Egkher von Kapfing und Lichtenegg (1644-1712) und seine Frau Anna Rosina Goder von Kriegsdorff. Die bekrönende Uhr wurde um 1720/30 hinzugefügt. vW

409 Humpen mit Anbetung der Hll. Drei Könige. Sachsen, um 1585-90. Braunglasiertes Steinzeug mit Reliefauflagen; Zinnmontierung; 26 cm. Ke 380.

Der Humpen fällt durch die Frische der originellen Darstellung der Krippe mit den sich nähernden Königen auf. Vergleichbare Stücke, die eine Zuschreibung an eine bestimmte Werkstatt ermöglichen, sind nicht bekannt. Die waagrecht um das Gefäß laufenden Zinnbänder finden sich nur an sächsischem Steinzeug. Material und Verarbeitung

weisen auf Waldenburg oder Zeitz. Die Löwenköpfe unter dem Bildfeld, die mit Engelköpfen abwechseln, haben früher kleine Anhänger, Schilde oder Namenstafeln getragen, wie man das häufiger an Zunftpokalen aus Edelmetall sieht. Ke

409

410 Abundantia-Krug. Creußen, 1683. Braunes salzglasiertes Steinzeug mit Reliefs und Emailfarbenbemalung; Zinnmontierung; 23 cm. Ke 327.

Neben den großen Anzahl von buntbemalten Apostel-, Kurfürsten- und Wappenkrügen aus Creußen blieben nur einige wenige Abundantiakrüge, die alle zwischen 1680 und 1685 entstanden sind, erhalten. Das Relief der Abundantia, der Verkörperung der Fülle und des Überflusses, geht auf eine etwa hundert Jahre ältere, durch Kupferstiche verbreitete Zeichnung der »Terra« von Hendrik Goltzius zurück. Auch an früherem, unbemaltem Creußener Steinzeug fallen neben den charakteristischen Kettenbändern, Wulsten und Kerbschnittfriesen Ornamentformen auf, die in europäischen Kunstzentren Jahrzehnte früher modern waren. Die Creußener Töpferei blühte vor allem im 17. Jahrhundert, später wurde sie von der Fayence verdrängt. Ke

408

410

411 Offizin und Kräuterkammer der Nürnberger Sternapotheke, um 1725. Arzneischrank aus Kiefern- und Lindenholz; 400 : 400 cm. PhM 2006-2009.
Die Prunkliebe des höfischen Barock war im 17. und 18. Jahrhundert vorbildlich für das Stadtbürgertum. Als der Besitzer der Nürnberger Sternapotheke, Wolfgang Friedrich Dieterich, die neue Offizin in Auftrag gab, ließ er einen Arzneischrank anfertigen, dessen Aufriß einem Schloßportal ähnelt. Die Bemalung des Schranks ahmt grauen Marmor nach. Drei gewundene Säulen, von geschnitztem Goldefeu umrankt, mit goldenen Kapitellen stützen ein stark profiliertes Gebälk. Die mittlere Säule trägt das denkmalhaft aufgebaute Familienwappen. Die wuchtigen Giebelansätze sind mit Sternemblemen geschmückt. Die zugehörige Kräuterkammer besteht aus Wandschränken mit Schubfächern; letztere sind mit Landschaften bemalt, die zum Teil bildliche Hinweise auf die Heilmittel geben, die in ihnen verwahrt wurden.　Sta

411

412

412 Offizin der Hirschapotheke zu Öhringen/Württ. Frühes 18. Jahrhundert. Schränke und Regale Tannenholz, Galerie Lindenholz. PhM 2001.
Die Offizin wurde 1888 der erst fünf Jahre vorher gegründeten pharmaziehistorischen Abteilung des Museums eingegliedert. Ihr festliches Aussehen erhält sie durch die mit Rosengirlanden bemalten Pilaster und die goldene Galerie über den Regalen. Diese besteht aus Blattwerk mit Palmetten und ist durch Blumenvasen und figürliche Motive gegliedert: Putten, Phoenix- und Adlerpaar. Die Regale sind gefüllt mit in dieser Ausstattung nicht zugehörigen Kannen, Vasen, Töpfen, Albarelli aus Fayence und Porzellan. Bei den Fayencen haben das Übergewicht die farbensatten italienischen des 16./17. Jahrhunderts (u.a. aus Faenza, Urbino, der Toskana und Venedig). Die seltenen deutschen Gefäße der gleichen Zeit begnügen sich mit Blaudekor auf hellem Grund.
　　　　　　　　　　　　　　　　　Sta

413

413 Hausapotheke. Süddeutschland, um 1600. Ahorn-, Birnbaumholz; 38:40 cm. PhM 2033.
Die Halbpyramide ist für ein Möbel eine höchst ungewöhnliche Form, die sich nur in Verbindung mit der Bestimmung als Hausapotheke als Hinweis auf uralte Heilkünste erklären läßt. Die Innenseiten der Flügeltüren zeigen die vier Elemente; sie galten als Sinnbilder der Kardinalsäfte des Menschen – Blut, Schleim, gelbe und schwarze Galle –, aus denen man die vier Temperamente ableitete: Choleriker, Melancholiker, Sanguiniker und Phlegmatiker. Ihnen entsprechend mußten die Arzneimittel ausgewählt werden. Die Vorderseite der Apotheke enthält Schubladen für Trockenarzneistoffe, die Rückseite Öffnungen für (fehlende) Standgefäße.   Sta

414 Kassette (Oberteil). Wohl Nürnberg, 1573. Eisen, geätzt; 14:31,7:16,7 cm. HG 7919.
Im Laufe des 16. Jahrhunderts entwickelte sich innerhalb des Handwerks der Plattner (Harnischmacher) ein eigener Zweig der Ätzmaler. Oft waren es die Kleinmeister der Graphik, die sowohl Harnische als auch Kästchen und ähnliches mit Ätzmalereien verzierten. Diese vor allem in Nürnberg gepflegte Spezialität erreichte hier eine hohe Blüte. In kunstvoll mit Mauresken geätzten Kästchen verwahrte man Wertgegenstände und Urkunden, z.B. Heiratsurkunden, worauf bei unserer Kassette die dargestellten Tugenden – Wahrheit, Stärke, Weisheit, Liebe, Glaube, Hoffnung, Gerechtigkeit und Mäßigkeit – zu verweisen scheinen. Die Ätzungen der Rückseite spielen mit dem Kampf zwischen einem Ritter und einem Türken, an dessen Ende eine Jungfrau den Sieger durch Kranz und Becher ehren wird, auf die damaligen kriegerischen Auseinandersetzungen mit den Osmanen an.   F

414

415 Zweiflügelige Gittertür. Augsburg, um 1600. Schmiedeeisen; 186:120 cm. A 1720/21.
Die Ablösung des Vierkanteisens durch den Rundstab ermöglichte beim Eisengitter im 16. Jahrhundert die charakteristische Ausbildung von Spiralen, da Rundeisen in erwärmtem Zustand geschmeidig sind und sich leicht biegen lassen. Die Spiralen wurden durch Bünde zusammengehalten oder im Durchsteckverfahren zu Flechtwerk zusammengefügt. Der lineare Charakter deutscher Gitter des 16. Jahrhunderts, den nur selten Spindelblüten oder wie hier Eicheln oder kleine vegetabile Endblüten bereichern, erinnert eher an die Kaligraphie zeitgenössischer Schreibmeistervorlagen als an die Ornamentformen der übrigen Zweige des Kunsthandwerks mit dem beherrschenden Roll- und Beschlagwerk.   Ka

416 Wandarm für ein Aushängeschild.
Süddeutschland, 3. Viertel 18. Jahrhundert. Schmiedeeisen; 96:110 cm. A 3214.
Das Erscheinungsbild schmiedeeiserner Gitter war selbst während des Barock lange Zeit noch durch die Technik ihrer Herstellung bestimmt; erst im Verlauf des 18. Jahrhunderts ergriff mit dem Rokoko die herrschende Ornamentform auch das Schmiedeeisen. Bei zunehmender Verwendung von im Gesenke halbmaschinell geschaffenen Einzelteilen wurde das geschmiedete tragende Grundgerüst mit Blättern und Rocaillenwerk besetzt, oft ganz verdeckt und die bisher eindimensional linear konzipierten Formen so plastisch bereichert. Der eiserne Wandarm, der mit Blättern und Rocaillen belegt ist und in eine große plastische Blüte ausläuft, endet unten in einer gekrönten Schlange mit einem Ring im Maul, an dem ursprünglich ein Wirtshaus- oder Handwerkszeichen als Ladenschild hing.   Ka

415

416

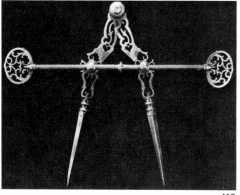

417

417 Greifzirkel mit Stellschraube. Süddeutschland, um 1700. Eisen, geschnitten; 33 cm. Z 2279.
Große, aus Eisen geschmiedete Zirkel
waren schon in alter Zeit wichtige Werkzeuge für eine Reihe von Handwerkern,
z. B. für die Steinmetzen. Die Bedeutung
dieses fundamentalen Gerätes läßt sich
auch daraus ersehen, daß die Werkleute,
die sich Zirkelschmiede nannten, nicht
nur Zirkel, sondern auch Schraubkloben,
Zangen und Hämmer herstellten. Allerdings sind die Zirkel zumeist besonders
kunstreich ausgearbeitet worden. Auf Ar-
chitektenbildnissen dienen sie nicht selten als Standesattribut.   P

418

418 Doppelseitiger Schraubstock. Nürnberg, um 1550-60; zugeschrieben Leonhard Danner; Nürnberg 1508-1585. Eisen,
reich geätzt; 35 cm. Z 2274.
Eine wichtige Voraussetzung für die Herstellung von Präzisionswerkzeugen waren die Musterstücke. Solche oft besonders aufwendig ausgearbeiteten Werkzeuge fanden bereits im 16. Jahrhundert
fürstliche Liebhaber, wie den Kurfürsten
August von Sachsen. Er ließ 1554 den
Nürnberger Mechaniker Leonhard Danner nach Dresden kommen und beauf-
tragte ihn mit der Herstellung einer
Drahtziehbank – heute im Musée de
Cluny in Paris – mit vielen meist mit reicher Ätzmalerei verzierten Werkzeugen.
Zu diesen gehörte wahrscheinlich auch
unser, auf einer Werkplatte zu befestigen-
der Schraubstock.   P

**419 Schleifkanne des Nürnberger Bäk-
kerhandwerks,** 1635. Paulus Öham d.J.;
Nürnberg, Meister 1634, gest. 1671. Zinn
und Messing; 64,5 cm. Z 205. Leihgabe
Stadt Nürnberg.
Vielleicht rührt die Bezeichnung »Schleifkanne« daher, daß die Kanne wegen ihres Gewichtes nur über den Tisch ge-
schleift werden konnte, oder wohl eher
daher, daß das Schleifen der Gesellen ge-
meint war, die, bevor sie zur Meisterwür-
de gelangten, »geschliffen« werden mußten, was bedeutete, daß sie einige Kannen Bier zu stiften hatten. Solch riesige
Schenkkannen, deren Stifter sich meist
auf dem beigefügten Schild oder in Gravierung auf der Kanne vorstellten, bildeten die Prunkstücke der Handwerksinnun-
gen, die zu festlichem Treiben benutzt
wurden. Von Paulus Öham, einem der
führenden Nürnberger Zinngießer des
17.Jahrhunderts, der auch viele Relief-
zinnteller gegossen hat, haben sich noch
weitere Schleifkannen erhalten, so die
gleichfalls im Museum aufbewahrte der
Bäcker von Altdorf.   P

419

420 Kirchenleuchter. Nürnberg, 1768.
Christian Roth; Meister in Nürnberg 1754,
gest. 1807. Zinn und Messing; 79 cm.
Z 2304.
Eine ältere Nachricht überliefert, daß der
aus Stockholm stammende Zinngießer
Ch. Roth 1768 zwei schön gearbeitete zin-
nerne Leuchter in die Nürnberger Lorenzkirche gestiftet habe. Der erst kürzlich
wieder aufgetauchte, ungewöhnlich
große, von einer Figur der Hoffnung getragene Kirchenleuchter dürfte mit einer
dieser Arbeiten, die wohl zu Beginn des
19.Jahrhunderts veräußert wurden, identisch sein. Neben der außerordentlichen
handwerklichen Qualität des Zinngusses,
der Figürliches und Ornamentales kraft-
voll verbindet, ist der Leuchter auch ein
seltenes Zeugnis figürlichen Rokoko-
Zinns bürgerlicher Ausprägung, für das
sich sonst kaum vergleichbare Beispiele
erhalten haben.   P

420

421 Rörken des Webers Claus Dauck.
Schwerin, 1683. Berend Timmermann;
gest. 1699. Zinn; 21,5 cm. Z 1752.
Ursprünglich besaß der Typus des Trink-
gefäßes, der wegen seiner schlanken Gestalt Rörken (Röhrchen) genannt wurde,
zwei Griffe. Durchgesetzt hat sich aber
der einhenkelige von Norddeutschland
über die Mark Brandenburg bis nach
Schlesien. Es sind zünftige Trinkgefäße,
wie sie die Gesellen in den Herbergen
und Trinkstuben und wohl auch außerhalb benutzten; in Süddeutschland ent-
sprachen ihnen die zylindrischen Deckelhumpen. Neben den Zinnmarken des
Herstellers tragen die meisten Rörken
noch eingraviert Handwerksembleme,
Besitzernamen und Jahreszahl. Einige
Gefäße der Sammlung besitzen einen
zweiten durchbrochenen Boden, in dem
Würfel eingelassen waren: mit diesen
»Glücksrörken« konnte um die Zeche ge-
würfelt werden.   P

422

**422 Epitaph des Hammermeisters Mi-
chael Kamendörffer** und des Pfragners
Simon Mittenzweig. Nürnberg, 1576.
Messing; 26 : 42,5 cm. GD 107. Leihgabe
Prot. Kirchenverwaltung Nürnberg.
Schon im 15. Jahrhundert bildete sich in
Nürnberg der Brauch heraus, die mit einem Steinblock bedeckten Begräbnisstät-
ten auf den Friedhöfen von St. Johannis
und St. Rochus mit einem Messingepi-
taph zu versehen. Von diesen sind heute
noch mehr als 2500 erhalten. Der umfangreiche Bestand gestattet mancherlei
kulturhistorische Einblicke, z. B. in das
Handwerkswesen seit der Renaissance,
da viele Handwerkserzeugnisse und
-symbole auf den Epitaphien dargestellt
sind. Darüber hinaus läßt sich die Entwicklung eines wichtigen Erzeugnisses
der Nürnberger Rotschmiede verfolgen,
mit dem bereits, wenn auch meist in größerem Format, die Gießhütte der Vischer
Fürsten und Bischöfe im ganzen Reich
beliefert hatte.   P

**423 Epitaph des Goldschmiedes Wenzel
Jamnitzer.** Nürnberg, um 1585. Messing;
22,2 : 44 cm. GD 345. Leihgabe Verwalt.
prot. Kirchenvermögen Nürnberg.
Auf dem Nürnberger Johannisfriedhof
findet sich nicht weit von Albrecht Dürers
Grab das der Familie des Wenzel Jamnit-
zer (1508-85). Das Epitaph des Meisters,
auf dem Friedhof durch eine Kopie er-
setzt, gehört zu den kunstvollsten der
Gattung. Die reiche Reliefarbeit zeigt den
Meister mit Wappen und Devise neben
Darstellungen der Freien Künste und der
Gestalt der »Mutter Erde«, einem seiner
Hauptwerke.   P

421

423

424 Sargschild der Breslauer Drechsler-innung. Breslau, 1693. Christoph Müller; Breslau, Meister 1689, gest. 1735. Silber, getrieben, teilvergoldet; 45:38,5 cm. Z 2270. Leihgabe Bundesrepublik Deutschland.
Eine besondere Gruppe der Zunft- und Handwerksaltertümer bilden die Sarg-schilde. Man befestigte sie, meist paar-weise, auf dem Sargtuch, wenn Hand-werker oder deren Angehörige in feierli-chem Umzug zu Grabe getragen wurden. Die meisten der überlieferten Schilde be-stehen aus einfacherem Metall, Kupfer oder Messing, mitunter mit Vergoldung. Nur die reicheren Zünfte leisteten sich aufwendigere in Silber, die die Hand-werkssymbole, in unserem Fall Zirkel und Meißel, neben auf Tod und Vergänglich-keit bezogenen Emblemen tragen.   P

425 Handwerkslade der Nürnberger Goldschläger. Nürnberg, 1638. Holz, be-malt; 38:65:36,5 cm. Z 2196. Leihgabe Stadt Nürnberg.
Nach der Einführung der Gewerbefreiheit 1868 in Bayern, die mit der Aufhebung der alten Handwerksgesetze verbunden war, überließen viele Handwerke in Nürn-berg ihre Utensilien dem Germanischen Museum, während die bis dahin darin be-findlichen Handwerksordnungen sowie Meister-, Gesellen- und Lehrjungenbü-cher in das Stadtarchiv gelangten. Unter den zahlreichen erhaltenen Handwerksla-den, von unterschiedlicher Gestaltung, manche einfach, andere von gediegener Schreinerarbeit, gehört die der Gold-schläger zu der Gruppe der bemalten, die den Handwerker bei seiner Tätigkeit, beim Schlagen des Metalles und beim Wägen, neben den Schutzpatronen sei-nes Gewerbes, neben Tugendpersonifika-tionen sowie seinem Werkzeug zeigen. Im Innern des Deckels sind die Namen und Marken von dreizehn Handwerksmei-stern, deren letzte 1668 datiert ist, ange-bracht, während der Deckel außen die Jahreszahl 1638 aufweist.   P

424

425

426 Erzstufe (Handstein). Mitteldeutschland, 1563. Erze, Mineralien, Kristalle verschiedener Färbung, Korallen, Perlmutter,
Schneckengehäuse; 29,5 : 35 : 24 cm. HG
10294.
Die Erzstufe des Christoph Scheurl (Nürnberg 1535-92) stellt ein Gebirge mit reicher figürlicher Staffage vor: Bergleute
beim Abbau des Erzes, eine Jagd, allerlei
Getier und Pflanzen. Bei den zahlreichen
verwendeten Erzen und Gesteinsarten
handelt es sich nicht um ein natürlich ge-
wachsenes Produkt, sondern um die
künstliche Zusammenfügung ausgesuch-
ter Mineralien, wie sie nach dem Geschmack der Zeit in den Kunst- und Wun-
derkammern der Renaissance, besonders
der Ambraser-Sammlung Erzherzogs Ferdinand von Tirol, vorhanden waren. Die
Nürnberger Patrizierfamilie Scheurl besaß seit dem 15. Jahrhundert große Berg-
werksanteile in Schlaggenwald und in Joachimsthal; die Erzstufe läßt sich in ihrem Besitz bis 1563 zurückverfolgen. P

426

**427 Gedenkmedaille auf den Frieden von
Danzig-Oliva,** 1660. Johann Höhn; Danzig, nachweisbar seit 1640, gest. 1693.
Silber, geprägt; Dm. 7,2 cm. Med 8078.
Der Friede von Oliva vom 3. Mai 1660,
geschlossen zwischen Schweden auf der
einen, Polen, Kaiser Leopold I. und dem
Kurfürsten von Brandenburg auf der anderen Seite, bestätigte den polnischen
Besitz von Westpreußen, die schwedi-
sche Herrschaft in Livland und die Sou-
veränität des brandenburgischen Kurfürsten im Herzogtum Preußen (Ostpreußen). Im Vordergrund des Medaillenbil-
des kniet eine Frau vor einem Ölbaum,
dahinter erscheint in einer weiträumigen
Flußlandschaft mit vielen Schiffen die
Stadt Danzig, darüber Sonne und Mond
sowie der strahlende Gottesname Jeho-
va. Die Umschrift nimmt Bezug auf den
Friedensschluß, wobei der Olivenbaum
und der Name des Klosters Oliva, auf der
Rückseite in weiter Landschaft, in einem
typisch barocken Wortspiel in Zusammenhang gebracht werden. V

**428 Medaille auf die Befreiung Wiens
von den Türken,** 1683. Johann Höhn;
Danzig, nachweisbar seit 1640, gest.
1693. Silber, geprägt; Dm. 5,7 cm. Med
3894.
Johann III. Sobieski, König von Polen,
schloß 1683 unter Vermittlung der Kurie
ein Bündnis mit Habsburg gegen die Türken, die Wien seit mehreren Monaten be-
lagerten. Unter seinem Oberbefehl und
unter Leitung des Herzogs Karl von Loth-
ringen wurde schließlich Wien am
12. September 1683 durch den Sieg am
Kahlenberg befreit. Diese Schlacht eröffnete den Angriffskrieg gegen die Türken,
der bald zur Eroberung Ungarns führte,
das im Frieden von Karlowitz 1699 zusammen mit Siebenbürgen, dem größten
Teil von Slavonien und Kroatien dem Kai-
serhaus Habsburg zugesprochen wurde.
Die hier abgebildete Rückseite der Medaille zeigt die von gewaltigen Befesti-
gungswällen umgebene Stadt Wien von
Osten, darüber den kaiserlichen und den
polnischen Adler, die sich um den Sie-
geslorbeer, symbolisiert durch den Halbmond, streiten. V

427

430

428

429

429 Medaille auf die Verschönerung und Erweiterung Berlins, 1700. Raymund Faltz; Stockholm 1658-1703 Berlin. Silber, geprägt; Dm. 6,4 cm. Med 8014.
Unter Kurfürst Friedrich III. von Brandenburg, seit 1701 König von Preußen, wurde Berlin zu einer repräsentativen Residenz ausgebaut. Zur Jahrhundertwende erschien diese Medaille, die auf der Vorderseite das Porträt des Kurfürsten, auf der hier wiedergegebenen Rückseite den Grundriß der Stadt zeigt. Stadtansichten, seit der zweiten Hälfte des 16. Jahrhunderts häufig auf Münzen und Medaillen, treten im Frühbarock endgültig aus der Anonymität heraus. Zunächst werden nur die Silhouetten von Stadtmodellen wiedergegeben, allmählich aber weitet sich das Stadtbild zum Bild der Landschaft um die Stadt. Der dabei selten verwendete Stadtgrundriß dürfte von den zahlreichen Medaillen auf die Eroberung von Städten ausgehen, bei denen die Wiedergabe der Befestigungsanlagen Hauptanliegen des Medailleurs war. V

430 Porträtmedaille des Römischen Königs und Königs von Ungarn Joseph, 1704. Philipp Heinrich Müller; Augsburg 1654-1719. Silber, geprägt; Dm. 4,3 cm. Med 4863.
Das Medaillenporträt des 1687 zum Römischen König, 1690 zum König von Ungarn, nach dem Tode seines Vaters, Leopolds I., 1705 zum Deutschen Kaiser gekrönten Joseph ist typisch für den pathetischen Barockstil, den ungewöhnlich hohe Reliefs und kräftige Physiognomien kennzeichnen. Bildnistreue verbindet sich mit heroischer Idealisierung. Die Medailleure beherrschten virtuos das Pathos und das große Format der barocken Plastik. Ph. H. Müller, von Haus aus Goldschmied, zählt zu den angesehensten und am meisten beschäftigten Medailleuren seiner Zeit. Wesentlich gefördert haben ihn die großen Prägestätten der Reichsstädte Nürnberg und Augsburg, wo ihm die erprobte handwerkliche Routine der Münzknechte und umfängliche technische Apparaturen zu Gebote standen. V

**431 Medaille auf den Sieg des Prinzen
Eugen bei Belgrad,** 1717. Bengt Richter;
Stockholm 1670-1735 Wien. Silber, geprägt; Dm. 4,4 cm. Med 3028.
Prinz Eugen besiegte 1717 vor Belgrad
ein doppelt so starkes Entsatzheer der
Türken und erzwang die endgültige Kapi-
tulation der Festung. Dieser glänzende
Sieg wurde in dem bekannten Soldaten-
lied vom »edlen Ritter« verewigt. Im 1718
folgenden Frieden von Passarowitz erhielt Österreich das Banat, Nordserbien
mit Belgrad, einen Teil der Kleinen Walla-
chei und Teile Bosniens, hingegen verlor
Venedig Morea und Candia (Peloponnes
und Kreta), behielt aber Korfu, die Ioni-
schen Inseln und Dalmatien. Die Medaille
nimmt auf diesen Kriegsausgang Bezug.
Während der Löwe von Venedig noch mit
dem türkischen Drachen kämpft, ent-
schwebt der kaiserliche Adler mit dem
Halbmond in den Fängen himmelwärts.
Bengt Richter, tätig in Paris, England,
Stockholm und Berlin, wurde 1715 Ober-
medailleur und Münzprägeinspektor in
Wien.   V

**432 Medaille auf die Hochzeit von Max
III. Joseph von Bayern** mit Maria Anna
von Sachsen, 1747. Franz Andreas
Schega; Rudolphschwert/Krain
1711-1787 München. Silber, geprägt; Dm.
6,1 cm. Med 3268.
Die Vermählung des jungen Kurfürsten
Max III. Joseph von Bayern (regierte
1745-77) mit Maria Anna (1728-97), Tochter des Kurfürsten Friedrich August II.
von Sachsen, Königs von Polen, zählte zu
den glanzvollsten Ereignissen der Zeit.
Die Medaille zeigt auf der Vorderseite das
Bildnis des Kurfürsten, auf der hier abgebildeten Rückseite das der Kurfürstin, eines der schönsten Rokokoporträts, das
die Medaillenkunst hervorgebracht hat,
auch eines der besten des kurfürstlich-
bayerischen Hofmedailleurs Franz Anton
Schega. Mit Max III. Joseph erlosch die
bayerische Linie der Wittelsbacher. Aufgrund der Hausverträge von 1746 und
1766 fiel Bayern nun an den Kurfürsten
Karl Theodor von Pfalz-Sulzbach.   V

433 Gnadenpfennig Kaiser Franz' I. für
Gustav Georg König von Königsthal,
1760. Matthäus Donner; Eßling/Nieder-
österreich 1704-1756 Wien. Gold, geprägt; Dm. 4,5 cm; an goldener Kette in
rotem, goldgeprägtem Lederetui. H 1970.
Leihgabe Stadt Nürnberg.
Seit der Erfindung der Porträtmedaille
war es üblich, diese bei festlichen Anlässen an Ketten und Bändern auf der Brust
zu tragen. Man ehrte damit das Andenken von Angehörigen und Freunden. Man
trug aber auch die Medaillen als sichtbaren Beweis kaiserlicher Huld. Gustav
Georg König von Königsthal (1717-71)
vertrat als Advokat die Reichsstadt Nürnberg am Reichskammergericht in Wetz-
lar. Er zählte zu den Ratskonsulenten, die
höchstes Ansehen genossen. Der kaiserlichen Gnade, der LIBERALITAS AUGUSTA
verdankten auch sie Rechte, Besitz und
Ehren, wie etwa diesen kostbaren in Gold
geprägten Gnadenpfennig Franz' I. Der
Medailleur Matthäus Donner, Bruder des
bekannten Bildhauers Georg Raphael
Donner, Schüler Bengt Richters (vgl. Nr.
431), war Leiter der Graveurakademie in
Wien.   V

431

432

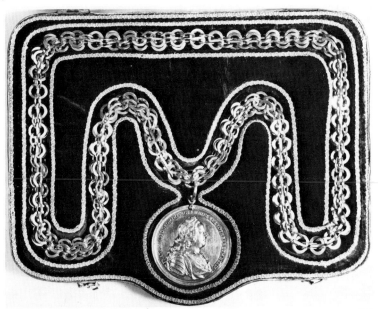

433

434 Seidengewebe. Frankreich (Lyon), um 1705-10. 120:51 cm. Gew 907 r. Das modische Kostüm einer Zeit bestimmen einerseits der Schnitt und die Auszier, andererseits Farbe, Musterung und Material der verwendeten Stoffe. Dieses Gewebe gehört zu den Seiden mit »bizarrem« Muster, die – zwischen 1695 und 1720 geschaffen – in einer Vielzahl von erstaunlichen Kombinationen höchst ingeniöse Gebilde mit teilweise realistischen Details zueinanderordnen, wobei sowohl exotische – ostasiatische – Anregungen als auch traumhaft scheinende Inventionen mitgewirkt haben. Im grünen Damastgrund, der das broschierte Muster teilweise schattiert, teilweise kontrastierend akzentuiert, wechseln langgestielte, schwungvolle Blütenkelche und Blattvoluten. Aus letzteren entwickeln sich von einem Schwan bekrönte und mit architektonischem Motiv gefüllte phantastische Formen. vW

434

435 Rock und Weste eines jungen Mannes, um 1720. Leinen mit Steppstickerei. T 2815/16. – Leinenhemd mit Weißstickerei, Mitte 18. Jahrhundert. T 5010.
Noch älter als die eingewebte Musterung ist die Verzierung der Stoffe durch Stickerei, wodurch bisweilen deren Erscheinungsbild und Struktur nachhaltig verwandelt werden können. So veredelte man in der ersten Hälfte des 18. Jahrhunderts weißes Leinen mit den mannigfaltigsten Stichen – oft auch mit Durchbrucharbeit – in Steppstickerei und erzielte damit eine spitzenartige Wirkung. Diese subtile Art der Dekoration eines waschbaren Materials benutzte man nicht nur wie hier für sommerliche Herrenkleidung oder für häuslich legere Damenroben, sondern ebenso für Hauben und Schlafmützen, für vornehme Taufgarnituren und auch für Bettdecken. vW

436 Damenkleid, um 1730. Seide. T 2783. – Stecker. T 3807.
Das symmetrische Muster der wahrscheinlich in Lyon gewebten schweren Seide imitiert breite, aufsteigende Spitzenbänder, die vielteilige Blütenstände einfassen. Der Mantel des zweiteiligen Kleides hat im Rücken eine sogenannte Watteaufalte, die der französische Maler Antoine Watteau als Erster im frühen 18. Jahrhundert auf seinen Bildern vorgeführt hat und die die vornehme Mode bis hin zur Französischen Revolution bestimmte. Die Schnürung des taillierten Manteloberteils wird durch einen Stecker aus Silberspitze überdeckt. Unterhalb der Taille springt der Mantel weit auseinander; hier ist als Einsatz anstelle des meist üblichen vollständigen Rockes nur ein schürzenartiges Stück des gleichen Stoffes verwendet. vW

435

436

437

438 Pulcinello. Ausschnitt aus einem bestickten Wandbehang. Dresden, um 1715-20. Canevas, bestickt mit bunter Seide. Gew 4025.
Mit einem Narrenzepter (vgl. Nr. 281) in der Hand tanzt Pulcinello im schellenbesetzten Narrengewand – als Partner von Violetta – auf einer von zwölf schmalen, hohen, mit bunter Seide in Gros und Petit Point bestickten Bahnen. Die commedia dell'arte, das italienische Stegreifspiel mit einer Reihe feststehender Figuren, hat seit dem späten 17. Jahrhundert vielerorts beliebte dekorative Motive geliefert. Hier wird unterhalb der Komödiantenpaare musiziert, während ganz unten sogenannte Callotfiguren auftreten. Diese einfallsreich geschilderten Callotti gehen wie alle Details, die auf den Wandbehängen neu zusammenkomponiert sind, auf graphische Vorbilder zurück – von Jean Bérain in Paris, Elias Baeck genannt Heldenmuth in Augsburg u. a.   vW

437 Spiegel. Potsdam, um 1750; nach Entwurf von Johann Michael Hoppenhaupt; Merseburg 1709-1769. Holz, geschnitzt und versilbert; 165:75 cm. HG 8998.
Der mit großartiger Formenphantasie komponierte naturalistische Dekor mit Rosen und einem Reiher, bekrönt von einer in faszinierendem Schwung hoch aufsteigenden Rocaille, zu deren Flammenspitze sich der eine Reiherflügel streckt, charakterisiert die Möbelentwürfe des in Merseburg geborenen, von 1740 bis ca. 1755 in Berlin und Potsdam tätigen J. M. Hoppenhaupt, von denen eine größere Zahl erhalten ist. Nach diesen ausgeführte Möbel gelangten später durch die engen verwandtschaftlichen Beziehungen des Hohenzollernschen Königshauses sowohl in die Ansbacher Residenz als auch nach Schweden.   vW

438

439

441 Stiefel, Mitte 18. Jahrhundert. Grünes Leder, bestickt mit Gold- und Silberfäden; 55,5 cm. T 2982/83.
Seidene und lederne Damenschuhe mit bunten Seiden- und mit Metallfäden zu besticken, war im 18. Jahrhundert durchaus geläufig. Jedoch die Lederschäfte von Stiefeln auf diese Weise mit einem dichten Blumenmuster zu überziehen, scheint unter orientalischem Einfluß nur in Ungarn und Polen modischen Anklang gefunden zu haben. Dort gehörten mit Gold- und Silberfäden bestickte Stiefel zum nationalen Galakostüm. vW

439 Brautkleid, um 1750-55. Seide. T 3111/12. Leihgabe Frhr. Fürer von Haimendorf. – Stecker. T 1004.
Der Mantel des zweiteiligen Kleides aus einem hellblauen, nach Rot changierenden Seidenmoiree ist über einem ovalen Reifrock in Hüfthöhe breit gespannt und im Rücken – mit Watteaufalte – stark gerafft. Die vorderen Kanten sind mit einer im gleichen rot-blau schimmernden Farbton gehaltenen, über feinem Draht gearbeiteten Blütenborte garniert, die auch in zwei Streifen den Rock verziert. Diese breite, seit den vierziger Jahren für Fest- und Staatskleider modische Rockform unterlag bisweilen überdimensionierten Auswüchsen. vW

441

440 Damenkleid, um 1770. Seide. T 1944/45.
Auch der Mantel dieses Kleides aus fein gestreifter roter Seide hat im Rücken eine Watteaufalte, sein tailliertes Oberteil ist aber vorn geschlossen. Den einzigen Schmuck des relativ strengen Schnittes bilden die weiten, tütenförmigen Manschetten und die dichten Rüschen an den vorderen Mantelkanten aus einem feinen, weißseidenen Drehergewebe. Die durch die karge Musterung des Gewebes unterstrichene Zurückhaltung ist charakteristisch für die Mode der siebziger Jahre, als in allen Bereichen des Kunsthandwerks die bewegte, bunte Formenfülle des Rokoko von der neuen Schlichtheit des Stils Louis XVI abgelöst wird, den man in Deutschland auch »Zopf« benannt hat. vW

442 Rock und Hose eines Herrn mit zugehöriger Weste, um 1780. Seidensamt und Seidenatlas, mit Seide bestickt. T 1893-95.
Der dunkelviolette, fein gemusterte Seidensamt ist an den vorderen Kanten des Rockes, am Kragen und an den Manschetten ebenso mit einem Blütenmuster aus bunten Seidenfäden bestickt wie der weiße Atlas der Weste. Was den Schnitt anlangt, so charakterisieren die Spätzeit der hohe, steile Stehkragen und die Verwandlung des im frühen 18. Jahrhundert vorn geschlossenen, fast knielangen Rockes in einen schon oberhalb der Taille weit auseinandergehenden »Frack«. Die handgearbeiteten Spitzen des Jabots und der (Hemd-)Manschetten sind ergänzt.
vW

440

442

443 Humpen. Nürnberg, um 1650-60. Wohl Georg Schwanhardt d. Ä.; Nürnberg 1601-67. Glas, mit Mattschnitt, silbervergoldete Fassung; 22 cm. Gl 289. Georg Schwanhardt hatte die Kunst des Glasschneidens bei Caspar Lehmann in Prag gelernt und nach dessen Tode das diesem verliehene kaiserliche Privileg geerbt. 1621 nach Nürnberg zurückgekehrt, bestimmte G. Schwanhardt hier während eines halben Jahrhunderts die Entwicklung dieser Kunst durch sein Schaffen sowie das seiner Familie. Da sich von seinen Arbeiten die frühen seines Sohnes Heinrich nur schwer unterscheiden lassen, muß eine endgültige Zuweisung unseres Humpens offen bleiben. Mit seinen köstlich gezeichneten Tieren und dem Sänger Orpheus im Walde bildet er einen ersten Höhepunkt der deutschen Glasschneidekunst.   P

444 Deckelpokal. Nürnberg, um 1700. Paulus Eder; nachweisbar in Nürnberg 1685-1709. Glas mit Schnittdekor; 34 cm. Gl 297. Leihgabe Stadt Nürnberg. »Paulus Eder fecit« lautet die diamantgerissene Signatur unter dem einen der drei im Wechsel mit Frucht- und Blumenbündeln an Bändern aufgehängten Nürnberger Wappen. Abweichend von der Nürnberger Tradition, verwendet Eder statt dünnwandiger Hohlbalusterpokale dickwandige böhmische Gläser von einer durch Kreidezusatz geläuterten klaren Masse. Der kräftige Mattschnittdekor wird dadurch in seiner Wirkung gesteigert, daß die Wappenschilde diamantgerissene Musterung zeigen und die Blütenrosetten teilweise gekugelt und geblänkt sind.   P

443

444

445

445 Deckelbecher. Nürnberg, um 1720.
Anton Wilhelm Mäuerl; Wunsiedel
1672-1737 Hersbruck. Glas mit Matt- und
Blankschnittdekor sowie Diamantriß, vergoldete Messingmontierung; 15 cm. Gl
292. Leihgabe Sebalduskirche, Nürnberg.
A.W. Mäuerl, der letzte große Vertreter
des Nürnberger Glasschnitts, hatte diese
Kunst aus Zeitvertreib in seiner Jugend in
Nürnberg gelernt. Als Jäger ging er eine
Zeitlang nach England, wo er im Glas-
schneiden viel Geld verdient haben soll.
Seit 1710 wieder in Nürnberg, brachte er
mit seinem dicht gefügten Bandelwerkdekor, der kleinere Medaillons mit Wappen,
Landschaften oder Devisen umschließt,
mit einem meisterlich geübten Matt- und
Blankschnitt, den diamantgerissene Zier-
formen ergänzen, die Nürnberger Glas-
schneidekunst zu höchster Vollendung.
Den zierlichen Becher hat Mäuerl an zwei
Stellen bezeichnet.   P

446 Reisegarnitur geschnittener Gläser.
Warmbrunn, um 1740. Farbloses Glas mit
Schliff, Blank- und Mattschnitt; 11,7 bzw.
13 bzw. 14,8 cm; Lederkassette. Gl 541-544.
Leihgabe Bundesrepublik Deutschland.
Der Reiz dieser aus zwei Flacons, Kon-
fektschale und Becher bestehenden, in
der originalen Lederkassette wohlbehal-
tenen Garnitur enthüllt sich ganz erst bei
der Betrachtung aus nächster Nähe. Das
kristallhelle Glas wird von feingliedrigem
Bandelwerkdekor übersponnen, in den
neben reliefartig hervorgehobenen Palmetten miniaturhaft kleinste Landschaften und Gärten mit Springbrunnen eingeschnitten sind. Die Feinheit der handwerklichen Technik läßt an die kostbaren
geschnittenen Bergkristallarbeiten der
Renaissance denken. Die Übertragung
dieser Kunst auf das Glas brauchte eine
lange Entwicklung, ehe sie eine solche
Meisterschaft erreichte. Um die Mitte des
18. Jahrhunderts war Warmbrunn im
Hirschberger Tal der führende schlesi-
sche Ort des künstlerischen Glasschnitts.
P

446

447

447 Pokal. Zechlin, um 1750. Glas, in der Masse blau gefärbt, mit Schnittdekor und Vergoldung; 15,6 cm. Gl 324.
Nicht nur durch die besonderen Motive des Dekors, durch Facettierung und Vergoldung, sondern vor allem durch ihre patriotischen Darstellungen zeichnen sich die brandenburgischen Gläser aus. Immer wieder wird der preußische König Friedrich II. (seit 1740) – wie auf diesem Pokal – im Bildnis vorgestellt oder auf die Regimenter und Schlachten der Schlesischen Kriege Bezug genommen. Die bis dahin beliebten mythologischen Themen treten dagegen stärker in den Hintergrund. Rubinrot oder blau in der Masse gefärbte Gläser begegnen in den brandenburgischen Hütten bereits seit dem Wirken Johann Kunckels, der in seiner »Ars vitraria experimentalis oder vollkommene Glasmacherkunst« von 1679 und 1689 Rezepte dafür nennt.   P

448 Supraporte. Schlesien, um 1780. Holz geschnitzt und gefaßt, Gemälde auf Seide; 68:112 cm. A 3335.
Die Supraporte stammt aus dem Gartenpavillon des für den Grafen Hoym, Minister Friedrichs des Großen, durch den Architekten Carl Gotthard Langhans (1732-1808) erbauten Schlosses Dyhernfurt, dessen bekanntestes Werk das Brandenburger Tor in Berlin ist. Mit ihren ungewöhnlich fein geschnitzten Akanthusblättern, Efeu- und Lorbeerzweigen und den großen sitzenden Harpyien ist das Stück Wandvertäfelung eines der in Deutschland ganz seltenen Beispiele der frühesten, von der Hofkunst Ludwigs XVI. von Frankreich bestimmten Phase des Klassizismus um 1780. Das monochrome Gemälde auf Seide stellt die Göttin Athena mit Helm und Schwert und den Leier spielenden Gott Apollo dar.   Ka

448

449

450 Zimmer aus Aachen. Aachen und Brüssel, um 1740. Wandvertäfelung und Gobelins; 6,70 : 4,80 m. A 3417.
Der Aachener Bürgermeister und Tuchfabrikant Johann von Wespien erbaute durch den führenden Architekten Johann Joseph Couven 1734-42 in der Kleinmarschierstraße 45 für sich eines der reichsten und am aufwendigsten ausgestatteten Patrizierhäuser Aachens. Der sog. kleine Gobelinsaal aus dem Erdgeschoß erhielt wahrscheinlich nach Entwürfen Couvens unter Benutzung der neuesten französischen Stichvorlagen eine reich geschnitzte Wandvertäfelung aus Eichenholz, in die von der Manufaktur Franz und Peter van der Borght in Brüssel hergestellte Gobelins mit Szenen aus der Geschichte des Moses eingefügt wurden. Der ursprünglich nicht zugehörige Marmorkamin stammt aus Schloß Micheroux bei Lüttich.   Ka

449 Kommode. Altbayern, um 1730. Furniere aus verschiedenen Hölzern; Metallintarsien; 129 : 127 : 69 cm. HG 6466.
In Frankreich, wo der große Schrank zum Aufbewahren der Wäsche nie die gleiche Rolle wie in Deutschland spielte, entstand in der zweiten Hälfte des 17. Jahrhunderts die Kommode. Im 18. Jahrhundert entwickelte das schnell hochgeschätzte Möbel verschiedene Typen, von denen der hohe unserer Kommode hierzulande selten vorkam. Auf der geschweiften, dreigeteilten Frontseite sind die seitlichen Intarsienfelder der sechs Schubladenvorderseiten in Zinn und Palisander auf Messinggrund bzw. in Messing und Palisander auf Zinngrund gearbeitet, in der Mitte liegen Messing- und Zinnintarsien in einem Palisandergrund. Nach Aussage des Vorbesitzers soll die Kommode aus Kloster Indersdorf bei Dachau stammen.
vW

450

451

451 Schreibsekretär, um 1765-70. Abraham (Mülheim a. Rh. 1711-1793 Herrnhut) und David Roentgen (1743 Herrenhag – 1807 Wiesbaden), Neuwied. Furnier: Nußbaum-, Palisander-, Rosen-, Ebenholz; Intarsien: Buchsbaum, Ahorn; 90 : 94 : 48,5 cm. HG 11257.
Die seitlichen Schubladen der geschweiften Front haben in ihrem Vorderteil einen oberen Rollverschluß, der die Rücken von bestimmten, damals soeben erschienenen Büchern imitiert. Ist der Vorderteil ausgeschwenkt, werden weitere Schubladen zugänglich. Hat man die schräge Platte aufgeklappt, ergibt sich die Schreibfläche, die hinten seitlich von je drei Schubladen begrenzt wird. Die reichen Intarsien auf Vorder- und Seitenfronten mit gefransten Rocaillen und Blumenarrangements sind ebenso charakteristisch für die Roentgen-Werkstatt in dieser Zeit wie die mit hervorragender Funktionalität verbundene, zierliche Eleganz des Möbels. vW

452

452 Birnkrug. Frankfurt/M., um 1670.
Fayence, blau bemalt; silbervergoldete
Montierung eines unbekannten Nürnberger Meisters; 20 cm. Ke 283.
Delfter Arbeiter gründeten im Jahre 1666
die zweite deutsche Fayencemanufaktur
in Frankfurt am Main. In der zweiten
Hälfte des 17. Jahrhunderts übertraf kein
anderes deutsches Unternehmen die
Frankfurter Erzeugnisse. Dank dem feinen
Weiß ihrer Glasur wurden sie den Delfter
Fayencen gleichgesetzt. Ihre Malerei
lehnte sich bewußt an ostasiatische Vorbilder an. Die Schönheit unseres
porzellanartigen Stückes veranlaßte seinen Besitzer, eine silbervergoldete Fassung bei einem Nürnberger Goldschmied
arbeiten zu lassen, wie sie bis dahin fast
nur dem chinesischen Porzellan und kostbaren Naturstoffen vorbehalten war.   F

453 Fünffingervase. Ansbach, um
1735-45; Johann Jacob Andreas Hahn,
tätig 1726-64. Fayence, bemalt in den Farben der »Grünen Familie«; 21,2 cm.
Ke 1032.
Die für Tulpen vorgesehene Fünffingervase weist auf die von Holland ausgehende
Mode des 17. Jahrhunderts zurück, als die
Tulpe zur kostbarsten Blume erhoben
worden war; stilisiert oder naturalistisch
gebildet, hatte sie das Ornament der damaligen Zeit beeinflußt. Einzeln steckte
man die Blüten in die Tüllen der Vase.
Das Vorbild für die Ansbacher Fayencen
der sog. Grünen Familie bildete der Dekor der Porzellane der K'hang-hsi-Periode
aus der chinesischen kaiserlichen Manufaktur Ching-te-chen. Allein Ansbach war
es gelungen, das besondere Grün herzustellen. Die geheimnisvolle Farbe wurde
nur 1724-48 verwendet, danach ist sie
nicht mehr anzutreffen, vielleicht hatte
der Maler ihr Rezept mit ins Grab genommen.   F

453

454

454 Ein Paar Schraubflaschen. Nürnberg, um 1650; Emailmalerei von Georg Strauch; Nürnberg 1613-75. Vergoldete Silberfassung; 19 cm. HG 10841.
Jede der beiden sechskantigen Flaschen ist aus sechs Emailplatten zusammengesetzt, bei denen Blumenarrangements mit figürlichen Allegorien wechseln. Diese werden durch Sprüche näher gekennzeichnet und damit zugleich die Bestimmung der Gefäße umschrieben: Wo Zeres nicht sitzt – Die Venus nicht Hitzt – Da Bacchus nicht schwitzt oder Es kan der Reben – Den Menschen geben – Ein Freuden Leben. Angeblich soll die Emailmalerei, die der Maler G. Strauch in hervorragender Qualität und mit leuchtenden Farben geübt hat, um 1632 von Jean Toutin in Châteaudun erfunden worden sein. Ursprünglich waren solche Schraubflaschen Apothekergefäße. Als sie im 17. Jahrhundert auch aus Edelmetall, Glas oder Zinn hergestellt und mit mancherlei Dekor ausgestattet wurden, gewann die schmückende Funktion oft das Übergewicht. F

455 Krug, um 1665. Bemalt von Johann Schaper; Hamburg 1621-1670 Nürnberg. Fayence, mit Schwarzlotmalerei; 17,4 cm. Ke 505.
Seit 1655 in Nürnberg, übertrug hier der gelernte Glasmaler J. Schaper die bei seinem Handwerk übliche Technik der Schwarzlotmalerei zunächst auf Hohlgläser, später ebenso auf Fayencen. Wenn auch zumeist nach fremden graphischen Vorlagen arbeitend, hat Schaper einen eigenen kleinmeisterlichen Stil geschaffen. Im Miniaturformat seiner Landschaften mit Herrensitzen oder Genreszenen, seiner Wappen und Embleme stufte er die Tönungen zwischen Hell und Dunkel, zwischen Durchsichtig und Opak auf das Feinste ab und erhöhte mitunter die Wirkung noch durch eine Kombination mit der Radiertechnik. Wie die drei emblematischen Darstellungen dieses Birnkruges aus Frankfurter Fayence hat Schaper viele seiner Arbeiten mit seinen Initialen signiert. P

455

456 Teller, um 1685. Bemalt von Johann Ludwig Faber; in Nürnberg nachweisbar seit 1678, gest. 1693. Frankfurter Fayence, mit Schwarzlotmalerei; Dm. 25 cm. Ke 2264.
Zu den namhaftesten Nachfolgern des Johann Schaper gehört der Hausmaler J. L. Faber, der auch als Glasmaler und Kupferstecher tätig war. Bei seinen Arbeiten schloß er sich oft an Vorbilder an, wie sie die Emblemliteratur des 16. und 17. Jahrhunderts lieferte. Für die Darstellung des in die Sonne zielenden Bogenschützen, dessen abgeschossene Pfeile wieder vom Himmel fallen, gibt die beigegebene Devise »Inter est quo proposito« – zu deutsch etwa: Auf die Absicht kommt es an! – die Sinnerläuterung. Die Vorlage dazu stammt aus dem Emblembuch des Schlesiers Jakobus a Bruck genannt Angermundt von 1615.   P

456

457

458 Teller, um 1720-30. Bemalt von Ignaz Preissler; Friedrichswalde 1676 – nach 1739. Chinaporzellan, bemalt mit Schwarzlot, Eisenrot und Gold; Dm. 22 cm. Ke 540.
Die Nachfrage nach ostasiatischem Porzellan verminderte sich auch nach der Wiederentdeckung des Herstellungsverfahrens in Meißen kaum. Schon seit der Mitte des 17. Jahrhunderts bemalten zahlreiche Hausmaler sowohl chinesisches Porzellan als auch europäische Fayence. Ihre Vorbilder lieferten zum Teil China und Japan selbst, zum anderen wurden Stiche nach in Europa entstandenen Chinoiserien benutzt. Oft ergänzte man vorhandene Malereien derart, daß sie das Stück den beliebten Chinoiserien ähnlich machten. – Ignaz Preissler bemalte im Auftrag des Grafen Franz Karl Liebsteinsky von Kolovrat dessen Sammlung weißer chinesischer Porzellane mit Chinoiserien.   F

457 Krug, um 1680-90. Bemalt von Abraham Helmhack; Regensburg 1654-1724 Nürnberg. Fayence, mit bunten Muffelfarben; Zinnmontierung; 31 cm. Ke 278.
Wie J. Schaper war A. Helmhack gelernter Glasmaler, vertritt diesem gegenüber jedoch eine spätere Stilstufe. Seine Spezialität war nicht mehr das kleinmeisterliche Bild in reichem Ornamentrahmen. Bunte Malerei mit deutschen Blumen in einer höchst charakteristischen Farbfolge von Grün, Purpur und Blau überzieht großflächig die Gefäße, meist Enghalskrüge. Wie diesen aus Frankfurter Fayence hat Helmhack die meisten mit ligiertem AH signiert.   P

458

459 Krug, um 1752-54. Bemalt von Bartholomäus Seuter; Augsburg 1678-1754. Fayence mit Purpurmalerei, Silberfassung; 22,8 cm. Ke 181. Leihgabe Stadt Nürnberg.

Seuter, Mitglied einer Augsburger Kunsthandwerker- und Verlegerfamilie, trat als Goldarbeiter, Emailmaler, Kupferstecher und Kaufmann hervor. Aus seiner Werkstatt stammt auch der Dekor von Porzellan- und Fayencegefäßen, mit bunter, lockerer Bemalung oder mit einfarbigen Darstellungen in bunten Kartuschen. Das Halbfigurenbild Loths und seiner Töchter auf unserem Walzenkrug aus Schrezheimer Fayence ist in fein abgestuftem Purpurcamayeu ausgeführt. Lichtwirkung und Plastizität der Figuren sind mit großer Kunstfertigkeit herausgearbeitet. Offensichtlich hat die vielseitige Praxis als Emailmaler und als Stecher den Spätstil des Malers mitgeprägt.   Ke

460 Chinesenpaar. Göggingen, um 1750. Fayence, weiß glasiert; 30,1 bzw. 30,5 cm. Ke 2053, 2685.

Wie bei anderen deutschen Fayencemanufakturen des 18.Jahrhunderts stand auch die Gründung des Gögginger Unternehmens unter keinem guten Vorzeichen. Unrentabilität, durch mangelnden Absatzmarkt und durch erfolgreichere Konkurrenten verursacht, bedingte den frühen Zusammenbruch. Während der nur sechs Jahre dauernden Produktion (1748-54) entstanden jedoch reizvolle Schöpfungen sowohl an bemalten Geschirrteilen wie auch an figürlicher Plastik, wofür die beiden elegant modellierten Chinesen Beispiele bilden. Der seit 1749 für Göggingen arbeitende Josef Hackl entwarf ausgezeichnete Modelle, die im Material der Fayence den Zeitstil hervorragend verkörpern.   F

461 Papageienkanne. Proskau/Oberschlesien, um 1770-80. Fayence, bemalt; 26,5 cm. Ke 2787. Leihgabe Bundesrepublik Deutschland.

Auf Anregung Friedrichs des Großen gründete Graf Leopold von Proskau 1763 die Proskauer Fayencemanufaktur. 1783 ging sie in den Besitz des Preußenkönigs über, der sie verpachtete. In den ersten Jahren wurden Geschirre in der Art von Hollitsch hergestellt, doch schon vor 1783 begann man gleichfalls die Produktion von Tierfiguren, die vor allem im Lande selbst Absatz fanden. Beliebt waren Deckeldosen in Form von Enten und Kaninchen, ebenso Gießgefäße in Vogelgestalt. Die in prächtigen Blaugrün- und Rottönen bemalten Papageienkannen dienten als Schenkkannen und vermutlich auch zum Schmuck der bürgerlichen Tafel.   Ke

462 Bildnis des Georg Friedrich Dinglinger, um 1710. Johann Kupetzky; Prag(?) 1667-1740 Nürnberg. Gemälde auf Leinwand; 94,4 : 74,4 cm. Gm 453. Leihgabe Stadt Nürnberg.

Der Dargestellte wurde in jüngerer Zeit als der 1666 in Biberach an der Riß geborene, seit 1704 in Dresden wohnhafte Emailleur G. F. Dinglinger identifiziert. Wo sich die Wege J. Kupetzkys, der nach einem längeren Aufenthalt in Italien 1709 in Wien seßhaft wurde und 1723 aus Glaubensgründen nach Nürnberg auswanderte, mit denen des bereits 1720 verstorbenen Bruders von Joh. Melchior Dinglinger gekreuzt haben, ist nicht bekannt. Dem Emailleur wird die Bemalung der 132 goldgetriebenen Figürchen von Joh. Melchiors Kabinettstück, dem Hofstaat des Großmoguls Aureng-Zeb, zu verdanken sein. Die bemalte Tasse, die er auf dem Bildnis in der Hand hält, kann als ein Hinweis auf seine Tätigkeit gelten.

Str

463 Potpourrivase. Kiel, um 1765. Fayence, mit bunter Muffelmalerei; 33,3 cm. Ke 2109.

Nicht lange nach der Gründung des Kieler Unternehmens (1762/63) eröffnete die Straßburger Manufaktur in Hamburg eine Niederlage. Im Wetteifer mit der Konkurrenz gelang es Kiel, dank der hervorragenden Qualität seiner Malereien, an die erste Stelle der norddeutschen Manufakturen zu treten. Dieses Verdienst gebührte vor allem Johann Samuel Friedrich Tännich, der vorher als Leiter des Malercorps in der Frankenthaler Porzellanmanufaktur tätig gewesen war. Von dort stammen wohl auch die Anregungen zu den phantasievollen Potpourris und die Verwendung von Purpurrot. In ihrer Verbindung von plastischer Modellierung und exzellenter Malerei kennzeichnen die Kieler Potpourrivasen einen Höhepunkt der deutschen Fayencekunst. Diese Vasen, in denen man die Blätter von Rosen und Lavendel aufbewahrte, dienten als Duftspender.   F

459

462

461

460

463

464

464 Anbietplatte. Stockelsdorf, um
1775-80. Fayence, mit bunter Muffelmalerei; Br. 53,4 cm. Ke 2083.
Die Kunst des Rokoko fand im Norden
Europas nur zögernd Aufnahme. Von einigen höfischen Zentren aus verbreitete
sich dieser Stil um Jahrzehnte verspätet
in die entlegeneren Landstriche. Im Bereich des Kunstgewerbes kam es dabei zu
einer einzigartigen Spätform, die sich bis
an das Ende des Jahrhunderts hielt. Der
vorher in Kiel wirkende Unternehmer Johann G. L. B. Buchwald begann 1772 in
Stockelsdorf eine Fayencemanufaktur mit
Kieler Arbeitern und Malern. Aufbauend
auf den in Kiel gemachten Erfahrungen,
führte er das Unternehmen zu besonderen Erfolgen. Die Palette seiner Maler ist
ungewöhnlich in der Verwendung von
gebrochenen blauen und violetten Tö-
nen, die das Vordringen des Stiles Louis
Seize anzeigt, der in der Modellierung jedoch noch nicht erkennbar wird.   F

465 Walzenkrug. Dorotheenthal, 1719.
Fayence, bemalt mit Scharffeuerfarben;
Zinnmontierung; 31,5 cm. Ke 1997.
Herzog Anton Ulrich von Braunschweig
hatte 1707 eine »Porcellainfabrik nach
Delftischer Art« eingerichtet; seine Tochter Auguste Dorothee gründete wenig
später mit Hilfe braunschweigischer Werkleute eine ähnliche Manufaktur in Dorotheenthal bei Arnstadt in Thüringen.
Diese lieferte neben Prunkgefäßen und
Geschirren für den höfischen Gebrauch
viele Walzenkrüge sowohl mit Chinesen-
dekor als auch mit barockem Akanthus-
schmuck. Die Vorderseite des großen
Kruges zeigt einen von zwei Landsknechten flankierten Zunftschild mit den Insignien des Rot- und Zinngießerhandwerks.
Mit dem Auftrag dieser Zunft dürfte die
auffallende Pracht der mit Messing- und
Kupfereinlagen versehenen Zinnmontierung in Zusammenhang stehen.   Ke

465   466

466 Vase. Bernburg (?), um 1725. Fayence, kleisterblau glasiert, kobaltblau bemalt, mit Gold gehöht; 36 cm. Ke 640.
Der signierte und datierte Teil eines Vasensatzes in den Sammlungen der Moritzburg in Halle belegt allein die Existenz einer Fayencemanufaktur in Bernburg. Danach bestand unter Fürst Victor Friedrich von Anhalt-Bernburg um 1725 ein Unternehmen in der Residenz. Die vier Fürstentümer Anhalts, Dessau, Zerbst, Köthen und Bernburg, erlebten im 18. Jahrhundert einen bemerkenswerten wirtschaftlichen Aufschwung, der zum Teil durch bedeutende Herrscher gefördert wurde. Von den in Anhalt gegründeten Fayencemanufakturen hatte allerdings nur Zerbst eine längere Lebensdauer. Das Bernburger Unternehmen muß bald nach 1725 geschlossen worden sein. Die Vase und ihr Pendant gleichen in Glasur und Malerei denen in Halle, wenn auch die Marke – ein Fuß – für Bernburg bisher nicht nachgewiesen werden konnte. F

468 Ziervase. Meißen, um 1710-20. Rotbraunes, poliertes Böttgersteinzeug; Goldbronzemontierung; 27,3 cm. Ke 573.
Die überaus prächtige Pariser Montierung um 1750 mit reichem, durchbrochenem Rocaillendekor am Fuß und schön geschwungenen Henkelspangen bezeugt noch um die Mitte des Jahrhunderts die hohe Wertschätzung dieser frühen Böttgersteinzeuggefäße mit glatt polierter glänzender Wandung und Akanthusblattdekor. Obwohl das rote Steinzeug – wie bei den Chinesen – vorwiegend als Teegeschirr in Gebrauch war, sind auch Prunkvasen, die unser Gefäß noch wesentlich an Höhe überragen können, angefertigt worden, deren aufgelegten plastischen Zierat Goldschmiede des Dresdner Hofes entworfen haben. Daß sich auf die Dauer das weiße Porzellan gegenüber dem polierten roten Böttgersteinzeug durchsetzte, war nicht allein eine Frage des Geschmacks, sondern lag wohl auch an den niedrigeren Herstellungskosten. P

467

467 Deckelhumpen. Meißen, um 1710/11. Gelb und braun marmoriertes Böttgersteinzeug, ›Jaspis-Porzellan‹; Zinnmontierung; 15,4 cm. Ke 451.
Neben dem chinesischen Porzellan kam frühzeitig das farbige Steinzeug der Chinesen nach Europa. Seine Nachahmung hat hier nicht lange auf sich warten lassen; England und die Niederlande gingen damit voran. Bei seiner Suche nach dem Geheimnis der Porzellanherstellung gelang Johann Friedrich Böttger (1682-1719) im Jahre 1710 zunächst das rote Steinzeug, dem er durch verschiedenartige Behandlung und Bearbeitung, z.B. durch Marmorierung und Polieren, neue Reize abzugewinnen wußte. So entstand auch das besonders geschätzte ›Jaspis-Porzellan‹. Die Vielfalt der Dekorweisen wie der Gefäßformen brachte es mit sich, daß marmorierte Böttgersteinzeuge mit Tiefschnittdekor oder glasierte mit Goldbemalung noch lange neben den weißen Porzellanen begehrt waren und hergestellt wurden. P

468

469 Augustus-Rex-Vase. Meißen, um 1730. Porzellan, bemalt mit bunten Muffelfarben; 21,8 cm. Ke 2757.
Der erste Besitzer der glockenförmig geschwungenen, mit zartfarbenen »indianischen Blumen« bemalten Vase war der sächsische Landesherr und polnische König August der Starke (1670-1733). Während der Regierung dieses größten Porzellanliebhabers seiner Zeit gelang Böttger die Porzellanerfindung; mit seiner Meißner Manufaktur erlebte der König noch die erste Blüte des europäischen Porzellans. Das große unterglasurblaue AR-Monogramm unter dem Vasenboden sowie die eingeschliffene Nummer belegen, daß das Gefäß zur königlichen, später im Johanneum in Dresden aufgestellten Porzellansammlung gehört hat.   P

469

470

470 Deckelterrine. Meißen, um 1725-30. Porzellan, unterglasurblau und mit bunten Muffelfarben bemalt; 17 : 19,8 cm. Ke 555.
Szenen mit berittenen Chinesen bei Stier- und Tigerjagd bzw. Hirsch- und Pantherjagd auf Deckel und Wandung nehmen den Hauptteil des figürlichen Dekors der etwas behäbigen Deckelterrine ein. In der Frühzeit der Meißner Manufaktur war man noch stärker von fremden Vorbildern abhängig und benutzte wie hier graphische Vorbilder, so auch Blätter aus der Folge »Nieuwe geinventeerde Sineesen« des niederländischen Stechers Petrus Schenk d. J. Die ornamentale Bemalung folgt mit »indianischen Blumen« in den Reserven des unterglasurblauen Randfrieses und auf den zierlich geschweiften Volutenhenkeln gleichfalls ostasiatischen Mustern. Neben den etwa gleichzeitig entwickelten intimeren Höroldt-Chinoiserien besitzen diese Jagdszenen noch einen stärker exotischen Charakter.   P

471 Kaffeekanne. Meißen, um 1730-35; bemalt von Johann Gregorius Höroldt; Jena 1696-1775 Meißen. Porzellan, mit bunten Muffelfarben und Vergoldung; 19,7 cm. Ke 2650.
Neben Böttger und Kaendler gebührt J. G. Höroldt das Verdienst, dem Meißner Porzellan jene Möglichkeiten erobert zu haben, die noch heute seinen Ruhm ausmachen. Seit 1720 in Meißen tätig, schuf er zunächst die technischen Voraussetzungen für neue bunte Muffelfarben. Im Geschmack der Zeit, aber durchaus mit eigenen Erfindungen und im gleichen Stil, der von den unter seiner Leitung arbeitenden Malern übernommen wurde, malte er Chinoiserien, Hafenlandschaften und Genreszenen auf die einzelnen Teile der Geschirre, die der rahmende Eisenrot- und Golddekor zu einheitlichen Servicen verband. Die sorgsam und miniaturartig fein vorgetragenen Szenen sollten nicht Abbilder chinesischen Lebens, sondern eine heitere Welt des Spiels und der Maskerade vorstellen.   P

471

472

472 Teller. Nymphenburg, um 1767. Porzellan, bemalt; Dm. 25 cm. Ke 752.
Die Nymphenburger Streublumendekore der frühen sechziger Jahre wurden von locker gesteckten Sträußen einheimischer Blumen abgelöst. Asymmetrisch sind sie im Tellerfond angebracht, während sich kleinere Blumen und Blütenzweige auf die freigebliebene Fläche und auf die von Rippen unterteilte Fahne verteilen. Zur Bereicherung können exakt gemalte Schmetterlinge und Käfer hinzutreten, seltener – wie hier – Rocaille- und Goldränder. Der Teller gehört zu einem Service, das 1767 an den Münchner Hof geliefert wurde. »Erster Blumenmaler« und Lehrer der Blumenmalerei war zu dieser Zeit in Nymphenburg Anton Zächberger, dem noch andere Blumen- und Tiermaler zur Seite standen.   Ke

473

473 Harlekin. Meißen, um 1740; Johann
Joachim Kaendler; Fischbach b. Dresden
1706-1775 Meißen. Porzellan, mit bunten
Muffelfarben; 14,3 cm. Ke 638.
An der theatralischen Gebärde wie am
buntgewürfelten Kostüm kenntlich, ver-
neigt sich Harlekin – oder Hanswurst
– mit leichtem Grinsen und im Kompli-
ment tief gezogenem Hut. J.J. Kaendler,
der bedeutendste der Meißner Porzellan-
bildhauer, steht am Beginn der europäischen Porzellanplastik. Lebensnah modellierte höfische Gruppen und Genrefi-
guren, große und kleine Porzellantiere,
vor allem aber auch die überreiche Gestaltung der großen vielteiligen Geschirr-
service führen seinen unerschöpflichen
Erfindergeist vor Augen.   P

474 Die gute Mutter. Frankenthal, nach
1770; Carl Gottlieb Lück; 1730-1796 Meißen. Porzellan, bemalt; 21 : 16 cm. Ke 653.
Um dem französischen Monopolverdikt
Ludwigs XV. zu entgehen, errichtete der
Straßburger Fayencefabrikant Paul Anton
Hannong 1755 eine Porzellanmanufaktur
in der Kurpfalz. Dieses Frankenthaler Unternehmen wurde 1762 vom Kurfürsten
Carl Theodor angekauft. Seine nachhalti-
ge Bedeutung verdankt Frankenthal vor
allem der figürlichen Plastik. Unter seinen
Modelleuren zeichnet sich C. G. Lück
durch die außerordentliche Präzision aller
Details aus. Nach dem sentimentalen Gemälde einer Mutter mit ihren Kindern des
Jean-Baptiste Greuze aus dem Jahre
1769 hatte Laurent Cars einen Reproduk-
tionsstich angefertigt; nach diesem wiederum entstand ein Bild des Hofmalers
Ferdinand von Kobell. Dessen Umsetzung in die dreidimensionale Porzellan-
gruppe ist C. G. Lück vorzüglich gelungen.
                                                      F

474

475

475 Octavio und Julia. Nymphenburg,
um 1760. Franz Anton Bustelli; Locarno (?)
1723-1763 München. Porzellan; 18,6 bzw.
18,9 cm. Ke 642/643.
Die bis in das 16. Jahrhundert zurückreichende, im 18. in Europa durch reisende
Theatergruppen sehr verbreitete italienische Komödie war ein Stegreifspiel (vgl.
Nr. 437). Seit Jacques Callot wurden ihre
Figuren immer wieder in der bildenden
Kunst festgehalten. Im 18. Jahrhundert
sind Julia und Octavio, Pantalone und
Isabella, Donna Martina, Scaramuz und
andere von mehreren deutschen und europäischen Fayence- und Porzellanmanu-
fakturen dargestellt worden. Die sechzehn Komödianten, die Bustelli als sein
Hauptwerk in Porzellan modelliert hat,
bilden den unübertroffenen Abschluß
dieser Reihe und zugleich einen Höhepunkt der Rokokoplastik.   P

476 Der bekränzte Schläfer. Höchst, um
1770; Johann Peter Melchior; Lintorf
1742-1825 München. Porzellan, bemalt;
16,8 cm. Ke 876.
Der kurmainzische Hofbildhauer und Por-
zellanmodelleur schuf in den Jahren
1767-79 für die Höchster Porzellanmanufaktur neben verschiedenen Allegorien
vor allem eine große Anzahl von Kinderfi-
guren, die Attribute von Handwerkern,
Musikanten und Landleuten tragen. Der
besondere Reiz seiner »Schäferszenen«,
denn darum handelt es sich auch hier,
liegt darin, daß die ursprünglich als Schäfer verkleideten Kavaliere und Damen
durch unprätentiös auftretende Kinder ersetzt sind. Auf diese Weise erreicht Melchior einen dem deutschen Rokoko eigenen Ausdruck der Empfindsamkeit. Wir
kennen ihn außerdem als den Schöpfer
kleiner Porträtmedaillons. Ke

476

477

477 Kleiner Schreibschrank. Nürnberg,
um 1725. Nußbaum und andere Hölzer;
Ruinenmarmoreinlagen; 161:94:69 cm.
HG 10030.
Gegen Ende des 17. und zu Anfang des
18. Jahrhunderts entwickelte sich aus
dem Schreib-Tisch, der Kommode und
dem Kabinettschrank ein neues Möbel,
das mit der hohen Form des geräumigen
Schreibschrankes bald sehr beliebt
wurde. – Wenn bei dem Schreibschrank
mit den intarsierten Wappen der Nürnberger Patrizier Fürer von Haimendorf
der Tisch geöffnet ist, bilden die beiden
Hälften seiner Deckplatten seitliche Ab-
stellflächen, während die herabklappbare
Vorderwand die Schreibfläche vergrö-
ßert; diese ist auf drei Seiten von zwei
Reihen niedriger Schubladen eingefaßt.
Der Aufsatz besitzt sowohl im Sockel als
auch in der Bekrönung eine Schublade.
Diese und die Fächer hinter den beiden
Türen sind mit gleichzeitigem Nürnberger Brokatpapier ausgeschlagen. vW

478 Mars und Athena. Wien, um
1755-60; Johann Joseph Niedermayer;
Wien 1710-84. Porzellan, bemalt; 28,5 cm.
Ke 310.
Schon bald nach der Gründung der Meißner Porzellanmanufaktur im Jahre 1710
wurde mit Hilfe der aus Sachsen entflo-
henen Arkanisten C. C. Hunger und S.
Stölzel eine solche auch in Wien, unter
der Leitung von C. J. Du Paquier, errichtet. Das 1744 vom Staat aufgekaufte Unternehmen existierte in dieser Form bis
1864. Mit der Übernahme durch die kaiserliche Verwaltung änderten sich Form
und Stil des Porzellans. Die Bevorzugung
antikisierender und heroischer Themen in
der Plastik spiegelte die damalige politische Lage im Reich wider. F

478

479 Schilfdekorvase. Berlin, um 1765;
vielleicht nach Entwurf von Johann Christian Hoppenhaupt; Merseburg
1719-1786 Berlin. Porzellan, bemalt und
vergoldet; 43 cm. Ke 2254.
Im 18. Jahrhundert standen Vasen – ohne
Blumen – dekorativ auf Kommoden und
Konsolen oder auch gruppenweise auf
Kaminen. Als fester Bestandteil des
Ensembles gehörten sie zum Entwurf des
jeweiligen Innenraumes. Ihre ausgepräg-
te vegetabilische Dekoration und die Verwendung der Wasserrocaille beweist die
enge Verwandtschaft der Schilfdekorvase
mit den von J. Ch. Hoppenhaupt gestalteten Räumen des Neuen Palais in Potsdam. 1772 lieferte er Wachsmodelle für
Vasen an die Berliner Manufaktur. Unsere
Vase steht jedoch seinem übrigen Schaffen noch näher und läßt eine bereits frü-
here Verbindung zur Manufaktur annehmen. Zusammen mit seinem Bruder Johann Michael (vgl. Nr. 437) gilt J. Ch.
Hoppenhaupt als Schöpfer des Friderizia-
nischen Rokoko.   F

479

480 Helmkanne und Schüssel. Augsburg,
1757-59; Johann Martin Satzger; Augsburg, Heirat 1744, gest. 1785. Silber, getrieben, gegossen, vergoldet; Kanne
25,6 cm; Schüssel 40,6 : 31 cm. HG 7808,
7822.
Seit der ersten Hälfte des 17. Jahrhunderts wurde in Frankreich zum Wasserrei-
chen und Händewaschen bei der Tafel
ein Gießgefäß in Gestalt eines umge-
stülpten Helmes entwickelt, das während
des ganzen 18. Jahrhunderts in allen europäischen Ländern charakteristische
Sonderformen hervorbrachte. Die Helmkanne mit dem zugehörenden Becken ist
Teil eines dreißigteiligen Reiseservices,
dessen Dosen, Leuchter, Platten, Kaffeekannen den gleichen Dekor aus getriebenen Vögeln, Blüten und Rocaillen zeigen.
Das reiche Ensemble wurde nach einheit-
lichem Entwurf von zehn verschiedenen
Goldschmieden, meist Spezialisten einer
Form, geschaffen. Die Reihe der illustren
Besitzer bestätigt die Tradition, daß der
Auftrag von der Zarin Katharina II. von
Rußland erging.   P

480

481

481 Schreibschrank. Mainz, um 1760-65.
Nußbaumfurnier; teilweise vergoldete
Schnitzereien; 265:128:56 cm. HG 8013.
Mit zurückhaltend intarsierten, geschweiften Flächen und mit bewegten
Umrissen, wobei die vergoldeten Schnitzereien dem Braun des Nußholzes Akzen-
te verleihen, wächst der sich nach oben
leicht verjüngende Schreibschrank fast
pflanzenhaft auf. Im Innern ist er mit
gleichzeitigem Kleisterpapier tapeziert.
– Solche »Cantourgen« hatte das Mainzer
Schreinerhandwerk als Meisterstücke
vorgeschrieben. Mit Hilfe von zahlreichen
signierten und datierten Mainzer Meisterrissen haben sich für eine Reihe erhaltener Schränke die Meister und die genaue
Entstehungszeit festlegen lassen. vW

482 Deckelhumpen. Lübeck, um 1675;
Johann Hasse; Lübeck, Meister 1654,
gest. vor 1699. Silber, getrieben, gegossen, teilvergoldet; 25 cm. HG 9273. Leihgabe Stadt Nürnberg.
Nach dem Verfall der Hanse und durch
den allgemeinen wirtschaftlichen Nieder-
gang in der Folge des Dreißigjährigen
Krieges verlor Lübeck seine Stellung als
führender Kunst- und Handelsplatz Norddeutschlands. Seine Goldschmiede waren indessen bereit, sich an der Kunstentwicklung anderer, nunmehr blühender
Städte zu orientieren. Die Treibreliefs von
Deckel und Wandung des großen Humpens mit Christus und der Samariterin
am Brunnen sowie dem Zug der Juden
durch das Rote Meer sind auf räumliche
Wirkung angelegt und könnten ebenso in
zahlreichen anderen Orten zwischen Amsterdam und Königsberg entstanden
sein. Die Kugel-Klauenfüße, ursprünglich
für skandinavische Werke charakteristisch, wurden damals sowohl von Lü-
becker als auch von Hamburger Goldschmieden gern verwendet. Ke

483 Gefäß zum Warmhalten des Kaffees.
Nürnberg, um 1762; Johann Georg Helb-
ling; Nürnberg 1734-1763. Silber, gegossen, getrieben; 35,5 cm. HG 11797.
Ähnlich wie bei Tee und Schokolade entwickelte sich mit dem Aufkommen des
Kaffees in Europa aus einer anfänglich
Anzahl neuer Gefäßformen in verschiedenen Werkstoffen eine Grundform der Kaffeekanne. Ihr birnenförmiger Körper
konnte mit den verschiedenartigsten Zierformen geschmückt werden. Bei unserem
Gefäß sind an die Stelle von Kannenhen-
kel und Tülle zwei Griffe und drei Aus-
gußhähne getreten. Der seine Pfeife rauchende und Kaffee trinkende Türke auf
dem Deckel läßt auch heute noch ahnen,
mit welcher Behaglichkeit man damals
das heiße exotische Getränk zu schlürfen
pflegte. Hier konnte es mittels eines zusätzlichen Spiritusbrenners warmgehal-
ten werden. P

484 Deckelterrine. Tilsit, 1763; Johann
Kownatzky; Tilsit, Meister vor 1762, gest.
vor 1796. Silber, getrieben, gegossen, innen vergoldet; 29,5 cm. HG 11795.
Die hervorragend gearbeitete, runde Dek-
kelterrine mit getriebenem Blütenzwei-
gen- und Rocaillendekor sowie schön geformten Füßen und Griffen läßt kaum
vermuten, daß sie in der kleinen ostpreußischen Stadt Tilsit entstanden ist, in der
gleichzeitig kaum mehr als drei Goldschmiede ihr Auskommen hatten, von
denen nur wenige Arbeiten bekannt geworden sind. Der hohe kunsthandwerk-
liche Rang der Terrine kann nicht allein
durch die Verwendung graphischer Vorlagen erklärt werden, sondern beruht vor
allem auf Handwerkstraditionen, wie z.B.
dem Wanderzwang der Goldschmiedege-
sellen, die künstlerische und handwerkliche Kenntnisse und Neuerungen rasch
von Ort zu Ort weiterreichten. P

483

482

484

485

485 Jagdpokal des Kurprinzen Friedrich August von Sachsen. Dresden, um 1720; wohl Georg Christoph Dinglinger; Biberach a. d. Riß 1668-1746 Dresden. Silber, gegossen, getrieben, vergoldet; 50 cm. HG 11167.

Es bedurfte großen künstlerischen Geschicks, um einen solchen Pokal aus sehr verschiedenartigen Elementen zu diesem festlichen Bild der Jagd zu gestalten: Eichenstämme als Schaft und Griff, dazwischen sowohl in Relief als auch in vollrunden Figuren Darstellungen der Jagd. Durch abgesetzte Profile und Ornamentstreifen wird alles harmonisch zusammengefügt. An hervorragender Stelle ist das sächsisch-polnische Wappen im Wechsel mit dem Monogramm des Kurprinzen Friedrich August von Sachsen angebracht, der in seiner Jugend ein leidenschaftlicher Jäger war. Das Fehlen von Goldschmiedemarken weist dieses Zeugnis barocker Lebensfreude als höfischen Auftrag aus. Sein Meister dürfte G.Ch. Dinglinger, ein jüngerer Bruder des berühmten Johann Melchior Dinglinger, gewesen sein. P

486

487

486 Großes Reiseservice mit Koffer.
Augsburg, um 1700-10; Tobias Baur;
Augsburg 1661-1735. Silber, getrieben,
gegossen, vergoldet; rötliche Achateinlagen; Koffer mit rotem Lederbezug, Messingbeschlägen. HG 4885-4935.
Nur wenige Reiseservice haben sich mit
so umfangreichem Inhalt erhalten aus einer Zeit, als jedermann auf Reisen wenigstens sein eigenes Eßbesteck und Trink-
gerät mitführen mußte. Der Augsburger
Goldschmied T. Baur, der fürstliche Herr-
schaften zu seinen Kunden zählte, hat aus
kostbaren Materialien das fünfzigteilige
Service gearbeitet. Es enthält die notwendigen und luxuriösen Geräte des täglichen Bedarfs eines vermögenden adligen
Herrn, für die Toilette, die Tafel und den
Schreibtisch. Die Achateinlagen und der
einheitliche Dekor mit getriebenen Zun-
genblättern und Rippen sowie mit gravierten Akanthusranken fügen die Vielfalt
der Teile zu einem Ganzen.   P

487 Terrine mit Tablett und Schöpfkelle.
Riga, 1773; Johann Christoph Borrowsky;
Riga 1740-1790. Silber, getrieben, gra-
viert, gegossen, teilvergoldet; Terrine
29,7 cm, L. 48 cm; Tablett 46,3 : 31,9 cm;
Schöpfkelle L. 37,3 cm. HG 11 629. Leihgabe Bundesrepublik Deutschland.
Lange eingravierte Inschriften stellen
diese gediegene Goldschmiedearbeit,
die, wie sonst selten, als vollständiges
Ensemble erhalten ist, als bedeutsames
Zeugnis deutscher großbürgerlicher Kultur im Riga des 18. Jahrhunderts heraus.
Die in der Großen Gilde zusammenge-
schlossenen Künstler, Goldschmiede,
Kaufleute und Gelehrten waren bei der
Stadtverwaltung durch die Ältestenbank
vertreten. Ihrem als Ältermann fungieren-
den Vorstand Johann Georg Schwartz
(1712-80), einem um seine Vaterstadt ver-
dienten Ratsherrn, wurde die Terrinen-
garnitur von den übrigen Mitgliedern der
Ältestenbank zur Silberhochzeit verehrt.
P

488 Samowar. Danzig, um 1775; Friedrich Wilhelm Sponholtz; Danzig, Meister
1763, gest. 1789. Silber, gegossen, getrieben; 43,5 cm. HG 11329. Leihgabe Bundesrepublik Deutschland.
Im 18. Jahrhundert haben die Goldschmiede nicht nur für Teekanne und
Teekessel, sondern auch für die Teemaschine die verschiedensten Gestaltungen
entwickelt. Während die Körper der älteren Typen Ei-, Birnen- oder – wie hier
– Melonenform annahmen, setzte sich
mit dem Klassizismus des ausgehenden
Jahrhunderts der urnenförmige Aufbau
durch, weswegen die Teemaschine in
England tea-urn genannt wird. Sie war
besonders beliebt in Rußland, von wo
der Name ›Samowar‹, der Selbstkocher,
stammt. Im 19. Jahrhundert kamen in
größerem Umfange Gefäße aus Messing
und Tombak auf.   P

489

490 Tapete (Ausschnitt). China, um 1750.
Papier, mit Modeln bedruckt und farbig
bemalt; 3,15 : 6,75 m. A 3434.
Papiertapeten dieser Art wurden im späten 17. und im 18. Jahrhundert in China in
großer Zahl für den Export nach Europa
hergestellt und meist über den Londoner
Handel verkauft. Solche Chinatapeten,
die mit ihren bunten Blüten, Schmetter-
lingen und Vögeln vor blauem Himmels-
grund hinter einem niedrigen Zaun den
Innenraum des Hauses in einen paradie-
sisch exotischen Garten verwandeln sollten, erfreuten sich in englischen und
deutschen Schlössern des 18. Jahrhunderts großer Beliebtheit. Neben Gartenta-
peten gab es solche mit volkreichen Stra-
ßenszenen. Die einzelnen Äste, Blätter,
Blüten und Schmetterlinge sind mit Hilfe
einzelner Modeln auf Papier gedruckt und
danach farbig bemalt; die Blätter hatten
bei dieser Tapete ursprünglich in Silber
gedruckte Konturen.   Ka

488

**489 Kabinettschrank, mit Bernstein in-
krustiert**. Ostdeutschland (Königsberg?),
Anfang 18. Jahrhundert. 109 : 74 : 49 cm.
HG 11769. Leihgabe Bundesrepublik
Deutschland.
Die Seitenwände und die Außenseiten
der Türen des Prunkmöbels versinnbildli-
chen die vier Elemente. Links weisen Fak-
keln und ein Scheiterhaufen auf das
Feuer, rechts Muscheln und Delphine auf
das Wasser. Bei der linken Tür beziehen
sich Wolken, Vögel und Musikinstrumente auf die Luft, bei der rechten Vierfüßler,
Erntegeräte und Früchte auf die Erde;
dazu gehören Apoll (?) und die Musen
sowie Ceres und die Architektur bzw. die
Wissenschaft. An der Rückwand des inneren Mittelfaches umgeben – in Hinterglasmalerei – Personifikationen der vier
Erdteile eine Gartenansicht. Der vielfälti-
ge Aufwand des prachtvollen Kunstkam-
merstückes deutet auf einen Sonderauf-
trag aus speziellem Anlaß, vielleicht auf
ein Geschenk zur Hochzeit des späteren
preußischen Königs Friedrich Wilhelm I.
im Jahre 1706.   vW

490

Malerei, Plastik und Kunsthandwerk vom Ende des 18. bis
zum Anfang des 20. Jahrhunderts

491

492 Cornelia Adrienne Gräfin Bose mit
ihrer Tochter, 1798. Johann Friedrich August Tischbein; Maastricht 1750-1812
Heidelberg. Gemälde auf Leinwand;
210:138 cm. Gm 1337.
Aus der Tradition internationaler Hofmalerei französischer Prägung, die F.A.
Tischbein in Paris, Rom, Neapel und andernorts kennengelernt hat, erwächst dieses Porträt, das zugleich den Einfluß englischer Malerei verrät. Der Künstler war in
seiner Kabinettmalerzeit in Arolsen Werken von Thomas Gainsborough begegnet. So bewahrt das Bild noch viel von
der liebenswürdigen Anmut des 18. Jahrhunderts, nicht nur in der weichen, warmen Farbigkeit, sondern ebenso in der
Erfassung der momentanen Bewegung,
die allerdings in den Köpfen im Sinne des
Porträts zur Ruhe kommt. Damit ist das
Gemälde aber noch um einiges von der
Statuarik des Klassizismus entfernt, wie
auch das die Gruppe hinterfangende Interieur noch der Frühstufe dieses Stils, dem
Louis XVI angehört.   Ba

491 Der Sommer, 1784. Jakob Philipp
Hackert; Prenzlau 1737-1807 San Piero di
Careggio/Florenz. Gemälde auf Leinwand; 97,6:66,5 cm. Gm 1316.
.Hackerts »Sommer« mit dem Blick über
die Caserta-Ebene auf den Vesuv gehört
zusammen mit dem ebenfalls im Museum befindlichen »Winter« (Gm 1317)
zu einem Jahreszeitenzyklus, dessen vier
bildmäßig ausgeführte Stücke Skizzen für
Monumentalgemälde waren, die König
Ferdinand IV. von Neapel für sein Jagdschloß im Fusaro-See in Auftrag gegeben
hat. Sie verbinden das in einer langen
ikonographischen Tradition stehende
Thema der Jahreszeiten mit identifizierbaren, topographisch getreuen Landschaften. Deren Darstellung entspricht
dem im ausgehenden 18. Jahrhundert
aufkommenden Bedürfnis, landschaftliche Schönheit als solche zu sehen, eine
Tendenz, die auch den »Englischen Garten« entstehen ließ.   Ba

492

493 Maria Theresia Josepha Reichsgräfin von Fries mit ihren ältesten Kindern, 1811. Josef Abel; Aschach b. Linz 1764-1818 Wien. Gemälde auf Leinwand; 199:158 cm. Gm 986.
Gräfin Fries, die trotz der glanzvollen gesellschaftlichen Stellung, welche Wien ihr und ihrem Mann bot, sehr zurückgezogen lebte, war bei ihren Zeitgenossen berühmt für die hingebungsvolle Liebe, mit der sie sich ihren Kindern widmete. Dies bringt Abel zum Ausdruck, indem er mit seiner Komposition das Thema der Caritas anklingen läßt, das zugleich die individuellen und anekdotisch-genrehaften Elemente des Gruppenporträts in eine überzeitliche, im Sinne des Klassizismus ideale Darstellung einbindet. Ba

493

494 Diana und Aktäon, 1833. Joseph Anton Koch; Obergibeln/Tirol 1768-1839 Rom. Gemälde auf Leinwand; 100:77 cm. Gm B.St. 8919. Leihgabe B. Staatsgemäldesammlungen.
Im Klassizismus erlebte die Darstellung antiker Themen, die seit der Renaissance zum Bildungsgut gehörten, einen neuen Höhepunkt, wofür auch dieses Gemälde ein Beispiel abgibt. Es stellt dar, wie Diana, die Göttin der Jagd, mit ihren Ge-fährtinnen in einem Quellsee badet und Aktäon, der sie dabei beobachtet, zur Strafe in einen Hirsch verwandelt, den seine eigenen Hunde dann zu Tode hetzen. Die Szene ist in einer Landschaft angesiedelt, die Motive aus dem gebirgigen Eichenwald bei Olevano verarbeitet, dessen Schönheit Koch um 1803 als erster künstlerisch gestaltet hat und der bald zu einem Ziel für viele in Rom ansässige deutsche Künstler wurde. Ba

494

495 Der Graf von Habsburg, um 1815.
Ferdinand Olivier; Dessau 1785-1841
München. Gemälde auf Holz; 33 : 50 cm.
Gm 1549.
Friedrich Schillers gleichnamige, auf älteren Überlieferungen basierende Ballade
mit ihrer Schilderung mittelalterlicher
Kaiserherrlichkeit und wahrer christlicher
Gesinnung drückte die Sehnsüchte und
Bestrebungen der Romantiker so trefflich
aus, daß sie mehrfach zum Thema bildli-
cher Darstellung wurde (vgl. Nr.502). Der
den Nazarenern nahestehende Olivier
wählte den entscheidenden Moment aus,
da der Graf von Habsburg, der spätere
König Rudolf, gottesfürchtig einem Priester sein Pferd überläßt, damit dieser seinen Versehgang über einen stark ange-
schwollenen Bach fortsetzen kann, und
siedelt das Ereignis in einer für die Auffassungen dieses Künstlerkreises typischen, altdeutsch empfundenen Landschaft an. Ba

495

496 Italienische Landschaft, um
1850-1860. Bernhard Fries; Heidelberg
1820-1879 München. Gemälde auf Leinwand; 72 : 97 cm. Gm 1734. Leihgabe
Stadt Nürnberg.
Noch in der Tradition klassizistischer Li-
nienkunst stehend und darüber hinaus
von Carl Rottmanns Auseinandersetzung
um die Darstellung des Lichtes beeinflußt, verband Fries diese Elemente zunehmend mit den neuaufkommenden
Tendenzen eines malerischen Realismus,
die ihm besonders durch die Bekanntschaft mit zwei Angehörigen der Düsseldorfer Schule, Johann Wilhelm Schirmer
und Andreas Achenbach, vermittelt wurden. Unter seinen zahlreichen Landschaften überwiegen solche aus Italien, wo er
sich mehrfach längere Zeit aufgehalten
hat. Ba

496

497

497 Inntal bei Neubeuern, um 1823. Carl Rottmann; Handschuhsheim 1797-1850 München. Gemälde auf Leinwand; 32:46 cm. Gm 985.
Das Gemälde entstand bald nach Rottmanns Übersiedlung nach München im Jahr 1822 und zeigt seinen bereits entwickelten Sinn für die Darstellung der Ferne und des tektonischen Aufbaus einer Landschaft. Wenngleich vorn eine kleinfigurige Hirschhatz die Aufmerksamkeit auf sich zieht, so ist doch schon unverkennbar die für Rottmann typische Tendenz vorhanden, den Vordergrund zu vernachlässigen zugunsten einer tonigen Gesamterscheinung, die eher atmosphärische Weite als vedutenhafte Ähnlichkeit anstrebt. Ba

498 Alpenlandschaft, 1821. Johann Christian Clausen Dahl; Bergen 1788-1857 Dresden. Gemälde auf Leinwand; 98:135 cm. Gm 1639.
Noch im Jahr der Rückkehr von seiner Italienreise (1820/21) entstand diese Alpenlandschaft Dahls, für die sich keine bestimmte Gegend benennen läßt. Tal, Bach, Mühlengebäude und Figuren gehen sicher auf Reiseskizzen in Tirol zurück, dagegen könnten die Felswände in der Mitte und der im Hintergrund aufragende Schneeberg auch auf Studien aus der Sächsischen Schweiz bzw. Dahls norwegischer Heimat beruhen. Verschiedene Eindrücke verbindend, wandelt die in allen Partien detailtreue und doch große Komposition die »ideale« oder »heroische« Landschaft des Jahrhundertbeginns durch die Art ihrer Staffagefiguren ins Romantische ab. Mit dieser neuen Auffassung blieb Dahl durch seine Dresdner Akademietätigkeit lange schulbildend. Ba

498

499

499 Am Golf von Neapel, 1831. Franz Ludwig Catel; Berlin 1778-1856 Rom. Gemälde auf Leinwand; 99:138 cm. Gm 1721. Leihgabe Stadt Nürnberg.
Nach der Ausbildung in Berlin und einem anschließenden mehrjährigen Aufenthalt in Paris bis 1812 lebte Catel in Rom, wo er durch zahlreiche Aufträge der europäischen Aristokratie zu einigem Wohlstand gelangte. Er wurde zu einem Hauptvertreter des romantischen Klassizismus, der in ein weiches Licht getauchte Ansichten bedeutsamer Orte und Landschaften Italiens mit Szenen aus dem Volksleben des Landes zu einem stimmungsvollen Ganzen verband. Ba

500 Kirche und Ortschaft Kiedrich am Rhein, 1826. Domenico Quaglio; München 1787-1837 Schloß Hohenschwangau. Gemälde auf Leinwand; 39:48 cm. Gm NG 261. Leihgabe Nationalgalerie Berlin.
Auf seinen Architekturbildern, die ihn zum wohl bedeutendsten Vedutenmaler der Romantik machten, stellt Quaglio am häufigsten Baudenkmäler der Gotik dar. Neben in eine Landschaft gesetzten Gebäuden kommen ganze Straßenzüge und Platzanlagen besonders häufig in seinem Oeuvre vor, wofür diese Ansicht mit der Umgebung der Totenkapelle St. Michael in Kiedrich ein Beispiel bildet. Nicht in allen Details korrekt, ist sie ganz auf eine malerische, bildhaft selbständige Wirkung hin angelegt, was mit Quaglios Tätigkeit als Bühnenmaler zusammenhängen dürfte. Ba

500

501

501 Flucht nach Ägypten, 1834. Joseph
von Führich; Kratzau/Böhmen 1800-1876
Wien. Gemälde auf Holz; 24,8 : 31,2 cm.
Gm 1735. Leihgabe Stadt Nürnberg.
Geprägt durch den Kontakt mit den Nazarenern, denen er sich während seines
Romaufenthaltes 1827-29 künstlerisch an-
schloß, wandte sich Führich beinahe
ganz der religiösen Malerei zu. Mit diesem im Jahr seiner Übersiedlung von
Prag nach Wien entstandenen intimen
Gemälde folgt er dabei weniger der von
Friedrich Overbeck bestimmten präraffa-
elitischen Richtung jener Künstlergruppe
als vielmehr den altdeutschen Tendenzen, wie sie etwa Franz Pforr oder Ferdinand Olivier (vgl. Nr. 495) vertreten. Ba

502 Der Graf von Habsburg, um 1855.
Moritz von Schwind; Wien 1804-1871
München. Gemälde auf Leinwand; 71 :
59 cm. Gm 1767. Leihgabe Stadt
Nürnberg.
Schwind, Schüler der Nazarener Ludwig
Schnorr von Carolsfeld und Friedrich
Overbeck, malte außer zahlreichen anderen Szenen aus dem Leben Rudolfs von
Habsburg auch eine Version dieses in der
Romantik beliebten, durch Schillers Ballade verbreiteten Themas. Er stellt den gleichen Moment wie F. Olivier (vgl. Nr. 495)
dar, betont aber ihm gegenüber die Figuren, die statt in einer weiten altdeutschen
Landschaft sich nun in einem engen Tal
begegnen. Mit der Anwendung der Gri-
saille-Technik, einer Ton-in-Ton-Malerei
mit nur einer Farbe, knüpfte Schwind sowohl an mittelalterliche Vorbilder wie
auch an Ölskizzen des späten 18. Jahrhunderts an. Ba

502

503

503 Bildnis Gottfried Schadow, 1837.
Friedrich von Amerling; Wien 1803-1887.
Gemälde auf Leinwand; 54 : 38 cm. Gm
1354.
Während eines Aufenthaltes in Berlin
porträtierte der in Wien bereits hochgeschätzte Bildnismaler Amerling drei
Künstlerkollegen, den Maler Eduard Ben-
demann sowie die beiden Bildhauer Christian Rauch und Gottfried Schadow, dessen eigenhändiger Namenszug auf dem
Revers seines Rockes erscheint. Das Bildnis des damals bereits über siebzigjähri-
gen Schadow, der mit wachen, aufmerk-
samen Augen den Betrachter fixiert, gehört durch seine zupackende, die Individualität des Dargestellten rasch erfassen-
de Haltung zu den frühen Zeugnissen des
Realismus. Ba

504 Eine Osteria bei Rom, gegen 1835.
Heinrich Bürkel; Pirmasens 1802-1869
München. Gemälde auf Leinwand; 58,5 :
87,5 cm. Gm 1635. Leihgabe Bundesrepublik Deutschland.
Das Gemälde geht auf Studien aus Bür-
kels Aufenthalt in Rom und Umgebung in
den Jahren 1830-32 zurück, die der
Künstler neben Genreszenen aus Süddeutschland, immer wieder in seinen Bildern benutzt hat. Biedermeierliche Ge-
nauigkeit, etwa in dem zeichnerisch exakten, von klaren Lokalfarben geprägten
Vordergrund, verbindet sich mit stärker
atmosphärischen Zügen im dunstigen
Mittelgrund und der weitgezogenen Ansicht der Stadt Rom sowie in der ab-
schließenden, in der Ferne verschwimmenden Bergkette. Ba

504

505

505 Bildnis Leo von Rayski, gegen 1860.
Ferdinand von Rayski; Pegau/Sachsen
1806-1890 Dresden. Gemälde auf Leinwand; 35 : 26 cm. Gm 1759. Leihgabe
Stadt Nürnberg.
Das kleinformatige, ganzfigurige Bildnis,
das den in österreichischem Dienst stehenden Bruder des Künstlers darstellt, erhält durch die zwanglose Haltung des
Porträtierten einen beinahe intimen Charakter. Die eher private als offizielle Auffassung kommt auch im Verzicht auf einen bedeutsamen Hintergrund zum Ausdruck, wählt Rayski doch einfach eine
zwar malerisch differenzierte, aber unge-
gliederte Fläche, eine in gleißendes Sonnenlicht getauchte verputzte Wand. Die
so erzielte Konzentration auf den Dargestellten wird jedoch dadurch wieder abgeschwächt, daß dieser nur der Anlaß zu
sein scheint für eine malerische Freilicht-
studie. Ba

506 Kinder im Walde, 1858. Ferdinand
Georg Waldmüller; Wien 1793-1863 Hin-
terbrühl b. Mödling. Gemälde auf Holz;
62,4 : 79 cm. Gm 1797. Leihgabe Stadt
Nürnberg.
Vor einer Landschaft aus dem Wiener-
wald, deren Dinglichkeit in allen Details
beinahe photographisch erfaßt ist, erscheint eine veilchenpflückende Kinder-
gruppe. Das Genrehafte dieser Szene
kontrastiert mit den grellen, durch die
Wiedergabe des hellen Sonnenlichtes er-
zeugten Lokalfarben. Mit solchen immer
weiter vorangetriebenen Lichtstudien
entwuchs der Künstler, der sich selbst als
»Naturalist« verstand, der Idyllik des romantischen Biedermeier – eine Entwicklung, die ihn zunehmend dem zeitgenössischen Publikum entfremdete. Ba

506

507 Zwei Kaffeekannen, 1801. Franz Ignaz Dermer; tätig in Wien 1798-1820. Silber, getrieben, gegossen, punziert; Holzgriffe; 36,6 bzw. 32 cm. HG 10896.
Kennzeichnend für die Antikenrezeption des Klassizismus ist die schlanke Amphorenform der Kannen, die mit den Masken am Ausguß, dem Akanthusfries am Fuß sowie am Deckelrand und dem Perlstab an der Schulter einen stilistisch zugehörigen, in der weitgehenden Flächenhaftigkeit zum straffen Umriß passenden Dekor erhalten. Ba

507

508 Ehrenpokal, 1833. Karl Friedrich Schinkel; Neuruppin 1781-1841 Berlin. Silber, getrieben, gegossen, punziert, teilvergoldet; 30 cm. HG 8594.
Dem liberalen württembergischen Politiker Paul Pfizer wurde 1833 der Pokal gewidmet, der in der Werkstatt der Stuttgarter Hofsilberschmiedefamilie Sick entstand. Als Vorlage für dieses spätklassizistische Stück diente ein Entwurf des Berliner Architekten Schinkel aus der Zeit um 1820/25. Während die vier allegorischen Gestalten am Schaft (Gerechtigkeit, Handel und Wohlstand, Kunstpflege, Friedenssicherung) und die Pseudo-Kameen mit den Darstellungen der Herkulestaten, wohl eine Anspielung auf Pfizers politische Wirksamkeit, in der Frieszone zwischen den beiden Schriftbändern noch antike Anregungen verarbeiten, tritt mit dem vergoldeten Eichenlaub ein neues, nationales Schmuckelement auf, das sich seinerseits auf Pfizers Bemühungen um ein wieder geeintes Reich – im kleindeutschen Sinne – beziehen läßt. Ba

508

509

510

509 Tasse von einem Frühstücksservice.
Gotha, um 1800. Porzellan, bemalt; Untertasse Dm. 12,5 cm. Ke 2203.
Die Tasse, zu der in gleicher Art bemalt
eine Anbietplatte, eine Kaffee- und eine
Milchkanne, eine Zuckerschale und eine
weitere Tasse gehören, verdeutlicht die
Abwendung vom Rokoko und seinen
Ausläufern um 1800 in Deutschland.
Hatte nach dem von Böttger in Meißen
(vgl. Nr. 469 ff.) endlich entdeckten Her-
stellungsgeheimnis das Porzellan sich
wegen seines dünnen weißen Scherbens
ein knappes Jahrhundert lang höchster
Beliebtheit erfreut, so wurde die Besonderheit des edelsten keramischen Werk-
stoffs zumindest mit diesem Service in
sein Gegenteil verkehrt, indem es zugunsten einer dem klassizistischen Geschmack entsprechenden antikisierenden
Dekoration das Aussehen schwarzgrundi-
ger rotfiguriger Tongefäße der klassischen Epoche griechischer Kunst erhielt.
Ba

510 Kaffeetasse. Wien, 1799. Porzellan,
bemalt; 5,8 cm. Ke 726.
Mit der Ablösung der weichen Rundun-
gen des Rokoko durch knappe Formen
veränderte sich auch die Dekorationsweise entsprechend dem neuen Geschmack.
Sie lehnt sich bei dieser Tasse an antike
römische Stuckornamente an, die allerdings durch eine, wenn auch kühle Farbigkeit – weiß auf violettem Grund oder
reiche Goldstaffierung – verlebendigt
werden.   Ba

511

511 Panoramatasse. Berlin, um 1835.
Porzellan, bemalt; 13,2 cm. Ke 2864.
Das von Johann Forst II bemalte und, für
Berlin ungewöhnlich, signierte Stück
zeigt auf der Tasse eine Ansicht von Berlin, auf der Fahne der Untertasse eine
solche der Pfaueninsel, die hier umlaufend wie bei den gerade in Mode gekom-
menen großen Panoramen gegeben ist.
Aus den beiden Ansichten ergibt sich
zwar ein Zusammenhang mit den Anden-
ken- und Geschenkstücken des Biedermeier, doch ist die Bildung der Tasse
selbst mit ihrer nach oben leicht ausladenden Walzenform, den Klauenfüßen
und dem hohen, eingerollten Henkel
noch dem Klassizismus verpflichtet.   Ba

512 Ranftbecher, um 1820. Anton Koth-
gasser; Wien 1769-1851. Glas, bemalt;
12 cm. Gl 458.
Neben G. Mohn (vgl. Nr. 513) war Koth-
gasser, hauptberuflich Porzellanmaler der
Wiener Manufaktur, der geschätzteste
Maler von Transparentbildern auf Hohl-
glas. Nach Mohns Vorbild begann er mit
Zylinderbechern, ab etwa 1815 bevorzugte er aber den Ranftbecher. Diese größere, im ganzen Biedermeier beliebte Trink-
glasform ist gekennzeichnet durch einen
vortretenden, der größeren Standfestig-
keit dienenden Fußwulst (Ranft) und eine
leicht konische Ausweitung der Wandung. Da die bemalten Gläser weniger
dem Gebrauch als dem Schmuck dienten,
häufig Geschenke der Freundschaft und
der Erinnerung abgaben, gehörten zu den
bevorzugten Themen Porträts, Blumen-
stücke, Allegorien und besonders Stadtansichten wie hier diejenige des Wiener
Kohlmarktes, dessen Atmosphäre mit
hauchdünnen, durchsichtigen Farben ein-
gefangen ist.   Ba

512

513

513 Pokal, um 1815-20. Gottlob Samuel
Mohn; Weißenfels 1789-1825 Laxenburg.
Glas, bemalt; 19,5 cm. Gl 459.
Schon im 18. Jahrhundert sich entwik-
kelnd, wird die Neugotik in der durch die
patriotische Rückbesinnung der napoleo-
nischen Zeit geförderten Romantik zu einer charakteristischen Ausdrucksform. Ihr
gehört der Pokal in zweifacher Hinsicht
an, durch die mittelalterlichen Motive in
den Ornamentstreifen und dann durch
die Darstellung einer Burg, hier Krum-
pach. Mohn, der auch Glasfenster für die
neugotische Laxenburg bei Wien anfer-
tigte, verzierte mit feinster polychromer
Transparentfarbenmalerei wahrscheinlich
ehemals zwölf solcher Pokale mit Ansichten niederösterreichischer Burgen für
eine romantische Ritterrunde, eine Gesel-
ligkeitsform von ebenfalls zeittypischer
Bedeutung.   Ba

514 Zierflasche und zwei Vasen, um
1830-40. Friedrich Egermann; Schlucke-
nau/Böhmen 1777-1864 Haida. Lithyalin-
glas; 16,1, 6,5 bzw. 5,2 cm. Gl 265, 266,
283. Leihgaben Bundesrepublik
Deutschland.
Lithyalin- oder Steinglas, für das der in
Blottendorf und Haida tätige Egermann
1828 ein Patent erhielt, wird durch Zusätze von Mineralien zur Glasmasse hergestellt. Es läßt zwar gelegentlich den Charakter von Halbedelsteinen oder Farbmar-
mor anklingen, doch hat Egermann eine
direkte Nachahmung nicht beabsichtigt,
wegen der andersartigen Farbenschich-
tung auch gar nicht erreichen wollen, zumal die Produktion selbst sehr kosten-
trächtig war. Die Lithyalingläser, deren
Reiz durch Schliff und Schnitt noch gesteigert wird, haben sich im biedermeierlichen Jahrzehnt 1830-40 großer Beliebtheit erfreut, wurden als teure Luxuspro-
dukte aber bald wieder vom Markt verdrängt. Ba

514

515 Schreibschrank, 1851. Stephan
(1809-84) und Adam (1815-82) Barth,
Würzburg. Nußbaum, Palisander, Ebenholz auf Eichenkorpus; 210:114:67 cm.
HG 11685.
Ausgangspunkt für den straff gegliederten
ten Schreibschrank im Renaissancestil
könnte die Form des Dressoir um 1540
sein, doch sind Aufbau und Typ durchaus
eine Schöpfung des 19.Jahrhunderts.
Ebenso ist charakteristisch für die For-
mensprache um 1850, daß mögliche stili-
stische Vorbilder umgewandelt werden,
etwa indem reliefierte Teile vollplastisch
und die Profile erhöht und verstärkt werden. Hier macht sich eine barocke Unter-
strömung bemerkbar, die sich auch auf
die Dekorationstechniken ausgewirkt hat,
wird doch bei den Einlegearbeiten die
klassische Boulletechnik und die süddeutsche Elfenbein-Intarsie wiederbelebt,
jedoch unter Verwendung überwiegend
zeitgenössisch-spätromantischer Vorlagen. Der Schreibschrank wurde für die
erste Weltausstellung in London 1851 angefertigt. Ba

516

517

516 Ehrenpokal, 1857/58. Heinrich Friedeberg; St. Petersburg 1819 – nach 1885 Berlin. Silber, getrieben, ziseliert, graviert, innen vergoldet; 45,5 cm. HG 2479. Der prunkvolle Pokal mit seiner Vermischung von Barock- und Rokokoformen ist ein Beispiel für das sogenannte Zweite Rokoko, das um 1850 seine erste Blüte erlebte, ehe die Formen jener Zeit sich gegen Ende des Jahrhunderts endgültig durchsetzen konnten. Der Philosoph Arthur Schopenhauer erhielt den Pokal als Geschenk zu seinem 70. Geburtstag. Der Anlaß und ein Sinnspruch wurden in die beiden Reserven graviert: »Arthur Schopenhauer 22. Februar 1858« und »Die Wahrheit allein hält stich, beharrt und bleibt treu, sie ist der unzerstörbare Diamant«.   Ba

517 Glaskaraffe, um 1870-80. Johann F. Hoffmann; Karlsbad 1840-1900 Fischern. Kristallglas; 38 cm. Gl 560. Leihgabe Bundesrepublik Deutschland. Hoffmann, der den Glasschnitt nach Vorlagen berühmter zeitgenössischer Künstler und nach eigenen Entwürfen mit kaum übertroffener Meisterschaft betrieb, hielt sich während der Saison meist in Karlsbad mit seinem zahlungskräftigen Publikum auf, arbeitete aber – teils selbständig, teils im Auftrag von Glasfirmen – nur unregelmäßig. Das Museum besitzt zwei der seltenen Stücke von seiner Hand, ein Brunnenseidel mit einem Tiefschnittporträt Kaiser Wilhelms I. und diese schwere, sechsseitige Karaffe aus klarem Glas mit Mattschnittdekor. Sie zeigt das österreichische Kaiserpaar auf der Jagd in einer umlaufenden Waldlandschaft, die in ihrer äußerst detaillierten, dabei aber großzügigen Durchführung den Spitzenstücken deutscher Glasschneidekunst des 17. Jahrhunderts ebenbürtig ist.   Ba

518

518 Prunkschale mit zugehöriger Scha-
tulle, um 1870-80. Firma Joseph
(1828-64) und Ludwig (1830-1917) Lobmeyr, Wien. Kristallglas; 27 cm. Gl 535.
Die meisterhafte Ausführung der ge-
schliffenen, matt geschnittenen und
blank gekugelten Glasschale verdankt die
in Wien führende Glasfirma dem Glas-
schneider Carl Pietsch in Steinschönau,
der hier nach Vorlagen von August
Kühne (Figur) und Josef von Storck (Ornament) arbeitete. Das streng symmetrische Ornament aus Blüten und Weinblättern auf der Fahne bildet eine selbständige Weiterentwicklung von Formen der
Renaissance, welche gewiß auch Anregungen für die Seekentaurin im Fond ver-
mittelte. Es handelt sich dabei um ein
mehr ideelles Anknüpfen, dessen Eigen-
ständigkeit im Formalen in einem stärker
ausgeprägten Naturalismus liegt.   Ba

519 Blumenbecher, um 1878. Firma Joseph (1828-64) und Ludwig (1830-1917)
Lobmeyr, Wien. Glas, bemalt; 23 cm.
Gl 494.
Neben den vielfältigen europäischen Stil-
anregungen in der zweiten Jahrhundert-
hälfte spielte auch der Orientalismus eine
wichtige Rolle. Ihm gehört der Blumenbecher aus starkwandigem, klarem Glas an,
der für die führende Wiener Glasfirma
Lobmeyr (vgl. Nr. 518) in der ihr ver-
wandtschaftlich verbundenen Glashütte
Meyr's Neffe in Adolf bei Winterberg/
Böhmen hergestellt wurde. Sein Dekor in
blauer und weißer Emailfarbe und Gold
weist ihn als ein Stück aus der sogenannten »arabischen Serie« aus, deren Entwürfe – teilweise in Zusammenarbeit mit
L. Lobmeyr selbst – von Franz Schmoranz
d. J. stammen, der vor 1873 einige Jahre
in Ägypten gelebt hatte.   Ba

519

520

520 Armband. Deutsch (?), um 1840-50.
Gold und Diamanten; 6,1 : 6,7 cm. T 5795.
Die beiden dünnen, den Reif bildenden
Rundstäbe gehen vorn, eine Ellipsenform
umschließend, auseinander. Diese füllen
von Spiralranken umspielte Weinblätter.
Auf dem größten, grün emaillierten liegt
eine Traube, die mit 41 Diamanten besetzt ist. Solche in bewegtem Relief geschaffenen Stilleben aus mit Perlen oder
Edelsteinen besetzten Trauben und teilweise emaillierten Weinblättern waren im
fünften Jahrzehnt des vergangenen Jahrhunderts in ganz Europa ein beliebtes
Schmuckmotiv. vW

**521 Porträtmedaille Friedrich Wilhelm III.
von Preußen,** Prämie für die Pocken-
schutzimpfung, um 1800. Abraham
Abramson; Potsdam 1754-1811 Berlin.
Silber, geprägt; Dm. 6,7 cm. Med 1045.
Der 1796 durch den englischen Landarzt
Edward Jenner entwickelten Schutzimpfung gegen die Pocken stand man anfänglich mit großem Mißtrauen gegenüber. Auch die durch König Friedrich Wilhelm III. (1797-1840) gestiftete Prämie
hatte nur vorübergehenden Erfolg. Noch
beim letzten Aufflackern der Pockenepi-
demie in Deutschland 1871-73 waren an
hunderttausend Todesopfer zu beklagen.
Abraham Abramson, aus einer von Rußland nach Mecklenburg eingewanderten
jüdischen Familie, wurde 1782 königlich-
preußischer Medailleur. Als einer der hervorragenden Repräsentanten der klassizistischen Medaillenkunst schnitt er vor allem gefällige Porträts von Angehörigen
des Königshauses. V

**522 Medaille auf die Schlacht bei Water-
loo,** 1815. Benedetto Pistrucci; Rom
1784-1855 Englefield Green b. Windsor.
Silber, getrieben, vergoldet; Dm. 13,4 cm.
Med 9451.
In der Schlacht bei Waterloo (Belle Allian-
ce) am 18. Juni 1815 siegten Blücher und
Wellington gemeinsam über Napoleon.
In der Folge wurde Paris eingenommen,
die Bourbonen wieder auf den französischen Thron zurückgeführt, Napoleon auf
die Insel St. Helena verbannt. Die Medaille zeigt in der Mitte die Bildnisse der verbündeten Monarchen, Zar Alexander I.
von Rußland, Kaiser Franz I. von Österreich, König Friedrich Wilhelm III. von
Preußen und König Georg III. von England, inmitten einer kühn komponierten
allegorischen Darstellung von Himmel,
Erde und Unterwelt. Pistrucci war seit
1815 in London Chefmedailleur des Königs und Chefstempelschneider der königlichen Münze. Die 1817 von ihm modellierte Medaille, sein Hauptwerk, kam
offiziell nie zur Ausgabe. V

521

522

523

524 Porträtmedaille Alexander von Humboldt, 1847. Johann Karl Fischer; Berlin 1802-1865. Silber, geprägt; Dm. 6,3 cm. Med 5975.

Alexander Freiherr von Humboldt (1769-1859) ist einer der Repräsentanten für das Zeitalter des klassischen Idealismus. Expeditionen führten ihn nach Süd- und Mittelamerika, nach Sibirien und nach China. Seine kompendiösen Werke fassen das naturwissenschaftliche Wissensgut seiner Zeit zusammen. Der Medailleur, Elfenbein- und Steinschneider J.K. Fischer war Professor an der Berliner Akademie der bildenden Künste. Laut Signatur hat Fischer das Bildnis »ad vivum« geschaffen. Trotzdem treten auch hier wie bei seinen anderen Porträtmedaillen die individuellen Züge zugunsten einer klassizistischen Auffassung zurück. Die Rückseite zeigt eine Allegorie auf das Werk Humboldts nach Entwürfen von Peter von Cornelius. V

523 Widmungsmedaille der Stände des Königreichs Bayern für König Maximilian Joseph anläßlich der Verkündigung der Verfassung, 1819. Joseph Lösch d. Ä.; Amberg 1770-1826 Dresden. Silber, geprägt; Dm. 4,7 cm. Med 7918.

Am 26. Mai 1818 verlieh König Maximilian Joseph Bayern eine nach dem Muster der französischen Charte ausgearbeitete konstitutionelle Verfassung mit Volksvertretung in zwei Kammern, der Kammer der Reichsräte bzw. der Abgeordneten. Die feierliche Verkündigung der Verfassung nahmen 1819 die bayerischen Stände zum Anlaß, dem König die vorliegende Ehrenmedaille zu widmen mit dem im Geiste des Klassizismus gestalteten Porträt auf der Vorder- und mehrzeiliger Widmung auf der Rückseite. Der Medailleur Joseph Lösch (auch Losch) d. Ä. war zugleich Münzstempelschneider des bayerischen Hauptmünzamtes in München. V

525

525 Medaille auf das 25jährige Jubelfest des Kölner Dombau-Vereins, 1867. Wilhelm Kullrich; Dahme 1821-1887 Berlin. Silber, geprägt; Dm. 6,9 cm. Med 2729. Querhaus, Langhaus und Westfront des 1248 begonnenen Kölner Doms waren unvollendet, als am 4. September 1842 der Grundstein zum Weiterbau gelegt wurde, nachdem bereits am 13. April 1841 der Dombauverein gegründet worden war. Die Medaille zeigt die Bausituation im Jahre 1867. Auf der Vorderseite erscheinen die Porträts der preußischen Könige Friedrich Wilhelm IV. und Wilhelm I. als Schirmherren des Dombauvereins. Die Vollendung des Domes wurde 1880 als nationales Ereignis gefeiert. Der Medailleur und Bildhauer Wilhelm Kullrich, Schüler von Johann Karl Fischer (vgl. Nr. 524), wurde 1860 königlich-preußischer Münzstempelschneider und Hofmedailleur. Er war Mitglied der bekannten G. Loos'schen Prägeanstalt in Berlin. V

524

526

528 Der Hauslehrer, 1865. Benjamin Vautier; Morges/Genfer See 1829-1898 Düsseldorf. Gemälde auf Leinwand; 72,5 : 92,5 cm. Gm 1669.
Der Schweizer Vautier gehört zu den bedeutsamsten Genremalern der Düsseldorfer Schule während der zweiten Hälfte des 19. Jahrhunderts. Typisch für ihn ist die Darstellung der Begegnung zweier Gruppen oder Personen, doch bringt er nicht den novellistischen Anlaß, das Ereignis selbst, ins Bild, sondern die daraus entstandene Situation. Sie ergibt ein in sich ruhendes Bildganzes, bei dem die psychologische Verknüpfung der Personen vorrangig ist, deren Konstellation die Wahl und Abstimmung korrespondierender Farben und Tonwerte sowie eine sichere Zentralkomposition mit verschobener Mittelachse ausdeutet.   Ba

526 Thusnelda im Triumphzug des Germanicus, gegen 1873. Carl Theodor von Piloty; München 1826-1886 Ambach/Oberbayern. Ölskizze auf Leinwand; 88 : 107 cm. Gm 1660. Leihgabe Bundesrepublik Deutschland.
Als Vorbereitung für das 1873 zur Wiener Weltausstellung vollendete Monumentalgemälde, das sich in der Neuen Pinakothek in München befindet, ist diese große Skizze entstanden. Durch die Lichtführung leicht theatralisch angelegt, vertritt sie dennoch in der weitgehend exakten Behandlung der topographischen Situation und der Figuren die Historienmalerei des 19. Jahrhunderts, die sich als Weiterentwicklung barocker Allegorien bedeutsame Stoffe aus der Geschichte um ihrer selbst willen zum Vorwurf nahm.   Ba

528

527 Kronprinz Friedrich an der Leiche des Generals Abel Douay, 1889. Anton von Werner; Frankfurt/Oder 1843-1915 Berlin. Gemälde auf Pappe; 49 : 73 cm. Gm 1801. Leihgabe Stadt Nürnberg.
Eine Sonderform der Historienmalerei bildete die Darstellung zeitgenössischer Ereignisse in minutiöser Kostümgenauigkeit, gleichsam dokumentarisch. A. von Werner, einer der Hauptvertreter dieser Richtung, bevorzugte dabei Themen aus dem Leben der Hohenzollern, wie mit dieser Szene aus dem deutsch-französischen Krieg, die er auf Grund reichen Skizzenmaterials knapp zwanzig Jahre später malte. Eine größere Fassung entstand 1890 für die Berliner Nationalgalerie.   Ba

529 Dame mit Federhut, um 1875. Hans Makart; Salzburg 1840-1884 Wien. Gemälde auf Leinwand; 135 : 82 cm. Gm 1658. Leihgabe Bundesrepublik Deutschland.
Den Typus des repräsentativen Porträts wandelt Makart ins Unkonventionelle ab, indem er es durch das verlorene Profil unmöglich macht, die dargestellte Person zu identifizieren. Offensichtlich intendiert er weniger ein Porträt als eine ausgefeilte Kostümstudie, kommt es ihm doch auch sonst bei Bildnissen nicht so sehr auf den Charakter des Modells als vielmehr auf den Reiz der malerischen Behandlung der Oberfläche an. Zu Makarts Wirkungsmitteln gehört dabei der Kontrast von zart lasierend gemalter Haut und dynamisch hingesetzten Pinselstrichen der Kleider. Die pastosen Asphaltfarben sind im Laufe der Zeit allerdings soweit nachgedunkelt, daß das Bild einiges von seinem dekorativen Charakter verloren hat, der an dem originalen, wohl nach einem Entwurf des Künstlers geschnitzten Rahmen noch zutage tritt.   Ba

527

529

530

530 Bildnis Dr. Konrad Fiedler, 1879.
Hans von Marées; Elberfeld 1837-1887
Rom. Gemälde auf Holz; 65 : 44,8 cm. Gm
1752. Leihgabe Stadt Nürnberg.
Dieses Porträt des Kunsttheoretikers
Fiedler (1841-95) ist das letzte von drei
Bildnissen, die Marées von seinem Mä-
zen gemalt hat. In seiner statuarischen
Ruhe belegt es die Bestrebungen der sogenannten Deutschrömer, denen auch
Feuerbach (vgl. Nr. 531) zugerechnet
wird, zu einer klassischen Einfachheit der
Bildform zu gelangen. Die unten abschlie-
ßende Horizontale der Arme korrespon-
diert mit der Vertikale von Rumpf und
Haupt, dessen Form und Ausdruck durch
die für Marées charakteristische Lasie-
rung vieler Schichten von Tempera und
Ölfirnis langwierig erarbeitet ist und über
das Individuelle hinaus einen Typus verkörpern soll. Zu dieser Auffassung gehört
auch die neben dem Vorhang aufschei-
nende ideale, paradiesische Landschaft,
um deren Darstellung der Künstler in seinem Werk gerungen hat. Ba

531 Ruhende Nymphe, 1870. Anselm
Feuerbach; Speyer 1829-1880 Venedig.
Gemälde auf Leinwand; 112 : 190 cm. Gm
1705. Leihgabe aus Privatbesitz.
Feuerbachs von zeitgenössischen Strö-
mungen unabhängiges, geistig im Klassizismus verwurzeltes Kunstideal ver-
schmilzt Elemente der venezianischen
Renaissance und des modernen Realismus zur lebensgroßen Darstellung eines
antiken Stoffes. Außerordentlich gebildet,
weiß er, daß die Nymphen jeden, der sie
belauscht, töten oder in den Wahnsinn
treiben. Daher malt er dieses mythische
Wesen schlafend, um die gegenseitige
fiktive Wahrnehmung zu verhindern. Mit
dem solcherart motivierten Insichruhen
der unbekleideten weiblichen Figur
möchte er in einer nur scheinbar prüden
Epoche zugleich demonstrieren, wie Akt-
malerei auch ohne die Darstellung sich in
raffinierter Nacktheit feilbietender Salon-
schönheiten möglich ist. Ba

531

532

532 Die große Schwester, 1883. Fritz von
Uhde; Wolkenburg/Sachsen 1848-1911
München. Gemälde auf Leinwand;
145 : 117,5 cm. Gm 1788. Leihgabe Stadt
Nürnberg.
Die lockere, »impressionistisch« hinge-
tupfte Malweise zeigt trotz der noch wenig aufgehellten Palette, daß dieses Gemälde erst nach Uhdes Bekanntschaft mit
Max Liebermann entstanden sein kann,
durch den der Künstler, vor allem bei einem gemeinsamen Aufenthalt in Zandvoort 1882, die Freilichtmalerei kennengelernt hat. Die neue Technik setzt Uhde
nun ebenso bei seinen, häufig sozial ge-
tönten, Interieurs ein wie auch bei Landschaften und den damals umstrittenen
Versuchen, Szenen aus dem Leben Christi in die Umwelt zeitgenössischer einfacher Leute zu verlegen.   Ba

533 »Platz dem großen Raffael«, 1859.
Adolph von Menzel; Breslau 1815-1905
Berlin. Gouache auf Papier, auf Pappe;
46 : 62,5 cm. Gm 1753. Leihgabe Stadt
Nürnberg.
Für Menzel, den unentwegt skizzierenden
Maler, konnte auch das Belanglose oder
Zufällige bildwürdig werden, wie in diesem Fall eine fiktive Szene mit Vorberei-
tungen für die Besichtigung eines Gemäldes in einem Schloßraum des 18. Jahrhunderts. Mit raschen, sicheren Pinselstrichen, die den hellen, deckenden Was-
serfarben der hier angewandten Gou-
achetechnik etwas Flirrendes, Lichtbeweg-
tes geben, fängt er den Moment ein, in
dem im mit Menschen gefüllten Thron-
saal des Dresdner Schlosses Raffaels Six-
tinische Madonna ihrem neuen Besitzer
gebracht wird, dem sächsischen Kurfürsten Friedrich August II., der vor Freude
erregt aufgestanden ist und seinen
Thronsessel platzschaffend beiseite
schiebt.   Ba

533

534

534 Junge mit Halskrause, um 1869/70.
Wilhelm Leibl; Köln 1844-1900 Würzburg.
Gemälde auf Leinwand; 76 : 61 cm. Gm
1748. Leihgabe Stadt Nürnberg.
Wenngleich das Bild in der Anlage das
Studium niederländischer Maler des
17. Jahrhunderts, besonders von Frans
Hals, verrät, enthält es doch zugleich Elemente einer lockeren Pinselführung, wie
sie damals die Freilichtmalerei der Schule
von Barbizon entwickelt hat. Daß sich die
Bestrebungen dieser Malergruppe mit
den eigenen Bemühungen Leibls berühr-
ten, wurde auf der Ersten Internationalen
Kunstausstellung in München 1869 deutlich und führte zu einer Einladung Auguste Courbets an Leibl, nach Paris zu kommen, wo dann dieses Porträt entstand.
Ba

535 Blumige Wiese, um 1907. Johann
Sperl; Buch b. Fürth 1840-1914 Aibling/
Oberbayern. Gemälde auf Leinwand;
37,4 : 54,5 cm. Gm 1775. Leihgabe Stadt
Nürnberg.
Angeregt von Bildern der Schule von Barbizon auf der Münchner Kunstausstellung
1869, vor allem aber durch Wilhelm Leibl,
mit dem er bis zu dessen Tod eng be-
freundet war, wendete sich Sperl der
Freilichtmalerei zu. Finden sich in seinem
Werk zunächst noch viele oberbayerische
Genreszenen, so überwiegen später die
Landschaften, die seine eigentliche
Stärke ausmachen. Er bevorzugt die Alla-
prima-Technik, also das Nebeneinander-
setzen der Farben ohne Übermalungen,
und entwickelt sie zu einem immer stärker aufhellenden und flockiger werdenden Malstil. Ba

535

536

536 Kartoffelbuddler in den Dünen von Zandvoort, 1891. Max Liebermann; Berlin 1847-1935. Gemälde auf Leinwand; 75 : 105 cm. Gm 1747. Leihgabe Stadt Nürnberg.
Liebermann, einer der führenden Meister des deutschen Impressionismus, kam wie viele seiner Generationsgenossen durch die Anregungen der Schule von Barbizon zur Freilichtmalerei, doch setzte er sich auch mit der Malweise von Frans Hals auseinander, vor allem während seiner häufigen Aufenthalte in Holland. Diese und weitere Einflüsse verarbeitete er zu einem charakteristischen Malstil, der genaue Wiedergabe der Wirklichkeit, allerdings nicht im Sinne exakter Zeichnung, mit der Darstellung der Wirkung des Lichtes verbindet.   Ba

537 Lachsstilleben, 1923. Max Slevogt; Landshut 1868-1932 Neukastel/Pfalz. Gemälde auf Leinwand; 60 : 80 cm. Gm 1770. Leihgabe Stadt Nürnberg.
Kein kunstvoll gebautes Stilleben, sondern das in seiner Zufälligkeit vorgefundene Arrangement wird dem Impressionisten Slevogt in diesem Bild zum Anlaß, mit flockig hingesetzten Farben das Spiel des Lichtes auf der Oberfläche der Dinge einzufangen und zu einem flirrenden Ganzen zu verbinden, bei dem die Farbkomposition wichtiger ist als die Charakterisierung verschiedenartiger Stofflichkeit der Objekte.   Ba

537

538

539 Bildnis des Malers Lyonel Feininger,
1915. Karl Schmidt-Rottluff; Rottluff b.
Chemnitz 1884-1976 Berlin. Gemälde auf
Leinwand; 90 : 76 cm. Gm 1691. Leihgabe
aus Privatbesitz.
Um 1914/15 findet der zur Dresdner
Künstlergruppe »Die Brücke« gehörende
Schmidt-Rottluff eine Möglichkeit der
Porträtgestaltung, die die Funktion der
Körperpartien und Glieder konstruktiv
überbetont, den Kopf überproportioniert
und die Farbe ähnlich wie bei den Kubi-
sten zurücktreten läßt. Köpfe und Körper
nehmen den Charakter des Holzge-
schnitzten an, betont durch die Umrisse.
Die Umgebung wird nur angedeutet.
Trotz der darin liegenden Ansätze zur Abstraktion kann der Maler mit dieser Konzentration auf den Dargestellten dessen
Individualität, die straffe Haltung und die
nervöse Sensibilität, deutlich erfassen.
So bringt er die Expression seiner subjek-
tiven Empfindung in eine beruhigte
Form, die den am Anfang seiner Entwicklung liegenden Zug zur Kunst der Primitiven vergeistigt. Ba

538 Bildnis Charlotte Berend-Corinth,
1912. Lovis Corinth; Tapiau/Ostpreußen
1858-1925 Zandvoort. Gemälde auf Leinwand; 64 : 50 cm. Gm 1725. Leihgabe
Stadt Nürnberg.
Mit schnellen, breiten Pinselstrichen, deren Heftigkeit das vom ersten Schlagan-
fall gebliebene Zittern der Hände verrät,
baut Corinth, offensichtlich ohne Vorzeichnung, aus kräftig gesetzten Farben,
die beim Weitermalen oft noch naß sind,
das Bild auf, das seine mondäne Frau
gleichsam im Moment der Kopfwendung
einfängt. Das Blauviolett ihrer Garderobe
füllt beinahe die ganze Fläche aus, läßt
dadurch aber das helle Gesicht um so
mehr leuchten, obwohl dieses durch die
in das noch nasse Inkarnat getupften, einen Schleier andeutenden Blautöne seine
eigene Farbkraft gar nicht voll entwickeln
kann. Entscheidend für die impressioni-
stische Haltung ist nicht mehr die exakte
Zeichnung, sondern allein die Wirkung
von Farbe und Licht. Ba

539

540 Landschaft mit Bauernhaus, 1922.
Emil Nolde; Nolde/Nordschleswig
1867-1956 Seebüll/Nordfriesland. Gemälde auf Leinwand; 72 : 99,6 cm. Gm 1690.
Leihgabe aus Privatbesitz.
Das denkbar einfache Motiv, die weite,
kaum differenzierte Heimatlandschaft
Noldes, ermöglicht dem Künstler, den
Bildaufbau allein aus der Farbe zu entwik-
keln. Pastos mit breitem Pinsel aufgetragen, mit deutlicheren Konturen nur im
Vordergrund, entstehen die großen Grün-
zonen, zu denen komplementär das tiefe
Rot des Gehöftes und korrespondierend
das Gelb von Himmel und Wasser gesetzt
sind. Die kräftigen Farben verraten noch
Noldes vorübergehende Beziehung zu
den Brücke-Künstlern. Aus ihrer auch formalen Expressivität entwickelt er jedoch
allein durch das Kolorit eine ausdrucks-
volle Atmosphärik. Ba

540

541

541 Der Trinker (Selbstbildnis), 1914/15. Ernst Ludwig Kirchner; Aschaffenburg 1880-1938 Davos. Gemälde auf Leinwand; 119,5 : 90,5 cm. Gm 1667. Kopf und Glas als Zentrum der Komposition werden wie von einem Nimbus durch die Tischplatte hinterfangen, deren Oval mit der Eckigkeit von Bank und Teppich kontrastiert. Die bildsprengende, sich den Gesetzen der Perspektive nicht mehr unterordnende Dynamik der Formen, deren expressive Linienführung die Brücke-Künstler aus vielfältigen Anregun-gen zu einer neuartigen Sprache entwikkelt haben, wird unterstrichen durch eine fast grelle Farbigkeit. Aus dieser Bewegt-heit von Formen und Farben erwächst der Eindruck des Chaotischen, das – am Anfang des Krieges – eine Welt wider-spiegelt, der der Künstler sich nur im Trunk entziehen kann. Ursprünglich als Ausdruck der Lebensfreude verstanden, wird das Thema des Trinkers, noch be-tont durch die hilflose Geste des Darge-stellten, zum Sinnbild der Vanitas. Ba

542 Speerschleudernde Amazone, 1897.
Franz von Stuck; Tettenweis/Niederbay-
ern 1863-1928 München. Bronzeguß,
dunkel patiniert; 36, mit Sockel 65 cm. Pl
3071. Leihgabe Stadt Nürnberg.
Der hauptsächlich als Maler tätige Stuck,
Mitbegründer der Münchner Sezession,
bevorzugte für seine Arbeiten mythologische und allegorische Themen. Neben einen stark vom Symbolismus geprägten
Jugendstil tritt bei ihm schon in den
neunziger Jahren eine neoklassizistische
Tendenz, die, wie auch an seinem nach
eigenem Entwurf entstandenen Wohn-
haus, besonders bei der Amazone zum
Tragen kommt. – Zumindest der Sockel
dieser Statuette kann erst nach 1906 gegossen worden sein, da er eine Signatur
Stucks mit dem Adelstitel aufweist. Ba

542

543

543 Dreiklang, 1919. Rudolf Belling; Berlin 1886-1972 München. Bronzeguß, dunkel patiniert; 89 cm. Pl 3037.
In dem Bemühen, der Plastik nicht nur
Masse, sondern auch Raumhaltigkeit zu
geben, hat Belling die gerade noch vorhandenen Anklänge an tanzende Gestalten unter dem Einfluß der französischen
Kunst durch eine kubistische Formgebung zum Ausdruck reiner Bewegungs-
energien umgewandelt, die den einge-
schlossenen Luftraum in ihren Rhythmus
einbeziehen. Mit diesem Werk schuf er
die erste bewußt nichtfigurative Skulptur
Europas. – Es handelt sich um einen jüngeren Guß nach dem originalen Werkmo-
dell von 1918/19. Ba

544 Schreibtisch, 1898. Henry van de
Velde; Antwerpen 1863-1957 Zürich. Eichenholz, Messing, Leder; 76 : 261 :
100 cm. HG 10254.
Henry van de Velde, der Belgier, der lang-
jährig den Jugendstil in Deutschland mitgeprägt hat (vgl. Nr. 549), blieb mit der
Wahl des schweren Eichenholzes für die
Möbelgruppe, zu der dieser Schreibtisch
gehört, noch den überkommenen Vorstellungen von einem repräsentativen
Herrenzimmer verhaftet. Neu aber ist die
aus dem Linienfluß der floralen Richtung
des Jugendstils entwickelte dynamische
Form, die sich auch auf die Metallbe-
schläge und -brüstung ausgewirkt hat.
Darüber hinaus zeigt die Verwendung
massiven, nichtfurnierten Holzes den Beginn der zuerst im Jugendstil propagier-
ten Forderung nach Materialgerechtigkeit. Der 1896 entstandene Entwurf kam
bis 1900 viermal zur Ausführung. Ba

544

545 Tafelgläsersatz, 1898. Peter Behrens;
Hamburg 1868-1940 Berlin. Farbloses
Glas; Sektschale 20,8 cm. Gl 497-501,
559.
Zwei Jahre vor seiner Berufung an die
Künstlerkolonie in Darmstadt schuf Behrens, Architekt und Entwerfer für das
Kunstgewerbe, den Gläsersatz, der in Benedikt von Poschingers Kristallglasfabrik
Oberzwieselau bei Zwiesel/Bayer. Wald
ausgeführt wurde. Da die Gläsertypen für
die einzelnen Getränke traditionell festla-
gen, konnte die gewünschte Neuartigkeit,
außer durch Verzicht auf historisierenden
Dekor, nur in Formdetails zum Ausdruck
gebracht werden. Behrens gelang dies,
indem er aus der noch vorherrschend floralen Ornamentik des Jugendstils den
schlichten, fließenden Umriß für diesen
Gläsersatz entwickelte, der komplett neun
verschiedene Stücke umfaßte. Ba

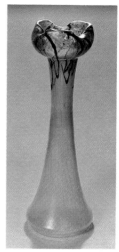

546

545

546 Vase, um 1900. Johann Loetz Witwe
(Max Ritter von Spaun), Klostermühle/
Böhmen. Papillonglas; 40,5 cm. Gl 486.
Papillonglas, irisierendes Glas mit Flek-
kendekor, bildete eine Spezialität der
Firma Loetz Witwe. Der im Jugendstil
hochgeschätzte Lüstereffekt irisierenden
Glases war von Tiffany in New York erfunden worden, dessen Produktion auch
die Form dieser Vase beeinflußt hat, wie
überhaupt alle Neuheiten der Epoche
durch Zeitschriften rasch verbreitet und
dann überall aufgegriffen, allerdings
auch abgewandelt wurden. Bei diesem
Stück geschieht das durch den Flecken-
dekor aus gelben Einschlüssen, die durch
Mattschliff in unregelmäßigen Bahnen
am Hals teilweise sogar freiliegen und
dadurch mit dem Glanz des Glases kon-
trastieren. Ba

547 Weinglas, vor 1903. Richard Riemerschmid; München 1868-1957. Farbloses
Glas; 17,3 cm. Gl 484.
Ähnlich wie Behrens (vgl. Nr. 545) hat
auch Riemerschmid, ebenfalls Architekt
und Entwerfer für das Kunstgewerbe,
versucht, den weitgehend festgelegten
Typus des Glases neuzuformen. Er ver-
zichtet dabei auf die bei Behrens trotz des
fließenden Umrisses noch vorhandene
Dreiteilung in Fuß, Stiel und Kuppa, indem er den doppelwandigen, kegelför-
mig eingestochenen Fuß trichterförmig
aufsteigen läßt, so daß sich kein eindeutig abgesetzter Schaft mehr ergibt. Die
Eigenheit des Stückes liegt damit in dem
Gegeneinander zweier unterschiedlich
proportionierter Trichterformen, deren
elegante Linienführung die Herkunft aus
der floralen Richtung des Jugendstils gerade noch erkennen läßt. Ba

547

548

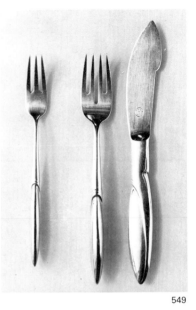

549

548 Leuchter, nach 1900. A. Strobl, wahrscheinlich für Eduard Wollenweber, München. Silber, gegossen, getrieben, ziseliert; 42,5 cm. HG 11630.
Das Stück ist motivisch und formal einigen Silber-Elfenbein-Leuchtern von Egide Rombaux und Frans Hoosemans, Brüssel, verpflichtet, die seit den Publikationen über die Pariser Weltausstellung von 1900 bekannt waren. Darüber hinaus stehen hinter dem Entwurf der Frauenfigur französische Vorbilder, die ebenso wie die Iris der Kerzentüllen und die Seerosen am Fuß inzwischen Allgemeingut des Jugendstils geworden waren. Ba

549 Fischbesteck, 1903. Henry van de Velde; Antwerpen 1863-1957 Zürich. Silber, hohl gegossen, geschmiedet; Messer L. 20,5 cm. HG 11699.
In ihrer zeittypischen spitzovalen Form, die von den zurückhaltend eingesetzten Ornamentlinien noch unterstrichen wird, steht das 1902 entworfene Besteck den Details des vier Jahre früher entstandenen Schreibtisches (vgl. Nr. 544) nahe. Die Ausführung lag bei dem Silberschmied Theodor Müller, mit dem van de Velde mehrere Jahre in Weimar zusammenarbeitete, als er dort ab 1902 künstlerischer Berater des Großherzogs und dann bis 1914 auch Leiter der von ihm begründeten Kunstgewerblichen Lehranstalten war. Ba

550

550 Zierteller, um 1901. Joseph Maria Olbrich; Troppau 1867-1908 Düsseldorf. Silberzinn, gegossen; Dm. 30 cm. HG 11662.
Olbrich, eines der führenden Mitglieder der Künstlerkolonie Mathildenhöhe in Darmstadt, hat den Teller entworfen, der von der Firma Eduard Hueck, Lüdenscheid, ausgeführt wurde. Das Silberzinn dieser Firma weicht darin vom Kayserzinn (vgl. Nr. 551) ab, daß die Zinnmasse statt besonderer Zusätze eine galvanisch versilberte Oberfläche erhält. Die zukunftweisende, von Wiener Tendenzen geprägte, strenge Formgebung bewahrt im Dekor noch Einflüsse der floralen Richtung des Jugendstils, vgl. Nr. 544. Ba

551

551 Jardinière, um 1909. Engelbert Kayser; Kaiserwerth/Düsseldorf 1840-1911 Köln. Kayserzinn, gegossen; Br. 34 cm. HG 11571.
Die schon länger bestehende Metallwarenfabrik J. P. Kayser Sohn betrieb seit 1900 ein Atelier für Entwürfe und Modelle in Köln unter Leitung von E. Kayser, dessen Bruder Johann Peter in Krefeld-Bokkum die Produktion leitete. Kayser bewahrte, wie diese Blumenschale zeigt, die im Verkaufskatalog der Firma von 1909 aufgeführt wird, ziemlich lange die fließenden, weichen Formen, die im Jugendstil vor 1900 entwickelt wurden. Geschätzt wurde die Firma wegen ihrer warenzeichengeschützten Legierung »Kayserzinn«, das aus Blockzinn mit Zusätzen von Kupfer und Antimon besteht, was den Erzeugnissen einen silbrigen Glanz verleiht. Ba

552 Tänzerin, um 1911.»Erste Wiener Terrakottafabrik und Atelier für künstlerische Fayencen Friedrich Goldscheider«. Steingut, bemalt; 31,5 cm. Ke 2855.
Nach einem Modell von Louis Marie Blaise Latour (Algier um 1860- nach 1928 Paris) hat die Firma Goldscheider die bemalte und glasierte Steinfigur dieser Tänzerin in verschiedenen Größen und Staffierungen ausgeführt. Sie ist ein Ergebnis der vom Jugendstil und von dem nach 1900 aufkommenden Neo-Biedermeier getragenen Bemühungen um eine Erneuerung der Porzellan- und überhaupt der keramischen Plastik, deren Eigenart in einer fließenden Linienführung, größerer Flächenhaftigkeit und meist geschlossenem Umriß liegt. Ba

552

553

554 Stangenvase, um 1915. Carl Schappel für Oertel & Co. Haida/Böhmen. Kristallglas mit Überfang; 22,6 cm. Gl 550.
Überfangglas ist seit dem Biedermeier eine besonders in Böhmen gepflegte Technik, für die um 1910 die Fachschule Haida die Sonderform des Ziersaums entwickelt hat. Er wird durch Schnitt in Kristallgläser erzielt, die zwei- oder mehrfach farbig überfangen sind, so mit weiß und schwarz bei dieser Vase. Ihre strenge Form und die Art des Dekors leitet über vom Jugendstil zum Art Deco der zwanziger Jahre. Ba

553 Teeservice. Meißen, 1906. Porzellan, bemalt; Kanne 13,7 cm. Ke 2882.
Da bei Gebrauchsgerät die Möglichkeiten für Formveränderungen gering sind, beschränkt sich auch bei diesem Teeservice der Einfluß des Jugendstils, der in Meißen erst nach 1900 zögernd aufgegriffen wurde, weitgehend auf den Schmuck. Immerhin aber hat die Art des gemalten Ornaments sich doch auf die Gestaltung der Henkel und Ausgüsse ausgewirkt. Sie entsprechen eher noch als die Gefäßformen selbst dem Linienschwung des Dekors, der wahrscheinlich von dem Manufakturmitarbeiter Otto Voigt stammt, aber auf weitverbreiteten zeitgenössischen Vorlagen basiert. Ba

555

554

555 Sauciere, 1924. Wilhelm Wagenfeld; Bremen 1900, lebt in Stuttgart. Neusilber, getrieben; Ebenholzgriffe; Glasdeckel; 12,5 cm. HG 10 260.
Als frühe Arbeiten Wagenfelds stammen die Sauciere und zwei Teebüchsen (HG 10 259) aus seiner Lehrzeit in den Metallwerkstätten des Bauhauses in Weimar. Sie kennzeichnen die seinerzeit bahnbrechenden Bestrebungen dieser Schule, den erstmals um die Jahrhundertwende erhobenen Forderungen nach Materialgerechtigkeit durch Verzicht auf Ornamente und durch knappe, meist stereometrische Formen zum Durchbruch zu verhelfen.
Ba

556

557 Stuhl, 1926. Marcel Breuer; Pécs/
Ungarn 1902, lebt in New York. Stahlrohr
und Segeltuch; 86,5 cm. HG 11 653.
Breuer, Schüler und Mitarbeiter des Bauhauses in Weimar, wollte einfache,
zweckmäßige Möbel machen, deren
»Stil« im Ausdruck des Zwecks und der
dazu notwendigen Konstruktion liegen
sollte. Metall schien ihm dabei am besten
mit dem Zeitgeschmack übereinzustim-
men. Es ermöglichte zudem am einfach-
sten die Standardisierung für eine indu-
strielle Produktion, für die in Deutschland
– trotz der Entwürfe schon von Jugend-
stilkünstlern für die Massenfertigung
– erst das Bauhaus konsequent den Weg
des »industrial design« betrat. Produktion
und Vertrieb dieses Stuhles übernahm
die Firma Standard-Möbel Lengyel & Co.,
Berlin. Ba

556 Spiegelrahmen, um 1923. Ernst Ludwig Kirchner; Aschaffenburg 1880-1938
Davos. Arvenholz, rot bemalt; 172 cm.
HG 11 616.
Nach seiner Übersiedlung in die Schweiz,
1918, begann Kirchner, skulpierte Möbel
für sich zu arbeiten, zu denen dieses
Stück gehört. Vor einem glatten Rahmen
stehen zwei Figurensäulen, Zeugnis für
die schon anderthalb Jahrzehnte währen-
de Auseinandersetzung der Künstler der
»Brücke« mit der Kunst der Primitiven,
besonders Afrikas. – Es handelt sich nicht
um einen Bilder-, sondern um einen Spiegelrahmen, was, abgesehen vom ge-
streckten Format, deutlich daran wird,
daß die beiden Frauen unten Handspie-
gel halten. Sie lassen sich darüber hinaus
aus ihren halb bzw. ganz geöffneten Augen als Abend und Morgen deuten, während die beiden oberen Frauen wohl
Nacht und Tag darstellen, so daß sich
insgesamt ein Tageszeitenzyklus ergibt.
Ba

558

557

558 Kette mit Anhänger, um 1905. Wiener Werkstätte nach Entwurf von Joseph
Hoffmann; Pirnitz 1870–1956 Wien. Silber, Halbedelsteine; 4,5 cm (Anhänger).
T 5835.
An zierlicher Silberkette hängt ein runder,
beidseitig gewölbter, gefaßter Malachit
und an diesem an einem Doppelkettchen
der Hauptanhänger. In quadratischem
Rahmen sind à jour sechzehn gefaßte
und gemugelte Halbedelsteine unregelmäßig so zueinander geordnet, daß das
verschobene Zentrum – mit einem großen Malachit – Saphire, Opale, Türkise, je
ein Moosstein, Aventurin, Chrysopras,
Turmalin etc. umgeben. Das Schmuck-
stück wurde von der Wiener Werkstätte
ausgeführt, die der Architekt und Desig-
ner J. Hoffmann 1903 begründet hatte
und der er viele Entwürfe lieferte. vW

Historische Waffen und Jagdaltertümer

559 Topfhelm. Nürnberg, Mitte 14. Jahrhundert. Eisen, geschmiedet, geschliffen, bemalt (im 17. Jahrhundert), anhängendes Panzergeflecht aus Eisen- und Messingdraht; 32 : 23 : 28 cm; Gewicht 3275 gr. W 2801. Leihgabe prot. Kirchengemeinde Kornburg.
Die Herstellung eines Helmes aus Eisen war sehr kompliziert und teuer. Einfache Krieger konnten sich Helme nicht leisten und trugen sie nur, wenn sie vom Kriegsherrn gestellt wurden wie im römischen Heer. Im Mittelalter, zur Blütezeit des Rittertums, wurde der Topfhelm ein Kennzeichen des Ritters. Heute noch werden Wappen in Form eines Schildes mit aufgesetztem Helm dargestellt. Der Topfhelm besteht aus dem in einem Stück getriebenen Scheitelstück und zwei seitlich zusammengenieteten, die Wandung bildenden Platten. Die Durchbohrungen an der Vorderseite unter dem Sehschlitz dienten der besseren Luftversorgung des Trägers. Von den nur rund zwei Dutzend existierenden Topfhelmen ist dieser am besten erhalten. Der auf dem Helm sitzende Aufputz, die Zimier, fehlt.   Wi

560

559

560 Einschneidiger Dolch. Burgund (?), Anfang 14. Jahrhundert. Eisen, geschmiedet, geschliffen; Griff und Knauf mit geprägten Goldblechen auf Zinnunterlage; L. 34,3 cm. W 1744.
Der Dolch gehört zu einer Gruppe von Einzelstücken, die wegen ihrer kostbaren Verzierung mit Goldblechen und ihrer komplizierten Verarbeitung – der Griff ist hohl, die Waffe daher sehr leicht – als ausgesprochene Luxuswaffen bezeichnet werden müssen. Berücksichtigt man die Verzierung des einst sternförmigen Knaufs mit dem Abschlag eines Reitersiegels, einer Art Statussymbol des Adels, dann ist der Träger ganz sicher in den Kreisen des Adels, vielleicht sogar des höheren Adels zu suchen.   Wi

561

563 Malchus. Nürnberg (?), um 1500. Eisen, geschmiedet, geschliffen; Griff Buchsbaumholz, geschnitzt; L. 72 cm. W 2819.
Der »Malchus« ist eine seit dem Mittelalter in Deutschland verwendete säbelartige Waffe. Im Gegensatz zum Säbel ist seine Klinge jedoch kurz vor der Spitze breiter als am Griff. Der Name bezieht sich wohl auf jenen Diener des hohen Priesters, dem Petrus im Garten Gethsemane das Ohr abhieb. Diese gekrümmte Blankwaffe kennzeichnet auf mittelalterlichen Darstellungen einen heidnischen Krieger oder einen Bösewicht. Es ist deshalb anzunehmen, daß der Malchus im Laufe der Kreuzzüge aus dem Vorderen Orient nach Europa kam. Der geschnitzte Griff zeigt hier die Vertreter der christlichen Stände in spätgotischem Astwerk.
Wi

561 Turniersattel. Regensburg (?), 2. Hälfte 15. Jahrhundert. Holz, mit bemaltem Lederbezug; 92 : 114 : 63 cm. W 676.
Dieser aus dem Besitz des Regensburger ritterlichen Geschlechts der Paulsdorfer stammende Sattel hing bis zum Erwerb durch das Museum in der Paulsdorfer-Kapelle der Minoritenkirche zu Regensburg. Der Reiter stand in diesem Satteltyp förmlich auf dem Pferd. Die Beine waren vom Oberschenkel bis zum Fuß geschützt. Durch die überhöhte Position sollte dem Turnierteilnehmer ein Vorteil im Kampf verschafft werden. Sättel dieser Art haben sich außerordentlich selten erhalten.   Wi

562 Handbüchse. Deutsch, vor 1399. Bronze, gegossen, abgefeilt; L. 32 cm, Kaliber 1,43 cm. W 2034.
Die im 14. Jahrhundert aufgekommenen Feuerwaffen waren anfangs noch sehr grob und schossen recht ungenau. Den ältesten Typ der Handfeuerwaffe bildet ein an einem Ende geschlossenes Rohr mit Zündloch. Am verschlossenen Ende wurde eine Holzstange zur Handhabung eingesetzt (sie fehlt hier), teils um das Rohr vom Auge des Schützen fernzuhalten, teils um es nach dem Abschuß als Schlagwaffe gebrauchen zu können. Abgefeuert wurde das Rohr durch eine glühende Lunte, die der Schütze oder ein zweiter Feuerschütze an das Zündloch hielt. Unsere Büchse, ein Fund aus der 1399 zerstörten Burg Tannenberg (Kr. Darmstadt), ist die älteste datierbare Handfeuerwaffe, die bis jetzt bekannt ist.
Wi

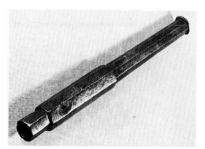

562

563

564

565

564 Stechzeug mit Tartsche. Nürnberg, Ende 15. Jahrhundert; teilweise modernisiert von Valentin Siebenbürger; Nürnberg um 1510-1564. Eisen, geschmiedet, geschliffen; Tartsche Holz, mit Lederbezug; ca. 103 cm. W 1316.
Stechzeuge sind spezielle schwere Rüstungen für das »Stechen«, eine Turnierart, bei der versucht wurde, mit stumpfen Lanzen auf freier Bahn den Gegner aus dem Sattel zu stoßen. Da der Helm unbeweglich auf dem Bruststück verschraubt und das Gewicht der Rüstung zu groß ist, waren Stechzeuge für den Krieg unbrauchbar. Der Reiter mußte mit einer Leiter auf das Pferd steigen oder mit einem Flaschenzug hochgehoben werden. Die sieben Stechzeuge des Museums stammen aus dem Nürnberger Zeughaus und wurden dort einst an die jungen Patrizier ausgeliehen, wenn auf dem Hauptmarkt »Stechen« stattfanden. Weil das Turnier ein Adelsprivileg war, nannte man es in Nürnberg »Gesellenstechen«. Nach dem alten Wiener ist der Nürnberger Bestand an Stech- und Rennzeugen die größte geschlossene Sammlung alter Turnierrüstungen. Wi

566 Radschloßpistole. Nürnberg (?), Anfang 16. Jahrhundert. Schmiedeeisen, gefeilt, poliert; L. 40 cm, Kaliber 1,2 cm. W 2035.
Bis zum 15./16. Jahrhundert wurden die Feuerwaffen mit glühender Lunte o. ä. entzündet. Die Nachteile dieser Zündungsart behob weitgehend das in Nürnberg erfundene Radschloß. Bei ihm werden aus einem Stück Schwefelkies, das im Hahn festgeklemmt ist, durch ein mit Federkraft rasch gedrehtes, geriffeltes Rad, Funken geschlagen. Das Radschloß, das im frühen 16. Jahrhundert als hinterhältig galt (der Brandgeruch der Lunte warnte nicht mehr), hatte für die Entwicklung der Feinmechanik große Bedeutung, da bei ihm in hartem Metall mit großer Präzision gearbeitet werden mußte. Die vorliegende Pistole ist eine der ältesten bekannten Radschloßwaffen. Wi

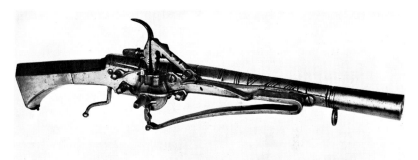

566

565 Rennzeug, 1498. Wilhelm von Worms; gest. 1538 Nürnberg. Eisen, geschmiedet, geschliffen; ca. 110 cm. W 1307.
Beim »Rennen«, einem Turnier, bei dem die beiden Teilnehmer versuchten, sich mit langen scharfen Lanzen gegenseitig vom Pferd zu stoßen, wurde diese Rüstung getragen. Der am linken Arm getragene Schild fehlt hier. Die ganze Rüstung ist so konstruiert, daß sie der Spitze der gegnerischen Lanze möglichst wenig Angriffsfläche bot und sie abgleiten ließ. Wie die Stechzeuge stammen auch die vier Rennzeuge des Museums aus dem alten Nürnberger Zeughaus und wurden jeweils bei Bedarf an die Nürnberger Patrizier ausgegeben. Der Hersteller der Rüstungen, Wilhelm von Worms, der 1498 das Nürnberger Bürgerrecht erwarb, galt zu seiner Zeit als einer der besten Plattner (Harnischmacher) des Abendlandes. Sein Nürnberger Wohn- und Arbeitshaus steht heute noch. Wi

567 Dolch, sog. Schweizerdolch.
Schweiz (?), 2. Hälfte 16. Jahrhundert.
Griff braunes Holz, Beschläge und
Scheide Bronze, gegossen, graviert, pun-
ziert, vergoldet; L. 37,5 cm. W 1610.
Der Schweizerdolch ist eine für den
Schweizer Kriegsmann des 15./16. Jahr-
hunderts typische Blankwaffe. Für Be-
schläge und Scheide lieferten bekannte
Künstler, wie Hans Holbein d. J. und
Heinrich Aldegrever, Entwürfe. Unser
Dolch zeigt auf der Scheide in durchbro-
chenem Relief ein Reitergefecht. Das in
der Scheide getragene Messerchen und
ein dazugehöriger Pfriem fehlen.   Wi

568

567

568 Trinkgefäß in Geschützform. Nürnberg (?), Mitte 16. Jahrhundert. Kupfer,
getrieben, teilweise gegossen, graviert,
geätzt, vergoldet; 39 cm, Kaliber 4,2 cm.
W 2953.
Im Mittelalter gab es keine stehenden
Heere. Die Bewaffnung brachte ursprünglich der angemietete Söldner selbst mit.
Das änderte sich beim Aufkommen der
teuren Feuerwaffen. Die großen Geschüt-
ze mußte der Landesherr oder die Stadt,
die Heere anmieteten, stellen. In Reichs-
städten, wie z.B. Nürnberg, bedienten
Handwerker, meist Bronze- und Messing-
gießer, die Artillerie. Sie mußten sich im
Frieden dauernd für den Kriegsfall üben.
Bei solchen Korporationen – die Schüt-
zenvereine haben meist den gleichen Ursprung – bildeten sich bald gesellige Um-
gangsformen heraus. So diente dieses
Kanonenrohr mit abnehmbarem Mün-
dungsteil als Scherztrinkgefäß. Noch im
19. Jahrhundert war es bei der Landwehr-
artillerie in Nürnberg in Gebrauch.   Wi

569 Krippensattel, um 1510–25. Holz, mit
gepolstertem roten Stoffbezug; Eisen-
plattenbeschlag mit geätzten Ornamentstreifen; 52 : 60 cm. Aus Burg Reichen-
berg b. St. Goarshausen. W 1297.
Der Krippensattel mit seinen hohen Rändern sollte dem geharnischten Reiter, der
im Kampf sehr leicht das Gleichgewicht
verlieren konnte, zusätzlichen Halt verleihen. Darüber hinaus wurden durch die
hochragenden Eisenplatten an seiner
Vorderseite der beim Plattenharnisch
kaum zu schützende Unterleib und die Innenseiten der Oberschenkel abgedeckt.
Wegen der schweren Panzerungen und
Sättel konnten nur kräftige, aber langsame Pferde benutzt werden, ein Umstand,
der zum Verlust der militärischen Aufgabe der Ritter, die ursprünglich eine
schnelle, leicht bewegliche Kavallerie bildeten, führte.   Wi

569

570 Ganzer Harnisch. Landshut, um
1525; Wolfgang Großschedel; Landshut,
1521 Bürger, gest. um 1563. Eisen, getrieben, geschliffen, geätzt; ca. 180 cm.
W 1340.
Im 15. Jahrhundert entwickelte sich der
ganze Plattenharnisch gleichsam zu einer
in sich beweglichen Skulptur. Trotz der
technisch sehr schwierigen Herstellung
erreichten die Meister oftmals hervorragende künstlerische Qualität. Im alten
Reich waren die großen Zentren der Har-
nischherstellung Nürnberg, Augsburg,
Innsbruck und Landshut. Im einzigen englischen Plattnerzentrum, Greenwich,
hatte W. Großschedel einige Jahre gearbeitet. Die Riefelung des Harnischs sollte,
wie bei modernem Wellblech, die Stabili-
tät ohne Materialverstärkung erhöhen.
Durch die in den ornamentalen Ätzstrei-
fen wiederkehrende Hand in der obszö-
nen Gebärde der »Feige« wie auch durch
den im frühen 16. Jahrhundert Mode werdenden Fratzenhelm wollte der Träger
Unheil von sich abwenden. Wi

571

571 Reiterharnisch, um 1560-70. Anton
Peffenhauser; Augsburg um 1525-1603.
Eisen, getrieben, geschliffen, Ätzungen
geschwärzt, vergoldet, Kaltemailmalerei;
256 cm. W 3065.
Turniersatteldecke. Sachsen, nach 1610.
Vielfarbiger Wollfilz, mosaikartig zusammengesetzt. W 2999.
Dieser Harnisch für das welsche Gestech
über die Planke ist Teil einer umfangreichen Serie von Harnischen und Zusatztei-
len, die im gleichen Stil für Herzog Johann Wilhelm I. von Sachsen-Weimar-Al-
tenburg angefertigt wurde. Die ursprünglich nicht zugehörige Satteldecke paßt in
Form und Stil zum Harnisch. Roß und
Reiter vermitteln einen lebendigen Eindruck von der Erscheinung eines vollge-
rüsteten Turnierteilnehmers am Ende des
16. Jahrhunderts. Die relativ dünne Lanze
sollte niemanden mehr aus dem Sattel
werfen, sondern nur noch den Gegner an
einer bestimmten Stelle treffen. Die Spezialität von Anton Peffenhauser, damals
wohl der bekannteste deutsche Plattner,
waren u. a. die außerordentlich teuren,
reich verzierten Turnierharnische. Wi

570

572

572 Kanonenzielgerät. Nürnberg, 1602; Paulus Reinmann; tätig in Nürnberg seit 1575, gest. 1608 Würzburg. Messing, gegossen, gefeilt, graviert, punziert, vergoldet; 16 cm. WI 18. Leihgabe Stadt Nürnberg.

Mit den alten Geschützen konnte man genauer schießen, als meist vermutet wird. Man erzielte bei einiger Erfahrung, unter Berechnung von Pulverladung, Kaliber, Kugelgewicht und Lauferhöhung, gute Trefferergebnisse. Auf das Kanonenrohr gesetzt, zeigte das Zielgerät durch sein Lot, das hier einen Kompaß trägt, den tatsächlichen Neigungswinkel auf der halbrunden Skala an. Als Besonderheit besitzt dieses Instrument auch eine kleine Sonnenuhr, für deren genaue Einstellung der Kompaß benötigt wurde. Nürnberger Meister waren weltbekannt für die Präzision der verschiedenen von ihnen hergestellten Meßgeräte. Wi

573 Modell eines Feldlagers, um 1632. Johannes Carl; Nürnberg 1587-1665. Eisen, Messing, Holz, Leinwand, Leder. W 2197-2284.

Zu Beginn des 17. Jahrhunderts hatte der Architekt und Kriegstechniker Johannes Carl den niederländisch-spanischen Krieg studiert und als Ergebnis eine Arbeit über die ideale moderne Armee jener Zeit verfaßt. In seiner Stellung als Nürnberger Zeugmeister ließ er, wohl zur Illustrierung dieser Arbeit, mehrere hundert detailgetreue Modelle anfertigen. Die Abbildung zeigt das Feldlager, geschützt durch eine Wagenburg aus Feldschmiede, Proviant-, Munitions- und Pontonwagen und durch zerlegbare Sperren. Eine andere Vitrine umfaßt die dazugehörige Artillerie. Weil sich die großen Vorbilder meist nicht mehr erhalten haben, ist die Carlsche Sammlung mit ihrer Detailgenauigkeit für die Waffengeschichte des Dreißigjährigen Krieges von größter Bedeutung. Wi

573

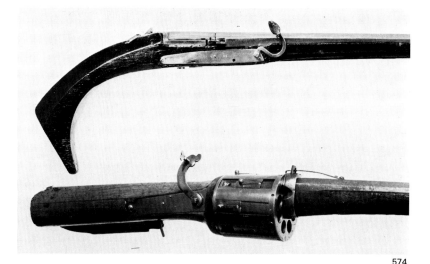

574

574 Luntenschloßgewehr mit Hinterla-dung, um 1570-1600. Metallteile Eisen, geschmiedet, geschliffen, schwarzgestri-chener Holzschaft; L. 110 cm, Kaliber 1,62 cm. Von der Veste Coburg. W 412 (oben).
Luntenschloßrevolvergewehr, sog. Dreh-ling. Nürnberg, um 1580. Metallteile Ei-sen, geschmiedet, geschliffen; Holz-schaft; L. 167,5 cm, Kaliber 1,75 cm. W 1984 (unten).
Die ständig zunehmende Verwendung der Handfeuerwaffen in den Kriegen des 16. Jahrhunderts hatte Versuche zur Folge, die langsame Schußfolge des Vor-derladers, mit dem relativ langwierigen Ladevorgang nach jedem Schuß, zu be-

schleunigen. Die verschiedenen Lösun-gen dieses Problems bei den beiden Ge-wehren werden noch heute angewandt. Beim einen wird ein vorher mit Pulver und Kugel geladenes Metallröhrchen, von denen der Soldat mehrere bei sich führte, eine Patrone also, von hinten in den Lauf eingeführt, verriegelt und abge-feuert. Beim anderen ist vor dem offenen Laufende ein drehbarer Zylinder mit acht Bohrungen für Pulver und Kugel ange-bracht; von Hand weitergedreht, lassen sich damit recht schnell acht Schüsse nacheinander abgeben: eines der älte-sten erhaltenen Revolversysteme.   Wi

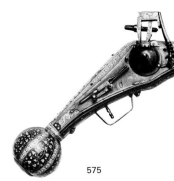

575

575 Radschloßpistole. Nürnberg, nach 1570; Lauf: Lorenz Hörelt; Schloß: Hans Dentzel. Eisen, geschmiedet, geschliffen; Holzschaft mit gravierten Beineinlagen; L. 50 cm, Kaliber 1,4 cm. W 2784.
Die Radschloßpistole, eine Waffe, die das gesamte feinmechanische Können der Zeit in sich vereint, war im 16. Jahrhun-dert ein charakteristischer Nürnberger Exportartikel, der in ganz Europa Absatz fand. Die neben der äußerst qualitätvol-len Metallverarbeitung ebenso typische Schäftung war fast immer reich mit gra-vierten Beineinlagen verziert. Die schwere Kugel am Schaftende sollte nach Abfeuern der Waffe vermutlich im Notfall als Schlagkolben dienen. Die Nürnberger Handfeuerwaffenproduktion war stren-gen Qualitätskontrollen unterworfen. Der Meister mußte seine Marke anbringen. Nach bestandener Schußprüfung wurde dann die städtische Schaumarke aufge-schlagen, ein in Europa öfters gefälschtes Qualitätszeichen.   Wi

576 Reiterhammer. Dresden (?), 2. Hälfte 16. Jahrhundert. Eisen, geschmiedet, geschliffen, geätzt; Griff Silber, geätzt, Silberdrahtwicklung; 52 cm. W 2820 (links).
Reiterstreitkolben, sog. Kürißbengel mit Radschloßpistole, um 1580-1600. Eisen, geschmiedet und geschliffen, teilweise gravierte Messingbeschläge, Holzgriff mit Belederung; 59 cm, Kaliber 1 cm. W 1455 (rechts).
Die älteste Waffe, die Schlagwaffe, entwickelte sich bei fast allen Kulturen zu einem Abzeichen, das Befehlsgewalt oder Rang dokumentieren sollte (Zepter, Konstablerstab, Marschallstab). Am Streitkolben, ursprünglich einer schweren Keule, blätterte man seit dem 14./15. Jahrhundert den Schlagkolben auf und spitzte die einzelnen Blätter an, um Metallpanzerungen durchschlagen, nicht nur verbeulen zu können. Aus dem gleichen Grund entwickelte man den Reiterhammer mit dolchförmiger Schlagklinge. Beide Waffen wurden im Verlauf des 16. und frühen 17. Jahrhunderts zu Kommandoabzeichen von Reiterführern. Die eingebaute Pistole sollte dem damals als Waffe nutzlos werdenden Reiterstreitkolben erneuten Kampfwert verleihen. Wi

für Kurfürst Christian I. von Sachsen 1591 durch seine Gemahlin als Weihnachtsgeschenk bestellt worden waren. Der Kurfürst starb jedoch vor dem Fest. Durch seine äußerst prunkvolle Ausgestaltung zeigt auch dieser Harnisch, daß er für einen Fürsten geschaffen wurde. Die technisch sehr schwierige Bläuung des Metalls entspricht dem Geschmack der zweiten Hälfte des 16. Jahrhunderts. Bei einfachen Rüstungen überdeckte man damals den blanken Stahl durch eingebrannte schwarze Farbe, um im Krieg die Harnische unauffälliger und rostunempfindlicher zu machen. Bei kostbaren Rüstungen wandte man gern die Bläuung des Metalls in Verbindung mit Vergoldung an. Wi

577

578 Degen. Süddeutschland, um 1600. Gefäß Eisen, silbertauschiert; Griffwicklung Messingdraht; L. 112 cm. W 2987 (rechts).
Degen. Klinge von Johannes Wundes, Solingen, um 1600. Gefäß Eisen, silbertauschiert; Griffbezug schwarzer Stoff; L. 115,5 cm. W 1717 (links).
Solange im Mittelalter mit dem Schild pariert und mit dem Schwert nur zugeschlagen wurde, genügte als Handschutz eine gerade Parierstange. Nach Ablegen des bewegungshemmenden Schildes mußte in zunehmendem Maße mit der Blankwaffe pariert werden, wobei der im 16. Jahrhundert weitverbreitete Fechtsport von großem Einfluß auf die Entwicklung des Degengefäßes war. Es wurde mit Spangen versehen, die die Hand gegen die verschiedenen Hiebmöglichkeiten schützen sollten. Degen der Zeit um 1600 zeichnen sich vielfach durch reiche Silbertauschierung am Gefäß aus. Mit der Ausbildung des Gefäßes wurde auch die Degenklinge schmäler und damit leichter gemacht. Johannes Wundes war in jenen Jahren wohl der bedeutendste Klingenschmied Deutschlands. Wi

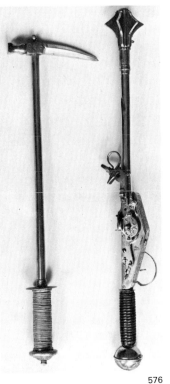
576

577 Fußturnierharnisch, 1591. Anton Peffenhauser; Augsburg um 1525-1603. Eisen, getrieben, geschliffen, gebläut, geätzt, vergoldet; ca. 120 cm. W 2770.
Der Harnisch ist Teil einer ganzen Serie stilistisch gleicher Harnische und Zusatzstücke für verschiedene Turnierarten, die

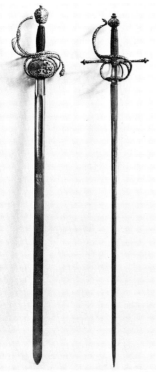

578

580 Partisanen, 1726. Eisenspitze, geschmiedet, geschliffen, vergoldet, gebläut, Nußbaumschaft mit schwarzem Quastenaufputz; L. 240 cm. Von der Leibgarde des Bischofs Christian Franz von Würzburg. W 964, 965. Leihgabe B. Nationalmuseum, München (links).
Kuse, 1660. Eisenspitze, geschmiedet, geschliffen, geätzt, geschwärzt, Holzschaft; L. 235 cm. Von der Leibwache Kaiser Leopolds I. W 1483 (rechts).
Wie die Schlagwaffen entwickelten sich auch die Stangenwaffen mit dem allmählichen Verlust an Kriegsbedeutung zu bloßen Abzeichen. So wurden Kusen, die, wie die Partisanen, im Mittelalter entstanden waren, noch bis zum ersten Weltkrieg von der königlich bayerischen Leibgarde der Hartschiere getragen. Die Partisane wurde meist zu einem bis Ende des 18. Jahrhunderts geführten Rangabzeichen der Offiziere, daneben aber auch, wie hauptsächlich die Kuse, zu einem Kennzeichen von Leibwachen oder Palastgarden. Bezeichnend für diese Art der Stangenwaffen ist ihre prunkvolle Verzierung mit Wappen, Monogrammen oder Inschriften. Wi

579 Kopfschutz, 17.-18. Jahrhundert. Eisen, geschmiedet, gefeilt; 11,5 cm, Dm. 20 cm. W 3293.
Vom Ende des 16. Jahrhunderts an begann der Helm leichter zu werden, um den Träger beweglicher zu machen, da er diesem ohnehin nur gegen Hieb-, Stich- und Schlagwaffen nicht aber gegen Feuerwaffen Schutz bot. Im 17. Jahrhundert ersetzte man den Helm meist durch den bequemeren Hut, der allerdings nicht einmal die häufigsten, durch Degenhiebe verursachten Kopfverletzungen der damaligen Kriege verhinderte. Man trug daher über oder unter dem Kopfteil des Hutes, später des Dreispitzes, einen korb- oder kreuzförmigen Helmersatz aus Eisenbändern, Hutkreuz oder Kaskett genannt. Der abgebildete Kopfschutz ist zu einem schmalen Bügel zusammenlegbar, der aufgeklappt schnell auf dem Hut befestigt werden konnte. Wi

580

581 Halbharnisch. Nürnberg, 1609/10; Plattner AK und FD; Ätzmaler Hans Keiser; tätig in Nürnberg, gest. 1631. Eisen, getrieben, geschliffen, geätzt, geschwärzt; ca. 118 cm. W 1359.
Der zusammen mit zwei ähnlichen aus dem Nürnberger Zeughaus stammende Harnisch war 1609/10 das Meisterstück des Ätzmalers Hans Keiser. Zu Beginn des 17. Jahrhunderts erleichterte man den Harnisch durch Weglassen von Unterarm- und unterem Beinzeug, da durch den verstärkten Einsatz von Feuerwaffen der Reiter mit dem Verlust des Pferdes rechnen und auch zu Fuß kämpfen können mußte. Wenige Jahrzehnte später ist die Rüstung vollkommen vom Schlachtfeld verschwunden. Zur Herstellung der Ätzung überzog man das blanke Metall

579

mit einer säurebeständigen Schicht, legte in Form der geplanten Ornamente das Metall wieder frei und bedeckte diese Stellen mit scharfer Säure. Die so entstandenen Vertiefungen wurden mit schwarzer Farbe ausgefüllt, wodurch ein ursprünglich nielloartiger Effekt erzielt wurde. Wi

582

581

583 Türkenkopf, 17.-18. Jahrhundert. Papiermaché, bemalt; 35 cm. W 1333.
Turnierlanze, Anfang 18. Jahrhundert. Holz gedrechselt, geschnitzt, bemalt; L. 201 cm. W 1711.
Das ursprünglich für den Teilnehmer sehr riskante ritterliche Turnier wurde immer ungefährlicher gemacht. Im Laufe des 17. Jahrhunderts traten dann die Streiter nicht mehr im Harnisch gegeneinander an, sondern maßen sich im Lanzen- oder Degenstechen auf ein Ziel. Aus aktuellem politischen Anlaß war dies meist eine Türkenfigur aus Pappmaché, Holz oder Leinwand. Auch die alten schweren Lanzen wurden nicht mehr verwendet, sondern leichte, kapriziös verzierte. Im 18. Jahrhundert nahmen schließlich bei den großen Festen an Fürstenhöfen sogar die Damen, in Wagen oder Schlitten sitzend, an solchen »Karussellrennen« teil. Wi

582 Degen, 1. Hälfte 18. Jahrhundert. Klinge geätzt; Gefäß Eisen, geschmiedet, geschliffen, gebläut, goldtauschiert; L. 95 cm. W 2439 (links).
Degen, um 1790. Gefäß Stahl »brillantgeschliffen«; Scheide weißes Pergament mit Stahlbeschlägen und -tragkette; L. 102 cm. W 1768 (rechts).
Im 18. Jahrhundert teilte sich die Entwicklung des Degens in zwei Linien: in die der Kriegswaffe und in die des »Galanteriedegens«, der zur Tracht des Kavaliers gehörte. Die beiden abgebildeten Degen sind zur letzten Gruppe zu rechnen. Sie zeichnen sich durch ihre aufwendigen, zugleich recht zerbrechlichen Gefäße aus, die im 18. Jahrhundert in großer Menge von Manufakturen hergestellt wurden. Ihr künstlerischer Wert tritt meist hinter dem rein handwerklichen zurück. Die am Ende des 18. Jahrhunderts erfundene Technik, Stahl so zu polieren, daß er wie Brillanten funkelte, wurde sogleich zu einer Mode bei Degengefäßen, die etwa von 1790 bis 1810 anhielt. Es war dies die letzte Form des Zivildegens. Wi

583

584 Scheibenpistolen mit Perkussions-
schlössern. Johann Adam Kuchenreuter;
Regensburg 1794-1869. Silbertauschierte,
gezogene Damastläufe, Schloß- und Be-
schlagteile mit Gravuren; L. 43,8 cm, Kaliber 1,13 cm. W 3280.
Die beiden Feuerwaffen sind Scheibenpistolen, also Sportwaffen, keine Duellpi-
stolen, da diese meist ungezogene Läufe
haben. Im Kasten findet sich das gesamte
zum Zerlegen, Reinigen, Laden und Ku-
gelgießen benötigte Zubehör. Die Pisto-
len aus dem Privatbesitz König Ludwigs II. von Bayern (regierte 1864-86) tragen auf den Daumenblechen am Kolben-
hals das königliche Monogramm. Sie zeigen die letzte Entwicklungsstufe des alten
Büchsenmacherhandwerks, dessen Vertreter aus dem Grundmetall noch selbst
Läufe und Schlösser herstellten und auch
verzierten. Im Laufe des 19. Jahrhunderts
wurden jedoch von den Büchsenmachern
in steigendem Maße Läufe und Schlösser
als Rohlinge in Fabriken gekauft und lediglich noch eingepaßt und verziert.   Wi

585

586 Pokal. Thüringen, nach 1734. Gesäg-
tes Steinbockhorn; vergoldete Silberfassung; 38,5 cm. HG 9337.
Aus dem Besitz des jagdliebenden Herzogs Ernst August von Sachsen-Weimar-
Eisenach (1688-1748) und seiner zweiten
ihm 1734 angetrauten Gemahlin Sophie
Charlotte von Brandenburg-Bayreuth
stammt der Pokal aus Steinbockhorn, der
am Ende einer langen Reihe ähnlicher
Gefäße in fürstlichen Kunst- und Wunder-
kammern steht. Für diese wurden exotische und seltene Materialien wie Nauti-
lusmuscheln, Kokosnüsse, Straußeneier,
Tierhörner oder Bernstein in exquisiten
Silber- oder Goldfassungen verarbeitet.
Unser Jagdpokal besaß in dieser Reihe
eine doppelte Funktion: einerseits als
Schaustück zur Demonstration fürstlicher
Macht und Herrlichkeit, andererseits als
Trinkgefäß, das bei den Abschlußfestlich-
keiten der Jagden benutzt wurde.   F

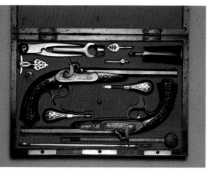

584

585 Becher. Salzburg, um 1750. Steinbockhorn, geschnitten; 11,2 cm. HG 4936.
Den im 18. Jahrhundert auch im Salzkam-
mergut noch häufigen Steinbock jagte
man vor allem wegen seines prächtigen
Gehörns, das außer zu Pulverhörnern
oder Griffen für Jagd- und Tierbestecke
vornehmlich zu Trinkgefäßen verarbeitet
wurde, da man dem Material wie anderen Naturstoffen – Nashorn oder Bergkristall – eine giftabwehrende Wirkung zu-
schrieb. Den Bechern, die mitunter silbervergoldete Fassungen tragen, sind meistens Darstellungen der Jagd, oft mit
köstlichen Einzelszenen wie Rast oder
Heimkehr, eingeschnitten.   P

586

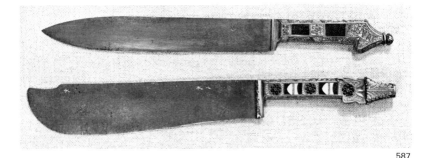

587

587 Zerwirkmesser, Ende 15. Jahrhundert. Griff Messing, graviert, mit Holzeinlagen; L. 42 cm. HG 526 (oben).
Tranchiermesser, 15. Jahrhundert. Griff Messing, graviert, mit durchbrochenen Rosetten, Holz- und Perlmutteinlagen; L. 43 cm. HG 525 (unten).
Zerwirk- und Tranchiermesser, letztere kenntlich an der breiteren Klinge, gehören zu den im 15. Jahrhundert entstandenen besonderen Jagdküchenbestecken. Mit ihnen wurde das Wild fachgerecht zerlegt. Die Zubereitung und der Verzehr des Wildes vollzog sich häufig noch am Ort der Jagd in Zelten und war mit einem umfangreichen Zeremoniell verbunden.
Wi

588 Jagdschwert. Passau (?), um 1520. Eisen, geschmiedet, geschliffen, geschnitten; Griff mit schwarzem und weißem Bein eingelegt; Scheide mit Silberbeschlag; L. 103,8 cm. W 19.
Kaiser Maximilian I. gab dem Jagdwesen viele neue Impulse. So soll die Verwendung eines Schwertes bei der Jagd auf ihn zurückgehen. Bei der Jagd zu Pferde wurden mit Schwertern dieser Art vor allem Wildschweine erlegt. Auf der Lederscheide ist, ähnlich wie beim Waidbesteck, ein Zusatzfach angebracht, für kleine Geräte wie Pfriemen oder Messer. Die silberbeschlagene Scheide trägt das eingravierte Wappen von Herzog Ernst von Bayern, der 1514-40 Koadjutor des Bistums Passau war. Wi

589 Armbrust, 2. Hälfte 16. Jahrhundert. Säule Holz, mit Bein verkleidet, graviert, geschwärzt, Bogen Stahl, Sehne Hanf; 70 : 69 cm. W 2998.
Eine Weiterentwicklung der ältesten Schußwaffe, des Handbogens, ist die Armbrust. Sie kann gespannt geführt werden, wodurch man schneller zum Schuß kommen kann. Bei der Jagd spielte sie im ganzen Mittelalter eine große Rolle. Erst im Laufe des 16. Jahrhunderts wurde sie nach der Verbesserung der Treffgenauigkeit des Gewehres von diesem verdrängt. Ein Vorteil der Armbrust war das geringe Schußgeräusch, das bei Fehlschüssen nicht das Wild verscheuchte, ein großer Nachteil das benötigte schwere Spanngerät und die relativ schweren Bolzen. Wi

590 Armbrustspanner, sog. Deutsche Winde. Nürnberg, 1572. Eisen, geschmiedet, geschliffen, Ätzungen geschwärzt, vergoldet; 35 cm. W 2934.
Armbrustbolzen, 15./16. Jahrhundert. Holz mit Eisenspitzen; 42,5 bzw. 37 cm. W 782, 856.
Zum Spannen des sehr starken Stahlbogens an der Armbrust war ein besonderer Spanner nötig, der durch eine Zahnstange, ein Zahnrad und einen Hebel die aufzuwendende Kraft auf ein erträgliches Maß reduzierte, vergleichbar dem heutigen Wagenheber. Die Hanfschlaufe auf der Unterseite des Spanners wurde bis zu dem Querbolzen über die Armbrustsäule gezogen, die Doppelklaue in die Sehne eingehakt und dann bis zum Einrasten der Sehne in der Haltevorrichtung auf der Säule zurückgekurbelt. Die verwendeten Armbrustbolzen trugen am hinteren Ende seitlich leicht schräg angesetzte Holzspäne oder Lederstreifen. Sie versetzten beim Flug den Bolzen in eine Drehung um seine Längsachse und erhöhten so die Treffsicherheit beträchtlich.
Wi

591 Knebelspieß, 2. Hälfte 15. Jahrhundert. Holzschaft, mit Eisenspitze; L. 213 cm. W 1912 (links).
Saufeder, 16. Jahrhundert. Holzschaft, mit Lederbändern benagelt; L. 189 cm. W 1902 (rechts).
Die Hauptwaffe des Jägers war im Mittelalter der Spieß, Rotwild, Schwarzwild und Bär wurden mit ihm erlegt. Wenn das von der Hundemeute in die Enge getriebene Tier zum letzten Angriff ansetzte, wurde es mit dem Spieß angegangen. Um bei dem heftigen Aufprall den Schaft fest in den Händen zu behalten, verwendete man mit natürlichen Knorren versehene Stangen oder machte glatte mit aufgenagelten Leder- oder Metallstreifen griffig. Das Querstück am Knebelspieß sollte ein zu tiefes Eindringen der Waffe in den Tierkörper und damit die Bruchgefahr des Schaftes verhindern. Diese Form der Lanzenspitzen war seit der Völkerwanderungszeit gebräuchlich. Wi

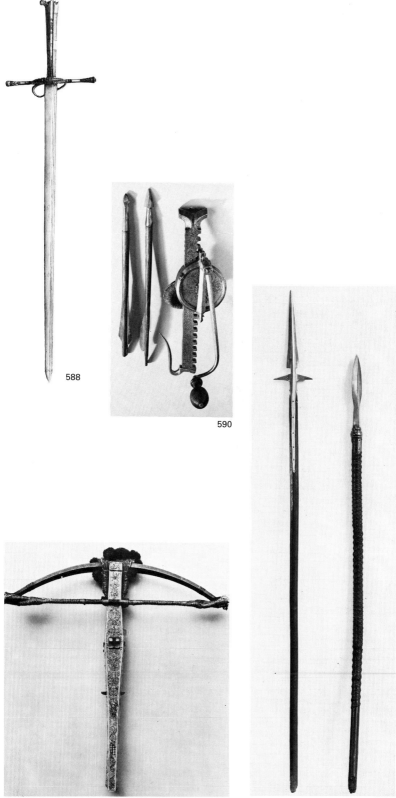

588

590

589   591

592 Jagdhut. Ostpreußen, 3. Viertel
16. Jahrhundert. Leinengarn; 27 cm.
W 3248. Leihgabe Bundesrepublik
Deutschland.
Der hohe, runde Hut ist aus kräftigem,
naturfarbenem Leinengarn in Makramé-
technik geknüpft. Nach einem unteren
wulstförmigen Reif steigen ringsum
leicht gewölbte und durch Fischbein ver-
stärkte Vertikalstreifen auf. Vorn ist in Relief ein ruhender Hirsch appliziert, mit
Glasaugen und roter Ölfarbenbemalung.
Bis 1945 gehörte zu dem Hut – aus dem
Besitz der Fürsten Dohna – ein zweiter
gleicher. Die modische Grundform hat
hier eine gewisse östliche Abwandlung
erfahren und durch das jagdliche Motiv
und die für diesen Zweck und die Zeit
einzigartige Ausführungsart ein spezielles
Gepräge bekommen. vW

593

592

594 Jagdhorn, 15. Jahrhundert. Holz, Lederbezug, vergoldete Silberfassung;
Mundstück fehlt; L. 38 cm. W 3036.
Der adlige Jäger führte selbst das Jagdhorn, um dem Gefolge nach der Erlegung
des Wildes seinen Standort anzugeben,
nachdem er dem Wild nur mit möglichst
geringer Begleitung gefolgt war. Jagd-
hörner haben sich aus dem 15. Jahrhundert nur ganz selten erhalten. Wi

593 Hifthorn, um 1580-90. Horn Elfenbein, gedrechselt; Fessel grünes Band,
golddurchwirkt; Beschläge Gold, emailliert; Horn L. 24,5 cm; Fessel L. 83 cm.
W 2771.
In seiner prächtigen Ausführung entspricht das Hifthorn des Herzogs Julius
von Braunschweig der aufwendigen Gestaltung der meisten Utensilien für die
Jagd, die bis in das 19. Jahrhundert ein
Privileg des Adels war. Das Horn diente
zur Nachrichtenübermittlung im Revier
und durfte nur vom Jäger selbst getragen
werden. Die ursprüngliche Bedeutung
der beiden »Leitseile«, die aufgewickelt
an der Fessel befestigt sind, ist nicht genau bekannt. Auf dem Band, der Hift-
hornfessel, sind abwechselnd Jagdtiere
und das herzogliche Monogramm, in
Goldemail gearbeitet, aufgenäht. Wi

594

595

595 Jagdgewehr mit Radschloß.
Deutsch, um 1600. Gebläuter Stahllauf,
Nußbaumschaft mit gravierten Beineinlagen; L. 130 cm, Kaliber 1,8 cm. W 1491
(oben).
Jagdgewehr mit Radschloß. Deutsch,
1588. Gebläuter Stahllauf, Nußbaumschaft mit z. T. gefärbten und gravierten
Beineinlagen; L. 127 cm, Kaliber 1,4 cm.
Aus der Rüstkammer von Neuburg a. D.
W 1490 (unten).
Zu Beginn des 16. Jahrhunderts wurden
Gewehre bei der Jagd noch sehr selten
verwendet, weil sie ungenau schossen
und durch die brennende Lunte am Lun-
tenschloß zum einen das Wild warnten,
zum anderen eine erhebliche Waldbrand-
gefahr bedeuteten. Mit der Einführung
des gezogenen Laufes, der durch einen
Drall die Flugbahn der Kugel stabilisierte
und die Treffsicherheit außerordentlich
erhöhte, sowie durch die Erfindung des
Radschlosses wurden diese Nachteile be-
seitigt. Deshalb begann am Ende des
16. Jahrhunderts das Gewehr die Armbrust zu verdrängen. Jagdgewehre dieser
Zeit sind meist sehr reich mit Ornamenten und Jagdszenen eingelegt. Wi

596 Waidbesteck, sog. Plötze oder Waid-
praxe, um 1700. Ältere Klinge Eisen, ge-
ätzt, vergoldet; Griff Messing, gegossen,
vergoldet; Lederscheide, beschlagen mit
Messing, getrieben, vergoldet; L. 49 cm.
W 2964.
Kaiser Maximilian I. soll das Waidbesteck
aus Burgund übernommen haben. Es
wurde nicht vom Jagdherrn selbst zur
Jagd benutzt, sondern vom dienenden
Jäger, der damit das Wild zerlegte. Mit
dem Waidblatt zerschlug er Knochen und
Knorpel; der Jagdherr erhielt die besten
Stücke vom Wildpret. Zudem wurden mit
der Flachseite des Waidblattes die
»Pfunde« erteilt, strafende Schläge für
Verstöße gegen Jagdregeln und Jäger-
sprache. Die verschiedenen kleinen Messer, Pfriemen, Gabeln usw. verwendete
der Jäger zur Vorbereitung des Fleisches
für den Braten. Wi

597

597 Falkenhaube, 1. Hälfte 18. Jahrhundert. Leder mit Goldflitterstickerei und
Steinbesatz, oben Trosch aus Seidenfäden; 14 cm. W 2589.
Die vornehmste Jagd des Mittelalters war
die Beizjagd mit dem Falken. Den Höhepunkt ihrer Entwicklung erlebte sie in der
Zeit der Hohenstaufen, als Kaiser Friedrich II. persönlich ein heute noch gültiges
Buch über die Beizjagd verfaßte und aus
dem Orient die Falkenhaube eingeführt
haben soll. Sie bewahrt den Beizvogel
auf der Hand des Falkners vor uner-
wünschter Ablenkung und wird erst ab-
genommen, wenn das zu schlagende
Beutetier in Sicht kommt, auf das der Vogel dann seinen Jagdinstinkt richtet. Alte
Falkenhauben haben sich recht selten erhalten, immerhin besitzt die Jagdsamm-
lung des Museums fünf vom 15. bis zum
18. Jahrhundert. Wi

596

598

600 Forstbeil, sog. Waldeisen. Nürnberg, 1784. Eisen, geschmiedet, geschliffen, geschnitten, gravierter Silberbeschlag, Holzstiel; Lederfutteral; L. 36 cm. HG 9910.
Das Forstbeil verwendete man zur Grenzmarkierung und zum Kennzeichnen zu fällender bzw. schon gefällter Bäume. Mit der Schneide wurde durch einen Hieb die Rinde entfernt und dann mit der Beilrückseite, die als scharfkantiger Stempel ausgebildet ist, das Wappen des Waldbesitzers in das Holz geschlagen. Die aufwendige Ausführung dieses Stückes mit Silberbeschlägen legt die Vermutung nahe, daß der Waldbesitzer – laut Inschrift Christoph Adam Friedrich Volckamer von Kirchensittenbach – vielleicht selbst das Gerät bei festlichem Anlaß trug.   Wi

598 Jagdbüchse mit Radschloß. Leopold Becher, Karlsbad, Mitte 18. Jahrhundert. Gebläuter, gezogener Lauf, Schloßplatte mit Eisenschnitt, Nußbaumschaft mit vergoldeten Messingbeschlägen; L. 117 cm, Kaliber 1,4 cm. W 2555.
Die Büchse ist in ihrer außerordentlichen Qualität ein gutes Belegstück für die große Bedeutung, die Karlsbader Büchsenmacher im 18. Jahrhundert in ganz Europa besaßen. Sie wurde für den Abt eines Klosters angefertigt, der offenbar gerne auf die Jagd ging. Der gebläute Lauf trägt aus goldenen Buchstaben in Latein die Inschrift: Geschenk des untertänigsten Konvents an Alexander I., Abt von Waldsassen. Darüber hinaus ist das Wappen Abt Alexanders (1744-56) auf der linken Kolbenseite eingelassen.   Wi

599

599 Jagdrock. Deutsch, 1. Viertel 18. Jahrhundert. Weiches Wildleder, bestickt. T 1696.
Als besonderer Schmuck sind die vorderen Kanten des Rockes, die Klappen seiner schräg eingeschnittenen Taschen und die Ärmelaufschläge mit reliefierter Steppstickerei versehen. Das Relief wurde dazu mit Hilfe von Formen aus dem Leder herausgepreßt oder herausgetrieben und dann umsteppt. Zwischen zierlich geschwungenen Blütenranken jagen Hunde Hirsche oder stellen sie. Seidenborten in der grünen Farbe der Jagd fassen sämtliche Kanten ein.   vW

600

Sammlung historischer Musikinstrumente

601

602 Große Baß-Viola da Gamba, 1563.
Hanns Vogel; tätig in Nürnberg 1563-80.
MI 5.
Im 16. Jahrhundert wurde, zuerst in Nord-
italien und Süddeutschland, die Viola da
Gamba zu einer ganzen Familie ausgebaut. In den genannten Gebieten bevorzugte man die großmensurierten, tiefen
Mitglieder der Familie. Von den allergrößten Instrumenten mit tiefster Saite
auf D_1 oder E_1 sind nur zwei Exemplare
erhalten geblieben: eines aus Venedig
und dieses als das am größten mensu-
rierte und zugleich älteste. Im 16. Jahrhundert ist die Viola da Gamba keineswegs normalisiert. Unsere hat den Ober-
bügelansatz quer zum Hals, einen gewölbten Boden, Randüberstand von
Decke und Boden, f-Löcher und eine
Schnecke. Mit Einschnitten im Ober- und
Unterbügel ist es das früheste Stück von
dieser Eigenart.   vdM

601 Spinett, 1566. Dominicus Venetus;
tätig in Venedig 1556-66. MIR 1086.
Sammlung historischer Musikinstrumente Dr. Dr. h.c. Ulrich Rück.
Wie im allgemeinen die italienischen
Kielklaviere, wird auch dieses Spinett in
einem äußeren Kasten aufbewahrt, der
hier rechteckig ist. Die Deckelmalerei
stellt Apoll und die neun Musen dar. Italienische Spinette sind meistens asymmetrisch mehreckig. Das vorliegende ist
fünfeckig und zum größten Teil aus Zypressenholz gebaut, einem im italienischen Cembalobau sehr beliebten Werkstoff. Das Vorsatzbrett trägt im mittleren
Sechskant das gemalte, von zwei Putten
getragene Wappen der Familie Bentivo-
glio. Schaut man von oben auf das Instrument, bilden die beiden auf dem Resonanzboden befindlichen Stege einen
harfenartigen Umriß, was den italienischen Ausdruck »arpicordo« für diese In-
strumentengattung erklärt.   vdM

602

603

603 Regal, um 1600. Michael Klotz.
MI 80.
Ein Regal ist eine Kleinorgel, die aus einem Vorderblock mit der Klaviatur und
mit einer Reihe Zungenpfeifen sowie
aus zwei Keilbälgen besteht. Im vorlie-
genden Instrument befindet sich an den
Balgunterseiten ein Fach, in das der Vorderblock zum Transport gelegt werden
kann. Michael Praetorius schreibt 1619 in
seinem »Syntagma Musicum« II, S. 73:
»Die kleine Regall Wercklin/so man in die
Blasbälge legen/vnd zu Nürnberg und
Augspurg erstlich erfunden worden/sind
zwar sehr behende vnd bequem zu tragen und fortzubringen; allein die Regall
Pfeifflin sind wegen deß/daß sie in dem
kleinen Corpore, wegen des engen
Raums/nicht groß/sondern kaum einen
Zoll hoch gemacht werden können/gar zu
Schnarrhafftig.« Über Michael Klotz konn-
te bisher nichts ausfindig gemacht wer-
den. Die Datierung stützt sich auf den
Klaviaturumfang C/E-g^2, a^2.   vdM

604 Tanzmeistergeige mit Etui, 1698.
Matthias Hummel; gest. 1716, Nürnberg.
MIR 765. Sammlung historischer Musikinstrumente Dr. Dr. h. c. Ulrich Rück.
Im Mittelalter wurden zwei sehr verschiedene Streichinstrumente verwendet: das
Rebec mit einem birnenförmigen Korpus,
das mit dem Hals in einem Stück angefertigt war, mit einem sichelförmigen Wir-
belkasten und Flankenwirbel, und die Fidel mit einem ovalen, später meist einge-
zogenen Korpus, abgesetztem Hals, Wir-
belplatte und hinterständigen Wirbeln.
Aus der Vermischung der beiden Typen
entstanden, teilweise unter Aufnahme
von Lautenelementen, die Streichinstrumente der Renaissance, Viola da Gamba
und da Braccio. Das Rebec lebte aber
noch in etwas abgeänderter Form, allerdings mit separatem angesetzten Hals,
zuerst wie das Ursprungsinstrument mit
drei, später mit vier Saiten bis in das
19. Jahrhundert weiter als Tanzmeistergeige.   vdM

605

605 Naturtrompete, um 1700. Johann
Carl Kodisch; Nürnberg 1654-1721. MI
162.
Eine Naturtrompete ist eine Trompete
ohne Klappen oder Ventile, auf der nur
die Naturtonreihe etwa vom 3. bis zum
16. Naturton möglich ist, wobei die einzelnen Töne ausschließlich durch den
Lippenansatz des Spielers erzeugt werden. Man beachte das zeitgenössische
Mundstück mit ziemlich breitem, flachem
Rand, relativ flachem Kessel und scharf
abgesetztem Schafteingang. Die schweren Partien, welche die Komponisten des
17. und 18. Jahrhunderts für das Instrument vorschrieben, geben einen Eindruck
von der Perfektion der Technik der damaligen Bläser. Ihre privilegierte Stellung erklärt die manchmal besondere kunst-
handwerkliche Ausstattung der Trompe-
ten, wie im Fall unseres Instrumentes die
Teilversilberung und der mit Engelsköp-
fen verzierte Kranz der jäh ausladenden
Stürze.   vdM

604

606

606 Cembalo. Italien, 2. Hälfte 17. Jahrhundert. MINe 83. Klavierhistorische Sammlung Neupert.
Das Cembalo wird in einem dekorativen äußeren Kasten aufbewahrt, der auf einem vergoldeten Gestell steht. Den profilierten Rahmen tragen vier stehende Putten. Das Cembalo selbst ist zum größten Teil aus dem von den italienischen Kielklaviermachern so bevorzugten Zypressenholz gearbeitet. Offensichtlich ging das Instrument durch das Geschäft des Florentiner Fälschers Leopoldo Franciolini (1844-1920); nach einer von diesem angebrachten Signatur soll es aus der Werkstatt des venezianischen Cembalobauers Antonio Baffo (nachgewiesen 1570-81) stammen. In Wirklichkeit handelt es sich aber um ein sehr schönes italienisches Cembalo mit dem Umfang G_1, A_1-c^3, wie er für die Zeit 1660-1700 typisch ist. vdM

607 Laute, 1696. Joachim Tielke; Hamburg 1641-1719. MI 394.
Das Instrument ist eine typische Barocklaute mit zwei einzelnen höchsten Saiten und neun doppelten Saitenchören. Stimmung etwa C-D-E-F-G-A-d-f-a-d'-f'. Auf der Rückseite des Halses finden sich in Intarsienarbeiten aus Elfenbein und Schildpatt mit Gravur Venus und Amor. Das Mittelfeld des Griffbretts ist aus okkerunterlegtem Schildpatt. Die Rückseite des Wirbelkastens wird durch ein à jour gearbeitetes Rankenornament in Elfenbein verziert. Joachim Tielke, aus einer aus Königsberg eingewanderten Familie stammend, war von 1669 bis zu seinem Tode als Lauten- und Geigenmacher in Hamburg tätig. Vor allem seine für Fürstenhöfe (München, Kopenhagen) angefertigten Instrumente sind Prunkstücke. vdM

608 Cembalo, um 1750. Joannes Daniel Dulcken; Antwerpen um 1710 – nach 1769 Brüssel. MINe 87. Klavierhistorische Sammlung Neupert.
Dieses Beispiel des flämischen Cembalobaus des 18. Jahrhunderts hat ein Gehäuse mit geschnitzten und vergoldeten Rocaille- und Rankenmotiven auf blauem Grund und ein siebenbeiniges Gestell. Die Deckelmalerei zeigt ein bei Kielklavieren besonders beliebtes Motiv: Apoll, Pegasus und die neun Musen. Der Resonanzboden ist in flämisch-französischer Art mit Streublumen in Tempera geschmückt. Da auf der Dockenleiste außer der Signatur die Jahreszahl 1689 zu lesen ist, die mit Dulckens Lebenszeit nicht in Einklang gebracht werden kann, das vorliegende Instrument aber doch wohl aus der Dulckenschen Werkstatt stammt, scheint es für den französischen Markt gefertigt zu sein, wo Dulcken nicht oder kaum bekannt war, für flämische Cembali des 17. Jahrhunderts aber viel bezahlt wurde. Das Instrument hat den späten Fünfoktavumfang F_1-f^3 und die Disposition 8'8'4' Laute. vdM

607

608

609 Altblockflöte mit Etui, um 1710.
Johann Benedikt Gahn; Nürnberg
1674-1711. MIR 204. Sammlung historischer Musikinstrumente Dr. Dr. h.c. Ulrich Rück.
Aus der Werkstatt des seit 1698 als Meister etablierten J. B. Gahn sind außer
Oboen hauptsächlich Blockflöten erhalten, die zum größten Teil aus dem von
ihm offensichtlich bevorzugten Elfenbein
hergestellt sind. Wie jede Barockblockflö-
te ist auch dieses Instrument dreiteilig
mit Wülsten an den Zusammensetzstel-
len. In der besonders reichen Ausformung der gedrehten Wülste weicht es
von anderen erhaltenen Flöten Gahns ab.
Auch der Fuß mit dem breiten, aber dünn
gedrechselten, radförmigen Rand ist im
Rahmen des deutschen Instrumenten-
baus einzigartig und erinnert vielmehr an
den Fuß der Spielpfeife bei französischen
Musetten. Der tiefste Ton f' steht etwa
einen Halbton unter der heutigen Nor-
malstimmung.   vdM

610 Hammerflügel, um 1808. John
Broadwood (1732-1812) & Sons, London.
MINe 501. Klavierhistorische Sammlung
Neupert.
Das vornehme Möbel mit Furnieren
hauptsächlich aus hellem sowie dunklem
Mahagoni und aus Satinholz besitzt ein
Gestell mit vier Beinen. An jedem der beiden vorderen ist eines der Pedale befestigt (links Verschiebung, rechts Dämp-
ferhebung). Das Instrument hat die in der
Werkstatt von John Broadwood entwik-
kelte »englische Mechanik« (Stoßmecha-
nik mit Einzelauslösung). Der Schotte
John Broadwood war zuerst Gehilfe in
der Klavierbauwerkstatt des nach London
ausgewanderten Schweizers Burkat
Shudi, wurde 1760 Teilhaber der Firma
und 1782 Alleininhaber. 1795 nahm er
seinen Sohn James (»& Son«), 1807 seinen zweiten Sohn Thomas (»& Sons«) in
das Geschäft auf. Das vorliegende Instrument ist wohl nicht lange nach 1808 gebaut worden, da dann der Sechsoktaven-
umfang normal wurde, während dieses
nur den Umfang F_1-c^4 besitzt.   vdM

609

610

Volkskundliche Sammlungen

611

612

611 Frauentracht. Niederbayern, Mitte 19. Jahrhundert. Jacke und Rock Mischgewebe aus Wolle, Seide, Leinen bzw. Wolle und Seide; Schürze Halbseide. Kling K 297.
Nach einer älteren, bis in das 19. Jahrhundert wirksamen Auffassung hatten alle Stände, insbesondere die niederen Sozialschichten, sich in ihren Ausstattungen an ihre materiellen Verhältnisse zu halten. Solche Anschauungen über den Luxus prägten das Sachgut der Landbevölkerung und schränkten die Auswahl des Materials für die Kleiderherstellung auf die einfacheren, aus heimischer Produktion stammenden Stoffe und Zutaten ein, förderten zugleich aber die Bewahrung älterer Formen, wie sie bei Trachten Niederbayerns vor allem das in das 18. Jahrhundert zurückweisende Mieder mit dem Geschnür zeigt. Andererseits ergeben sich häufig auch enge Beziehungen zur Mode, die hier besonders die Vorliebe für Halstücher und den Schnitt der Jacke mit den biedermeierlichen Keulenärmeln beeinflußte. D

612 Männertracht. Grafschaft Hauenstein/Südbaden, 1. Hälfte 19. Jahrhundert. Wams Baumwollsamt, Brustfleck Tuch, Beinkleider Wolle mit Leinen. Kling K 251.
In unterschiedlicher Art hat die ländliche Tracht bis in das 19. Jahrhundert vergangene Ausstattungsgewohnheiten beibehalten. Die Männerkleidung der Grafschaft Hauenstein ist mit Wamsformen der Zeit um 1650, dem Faltenkragen aus Leinen, dem im späten 18. Jahrhundert allgemein durch die Weste verdrängten Brustfleck und den faltigen, an die Pluderhose erinnernden Beinkleidern dem 17. Jahrhundert verhaftet. Die bis um 1800 bestehende Selbstverwaltungsorganisation dürfte ebenso wie die Festlegung der Tracht durch Augsburger Kupferstiche von 1742 konservierend gewirkt haben, bis dann nach 1800, beginnend mit der Aufnahme des aus Stroh gearbeiteten Zylinders, Angleichungen an die damalige Mode eingeleitet wurden. D

613 Männertracht. Spessart, Mitte
19. Jahrhundert. Rock, Weste Tuch, Beinkleider Hirschleder. Kling K 157.
Als Ergebnis guter Agrarkonjunkturen
setzte vor der Mitte des 18. Jahrhunderts
auf dem Lande eine Neuerungswelle ein,
die als erstes die Kleidung völlig veränderte. Wie in anderen Landschaften wurden auch im Spessart der Dreispitz und
die Kniehose heimisch. Letztere wurde in
der Tracht, besonders auch in der ländlichen Festkleidung, beibehalten, als für
den bürgerlichen Männeranzug der Pan-
talon, die röhrenförmige Männerhose,
modisch wurde. Städtischem Vorbild
folgte besonders die Weste bis hin zu ihren dicht mit Knöpfen besetzten, hochge-
schlossenen Formen der Biedermeierzeit.
Wie den niederdeutschen ist vielen fränkischen und württembergischen Männer-
trachten die Beeinflussung durch die Uni-
form in Material und Farbzusammenstel-
lung gemeinsam. D

614

613

614 Festtracht. Mardorf, Kr. Marburg/
Lahn, um 1935. Jacke, Schürze Halbsei-
denatlas, Rock Wolle, Kopftuch Kunstsei-
de. TSb 1180.
In den einzelnen Gemeinden gliederte die
Tracht durch ihre Zusammensetzung und
Farbe die Bevölkerung nach Altersklassen
und Lebensstufen und war der jeweiligen
Zweckbestimmung angepaßt. Von der
nur selten erhaltenen Arbeitskleidung
und dem gewöhnlichen Sonntagsstaat
sondert sich die Festtracht durch Verwendung von Stoffen größerer Kostbarkeit
ab. Als Merkmal für die Spätformen der
Tracht gilt das modeabhängige Streben
nach Übereinstimmung der Einzelteile,
hier der Gebrauch von violettem Atlas für
das Mieder wie für die mit Posamenten
und mit Stickerei von Perlen und Pailet-
ten geschmückte Schürze. Auch die Ablösung der Haube durch das Kopftuch ist
eine solche Spätform. D

615 Beiderwand. Schleswig, 18. Jahrhundert. Leinen und Wolle; Webbr. 95,5 cm.
Kling 6994.
Das in Schleswig und Nordfriesland als
Vorhang für die wandfesten Betten und
als festlicher Wandbehang verwendete
Gewebe hat seine Bezeichnung erst bei
den musealen Bestandsaufnahmen erhalten. Beiderwand wird ein leinenbindiges
Hohlgewebe genannt, bei dem der Grund
in Wolle, das Muster in naturfarbenem
Leinen gearbeitet ist. Aus dem begrenzten Mustervorrat wurden hier die Erdteile, ein dank der wachsenden geographischen Kenntnisse vom 16. bis 18. Jahrhundert beliebtes Motiv, aufgenommen.
Zur Charakterisierung der vier damals bekannten Kontinente dienen Eingeborene
und Tiere. Wie im 18. Jahrhundert üblich
repräsentiert ein Pferd Europa, ein Ele-
fant Amerika, ein Löwe Afrika und ein
Kamel Asien. D

615

617 Teppich. Sudauen/Masuren, 1768.
Knüpfarbeit mit Wolle; 237:147 cm.
Gew 4003.
Muster und Herstellungsart der in ihrem
ostpreußischen Verbreitungsgebiet als
Einzelstücke aufgefundenen Teppiche
machen deren Zusammenhang mit gleich-
artigen Erzeugnissen Finnlands und
Skandinaviens wahrscheinlich. In ein Ge-
rüst von Flachs- und scharf gezwirnten
Wollfäden sind kurze mit Pflanzenfarb-
stoffen gefärbte Wollfäden so eingearbei-
tet, daß sie einen niedrigen, dichten Flor
bilden. Zur ursprünglichen Funktion der
Teppiche, deren Produktion um 1850 erlosch, fanden sich keine sicheren Nachrichten. Daß sie vielleicht bei der häuslichen Trauung benutzt wurden, ergibt sich
zwar nicht, wie bisweilen angenommen,
aus dem symmetrisch angeordneten Mustervorrat, sondern eher aus Vergleichs-
beispielen. D

616 Stickmustertuch. Unterelbgebiet,
1709. Leinen, mit Seidenstickerei;
40:34 cm. Kling 3101.
Die zur Bewahrung und Aneignung eines
Mustervorrats wie zum Unterricht in den
Handarbeiten angelegten Stickmustertü-
cher haben sich seit dem Beginn des
18. Jahrhunderts in großer Zahl erhalten.
Wie unser Beispiel beginnen viele an der
Oberkante mit in unterschiedlichen Buch-
stabenformen ausgeführten Alphabeten
und mit Zahlenfolgen, während den größeren Teil der Fläche Ziermotive einneh-
men. Wiewohl manche der Vorlagen,
etwa Adam und Eva unter dem Paradies-
baum oder Josua und Kaleb mit der
Traube, volkstümlichen Bildvorstellungen
angehören, hat man Wäschestücke nach
solchen keineswegs häufig bestickt. So
dürfte manches in sich bildlich geschlossene Modeltuch nur um seiner selbst willen gearbeitet sein. D

617

616

618 Prunkhandtuch. Winsener Elb-
marsch, 1783. Leinen, mit Seidenstickerei; Musterkanten 56,5 : 91 cm. Kling
2740.
Wie bei vielen volkstümlichen Stickereien
muß es auch bei dem weitgehend übereinstimmenden Nadelwerk auf Prunk-
handtüchern, Kissenbezügen, Taufdecken
und Trachtenteilen der Winsener Elb-
marsch unentschieden bleiben, ob es
sich um Arbeiten von Laien oder um ge-
werblich geübte Herstellung handelt. Die
Vielfalt der angewandten Stiche – Flach-,
Ketten-, Überfang-, Languettenstich
– und ebenso die starke Akzentuierung
der dekorativen Buchstaben bei den Monogrammen und Texten, die wahrscheinlich auf Schreibmeistervorlagen zurückgehen, deuten auf die Verwendung von
Vorbildern aus dem Gut der führenden
Schicht für die Auszier des überall vorhandenen Grundbestands an textiler Ausstattung. Dazu gehörte allenthalben das
an Festtagen oder im Zimmer der Wöch-
nerin aufgehängte Prunkhandtuch.   D

619

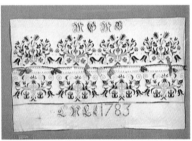

618

620 Zwei Riechbüchsen. Insel Röm/Dä-
nemark, um 1781-1800. Silber, gegossen,
graviert, teilvergoldet; 6,7 bzw. 7,8 cm.
Kling 2378, 3483.
Zu dem vielfältigen silbernen Trachtenzu-
behör und -schmuck Niederdeutschlands
gehören die Riechbüchsen. Sie kommen
in mannigfacher Ausgestaltung als Vasen, Dosen, Miniaturmöbel, Tiere vor.
Herstellermarken belegen den im norddeutschen Küstengebiet wirksamen Einfluß der Niederlande, aber ebenso den
Anteil der Goldschmiede Kopenhagens
und Nordschleswigs. Die von den Frauen
beim Kirchgang getragenen Büchsen ent-
hielten einen Schwamm mit wohlriechen-
den Essenzen. Besonders verbreitet waren herzförmige Behälter, die als bezie-
hungsreiche Geschenke zu Verlobung
und Hochzeit auch noch mit schnäbeln-
den Tauben oder – der bei höheren Ge-
sellschaftsschichten üblichen Herzemble-
matik folgend – mit einer Krone versehen
sein konnten.   D

619 Brautkrone. Umkreis St. Georgen/
Schwarzwald, Ende 19.-Anfang 20. Jahrhundert. Vorwiegend Goldfolie, Glasperlen; 26 cm. TSb 957.
Als Bestandteil ländlicher Trachten sind
die Jungfern- und Brautkronen, die im
Schwarzwald nach älterem Sprachgebrauch Schäpel heißen, Ausläufer einer
in das Mittelalter zurückreichenden, ursprünglich den höheren Gesellschafts-
schichten verbundenen Tradition und der
jungfräulichen Braut als Attribut zugeordnet. Bei aller Variationsbreite dominiert
auch in Baden die übliche zylindrische
Grundform. Die kostspielige Ausstattung
von Kronen der gehobenen Schichten in
älterer Zeit wurde erheblich vereinfacht.
So überziehen den Schäpel Goldpapier,
Goldflitter, Glaskugeln, Spiegel, künstliche Blumen, Drahtspiralen mit Perlen
und Pailletten.   D

620

621 Halsschmuck. Mittelfranken, 1.Hälfte
19.Jahrhundert. Silber, teilvergoldet, Filigran; Mittelstück mit Anhänger; L. 11 cm.
Kling 1486.
Als Folge einer gewandelten Einstellung
zum Luxus wurde seit dem 18.Jahrhun-
dert immer mehr Trachtenschmuck verwendet, den häufig die Produzenten der
in Süddeutschland traditionellen Devotio-
nalien herstellten. Auch bei diesen neuen
Erzeugnissennutzteman besonders das
Filigran in der Verarbeitungsweise, die
den religiösen Artikeln eigentümlich war.
Die Einzelteile wurden oft ohne die übliche Metallunterlage in teilweise plastischen Ausformungen aus unterschiedlich
gebogenen Drähten gebildet. Unsicher
bleibt, ob die für Teilgebiete Frankens typischen Traubenanhänger mit großer
Schleife zu der in Schwäbisch Gmünd
hergestellten Massenware gehören oder
dort ihre Vorbilder haben.   D

622

621

622 Decke. Hessen (?), 3.Viertel 18.Jahr-
hundert. Leinen, mit Blaudruck. Kling
10304.
Der Blaudruck gehört zu den volkstümlichen Techniken, durch die sich Ge-
brauchsgüter der höheren Schichten einfacheren Verhältnissen anpassen ließen.
Mit dem Reserveverfahren, das die Muster vor dem Färben mit Indigo mittels
Holzmodeln in einer farbabstoßenden
Masse, dem »Papp«, auf das Leinen auf-
trägt, entstanden Imitationen des Porzel-
landrucks auf dem damals hochbewerte-
ten Kattun und der geschätzten blau-wei-
ßen Damaste. In den Jahrzehnten um
1800 zeigt der Blaudruck in Übereinstimmung mit älteren Damasten häufig religiöse Themen, wie hier das Gespräch
Jesu mit der Samariterin in Sichar nach
dem Johannesevangelium (4,1-42).   D

623

624 Garnhaspel, Spinnrad. Geilsheim b. Wassertrüdingen, Kr. Dinkelsbühl, 2. Hälfte 19. Jahrhundert. Eichenholz, Porzellan bzw. Buchen-, Birkenholz; 69 bzw. 78 cm. BA 1514, 1512.
Rockenständer, Spinnrad und Garnhaspel bilden ein Geräte-Ensemble zur Herstellung des Textilfadens. Der Rockenständer diente zur Befestigung des zu verspinnenden Flachses. Einem jüngeren Typ gehört das hier gezeigte Spinnrad an, bei dem Schnurrad und Spindel übereinander angeordnet sind (Bockspinnrad). Das Zählwerk der über eine Bleuelstange handbetriebenen Haspel mißt, über die Umdrehungen, die Fadenlänge. Nach der aufwendigeren Ausführung der vom Drechsler gefertigten Werkzeuge dürfte es sich um Hochzeitsgut handeln. Als Bestandteil der Brautausstattungen deuteten noch im späten 19. Jahrhundert die Gerätschaften, trotz der sich vordrängenden Maschinenspinnerei, als Attribute der Hausfrau deren Aufgaben an.   D

623 Armkorb. Buchloe, Kr. Kaufbeuren, 2. Hälfte 19. Jahrhundert. Weide, mit Leimfarbe bemalt; 39 : 39 : 28 cm. Kling 237.
Dem großen Bedarf an Korbwagen in den Haushalten, der Landwirtschaft und den Gewerben entsprach die Formenvielfalt der Produktion, die seit dem Anfang des 19. Jahrhunderts ein Zentrum in den oberfränkischen Landkreisen Lichtenfels, Kronach und Coburg besaß. Dort wurden Körbe in Hausindustrie gefertigt und über den Handel abgesetzt. Auf diese Weise fanden sich auch fern vom Herstellungsort Armkörbe in der für Michelau, Kr. Coburg typischen Ausprägung mit ovalem Querschnitt des Behälters, abgesetztem Stand, gewölbtem Deckel sowie teilweise köperartig geflochtener Wandung. Durch ihre Blumenmalerei mit regional eigentümlichen Dekorationsweisen unterschieden sich die Armkörbe einzelner schwäbischer Gebiete von den sonst in Süddeutschland üblichen Flechtwaren mit ihrem vom heimischen Sattler angebrachten Lederbesatz.   D

625

625 Truhe. Umkreis Oldenburg, 1583. Eichenholz, beschnitzt; 81,5 : 153 : 66 cm. BA 1287.
Die mittelalterliche Form der Stollentruhe blieb in manchen Gegenden Norddeutschlands bis in das 18. Jahrhundert üblich, weil die Stollen als kürzere oder längere Stützen die im Kasten verwahrte Habe vor der aus dem Lehm- oder Steinboden der Häuser aufsteigenden Feuchtigkeit schützten. Das die Vorderwand überziehende dichte Schnitzwerk niedersächsischer spätmittelalterlicher Stollentruhen (vgl. Nr. 179) reduziert sich bei Exemplaren des 16. Jahrhunderts auf einzelne Ornamente, doch wurden die lange bevorzugten Tiermotive beibehalten. Daneben finden sich das damals beliebte, mit dem Hobel gearbeitete Faltwerk, Ranken, in dem für den Dekor ländlicher Eichenholzmöbel charakteristischen Flachschnitt, und eine Kerbschnittrosette. Zur Hervorhebung des Schnitzwerkes sind die vertieften Felder mennigrot gestrichen.   D

624

626

627 Zwei Mangelbretter. Wilstermarsch/
Schleswig-Holstein, 1790 bzw. Ende
18. Jahrhundert. Apfel- bzw. Buchenholz,
bemalt; 71,5 : 17 bzw. 63 : 15,5 cm.
BA 1346, 1347.
Mit Hilfe der Bretter wurden jeweils zugehörige Holzwalzen, um die Wäsche zum
Glätten gewickelt war, hin und her ge-
rollt. Während die für den täglichen Bedarf bestimmten Exemplare einfach be-
schaffen waren, sind diese als Hochzeitsgut aufwendig geschnitzt und farbig gefaßt. Mit der Vielfalt ihrer Ziermotive und
aufgrund der Unterschiede in der Technik
bilden die Mangelhölzer »Leitfossilien«
für die wechselnden Dekorationsgewohn-
heiten in den Kleinlandschaften Niederdeutschlands. Typisch für die Wilster-
marsch ist die von Hamburg beeinflußte
kräftige Reliefschnitzerei mit figürlichen
Darstellungen, unter denen die Fortuna
auf das Wappen von Glückstadt deuten
könnte. D

626 Stövchen. Ostfriesland, 1773. Eichenholz, tordierter Messinggriff; 20,5 :
21,5 : 18 cm. Kling 11875.
Das auch Feuerkieke genannte Gerät, das
ein Tongefäß mit glühenden Holzkohlen
oder Torf umschloß, wurde vor allem
beim Kirchgang benutzt. Der die Wände
mit der Tür und den durchbrochenen
Deckel überziehende Kerbschnitt diente
im niederdeutschen Küstengebiet seit
dem 17. Jahrhundert zunehmend zur Dekoration von hölzernem Kleingerät und
wurde oft von Laien mit dem Schnitzmes-
ser ausgeführt. Auf den Seitenwänden
läßt sich noch die Vorzeichnung mit Zirkel und Lineal erkennen als Grundlage für
die Anwendung eines begrenzten Reper-
toires an Schnittarten wie Furchenschnit-
te, mandelförmige Zweischnitte, rhombi-
sche Vierschnitte. Wie häufig bei Laienar-
beiten nannte der Hersteller seinen Namen und schnitzte »Wemke Jans« neben
die Jahreszahl in die Innenseite der Tür
ein. D

628

627

628 Zwei Engel als Kerzenträger. Oberammergau, 19. Jahrhundert. Nadelholz,
farbig gefaßt; 15,4 cm. BA 354, 355.
In waldreichen Gebirgsgegenden entstanden, häufig unter dem Druck ungün-
stiger wirtschaftlicher Verhältnisse, im
16. und 17. Jahrhundert Zentren hausin-
dustrieller Holzverarbeitung. Die Produktion konzentrierte sich, bei wechselndem
Repertoire im einzelnen, besonders auf
kleines Hausgerät, auf Einzelfigürchen,
die zu den Nippessachen zu zählen sind,
auf Spielzeug und – ganz besonders in
Oberammergau – auf Gegenstände religiösen Brauchtums, z. B. zur Ausstattung
des Herrgottswinkels, der auch die beiden Engel dienten. Die schematische Vereinfachung der Gesichter, der stets
gleichbleibende Verlauf der Gewandfal-
ten, die wenig differenzierte Art der Fassung weisen auch hier auf die zur Massenfertigung notwendige Rationalisie-
rung der Arbeit, die für Hausindustrien
charakteristisch ist. D

629

629 Kästchen. Schwarzwald, Anfang 19. Jahrhundert. Buchenholz, bemalt; 15 : 34,5 : 22 cm. Kling 14514.
Bei der farbigen Ausstattung von süddeutschen Kästchen des 18. und frühen 19. Jahrhunderts bestehen Parallelen zu den regionalgebundenen Zierweisen in der Möbelmalerei; zugleich wirkt hier die ältere, damals nicht mehr übliche städtische Gewohnheit fort, kleine Behälter mit Malerei, vor allem Wismutmalerei zu schmücken, bei der die dünne Metallschicht der Farbe einen silbrigen Glanz verleiht. Im Unterschied zu der naturalistischen Wismutmalerei ist der Dekor der ländlichen Kästchen vereinfacht. Diese für volkstümliches Gestalten kennzeichnenden Reduktionen sind – wie z. B. bei der Tölzer Möbelherstellung – häufig als Ergebnis von Vereinfachungen in der Produktion anzusehen. D

630 Nähkästchen. Hallig Hooge, Kr. Husum/Nordfriesland, 1745. Eichenholz, beschnitzt, bemalt; 15,5 : 25 :14,7 cm. BA 7.
Das damals modische Nähkästchen gehört zusammen mit einem weiteren hier ausgestellten Behälter zu den Ausstattungsstücken, die ein halligsässig gewordener, durch Walfang reicher Grönlandfahrer seit 1745 für seine damals zwölfjährige Tochter selbst zur Aussteuer fertigte und mit deren Namen bezeichnete. Er arbeitete in einem Lokalstil, der sich seit ungefähr 1740 von den älteren, durch den Kerbschnitt bestimmten Zierweisen Nordfrieslands löste. Rankenwerk und figürliche Darstellungen – z. B. die durch den Anker gekennzeichnete Hoffnung – brachten, in Verbindung mit intensiverer, möglicherweise von den Niederlanden abhängiger Farbigkeit, neue Elemente in das heimische Hauswerk. D

630

631 Schrank. Gegend Oldenburg, 1729. Eichenholz, beschnitzt; 205 : 161,5 : 49 cm. BA 1283.
Seit der zweiten Hälfte des 17. Jahrhunderts, verstärkt nach 1700, drang der Schrank in das Bauernhaus ein und löste die bis dahin als Verwahrmöbel benutzte Truhe ab. Die einzelnen Phasen in der Entwicklung des städtischen Schrankes werden, wenn auch mit erheblichen Abweichungen, auf dem Lande nachvollzogen. So scheint der im Umkreis von Oldenburg seit dem frühen 18. Jahrhundert bezeugte zweigeschossige Schrank, der damals einen älteren dreigeschossigen Typ ersetzte, in den bremischen Meisterrissen seit um 1670 vorweggenommen. Parallel zu der modernisierten Gestaltung wurden neue Dekorationselemente aufgenommen, wie etwa die in Flachschnitt ausgeführte, als Modeblume vor allem im 17. Jahrhundert geschätzte Tulpe (vgl. Nr. 453). D

631

632 Humpen. Tirol, 17. Jahrhundert. Dauben Eiben-, Deckel Obstholz, Henkel Birken-, Boden Kiefernholz, Weide; 10 cm. BA 2353.
Das Gefäß bezeugt den bis zum 17./18. Jahrhundert hohen Anteil des Holzes am Haushaltsgeschirr. Seit dem 16. Jahrhundert und zunehmend seit dem Dreißigjährigen Krieg drängten das Hafner- und Zinngießerhandwerk die aus hausgewerblicher Fertigkeit sowie aus Drechsler- und Böttcher-(Schäffler-, Büttner-)Arbeit hervorgehende Herstellung von Gefäßen zurück. Bei der Form der aus den konkurrierenden Materialien gebildeten Geschirrarten ergeben sich häufig Parallelen. So besitzt der aus Dauben zusammengesetzte, mit Weide gebundene Humpen in seiner geringen Höhe und mit der Wölbung seiner Wandung Gegenstücke in Keramik und Metall. Für kleinere Geräte verwendete man gern Reste verschiedener Holzarten. D

633

632

633 Schachtel. Thüringen, 2. Hälfte
18. Jahrhundert. Nadelholz, bemalt; 47,3 :
29 : 14 cm. Kling 3029.
Die Wandungen der seit dem 17. Jahrhundert zumeist mit ovalem Grundriß gefertigten Behälter bestehen aus gespalte-
nem Holz, das dafür in frischem Zustand
über einem Stock gebogen wurde. Außer
in Berchtesgaden, das Ulmer Vorbilder
beeinflußten, dürfte die Schachtelmalerei
in den Mittelgebirgen geübt worden sein.
Der Dekor, z. B. ein von einem Spruch be-
gleitetes Paar, deutet vielfach auf die Verwendung als Liebesgabe. Bis in das
19. Jahrhundert wurden Mann und Frau
in modischer Kleidung, seltener in Tracht,
dargeboten. Kennzeichnend ist auch, daß
freie Flächen mit Rankenwerk und Blu-
menzweigen gefüllt wurden. Span-
schachteln dienten zur Aufbewahrung
von Hauben, Tüchern und Bändern. D

634

634 Truhe. Umkreis Miesbach/Oberbayern, 1667. Fichtenholz, bemalt; 86,5 : 156 : 63 cm. BA 379.
Diese für Süddeutschland typische Ausprägung der Truhe mit getrennt gearbeitetem Sockel zeigt eine frühe Phase der Möbelmalerei, bei der die wenigen anfangs für die neue Zierweise benutzten Leimfarben das Holz nicht – wie zunehmend seit dem 18. Jahrhundert – völlig überziehen. Das auf der in zwei Felder aufgeteilten Frontseite erscheinende Motiv des Torbogens mit Kuppelarchitekturen weist auf intarsierte Dekorationen bei Ausstattungen des 16. Jahrhunderts zurück und macht einen Anstoß für das Aufkommen der Möbelmalerei deutlich. Sie entsprang dem Bedürfnis, sich hochschichtliche Dekorationsformen anzueignen und deren Ausführung in einfachere und preisgünstigere Techniken umzusetzen. Die farbige Behandlung bot zugleich die Möglichkeit, minderwertiges Holz zu verwenden. D

635

635 Schrank. Umkreis Linz a. d. D., um 1790; Bemalung 1840. Fichtenholz, bemalt; 217 : 152,5 : 53,5 cm. BA 1339.
Der Schrank gehört zu den Möbeln, an denen der Wandel in der ästhetischen Auffassung der Benutzer unmittelbar abzulesen ist. In seiner Anlage weist er alle Merkmale der in der Zeit des Rokoko voll entfalteten Wohnkultur im Umkreis von Linz auf. Die Sonderformen dieser Region zeigen sich an der Breite des Schrankkörpers, den reich gegliederten Gesims- und Sockelzonen, insbesondere aber an der Verwendung von Kupferstichen, die, im Zusammenhang mit der Bemalung, an einigen freigelegten Stellen sichtbar werden. Rund fünfzig Jahre später erhielt der Schrank eine neue Ausstattung mit damals in steigendem Maße benutzten Ölfarben, die ihm durch ihre Farbigkeit und einzelne Motive – z. B. die ovalen Bilder von Gebäuden –biedermeierliches Gepräge verleiht. D

636

636 Kränchenkanne. Varel/Ostfriesland, 1847. Zinn, gegossen, graviert; Zapfhahn Messing; 38,5 cm. Kling 11857.
Zu den vor allem in ländlichen Gegenden des westlichen Niederdeutschlands verbreiteten Zinngeräten gehören mit Zapfhähnen ausgestattete Kannen, deren bauchiger, in den profilierten Deckel übergehender Körper auf drei geschweiften Füßen ruht und zwei geschwungene Griffe besitzt. Da es sich um eine Kanne für Kaffee, nicht für Tee handelt, läßt sich die Kränchenkanne, die Mitte des 18. Jahrhunderts aufkam, kaum von russischen oder japanischen Vorbildern ableiten; neuerlich ist an holländischen Ursprung gedacht worden. Die bei volkstümlichen Gefäßen als Zierat beliebte Gravierung mit Hilfe eines Stichels zeigt in einem ornamentalen Rahmen den Namen des Besitzers Gerhard Gellerman und die Jahreszahl. D

637 Leuchter. Bardowick, Kr. Lüneburg, 1677. Messing; 31 cm. Kling 11919.

Die Verarbeitung des Messings, einer Legierung aus Kupfer und Zinn, breitete sich von ihrem Zentrum im Maastal über Niederdeutschland aus und wurde in ländlichen Gegenden heimisch, wo sich die Gewerbe von Gelb- und Zinngießern verbanden. In Konkurrenz zu eisernen Gegenständen entstand eine Vielzahl von Geräten für Feuer und Licht. Das Verlangen nach Repräsentation und nach besseren Lichtquellen bewirkte, daß sich zweiarmige Leuchter mit zwei oder drei Tüllen auch für private Verwendung einbürgerten. Als Gerät für hochzeitlichen Brauch entwickelten sie feste Formen. Unser frühes Beispiel eines Hochzeitsleuchters besitzt als charakteristische Merkmale einen breiten, mit Namen und Jahreszahl bezeichneten Stand und auf dem Balusterschaft Arme mit Blattformen im Umriß.   D

638

637

638 Kanne. Oberthulba, Kr. Hammelburg, 2. Hälfte 19. Jahrhundert. Hafnerkeramik; 34,5 cm. BA 2238.

Unter der von landsässigen Hafnern bei Brenntemperaturen von ca. 800 bis 900 Grad hergestellten Irdenware blieb das Geschirr aus Oberthulba bis auf die Partien um den Rand ohne Glasur; dementsprechend ist der Scherben leicht wasserdurchlässig, so daß durch Verdunsten der Flüssigkeit Kühlung des Inhalts bewirkt wird. Besonders die Trinkwasserkannen sind oft ohne Überzug, also »rauh«. Die Wandung der Kanne, deren Beschaffenheit auf eine wenig sorgsame Aufbereitung des Materials schließen läßt, zeigt auf der Schulter den charakteristischen weißen, aus Pfeifenton gefertigten Dekor, der mit dem bei Hafnern üblichen wie ein Schreibgerät benützten Malhorn aufgetragen ist.   D

639 Schüssel. Tönisberg, Kr. Kempen-Krefeld, 1713. Hafnerkeramik; Dm. 49 cm. Kling 13829.

Seit dem 17. Jahrhundert wurden am Niederrhein große Schauschüsseln mit braunem oder weißem Anguß, einem Überzug des Scherbens mit feinbrennendem Ton, und einem mit dem Malhorn aufgetragenen meist figürlichen Dekor hergestellt. Figuren und Binnenzeichnung sind in Ritztechnik umrissen. Diese gibt der Schlickermalerei klarere Konturen, bewirkt aber zugleich, daß die Farben nicht ineinanderlaufen. Das vielverehrte Gnadenbild von Kevelaer, eines der bevorzugten religiösen Themen, wurde oft wiederholt und ist hier von der kennzeichnenden Gebetsformel »S. Maria Ora pro nobus« (nobis) begleitet. Der Aufwendigkeit des Dekors entspricht das Bestreben der Handwerker, hier des allein durch dieses Stück bezeugten W. Bosmans', ihren Namen auf der Schauseite zu nennen.   D

639

640

641 Krug. Bunzlau/Schlesien, Ende
18. Jahrhundert. Hochgebrannte Irdenware; 24,5 cm. Kling 11400.
Die Erzeugnisse volkstümlicher Keramik
aus Bunzlau fanden zeitweise weite Verbreitung. Die Fülle des erhaltenen Materials, namentlich des 19. Jahrhunderts,
macht es wahrscheinlich, daß in benachbarten Gegenden Sachsens und der Mark
Brandenburg ähnliche Geschirrsorten
entstanden und Bunzlauer Braungeschirr
als Gattungsbegriff für die mit der charakteristischen glänzenden Lehmglasur
ausgestattete Ware zu betrachten ist. Bereits im 18. Jahrhundert einsetzende Bemühungen, die Bunzlauer Produkte
marktgerecht zu machen, scheiterten zunächst. Unter dem Einfluß der bei Porzellan verwendeten Applikationen wurden
damals weiße Reliefauflagen angebracht,
vor allem Wappen und religiöse Symbole
wie hier das Lamm Gottes. D

640 Kaffeekanne. Umkreis Marburg/
Lahn, 2. Hälfte 19. Jahrhundert. Hafnerkeramik; 27 cm. BA 1005.
In der zweiten Hälfte des 18. Jahrhunderts
wurde mit dem allgemeinen Wandel der
Nahrungsgewohnheiten das Kaffeetrin-
ken auch für die Dorfbevölkerung üblich
und somit der traditionelle Typenvorrat
der ländlichen Hafnerprodukte um die zu
dem neuen Genuß benötigten Geschirr-
stücke erweitert. Die Formen der Kannen
folgten – wenn auch mit zeitlichem Ab-
stand – jeweils den Erzeugnissen des
maßgebenden Porzellans, wobei es indessen im Zeitalter des Historismus auch
auf dem Lande zu einem Nebeneinander
der verschiedenen Typen kam. Besonders bei Marburg und im östlichen Ober-
hessen verzierte man die Kannen mit
»aufgelegtem Dekor«, d.h. mit kleinen,
mit Stempeln oder Griffeln modellierten
Tonklumpen. In dieser Technik wurde
u.a. das für volkstümliche Gestaltungen
sehr geschätzte heraldische Motiv des
doppelköpfigen Adlers gebildet. D

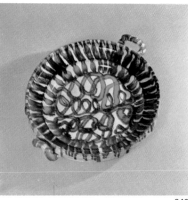

642

642 Schüssel. Gmunden/Oberösterreich,
Mitte 19. Jahrhundert. Fayence;
Dm. 46,2 cm. BA 1466.
Die sich durch einen Überzug aus Zinnglasur als Malgrund von der sogenannten Hafnerkeramik unterscheidende Fayence entstand zumeist in arbeitsteiligen
Manufakturen, nur selten, wie in einzelnen Gebieten Österreichs, im Bereich des
Handwerks. Die flache, zweihenkelige
Schüssel in der für das 18. und beginnen-
de 19. Jahrhundert typischen Form, zu
der es nahe Parallelen in Zinn gibt, zeigt
auf dem Spiegel das der sogenannten
schlichten Ware Gmundens eigene ge-
bänderte Muster, das durch die Dekorationsweise des Marmorierens angeregt
sein dürfte. Die strenge Beschaffenheit
und intensive Farbigkeit der mit dem
Malhorn aufgetragenen Bänderung kennzeichnet die Spätphase der Gmundener
Produktion. D

641

643

644 Humpen. Süddeutschland, um 1840.
Glas, mit Emailmalerei; Zinnmontierung;
23 cm. Kling 11467.
Die seit dem 16. Jahrhundert bekannte
Verzierung der Gläser durch aufge-
schmolzene Emailmalerei mit volkstümlichen Motiven fand in Süddeutschland
und Österreich eine letzte Blüte bei Humpen und Schnapsflaschen der Biedermeierzeit. Die Bilder – Paare, die ihren Bund
durch Zutrinken besiegeln oder brennende Herzen in den Händen halten – kennzeichnen diese Glaswaren als Gaben der
Liebe und Freundschaft, die auch der
Spruch andeutet: »Mein Herz das gib ich
dir, ich wil aber das dein dafir«. Die ländliche Kleidung des Paares bezeugt die
Anpassung des figürlichen Dekors an den
anzusprechenden Kundenkreis.   D

643 Anrichte. Westfalen, 2. Hälfte
18. Jahrhundert. Eichenholz, z. T. beschnitzt, furniert; 217 : 184,5 : 49 cm.
BA 1136.
Als sich im 18. Jahrhundert als Folge gün-
stiger Agrarkonjunkturen reicher deko-
riertes Geschirr vor allem aus Keramik
und Zinn ausbreitete, entwickelten sich
Möbel zur Aufbewahrung und Schaustel-
lung dieses Teils des Hausrats. Die niederdeutsche, oft Anrichte, Richtebank,
Kannenstock genannte Spielart besitzt
unter den bürgerlichen Möbeln kein Vorbild, sondern läßt sich wohl vom üblichen Küchenschrank, der hier eine aufwendigere Ausgestaltung erfuhr, ableiten. Besonders die als Stützen des bord-
artigen Aufsatzes angebrachten gedrehten Säulen, das Schnitzwerk, die mit
Nußbaum furnierten, intarsiengе-
schmückten Felder, die Wellenprofile der
Rahmen heben die Anrichten aus der
Gruppe der üblichen Gebrauchsmöbel
heraus.   D

645

645 Fastnachtskleider. Altmühltal/Mittel-
franken, 2. Hälfte 19. Jahrhundert. Kleider
Sackleinen und Tuch; Maske Lindenholz;
172 cm. TSb 636. Leihgabe Stadt
Nürnberg.
Das seit dem Spätmittelalter in allen
Landschaften des deutschen Sprachgebietes als Fastnachtsverkleidung verbreitete Fleckengewand mag seiner ursprünglichen Bedeutung nach mit der
Vorstellung von der mit Sünden befleck-
ten Seele zusammenhängen. Die bei einfachen Exemplaren übliche willkürliche
Zusammensetzung aus Stoffresten wurde
auch in Franken im Laufe der Zeit abgelöst durch einen Anzug aus Sackleinen
mit regelmäßig angeordneten, rhom-
bisch ausgeschnittenen bunten Tuchstük-
ken. In einzelnen Rückzugsgebieten Mit-
telfrankens, vor allem im Altmühltal im
weiteren Umkreis von Eichstätt, gehörte
zu dem mit einer Kapuze versehenen
Kleid eine Scheberer genannte Holzmas-
ke, die einer Vielzahl von Typen, darunter
auch Exoten, Ausdruck verlieh.   D

644

**646 Flett eines niederdeutschen Hallen-
hauses** (Ausschnitt). Ausstattung Kreise
Diepholz/Vechta, 18. Jahrhundert.
Der Blick führt durch die Seitentür zur
offenen, bodennahen Feuerstelle als dem
Mittelpunkt des Herdraums, der im niederdeutschen Hallenhaus von der land-
wirtschaftlicher Arbeit dienenden Diele
und der Stallzone nicht abgeteilt war.
Diese Gegebenheiten, namentlich das
Fehlen des Schornsteins, deuten auf Le-
bensformen, für die wirtschaftliche Vor-
teile, wie sie die Nutzung des Rauchs zur
Konservierung der Ernte bot, gegenüber
dem Wohnkomfort vorrangig waren. Bis
in das 19. Jahrhundert waren die traditionellen eisernen Herdgeräte üblich: der
bei der Hofübergabe als Symbol des Be-
sitzes fungierende Kesselhaken, der Feu-
erbock, auf dem die Holzscheite zwecks
Luftzufuhr auflagen, und die obrigkeitlich
zur Sicherung des Feuers verordnete
korbähnliche Stülpe.   D

647

646

647 Stube. Thurgau, 1666. Kiefern- und
Nußbaumholz.
Im 17. Jahrhundert erfuhren die bis dahin
einfacheren Holzverkleidungen der Stu-
ben in den Alpenländern eine reichere
Durchbildung. Während nach italienischem Vorbild die Decken Kassetten erhielten, gliederten Rundbogen und Pilaster die Wandvertäfelungen architekto-
nisch. Das für Schweizer Innenausstat-
tungen seit dem 16. Jahrhundert charakteristische Buffet nebst einem leicht zu-
rückgesetzten Waschkasten mit Nische
für den Wasserbehälter aus Zinn wurde
der Wandverkleidung einbezogen. In drei
Geschossen aufgebaut, ist das Buffet, in
dessen mittlerem Teil Geschirr zur Schau
gestellt wird, im Knorpelstil verziert, teilweise in der damals charakteristischen
aufgelegten Dekorationsweise. Bei dem
Ofen befindet sich die gekachelte Sitzge-
legenheit, die Kunst genannt wird.   D

648 Reliquienbüste der Hl. Barbara. Mitteldeutschland oder Böhmen, 1610. Kupfer, vergoldet, und Silber; Sockel Holz;
53,5 cm. KG 798.
Für die in sehr differenzierter Form dem
Anschaulich-Konkreten zugewandte
Volksfrömmigkeit wurden die materiellen
Überreste vom Erdenwandel der Heiligen
zu einem der Kristallisationspunkte der
Verehrung. Um die Heiligtümer, die den
Schutz der Überwelt verhießen, ange-
messen darzubieten, bediente man sich
seit dem Mittelalter redender Reliquiare.
Ähnlich wie die Büste der Hl. Barbara
durch die Attribute von Turm und Palme
gekennzeichnet wird, machen diese Be-
hältnisse den Inhalt kund und stellen ihn
zur Schau. Oberhalb des Sockels sind in
einer mit Glas verschlossenen ovalen Öffnung Reliquien der vor allem bei Gewit-
ter und Feuersnot, bei Pest und Fieber,
aber ebenso als Patronin einer Anzahl
von Berufen bewährten Märtyrerin sichtbar.   D

648

649 Votivbild des Stephan Praun. 1511.
Paul Lautensack d. Ä.; Bamberg 1478-
1558 Nürnberg. Gemälde auf Holz;
84 : 52 cm. Gm 196.
Unter den Votivtafeln, die seit dem
15. Jahrhundert Gebetserhörungen im
Bild offenkundig machten, gehört die von
Stephan I Praun in die Kapelle des Men-
delschen Zwölfbrüderhauses in Nürnberg
gestiftete zu den ältesten Zeugnissen des
deutschen Sprachgebietes. Das Bild enthält alle Bestandteile solcher Votivtafeln.
Die angerufene helfende Macht ist durch
die auf dem Altar der Kapelle aufgestellte
Tonplastik der Geburt Christi gegenwär-
tig. Auf den Anlaß des Verlöbnisses, die
Gefährdung durch Seenot auf dem Gar-
dasee sowie durch venezianische Söldner, deuten die Darstellung in der Mitte
und die erneuerte Inschrift. Den Akt des
Verlöbnisses veranschaulicht der durch
Wappen gekennzeichnete Votant.   D

649

650 Votivbild. Heiligwasser b. Igls/Tirol,
1837. Gemälde auf Holz; 27,3 : 20,9 cm.
Sammlung Richter VB 60.
Der im 19. Jahrhundert bevorzugte drei-
teilige Typ des Votivbildes zeigt die Heiligengestalt, den Votanten und die lateinische Gelübdeformel »Ex voto«. Diese bezeugt, daß die Tafel aufgrund eines Ver-
sprechens angefertigt und dargebracht
wurde. Die Heiligengestalt vertritt meist
ein als wundertätig verehrtes Gnadenbild
mit der Darstellung Gottes oder eines
Heiligen, unter denen die Gottesmutter
durch den Brauch, ihre Statuen zu bekleiden, eine stereotype Form erhielt. Durch
wenige Kennzeichen, Lichtloch, Wolkenbank, Wolkengirlande, erscheint der Heilige als Angehöriger der Überwelt. Der Votant kniet zumeist und hält einen Rosenkranz in den betend gefalteten Händen.
Die besondere Devotion gegenüber dem
Gnadenbild wird hier durch das auf einem Sockel stehende brennende Herz
zeichenhaft hervorgehoben.   D

650

**651 Die Darbietung von Votiv- und Wei-
hegaben,** 1483. Hans Mair von Landshut;
Freising (?) um 1450 – nach 1514 Landshut (?). Gemälde auf Holz; 158 : 137 cm.
Gm 898. Leihgabe B. Staatsgemäldesammlungen.
Das Gemälde aus Kloster Neustift in Freising gehört zu den frühen Bildquellen für
die Darbringung von Votiv- und Weihegaben. Es zeigt die der Legende nach im
Kloster Neustift als Glaubensboten und
Einsiedler lebenden Wandermönche
Anianus und Marinus. Ihnen naht sich
eine Schar von Gläubigen, um sie zu ver-
ehren oder ihre Hilfe zu suchen. Hinweise
auf spezielle Anliegen sind die Votivgaben, die zeichenhaft auf Notlagen, wie Er-
krankungen, hindeuten; so bringt der an
einem Augenleiden Erkrankte ein Augen-
paar dar. Gemäß einer dem 15. und
16. Jahrhundert geläufigen Bildformel
hängen an einer Stange weitere Votivgaben, die nach einer lange nachwirkenden
mittelalterlichen Gepflogenheit überwiegend aus Wachs geformt sind.   D

651

652

653 Votivbild. Wallfahrtskirche Samma-
rei, Gem. Wolfachau, Kr. Passau, 1866. Öl
auf Holz; 23,4 : 29,5 cm. Sammlung Richter VB 39.
Auf Votivbildern bezeichnen gelegentlich
Wiedergaben von Körperteilen oder Or-
ganen, die sich in ihrer Form eng an entsprechende Votivgaben anlehnen, den
Votationsgrund. So ist hier eine Augener-
krankung durch das in der Bildmitte auf
schwarzen Samtgrund montierte Silber-
votiv kenntlich gemacht. Solche Bilder
dokumentieren das aus den Mirakelbü-
chern mit ihren Aufzeichnungen der Gna-
denerweise an Wallfahrtsorten bekannte
Verfahren, durch Opfergaben den Schutz
des Heiligen in speziellen Anliegen zu erflehen und später die erfolgte Rettung
durch die Darbringung einer gemalten
Tafel zum Ruhme des Heiligen und des
Wallfahrtsortes bekanntzugeben. Die Bilder können auch für die Medizingeschich-
te aufschlußreich sein. D

652 Votivgabe: Kopfurne. Niederbayern,
19. Jahrhundert. Irdenware; 10,5 cm.
Sammlung Richter VGT 5.
Wie die Votivbilder war auch das Brauchtum um die Votivgaben dem Wallfahrts-
wesen verbunden. Mannigfach wurden
Gegenstände aus der Umwelt des Menschen sowie Körperteile und -organe, die
dem Schutz und der Hilfe der Heiligen
empfohlen werden sollten, nachgebildet
und an den Altären niedergelegt. Neben
diesen unmittelbar auf den Anlaß der Vo-
tation verweisenden, universal verbreiteten Weihegaben gibt es solche, die in ihrer traditionellen Prägung das Anliegen
verschlüsselt ausdrücken. Dazu gehören
die vor allem im südöstlichen Bayern und
im Innviertel vorkommenden Tongefäße
mit als Gesichter geformten Wandungen.
Mit Getreide gefüllt, sollten sie als Opfergaben eine glückliche Ehe, Fruchtbarkeit,
Befreiung von Kopfschmerzen bewirken.
D

654

654 Votivgabe: Pferd. Oberbayern, 1779.
Silber, gepreßt; auf schwarzen Samt
montiert; 30,3 : 27,3 cm. Sammlung Richter VGS 6.
Silber ist erst im 17./18. Jahrhundert als
Material für Votivgaben zu den traditionell üblichen, vor allem Wachs und Holz,
hinzugekommen. Wie hier an den, allerdings nicht identifizierten, Marken erkennbar, entstanden Silbervotive häufig
in den Werkstätten der Goldschmiede.
Wegen der besseren Wirkung wurden
Einzelteile, wie hier das Pferd und das mit
einem Monogramm des Votanten und
der Jahreszahl versehene Ex-Voto-Schild,
auf schwarzen Grund montiert und häufig zu einer den Votivbildern entsprechenden Aussage gruppiert. D

653

655

656 Die Hll. Drei Könige. Raimundsreut, Gem. Schönbrunn, Kr. Freyung-Grafenau. Hinterglasmalerei; 42 : 36 cm. BA 1895. Hinterglasmalereien waren in vielen Gegenden wesentliche Bestandteile des religiösen Wandschmucks. Auf die Rückseite eines mundgeblasenen Tafelglases wurden die Darstellungen in umgekehrter Folge wie bei der Malerei üblich, nämlich mit dem deckenden Hintergrund als Abschluß, aufgetragen. Weil ihre Produktion für den überregionalen Markt bestimmt war, konzentrierten sich die besonders im Umkreis von Glashütten tätigen Erzeuger auf die allgemein bekannten Themen volkstümlicher Religiosität. Hier erscheinen die mit einer Vielzahl von Patronaten ausgestatteten Hll. Drei Weisen als drei frontal nebeneinandergestellte Könige, eine Darbietung, die den Tendenzen der Hinterglasmalerei zur Schematisierung und Unräumlichkeit entspricht. D

655 Votivbild. Wallfahrtskirche Frauentödling, Gem. Egglham, Kr. Rottal-Inn/Niederbayern. 1830. Tempera auf Holz; 31,5 : 24,7 cm. Sammlung Richter VB 57. Durch Besonderheiten in der Gestaltung lassen sich aus der Vielfalt der zumeist anonymen Produktion von Votivtafeln einzelne Gruppen zusammenstellen, so das Werk eines in der Sammlung durch mehrere Beispiele vertretenen, unbekannten Meisters zwischen Rott und Vils. Der Maler wies hier auf den Votationsanlaß durch die Darstellung der ärztlichen Fürsorge um das am Fuße verletzte Kind und zeigte damit an, daß die dem Menschen gegebenen Möglichkeiten des Heilens durch die Votanten ausgeschöpft wurden. Die Anrufung der Gottesmutter und ihre Hilfe fanden in der Inschrift mit ihren formelhaften, den Akt des Sich-Verlobens kennzeichnenden Wendungen und durch die von Maria zu dem Kinde hinführenden Strahlen ihren Ausdruck. D

657

657 Votivbild. Wallfahrtskirche Weihenlinden, Gem. Bruckmühl, Kr. Rosenheim, 1756. Kasein-Tempera auf Holz; 35 : 25,9 cm. Sammlung Richter VB 1. In ihren Darstellungen Gottes und der Heiligen sind die Votivtafeln vielfach Quellen für die Erkenntnis der volkstümlichen religiösen Bilderwelt, die nicht immer mit der kirchlich-offiziell geförderten übereinstimmt. So ist die Veranschaulichung der Hl. Dreifaltigkeit durch drei gleichgeformte Gestalten auf der Tafel zwar durch eine entsprechende Figuration am barocken Hochaltar ihres Bezugsortes mit seinen drei mächtigen, die Trinität verkörpernden Skulpturen motiviert, doch hatte gegenüber dieser in das frühe Mittelalter zurückreichenden Deutung nun die neue Bilderfindung des Gnadenstuhls stärkere Geltung erlangt. Dazu warnte Papst Benedikt XIV. in einem Breve von 1745 davor, die Trinität als drei gleichgekleidete Männer darzustellen. D

656

658 Votivbild. Hl.-Blut-Kapelle Eitting,
Gem. Dietersburg, Kr. Rottal-Inn/Nieder-
bayern, 1820. Tempera auf Holz; 27,4:
21,3 cm. Sammlung Richter VB 15.
Das Christusbild der volkstümlichen Devotion, wie es sich in den Votivbildern
spiegelt, erwuchs aus den Berichten der
Bibel, aus Liturgie und privaten Offenba-
rungen und wurde von den verschiedenen Phasen der Frömmigkeitsgeschichte
geformt. Die besondere Verehrung des
Heilands der Passion fand eines ihrer
Themen im Kult der fünf Wunden, auf die
wiederum die umfassende Figuration der
Leidenswerkzeuge des Herrn hindeutet,
seine heilswirkenden »Waffen« als Gegenstand der Passionsmeditation. Den
Wunden widmen sich Andachten, aber
auch Bilder, auf denen Christus als Brunnenfigur sein Blut vergießt. Über das Motiv ›Christus als Lebensbrunnen‹ bezieht
das Votivbild die Krankheit des von einem Blutsturz getroffenen Votanten auf
die Schmerzen des Herrn. D

659

658

659 Weihnachtskrippe. Tirol, 2. Hälfte 18.
bis Anfang 19. Jahrhundert. Wachs und
Holz. KG 1178.
An der Entwicklung der Weihnachtskrippe, die im 16. Jahrhundert volkstümlich
wurde, haben Andachtsübungen, Brauch-
tumsspiele und Darstellungen der Geburt
Christi in Malerei und Plastik Anteil. Im
18. und frühen 19. Jahrhundert entstanden in Tirol die »gekleideten« Krippen,
für deren Ausstattung die Fertigkeiten
des Wachsbossierers und des Holzschnit-
zers ebenso wirksam wurden wie das Geschick von Laien beim Bekleiden der Figuren mit Stoffresten. Um die zentralen
Gestalten des Festes gruppierte volkstümliche Erzählfreude die Verkündigung
an die Hirten und die Anbetung durch die
Könige, aber auch andere volkstümliche
Szenen wie die Hochzeit zu Kana, deren
Figurinen das Geschehen in der Umwelt
des Betrachters heimisch werden ließen.
D

660 Votivbild. Umkreis Mühldorf/Ober-
bayern, 1820. Eitempera auf Holz, Marmorierung; 30,6:29,9 cm. Sammlung
Richter VB 142.
Wallfahrtsbrauch und Votivwesen zeigen
vielfach an, daß im Unterschied zu Christus und Maria, die als Universalpatrone
angerufen wurden, die volkstümlichen
Heiligen auf bestimmte Anlässe speziali-
siert waren. Diese Sonderpatronate hängen häufig mit der jeweiligen Legende
zusammen und können im Attribut des
Heiligen ihren sinnfälligen Ausdruck finden. Der vor allem im fränkisch-aleman-
nischen Raum als Viehpatron verehrte Hl.
Wendelin wird durch Tasche und Hirten-
stab gekennzeichnet. Beim Hl. Abt Leonhard weist die Kette auf seine ältere Zu-
ständigkeit als Helfer der Gefangenen;
seine für den bäuerlichen Lebenskreis
wichtige Rolle als Schutzherr über das
Vieh erhielt Leonhard erst später durch
Patronatserweiterung. D

660

Brief Albrecht Dürers d. Ä. an seine Frau Barbara
vom Hof Kaiser Friedrichs III. in Linz am 24. August 1492

Bei der Gründung des Germanischen Nationalmuseums im Jahre 1852 wurde ein Archiv ins Leben gerufen, das die Aufgabe hatte, »archivalische Schätze, die verlorenzugehen oder dem allgemeinen Gebrauch entzogen zu werden drohten«, für die historische Forschung zu sammeln und zu erhalten. Der Verlust von Archivalien war damals besonders akut, zumal mit der Aufhebung des Heiligen Römischen Reiches, der Ablösung der Grundherrschaft und der Liquidierung des Lehenwesens viele Archivalien ihre rechtliche Bedeutung verloren hatten, häufig an Sammler verschenkt oder verkauft oder gar in den Papiermühlen oder unter dem Hammer der Schwabacher Goldschläger vernichtet wurden.

Damals gelangten zahlreiche wertvolle Urkunden aus dem privaten, dem kommunalen und dem staatlichen Bereich in das Museum, die zumeist aus einem zum Teil nicht mehr feststellbaren Registraturzusammenhang herausgelöst worden waren. Dazu kamen ganze Archive, vor allem Adelsarchive, hauptsächlich aus dem Nürnberger Raum, darunter die Familien- und Herrschaftsarchive der Behaim, Kreß von Kressenstein, Imhoff und Löffelholz. Aus Südtirol stammt das große Adelsarchiv der Wolckenstein zu Rodenegg mit wichtigen kunst- und kulturgeschichtlichen Quellen.

Heute umfaßt das Historische Archiv etwa 500 Regalmeter an Archivalien, darunter etwa 15 000 Pergamenturkunden vom 10. bis zum 20. Jahrhundert und eine umfangreiche Siegelsammlung mit etwa 16 000 Stück.

Neben dem Historischen Archiv besteht als Sonderabteilung das 1964 gegründete Archiv für Bildende Kunst. Es hat die Aufgabe, Nachlässe und Autographen von Malern, Bildhauern, Architekten, Kunsthandwerkern, Kunstgelehrten, Kunstsammlern sowie von Organisationen und Institutionen der bildenden Kunst, soweit sie im deutschen Sprachgebiet gelebt bzw. gewirkt haben, zu sammeln, zu inventarisieren und der kunstgeschichtlichen Forschung zur Verfügung zu stellen. Dabei wird alles schriftliche Quellenmaterial einbezogen, das die Geschichte der bildenden Kunst dokumentiert, vor allem Korrespondenzen, Tagebücher, Dokumente über persönliche und wirtschaftliche Verhältnisse, Beruf und Werk.

Das Archiv verwaltet heute gegen 280 Nachlässe und Nachlaßteile, wobei zahlreiche berühmte Namen vertreten sind, wie etwa Franz Marc, Lovis Corinth, August Macke, Erich Heckel, Ernst May, Max Raphael, Otto Dix.

Bibliothek

Die Schausammlungen enthalten in den Räumen 15 bis 21 (Mönchshäuser) und 48 bis 54 zur kulturgeschichtlichen Abrundung der Darstellung von Mittelalter, Renaissance und Barock auch zahlreiche Bücher, die allerdings hauptsächlich wegen ihrer künstlerisch wertvollen Einbänden gezeigt werden und nur in selteneren Fällen wegen des Buchinhaltes. Die mittelalterliche Buchmalerei ist mit einem so hervorragenden Werk wie dem Echternacher Codex repräsentiert. Daher könnte der Eindruck entstehen, die Bibliothek sei ausschließlich eine Sammlung von buchkünstlerisch wertvollen Objekten. Diese besitzt sie zwar in erfreulich reichem Maße, doch hat sie eine Doppelfunktion. Sie ist nicht nur eine Sammlung wertvoller Drucke und Handschriften, sondern zugleich eine wissenschaftliche Gebrauchsbibliothek, die durch kontinuierliche Erwerbungen aus den jährlichen Neuerscheinungen der internationalen Buchproduktion ständig ergänzt wird. Diese Eigentümlichkeit besaß schon die Bibliothek des Freiherrn von und zu Aufseß, die mit siebentausend Bänden den Grundstock für die Museumsbibliothek bildete. Inzwischen ist sie auf nahezu 400 000 Bände angewachsen und rangiert damit nächst der Bibliothek des Deutschen Museums in München umfangmäßig an zweiter Stelle unter den deutschen Museumsbibliotheken.

Die Bibliothek des Germanischen Nationalmuseums ist heute eine wissenschaftliche Spezialbibliothek für Kunst- und Kulturgeschichte der deutschen Sprachgebiete einschließlich der Sprachinseln und der ehemals deutschsprachigen Regionen. Der Begriff Kulturgeschichte ist hauptsächlich auf Realien bezogen, weniger auf Sprache und Brauchtum. Er impliziert die Sachgüter der Volkskunde, die Orts- und Landesgeschichte sowie die historischen Hilfswissenschaften der Genealogie, Heraldik und Diplomatik.

Der Lesesaal, der gegen Vorlage des Personalausweises uneingeschränkt für jedermann zugänglich ist, bietet jedoch inhaltlich weit mehr. Er enthält im Grundgeschoß nicht nur die mehrbändigen Hauptwerke der Kunstgeschichte, sondern darüber hinaus gut sortierte Abteilungen derjenigen geisteswissenschaftlichen Disziplinen, die für kulturgeschichtliche Studien benötigt werden, also Literaturwissenschaft, Geographie, Musikwissenschaft, Theologie, Ikonographie, Geschichte des Buchwesens, Genealogie und Heraldik. Selbstverständlich sind einige Universallexika aufgestellt, vom 18. Jahrhundert bis zu den jüngsten Editionen von Meyer und Brockhaus. Unter den biographischen Nachschlagewerken bilden die Künstlerlexika eine eigene Rubrik. Besonders informativ ist die Auslage der Zeitschriften, denn von den ca. 1400 Periodica, die gehalten werden und über deren Bestand eine Tabelle im Lesesaal Auskunft gibt, ist von 250 Titeln jeweils das neueste Heft zur Einsicht ausgelegt. Auch die Bereitstellung der Kataloge von zur Zeit laufenden Ausstellungen wird interessieren. Auf der Galerie, die durch eine Treppe mit dem Grundgeschoß verbunden ist, finden sich Hauptwerke zur Erforschung des Kunsthandwerks, nach Materialien gegliedert, weiterhin zusammenfassende Darstellungen bzw. Nachschlagewerke zu speziellen Fragestellungen auf den Gebieten der Architektur, Plastik, Malerei, Glasmalerei sowie zur Geschichte und Kulturgeschichte im engeren Sinne des Wortes. Außerdem enthält die Galerie sämtliche Kunstinventarbände des In- und des angrenzenden Auslandes sowie eine Abteilung Norica.

Noch mehr Möglichkeiten zur Orientierung in einem geisteswissenschaftlichen Fach bietet mit seiner umfangreichen Handbibliothek der Katalogsaal, der sich an das Grundgeschoß des Lesesaales anschließt und in dem ständig ein Bibliothekar zur Auskunft für den Benutzer zur Verfügung steht. Hier gibt es nicht nur den alphabetischen Hauptkatalog, der jedes in der Bibliothek vorhandene Buch nach seinem Verfasser oder – bei anonymen Veröffentlichungen – nach seinem Ordnungswort in einem einzigen Alphabet nachweist, sondern auch zwei Sachkataloge. Diese helfen dem Benutzer, Literatur über ein bestimmtes Gebiet zu finden, wenn ihm keine Autoren bekannt sind. Da die Sachkataloge systematisch angelegt sind, existiert ein alphabetisches Schlagwortregister, damit man sich für spezielle Fragen schneller in den Sachkatalogen zurechtfinden kann. Außerdem helfen die deutsche Nationalbibliographie, der Katalog des Britischen Museums (British Library) sowie zahlreiche Zeitschriftenverzeichnisse und ältere Allgemeinbibliographien bei der Identifizierung von Büchern. Für die Literaturzusammenstellung ganz allgemein, also nicht nur in bezug auf die eigenen Bestände, dienen die Fülle der Spezialbibliographien und die Registerbände der vielen historischen Zeitschriften, die ebenfalls im Katalograum allgemein zugänglich sind. Da die Bibliothek nicht ausleiht, also alle Bücher nur im Lesesaal eingesehen werden können, besteht die Möglichkeit, sich Xerokopien oder Mikrofilme gegen Gebühr anfertigen zu lassen. Für wissenschaftliche Forschungszwecke kann der Benutzer auch mit den Zimelien der Museumsbibliothek arbeiten, dazu gehören die nahezu eintausend Inkunabeln, die über dreitausend Drucke des 16. Jahrhunderts, die illustrierten Werke der späteren Zeit, die sich auf die Gebiete Architektur, Malerei, Trachten- und Kostümkunde, Botanik, Zoologie, Topographie u. a. erstrecken. Gut vertreten ist die deutsche Literatur, besonders des 17. Jahrhunderts, Atlanten des 18. und 19. Jahrhunderts, die Musikinstrumentenkunde und fast komplett die Literatur über Albrecht Dürer, für die oberdrein ein Spezialkatalog geführt wird.

Der Hl. Christophorus. Süddeutschland, um 1400.
Einblattholzschnitt

Der Gesamtbestand des Kupferstichkabinetts umfaßt ca. 300 000 Blätter, die chronologisch nach Techniken, Schulen und Künstlern oder nach Sachgebieten geordnet sind. Alphabetische Karteien geben Auskunft über die vertretenen Künstler und die Zahl ihrer Werke, über die durch Porträts erfaßten Personen und über die Örtlichkeiten, von denen Ansichten vorliegen. Eine in steter Erweiterung begriffene Schlagwortkartei ist bei der thematischen Aufschlüsselung der übrigen Bestände behilflich. Durch gedruckte Kataloge von 1968/69 sind die Handzeichnungen bis zur Mitte des 16. Jahrhunderts und die des 18. Jahrhunderts wissenschaftlich erschlossen. Der Besucher kann sich im Studienraum die ihn interessierenden Blätter vorlegen lassen. Wechselausstellungen aus eigenem Besitz, zu denen Informationsschriften ausliegen, finden in ca. viermonatlichem Turnus im Obergeschoß des Galeriebaus statt. Außerdem sind Einzelobjekte im Rahmen des allgemeinen Museumsrundgangs an geeigneter Stelle eingefügt. – Die einzigartige Stellung des Kupferstichkabinetts beruht in erster Linie auf seinen reichhaltigen kulturgeschichtlichen Sammlungen, aber auch die übrigen Abteilungen haben zu seinem Rang beigetragen. Neben etwa 430 vorwiegend mittelalterlichen Einzelminiaturen bewahrt die Handzeichnungsabteilung Werke der namhaftesten Meister von der Wende zur Neuzeit bis zum Expressionismus auf. Außer 25 Zeichnungen (einschließlich Deposita) von Albrecht Dürer, dessen druckgraphisches Oeuvre fast vollständig vorhanden ist, sind Israhel van Meckenem, Wolf Huber, Lucas Cranach, Hans Leu d. J., Jörg Breu, Peter Vischer d. J. und Wenzel Jamnitzer, um nur einige Namen zu nennen, mit Arbeiten vertreten. Aus dem 18. Jahrhundert sind 22 Entwürfe des Rokokobildhauers Ignaz Günther und aus dem 19. Jahrhundert Zeichnungen und Aquarelle von Caspar David Friedrich, Ferdinand und Friedrich Olivier, Joseph Anton Koch, Wilhelm von Kobell, Ludwig Richter, Rudolf von Alt und Adolf Menzel hervorzuheben. Das 20. Jahrhundert ist wie bei der Druckgraphik nur exemplarisch belegt. Die Holzschnittabteilung wird durch eine Sammlung frühester Einblattdrucke (168 Stück), z. T. Unica, eingeleitet. Auch die Frühzeit des deutschen Kupferstichs und der Radierung ist ausgezeichnet zu studieren. Wichtigster Bestandteil der Lithographieabteilung ist die umfangreiche Sammlung an Inkunabeln, d. h. der vor 1821 gedruckten Lithographien. Eine reizvolle Spezialabteilung stellen die über 600 Spitzenbilder – meist Klosterarbeiten – und die Scherenschnitte von der Mitte des 17. Jahrhunderts bis zur Neuzeit dar. Die Porträtsammlung weist etwa 56 000 druckgraphische Bildnisse in- und ausländischer Persönlichkeiten auf. In der Abteilung Stadtpläne und Prospekte sind 11 300 Gesamt- und Detailansichten deutscher und ausländischer Städte zusammengefaßt. Zu den frühesten Zeugnissen der nach Ländern, Staaten und Erdteilen gegliederten Landkartensammlung (ca. 4300 Nummern) zählen eine Portolankarte von 1464 und die sog. Cusanus-Karte von 1491. Mit 7500 Spielkarten des 16. bis 19. Jahrhunderts gehört die Spielkartensammlung zu den größten ihrer Art. Die etwa 27 000 nach Sachgebieten von »Alchemie« bis »Zimmereinrichtungen« geordneten Historischen Blätter vermitteln ein anschauliches Bild deutscher Geschichte und Kultur der Vergangenheit. Zu erwähnen ist schließlich die Abteilung Schrift und Druck, die u. a. Einzelseiten aus Inkunabeln, Schreibmeisterblätter, Buntpapiere und Exlibris enthält.

Entwurf für eine Kanzel. Ignaz Günther, um 1765. Aquarellierte Federzeichnung

Denar Karls des Großen

Brakteat der Äbtissin Beatrix
von Quedlinburg, um 1170

Guldiner. Würzburg 1572

Das Münzkabinett zählt zu den bedeutendsten deutschen Sammlungen ihrer Art. Es beinhaltet etwa 60 000 Münzen und 20 000 Medaillen, 50 000 Banknoten und Notgeldscheine, sowie gegen 2000 Marken, Zeichen und Jetons (Rechenpfennige), ferner eine Sammlung von über 5500 Siegel- und Prägestempeln, eine der größten Spezialsammlungen in Europa.

Primitivgeld, Urformen unserer Zahlungsmittel, sowie die griechischen und römischen Münzen dokumentieren die Entstehung des Geldes und der Münze sowie deren Entwicklung zu der noch heute gültigen Form. Die geld- und münzgeschichtlich bedeutsamen Perioden des Mittelalters und der Neuzeit sind vielfältig repräsentiert. So ist die Zeit der Völkerwanderung, in der die germanischen Reiche zunächst römische Vorbilder übernehmen und erst allmählich eigenständige Münzbilder hervorbringen, durch Goldprägungen (Triens und Solidus), die Münzreform der Karolingerzeit und die allmähliche Territorialisierung des Münzrechtes unter den Ottonen und Saliern durch viele Varianten des frühmittelalterlichen Pfennigs vertreten. Besonders reich ist die Sammlung an Brakteaten der Stauferzeit, hohl geprägten einseitigen Silberpfennigen, die zu den schönsten Zeugnissen hochmittelalterlicher Kleinplastik zählen.

Für das ausgehende Mittelalter, in dem auch bei uns Gold- und Großsilbermünzen entstehen (Groschen, Gulden, Taler), sind alle bedeutenden Münzstände gleichmäßig belegt, die geld- und währungspolitischen Probleme auch durch außerdeutsche Leitstücke sowie durch typische Münzfunde. Bei den Münzen der Neuzeit dominiert Franken, vor allem mit den Goldgulden, Talern und Dukaten der Reichsstadt Nürnberg, die zu den schönsten Geprägen in Deutschland gehören. Die als Legat erworbene norddeutsche Spezialsammlung Johannes Kahlbaum enthält eine Reihe der seltenen vielfachen Talergepräge Braunschweigs (Juliuslöser). Gedenkmünzen, die vor allem geschichtlich und kulturgeschichtlich von Interesse sind, gehören zu den speziellen Sammelgebieten des Kabinetts. Die Münzsammlung ist fortgeführt bis in die moderne Zeit.

Die wertvollsten der etwa 20 000 Bildnis- und Ereignismedaillen entstammen dem frühen 16. Jahrhundert: Erzeugnisse der Vischerschen Gießhütte in Nürnberg, Medaillen der großen Medailleure Hans Schwarz, Friedrich Hagenauer, Hans Daucher und Matthes Gebel, kostbare Holz- und Steinmodelle und eine einzigartige Reihe von originalen Gußformen einer Nürnberger Werkstatt. Reich vertreten sind die erzgebirgischen Prägemedaillen aus der Zeit um 1550 mit meist religiös-reformatorischem Inhalt. Es schließen sich umfängliche Reihen von Medaillen der Spätrenaissance, des Barock, des Rokoko sowie des 19. und 20. Jahrhunderts an.

Den wichtigsten Bestand bei den Zeichen und Jetons bilden die für Nürnberg charakteristischen Rechenpfennige, die zunächst zum »Rechnen auf der Linie«, später als Spielpfennige Verwendung fanden. Dazu kommen die Marken und Zeichen sowie die Siegel- und Prägestempel mit zahlreichen Stücken aus dem 13. und 14. Jahrhundert.

Vor- und frühgeschichtliche Sammlungen

Die vor- und frühgeschichtlichen Sammlungen reichen in ihren Anfängen bis in die Gründungszeit des Museums zurück und umfaßen heute über 15000 Funde in Schausammlung und Depots.

Im Bestand sind nahezu alle vorgeschichtlichen Perioden von der Altsteinzeit bis in das frühe Mittelalter vertreten. Die weitgestreute Provenienz der Funde und die hohe Qualität zahlreicher Objekte haben sich aus der Geschichte der Sammlung ergeben und bestimmen zugleich ihren besonderen Charakter. Spitzenstücke wie der ostgotische Goldschmuck von Domagnano, die urnenfelderzeitliche Goldblechbekrönung eines Kultpfahles aus Ezelsdorf und die frühlatènezeitliche Maskenfibel aus Parsberg stehen neben außergewöhnlichen Spezialkollektionen, von denen stellvertretend die Flintgeräte aus Rügen sowie die langobardischen Goldblattkreuze aus Italien zu nennen sind; dazu kommt eine Vielzahl bedeutender Einzelfunde.

Die Altertümer wurden von Anfang an unter kulturgeschichtlichen Aspekten gesammelt, die sich aus der überregionalen Gesamtkonzeption des Museums ergaben, so daß der heute vorhandene Fundus es ermöglicht, Vor- und Frühgeschichte in Deutschland anhand von Originalfunden exemplarisch darzustellen. Zeitgleiche Funde aus den verschiedensten Regionen und Perioden stehen nebeneinander und bieten so ein Gesamtbild vorzeitlicher Zusammenhänge, wie es nur in wenigen vergleichbaren Museen möglich ist.

Die Schausammlung ist zur Zeit nicht zugänglich; ihre Wiedereröffnung im Obergeschoß des Theodor-Heuss-Baus ist in Planung. Ein Teil der frühgeschichtlichen Objekte ist in Raum 3 ausgestellt und dient dort der Darstellung des Überganges von der Spätantike zum abendländischen Mittelalter.

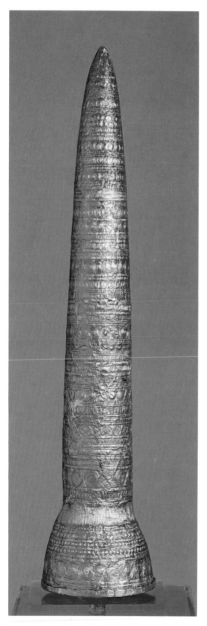

Goldkegel. Um 1100 v. Chr.
Gefunden in Ezelsdorf, Kr. Nürnberger Land

Maskenfibel
Früh-Latènezeit, um 500 v. Chr.
Bronze.
Gefunden in Parsberg/Oberpfalz

Axt. Jungsteinzeit, 3. Jahrtausend v. Chr.
Dunkelgrauer Felsstein.
Gefunden in Köthen/Brandenburg

Kunstpädagogisches Zentrum

Lektion ›Spielzeug‹ vor einer Vitrine mit Zinnfiguren

Das Kunstpädagogische Zentrum im Germanischen Nationalmuseum ist eine gemeinsame Einrichtung der Stadt Nürnberg und des Museums mit dem Auftrag, die Nürnberger Museen, Sammlungen und Ausstellungen für alle Bereiche der Ausbildung, vornehmlich die Schulen, durch geeignete Unterrichtsformen zu erschließen. Die Mitarbeiter des KpZ betreuen Schulklassen und Gruppen mit etwa 50 verschiedenen Angeboten, die nach Altersstufe, Fach und Ausbildungstyp unterschieden sind. Das Museum wird dabei als Lernort genutzt, der sich durch besondere Anschaulichkeit auszeichnet und durch seine Bedingungen die Möglichkeit eröffnet, neu gesetzte Lernziele zu erproben.

Im einzelnen sieht das Angebot des KpZ so aus: für den Schulunterricht stehen lehrplanorientierte Unterrichtseinheiten zur Verfügung, die durch Museumspädagogen oder in Zusammenarbeit mit den Lehrern in Jahresprogrammen für die Fächer Geschichte, Sachunterricht, Religion, Sozialkunde, Kunst, Werken, textiles Gestalten, Deutsch erteilt werden. Neben verschiedenen, systematisch zusammengestellten Arbeitsmaterialien für die Gruppenarbeit im Museum werden zu einzelnen Projekten theatralische Vermittlungsformen angeboten. Zur Information über wichtige kunst- und museumspädagogische Themen werden gedruckte Lehrer- und Schülerinformationen herausgegeben. Sonderausstellungen werden durch Einführungsveranstaltungen für Lehrer und didaktische Arbeitsmaterialien erschlossen. Informationen über kulturelle Ereignisse im weitesten Sinn veröffentlicht das KpZ in einem zweimonati-

gen Kunstkalender, den die Schulen in Nürnberg und Fürth kostenlos erhalten. Zu wichtigen kulturpädagogischen Themen werden didaktische Ausstellungen erstellt; »Kleingalerien«, das sind didaktische Wanderausstellungen zu Problemen des Kunstunterrichts, werden an die Schulen ausgeliehen. Veranstaltungen zur Lehrerfortbildung werden in Zusammenarbeit mit dem Pädagogischen Institut der Stadt Nürnberg und dem Staatl. Schulamt in der Stadt sowie mit den örtlichen und überregionalen Fachverbänden durchgeführt. Kindermalstunden finden während der Schulzeit sonntags unter Anleitung von Mitarbeitern im Grundschulbereich für Kinder von 4 bis 8 Jahren statt. Parallel dazu werden Führungen für Kinder und ihre Eltern veranstaltet, um Eltern zusammen mit ihren Kindern Möglichkeiten der Nutzung des Museums zu veranschaulichen. Die Themen wechseln monatlich und sind auf den Sachunterricht der Primarstufe bezogen. (Wohnen, Leben, Kleiden usw.).

Will man das Angebot des KpZ in Anspruch nehmen, genügt ein Anruf (0911-222088; mindestens eine Woche vorher) Montag mit Freitag von 8.00 bis 16.00 Uhr. Das KpZ übernimmt die weitere Organisation. Darüber hinaus sollten rechtzeitig Absprachen zwischen Lehrer und Museumspädagoge stattfinden mit dem Ziel, die Arbeit im Museum besser in den Unterricht zu integrieren. Auf Wunsch wird für Gruppen aus Nürnberg und Fürth ein Bus gestellt. Eine Fahrt bezahlt das KpZ; die Rückfahrt muß selbst aufgebracht werden. Alle anderen Leistungen des KpZ (Eintritt, Museumspädagoge, Unterrichtsmittel) sind kostenlos.

Künstler-Register

Konkordanz der Räume mit den Abbildungsnummern

Wo finde ich

Sind Sie auch schon Mitglied?

Das Germanische Nationalmuseum ist eine Stiftung des öffentlichen Rechts. Angesichts seiner umfassenden gesamtdeutschen Aufgabe bedarf es der Mithilfe seiner Freunde, denn die Mittel für alle Neuerwerbungen und für sämtliche Aktivitäten des Museums müssen durch den über die ganze Bundesrepublik verteilten Kreis von Mitgliedern und Förderern aufgebracht werden.

Unterstützen Sie das Germanische Nationalmuseum durch Ihre Mitgliedschaft! Für einen Jahresbetrag, der von DM 20,– aufwärts in Ihrem Belieben steht, haben Sie Anspruch auf freien Eintritt in die Sammlungen und Sonderausstellungen des Museums, auf ermäßigten Eintritt zu den Vorträgen und Konzertveranstaltungen, auf ein Buch als Jahresgabe und auf den jährlichen Tätigkeitsbericht des Museums.

Lassen Sie sich an der Eintrittskasse die Unterlagen für den Beitritt als Mitglied geben!

Germanisches
Nationalmuseum
Nürnberg

Postfach 9580
8500 Nürnberg 11
Tel. (0911) 203971